Alta disponibilidad en Linux

De la infraestructura a la orquestación de servicios (Heartbeat, Docker, Ansible, Kubernetes...)

Charles Sabourdin
Sébastien Rohaut

ISBN: 978-2-409-05019-0
Edición original: 978-2-409-04704-6

Ediciones ENI

P° Ferrocarriles Catalanes, 97-117, 2a pl. of. 18
08940 - Cornellà de Llobregat (Barcelona)

Tel: 934 246 401
Fax: 934 231 576

e-mail: info@ediciones-eni.com
http://www.ediciones-eni.com

Autores: Charles Sabourdin, Sébastien Rohaut
Edición española: Angel Mª Sánchez Conejo
Colección **Epsilon** dirigida por Émilie VILLETORTE

Contenido

Prólogo

Capítulo 1
Aplicación standalone

Capítulo 2
Infraestructuras y servicios básicos

Capítulo 3
Los contenedores

Capítulo 4
Exposición y reparto

Capítulo 5
Orquestración

Capítulo 6
Despliegue con Kubernetes

Capítulo 7
Almacenamiento y alta disponibilidad

Capítulo 8
Implementar un cluster Kubernetes

Capítulo 9
Integración final

Capítulo 10
Ir más lejos

Prólogo

1. Introducción

En los últimos años se ha producido una revolución en el mundo de la alta disponibilidad y en el de los desarrolladores e ingenieros de sistemas.

Las soluciones en la nube, la llegada de las soluciones de automatización, la democratización de los contenedores y el advenimiento de los orquestadores han ido acompañados de un cambio de paradigma en la relación entre los equipos de proyecto, es decir, esencialmente los desarrolladores y los equipos de infraestructura, es decir, esencialmente los ingenieros de sistemas y de redes. Al mismo tiempo, los métodos de gestión de proyectos han evolucionado, pasando de los métodos *waterfall*, inadecuados para proyectos de ciclo corto y evolución rápida, a métodos presentados como más adecuados: los métodos ágiles. Esperemos que el resultado esté a la altura de las expectativas.

En muchas organizaciones, los silos están desapareciendo. Por fin existe una verdadera colaboración entre desarrolladores y operadores. Estamos adaptando las plataformas a los productos y los productos a las plataformas, compartiendo objetivos comunes en términos de calidad y servicio y trabajando juntos. El modelo DevOps -unificación de los modelos de desarrollo y administración de sistemas, teniendo en cuenta la realidad de la vida del producto en producción- tiene como objetivo la mejora continua de la calidad del servicio.

Estos nuevos métodos y herramientas no sustituyen a los antiguos, sino que los complementan. Al fin y al cabo, los servicios básicos (almacenamiento, red, sistema operativo, etc.) siguen siendo los mismos, sólo han sufrido una evolución normal. Pero el verdadero cambio radica en la finalidad: ya no hacemos ingeniería de sistemas para hacer sistemas, sino para alojar y prestar un servicio de calidad. Hay que decir que en los últimos años habíamos perdido un poco de vista el objetivo de esta profesión: entregábamos entornos para proyectos, según sus requisitos, pero sin preocuparnos realmente de lo que iba a funcionar en ellos después. Lo esencial es el servicio prestado al cliente y la calidad del código es tan importante como la robustez del sistema que lo ejecuta.

Seguimos necesitando RAID (*Redundant Array of Independent Disks*), SAN (*Storage Area Network*), balanceadores de carga, VLAN (*Virtual Local Area Network*), clústeres, etc., pero todos ellos están ahí con el único propósito de proporcionar un entorno de alto rendimiento para ejecutar servicios para los clientes, ya sean internos de la empresa o el público en general. Más que nunca, en un mundo ultra-conectado que tanto depende de la informática y de Internet, necesitamos entornos de alta disponibilidad, redundantes y fiables.

Este libro presenta la alta disponibilidad, no solo desde el punto de vista de la infraestructura, sino también desde el punto de vista del servicio. ¿Qué hay que hacer para que un servicio, como un servicio web, sea teóricamente inviolable? ¿De qué nuevos recursos disponemos? ¿Cómo podemos demostrar la simbiosis necesaria entre las necesidades y las limitaciones de los desarrolladores y los operadores?

A lo largo de este libro le guiará una aplicación como hilo conductor. Esta aplicación práctica se ha desarrollado especialmente para este libro. Se basa en una sola idea: ¿cómo conseguir que la aplicación y la infraestructura subyacente evolucionen juntas para que sean lo más fiables y accesibles posible, en definitiva, para que estén altamente disponibles? Este objetivo se alcanzará con todo un arsenal de herramientas para utilizar las últimas tecnologías.

A lo largo de los capítulos, cubriremos un amplio abanico de áreas: código de aplicación, infraestructura, arquitectura, almacenamiento, redes, automatización, contenedores, clústeres, bases de datos, orquestación, seguridad, etc., todo ello bajo Linux y, sobre todo, exclusivamente con productos gratuitos o de código abierto distribuidos por diversos editores. Todos los ejemplos y el código fuente se facilitan bajo licencias de código abierto.

En este libro también encontrará:

- Las evoluciones de Java tienden a aislar mejor las clases y a proteger los mecanismos de serialización.
- La migración de J2EE a JakartaEE que solo debería ser un cambio de nombre del paquete, pero que a veces tiene más impacto, especialmente en lo que respecta a las librerías, que a veces han migrado y otras no.
- La URL de JDBC que rompe con la compatibilidad de MySQL.
- Una división adicinal de ciertos paquetes, en particular 'pacemaker' en varios paquetes.
- Una evolución de los requisitos de nomenclatura de Ansible y Kubernetes.
- La falta de mantenimiento de ciertos proyectos de código abierto, como el operador Galera de Orange.

Pero, sobre todo, para bien o para mal, la evolución de las arquitecturas físicas, ya que el proyecto ha sido laboriosamente probado en MacBooks donde las herramientas de virtualización y contenerización no siempre son exitosas ni tan eficientes (las E/S de etcd son demasiado importantes).

Por último, la adición de pruebas de IC para verificar la no regresión del proyecto. Y una pregunta interesante, ¿actualización o reinstalación? Al final, hicimos ambas cosas.

Aquí hay un libro basado en la distribución LTS 24.04 de Ubuntu, las últimas versiones de Java, Ansible, Docker, Kubernetes y los diversos operadores.

Esperamos que disfrute descubriendo todos estos conceptos tanto como nosotros hemos disfrutado poniéndolos en práctica. Disfrute de la lectura.

2. Contenido de este libro

Para aprovechar al máximo el contenido, el lector debe tener conocimientos básicos del sistema: saber utilizar y administrar sistemas Linux básicos (en lo que sigue, utilizaremos Ubuntu) es un requisito previo. El libro *Linux - Domine la administración del sistema*, es un buen complemento para quienes deseen perfeccionar sus habilidades antes de abordar conceptos más avanzados. Un conocimiento mínimo de un lenguaje de desarrollo y de los mecanismos de sesión es un plus para abordar la aplicación, las sesiones, la creación de constructos y las necesidades de automatización.

El entorno en el que se han probado está deliberadamente virtualizado, de modo que se puede ejecutar en Linux, macOS y Windows en una máquina con 32 GB y 8 *threads*, en particular, aprovechando el hecho de que puede apagar ciertas máquinas. Sin embargo, nos sentiremos mucho más cómodos duplicando estos recursos. Un entorno en la nube similar a IaaS también es posible.

En el capítulo Aplicación standalone, presentaremos y demostraremos cómo construir y ejecutar una aplicación simplificada creada para poner de relieve un conjunto representativo de problemas existentes. La aplicación se instala inicialmente en un único servidor, el entorno básico para sentar los primeros cimientos necesarios para nuestro hilo conductor.

En el capítulo Infraestructura y servicios básicos, sentaremos las bases de la arquitectura técnica, de sistemas y de red que nos permitirá prever la creación de una infraestructura de alta disponibilidad: requisitos de hardware, red y agregados, almacenamiento, RAIDy DNS.

En el capítulo Los contenedores se mostrará la inmensa aportación que los contenedores pueden hacer al mundo de las aplicaciones, con la posibilidad de construir imágenes de nuestra aplicación para desplegarla fácil y rápidamente con Docker, utilizando una herramienta de automatización: Ansible.

En el capítulo Exposición y reparto, veremos cómo exponer nuestra aplicación, ahora en varios servidores, utilizando un proxy inverso Nginx y un balanceador de carga HAProxy, tanto dentro de una empresa como en Internet, utilizando VRRP y FRRouting.

El capítulo Orquestación cubrirá los principios fundamentales de la orquestación, desde un punto de vista teórico con los algoritmos más comunes, pero también desde un punto de vista práctico con una presentación del orquestador más utilizado, Kubernetes.

En el capítulo Despliegue con Kubernetes, profundizamos en los conceptos de Kubernetes para presentar los objetos y recursos necesarios para desplegar nuestra aplicación y también para describir un método inicial para garantizar la disponibilidad de la base de datos.

El capítulo Almacenamiento y alta disponibilidad aborda la cuestión de la disponibilidad y redundancia del almacenamiento con una solución sencilla basada en un heartbeat corosync, un clúster pacemaker, un sistema de archivos XFS y exportaciones NFS. Todo el paquete se puede utilizar por cualquier servidor, también por Kubernetes.

En el capítulo Implementar un clúster Kubernetes, veremos cómo configurar un clúster Kubernetes totalmente redundante con varios maestros y nodos, una capa de red básica con Flannel y routeres de entrada (Nginx) para presentar nuestros servicios fuera del clúster.

El capítulo Integración final es la síntesis y culminación global de los ocho capítulos anteriores: uso de volúmenes de almacenamiento, el registro de Docker y una base de datos de alta disponibilidad, despliegue final de nuestra aplicación con gestión dual de sesiones, exposición al público con conservación de sesiones y afinidades, etc.

Por último, en el capítulo titulado Ir más lejos se tratarán una serie de temas y cuestiones que le ayudarán a ir más allá: recuperación ante desastres, copias de seguridad, seguridad, supervisión de sistemas y aplicaciones, almacenamiento, etc. En una última sección se presentará OpenShift 4 PaaS, una solución completa que simplifica enormemente la integración de todos los elementos presentados.

Todos los archivos de ejemplo utilizados en este libro están disponibles bajo licencia libre Apache 2.0 en los siguientes repositorios de GitHub:

https://github.com/halnx-todo/eni-tomcat-todo: el código fuente de la aplicación eni-todo

https://github.com/halnx-todo/ansible-playbooks: los playbooks y roles Ansible

https://github.com/halnx-todo/k8s-manifests: todos los archivos de manifiesto YAML para Kubernetes

Para cada uno de los repositorios, hemos ubicado tags v20.04 y v24.04 para conservar las dos versiones.

Capítulo 1
Aplicación standalone

1. La aplicación principal

A lo largo de los capítulos, utilizaremos una aplicación central llamada **enitodo**, desarrollada exclusivamente para los fines de este libro. Incorporará gradualmente todas las arquitecturas y tecnologías presentadas, tanto de software como de hardware, para hacerla lo más disponible y robusta posible

Esta sencilla aplicación le permite crear una lista de tareas (*tasks*) y almacenarlas en una base de datos o en una sesión. También permite añadir elementos adjuntos (*uploads*) a las tareas.

Figura 1: Aplicación eni-todo en acción

Esta aplicación es una aplicación web desarrollada utilizando el lenguaje de programación Java, de acuerdo con los estándares Jakarta EE (*Jakarta Enterprise Edition*).

Observación

Hemos creado deliberadamente esta aplicación para que este libro sirva de pauta para implantar una arquitectura de alta disponibilidad. Las opciones tecnológicas, próximas a las utilizadas habitualmente en las empresas, irán evolucionando a medida que avancen los capítulos.

Esta aplicación utiliza el framework Spring. El código de la aplicación está disponible en el repositorio de fuentes GitHub de los autores:
https://github.com/halnx-todo/eni-tomcat-todo

1.1 Arquitectura de aplicaciones web

Siguiendo las mejores prácticas de antaño, nuestra aplicación de n-tiers se suministra mediante un servidor de aplicaciones, **Apache Tomcat**, y los datos se almacenan:

- en una base de datos MariaDB SQL para los datos de las tareas (*TodoItem*),
- en el sistema de archivos para los archivos descargados (elementos adjuntos) asociados a las tareas.

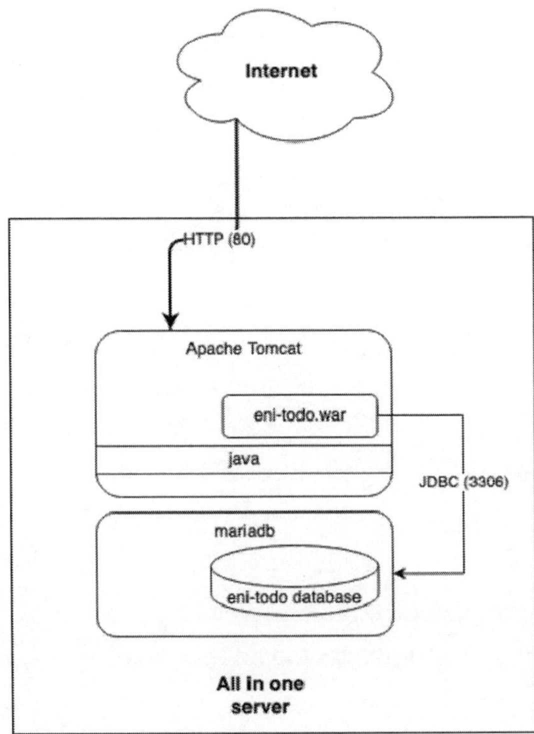

Figura 2: Aplicación all-in-one

El servidor de aplicaciones Apache Tomcat proporciona el enlace entre las peticiones HTTP (*HyperText Transfer Protocol*) del navegador web del cliente y el código Java de la aplicación.

Hoy en día, existen muchas formas diferentes de desplegar esta aplicación, entre otras cosas porque las prácticas han evolucionado considerablemente desde el RFC-1945 de 1996 o la especificación CGI de 1999. Discutiremos varios métodos de despliegue a lo largo de este libro.

En primer lugar, la aplicación se construye para producir un archivo **WAR** (*Web Application Archive*) que se integra en un servidor de aplicaciones que cumpla el estándar JEE, en nuestro ejemplo Apache Tomcat.

La aplicación se puede distribuir en forma de un archivo **JAR** (*Java Archive*) que contenga directamente su servidor de aplicaciones (se dice que el servidor de aplicaciones está incrustado o *embedded*).

1.2 El código

Los nombres de las clases llevan el prefijo `net.diehard.sample.todowebsite.todo`.

1.2.1 El objeto TodoItem

Una tarea (*task*) es un objeto Java `TodoItem` que se describe como sigue:

- un identificador único (`id` de tipo `Long`),
- un nombre (`name` de tipo `String`),
- una categoría (`category` de tipo `String`),
- información que indica si la tarea se ha completado o no (`complete` de tipo `booleano`),
- información que indica si la tarea se almacena sólo en sesión (`onlyinsession` de tipo `booleano`),
- un nombre para el archivo cargado con la tarea (`filename` de tipo `String`),
- un objeto para almacenar el archivo cargado asociado a la tarea (`file` de tipo `MultipartFile`).

TodoItem.java

```java
package net.diehard.sample.todowebsite.todo;

import org.springframework.web.multipart.MultipartFile;

import jakarta.persistence.*;
import java.io.Serializable;
import java.util.Objects;

@Entity
public class TodoItem implements Serializable {
    @Id
    @GeneratedValue(strategy = GenerationType.AUTO)
    private Long id;
    private String category;
    private String name;
    private boolean onlyinsession;
    private boolean complete;
    //This annonation is just there
    // to be an example off such configuration
    //@Basic(fetch = FetchType.EAGER)
    private String filename;
    @Transient
    private MultipartFile file;
    @Transient
    private boolean delete;

    public TodoItem() {
    }

```

Figura 3: Sólo se puede codificar bien con un buen editor

El objeto `TodoItem` es una entidad **JPA** (*Jakarta Persistence*, antes *Java Persistence API*), lo que significa que cumple con el estándar JPA a través de la implementación de sus interfaces y anotaciones. Este estándar facilita el desarrollo, en particular a través de abstracciones que permiten el uso de diferentes motores de persistencia.

1.2.2 Nombres de clase

La clase `TodoItemRepository` implementa consultas a la base de datos para recuperar listas de objetos `TodoItem`. En esta clase es donde podemos definir consultas específicas, expresadas en **JPQL** (*Jakarta Persistence Query Language*). En este caso, la aplicación se mantiene deliberadamente simple, por lo que no haremos este tipo de consultas.

La clase `TodoListViewModel` implementa el modelo de datos que describe los datos intercambiados entre el navegador y la aplicación web, es decir, una lista de objetos `TodoItem`.

La clase `TodoController` contiene la lógica de negocio de la aplicación, que asigna un comportamiento a un URI:

- La llamada al método `addTodo` anotado con `@RequestMapping("/add")` describe la acción asociada con la llamada al URI `"/add"`: añade el ítem contenido en la petición al repositorio (*TodoItemRepository*) o a la lista (*SessionUnsavedList*), dependiendo de si el ítem está guardado en memoria o en la base de datos.
- La llamada al método `updateTodo` anotado con `@RequestMapping("/update")` actualiza los elementos (*todoItems*).

Para nuestra aplicación, estamos utilizando el motor de persistencia **Spring Data** y dos controladores de base de datos, el:

- el driver JDBC para **h2**, para almacenamiento en memoria, utilizado principalmente para las pruebas,
- el driver JDBC para **MariaDB (mariadb-java-client)** para el almacenamiento en la base de datos epónima.

1.2.3 El modelo MVC

El framework MVC (*Model View Controller*) es una práctica de programación que separa la presentación, la validación y las reglas de negocio. El modelo, definido en la clase `TodoListViewModel`, contiene la lógica de datos (validación, lectura, registro, etc.).

```
public class TodoListViewModel {

    @Valid
    private ArrayList<TodoItem> todoList = new ArrayList<>();

    public TodoListViewModel() {
    }

    ...
}
```

La vista contenida en el *template* thymeleaf index.html contiene los elementos de presentación de la aplicación. En la práctica, es la página HTML que se proporciona al navegador para mostrar la tabla de tareas, actualizar una tarea y el formulario para añadir una tarea.

La **HMI** (interfaz hombre-máquina) se encuentra en una página HTML (src/main/resources/templates/index.html) que el motor thymeleaf analiza dinámicamente en el lado del servidor y dinamiza en el lado del cliente, mediante la librería CSS Bootstrap y la librería JavaScript jQuery.

```
<!DOCTYPE HTML>
<html xmlns:th="http://www.thymeleaf.org" lang="en">
<head>
    <title>Todo Sample</title>
    <meta http-equiv="Content-Type" content="text/html;
charset=UTF-8" />

    <!-- Bootstrap -->
    <link th:href="@{/webjars/bootstrap/css/bootstrap.min.css}"
th:rel="stylesheet" />
</head>
<body style="padding-top:50px;">
<!-- Nav Bar -->

  <div class="navbar navbar-inverse navbar-fixed-top"
role="navigation">
    <div class="container">
      <div class="navbar-header">
        <a class="navbar-brand" href="#">My Tasks</a>
      </div>
    </div>
  </div>

<!-- Body -->
  <div class="container">
    <h1>My ToDo List</h1>
    <p>This app hostname is: <b><span
th:text="${myHostName}">hostname</span></b></p>

    <hr/>

  <div class = "todoList">
    <form class="form-horizontal" role="form"
th:action="@{/update}" th:object="${items}" method="POST">
      <table class="table table-bordered table-striped"
id="todoItems">
        <thead>
```

```
            <tr>
              <th>Name</th>
              <th>Category</th>
              <th>Filename</th>
              <th>(Draft)</th>
              <th>Complete</th>
              <th>ToDelete</th>
            </tr>
          </thead>
          <tbody>
              <tr th:each="item,i : *{todoList}"
th:class="${item.complete}? active : warning" >
                  <input type="hidden"
th:field="*{todoList[__${i.index}__].id}"/>
                  <td th:text="${item.name}">Item_name</td><input
type="hidden" th:field="*{todoList[__${i.index}__].name}"/>
                  <td
th:text="${item.category}">item_category</td><input type="hidden"
th:field="*{todoList[__${i.index}__].category}"/>
                  <td><a th:href="@{/files/__${item.filename}__}"
th:text="${item.filename}"
target="_blank">Filename</a></td><input type="hidden"
th:field="*{todoList[__${i.index}__].filename}"/>
                  <td><input type="checkbox"
th:checked="${item.onlyinsession} == true"
th:field="*{todoList[__${i.index}__].onlyinsession}"/></td>
                  <td><input type="checkbox"
th:checked="${item.complete} == true"
th:field="*{todoList[__${i.index}__].complete}"/></td>
                  <td><input type="checkbox" th:checked="false"
th:field="*{todoList[__${i.index}__].delete}"/></td>
             </tr>
         </tbody>
       </table>
        <!-- Update Button -->
           <button type="submit" class="btn btn-primary">Update
Tasks</button>
         </form>
    </div>

    <hr/>

    <!-- Item Input Form -->
    <div class="todoForm">
      <form class="form-horizontal" role="form"
th:action="@{/add}" th:object="${newitem}"
enctype="multipart/form-data" method="POST">
        <div class="form-group">
          <label for="inputItemName" class="col-sm-2">Task Name</label>
```

```
          <div class="col-sm-10">
            <input type="text" th:field="*{name}" class=
"form-control" id="inputItemName" placeholder="Enter name"/>
          </div>
        </div>

        <div class="form-group">
          <label for="inputItemCategory" class="col-sm-2">Task
Category</label>
          <div class="col-sm-10">
            <input type="text" th:field="*{category}"
class="form-control" id="inputItemCategory" placeholder="Enter category"/>
          </div>
        </div>
          <div class="form-group">
              <label for="inputItemFile" class="col-sm-2">
File</label>
              <div class="col-sm-10">
                  <input type="file" th:field="*{file}"
class="form-control" id="inputItemFile" placeholder="Upload file"/>
              </div>
          </div>

        <div class="form-group">
              <label for="inputItemOnlyinsession" class="col-sm-2">
(Draft aka only in session)</label>
              <div class="col-sm-10">
                  <input type="checkbox" th:checked="true"
th:field="*{onlyinsession}" id="inputItemOnlyinsession"/>
              </div>
        </div>

        <button type="submit" class="btn btn-primary">Add Task</button>

      </form>
    </div>

  </div>

  <script th:src="@{/webjars/jquery/jquery.min.js}"></script>
  <script th:src="@{/webjars/bootstrap/js/bootstrap.min.js}"></script>


</body>
</html>
```

El controlador, definido en la clase `TodoController`, contiene la lógica de la aplicación y el almacenamiento de datos. Esta aplicación es deliberadamente simple.

```
package net.diehard.sample.todowebsite;

import ...

@Controller
@ComponentScan
public class TodoController implements Serializable {


   private static final Logger LOG =
Logger.getLogger(TodoController.class.getCanonicalName());
   @Serial
   private static final long serialVersionUID = 8570655773280783303L;

   @Value("${spring.servlet.multipart.location}")
   private String storageLocation;
   private final TodoItemRepository repository;

   private final SessionUnsavedList todoUnsavedList;
   private long sessionIndex = 0;

   public TodoController(TodoItemRepository repository,
SessionUnsavedList todoUnsavedList) {
       this.repository = repository;
       this.todoUnsavedList = todoUnsavedList;
   }

   @RequestMapping("/")
   public String index(HttpSession session, Model model) {
       LOG.info("/ called ");
       List<TodoItem> todoList = repository.findAll();
       LOG.info("requestItems Persisted : " + todoList);
       LOG.info("requestItems Memory : " + todoUnsavedList);
       todoList.addAll(todoUnsavedList);
       model.addAttribute("newitem", new TodoItem());
       model.addAttribute("items", new TodoListViewModel(todoList));
       model.addAttribute("myHostName", getHostname());
       return "index";
   }

   @RequestMapping("/add")
   public String addTodo(HttpSession session, @RequestParam("file")
MultipartFile file, @ModelAttribute TodoItem requestItem) {
       LOG.info("/add called ");
       TodoItem item = new TodoItem(requestItem.getCategory(),
```

```
requestItem.getName());
       item.setOnlyinsession(requestItem.isOnlyinsession());

       LOG.finer("requestItem : " + requestItem);
       //Check that the file is uploaded
       if (!file.isEmpty()) {
           String tmpFileName = FileService.storeFile(file,
storageLocation);
           item.setFilename(tmpFileName);
       }
       if (requestItem.isOnlyinsession()) {
           item.setId(sessionIndex--);
           LOG.finer("requestItem : " + item);
           todoUnsavedList.add(item);
       } else {
           LOG.finer("requestItem : " + item);
           repository.save(item);
       }
       return "redirect:/";
   }

   @RequestMapping("/update")
   public String updateTodo(HttpSession session, @ModelAttribute
TodoListViewModel requestItems) {
       LOG.info("/update called ");
       if (requestItems.getTodoList() != null) {
           for (TodoItem requestItem : requestItems.getTodoList()) {
               LOG.finer("update requestItem : " + requestItem);
               Long index = requestItem.getId();
               // index < 1means todoitems in sessions (not in database)
               if (index < 1) {
                   // todo is draft
                   if (requestItem.isDelete()) {
                       todoUnsavedList.remove(requestItem);
                       session.setAttribute("SessionUnsavedList",
                               todoUnsavedList);
                   } else if (requestItem.isComplete()) {
                       todoUnsavedList.remove(requestItem);
                       session.setAttribute("SessionUnsavedList",
                               todoUnsavedList);
                       saveTodo(requestItem);
                   }
               } else if (requestItem.isDelete()) {
                   TodoItem item =
new TodoItem(requestItem.getCategory(), requestItem.getName());
                   item.setId(requestItem.getId());
                   repository.delete(item);
               } else {
                   saveTodo(requestItem);
               }
```

```
            }
        }
        return "redirect:/";
    }

    private void saveTodo(TodoItem requestItem) {
        TodoItem item = new TodoItem(requestItem.getCategory(),
requestItem.getName());
        item.setComplete(requestItem.isComplete());
        item.setFilename(requestItem.getFilename());
        item.setOnlyinsession(false);
        item.setId(requestItem.getId());
        repository.save(item);
    }

    //this is a very dirty trick
    //It is used intoindex.htmlin order to displayhostname(aka name
of thepod)
    private String getHostname() {
        String hostName = "";
        try {
            hostName = InetAddress.getLocalHost().getHostName();
            return hostName;
        } catch (UnknownHostException e) {
            LOG.warning("UnknownHostException : " +
e.getLocalizedMessage());
            return "no-hostname";
        }

    }

    @RequestMapping(value = "/files/{filename}", method = RequestMethod.GET,
produces = MediaType.APPLICATION_OCTET_STREAM_VALUE)
    public void getFile(
            @PathVariable("filename") String fileName,
            HttpServletResponse response) throws IOException {

        Resource resource = FileService.loadFileAsResource(storageLocation,
fileName);
        if (resource != null) {
            FileCopyUtils.copy(resource.getInputStream(),
response.getOutputStream());
            response.flushBuffer();
        }

    }

}
```

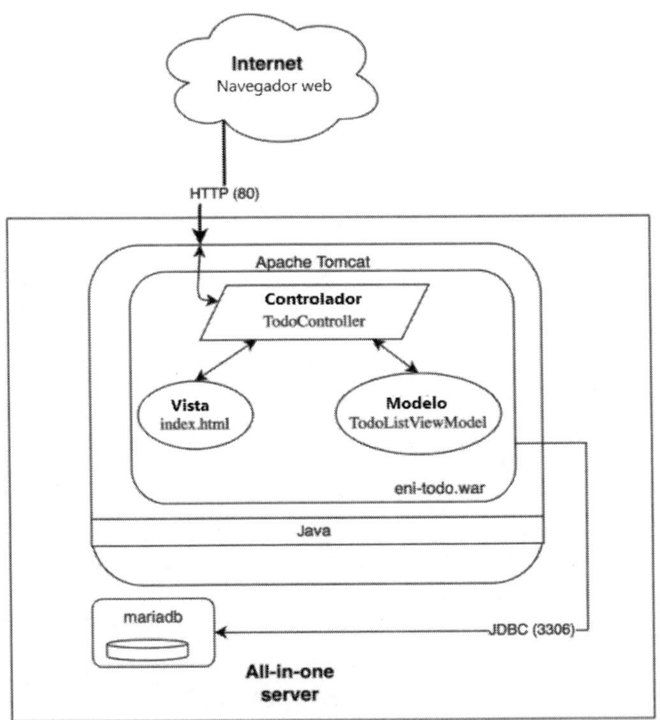

Figura 4: Modelo MVC de la aplicación eni-todo

1.2.4 Gestión de los archivos cargados

En nuestra aplicación, decidimos poder cargar archivos (elementos adjuntos) y asociarlos a las tareas. Una posibilidad es almacenar estos archivos directamente en la base de datos. JPA hace automáticamente todo lo necesario para esto. Sin embargo, la forma en que funciona JPA significa que, por defecto, un archivo adjunto a una tarea se almacena en memoria, junto con todos los campos de la tarea (`TodoItem`), lo que está lejos de ser bueno en materia de uso de recursos.

Para evitar esto, hemos anotado el atributo `file` con la propiedad `@Transient`. De este modo, el archivo asociado a la tarea se almacenará con la instancia `ToDoItem`del modelo cuando se cree mediante el formulario HTML, pero no se almacenará en la base de datos cuando se guarde.

También sería posible utilizar la *lazy loading*. Anotando la propiedad `@Basic(fetch = FetchType.LAZY)`, el campo sólo se cargaría cuando se llamara al getter de la propiedad.

Escribiremos el archivo directamente en un directorio dedicado a este fin. Una aplicación más completa necesitaría gestionar la unicidad del archivo, el tipo MIME, la limpieza, etc. También tendría que haber mecanismos para comprobar la coherencia entre la base de datos y el contenido del sistema de archivos (borrado involuntario de archivos, borrado de una tarea, etc.).

También sería mejor separar ciertas clases y no poner dependencias de clases Spring (`import org.springframework.web.multipart.MultipartFile;`) en el objeto `TodoItem`.

Esta aplicación es un ejemplo sencillo, pero presenta una serie de problemas "clásicos" de las aplicaciones empresariales.

1.2.5 Configuración (Spring profile)

El framework Spring incluye un mecanismo de perfiles Spring que permite que la aplicación tenga varias configuraciones posibles. Por lo tanto, la aplicación Spring contiene diferentes perfiles de configuración, denominados *Spring profiles*, cuyos parámetros se encuentran en archivos ubicados en src/main/resources/ bajo el nombre application-<PROFILE>.properties, donde PROFILE designa el perfil utilizado.

El archivo application.properties contiene la configuración por defecto.

```
spring.jpa.hibernate.ddl-auto=create
#use h2
spring.servlet.multipart.enabled=true
spring.servlet.multipart.location=${java.io.tmpdir}
spring.servlet.multipart.max-file-size=1024KB
spring.servlet.multipart.max-request-size=1024KB
```

Los valores entre paréntesis `${...}` se resuelven dinámicamente a partir de las variables de entorno de la aplicación.

También es posible cambiar los parámetros durante el proceso de construcción (paquete).

```
spring.main.banner-mode=off
spring.jpa.hibernate.ddl-auto=update
spring.servlet.multipart.location=@multipartlocation@
spring.servlet.multipart.max-file-size=1024KB
spring.servlet.multipart.max-request-size=1024KB
spring.jpa.open-in-view=false
spring.datasource.url=@mariajdbcurl@
spring.datasource.driver-class-name=org.mariadb.jdbc.Driver
spring.datasource.username=@mariadbusername@
spring.datasource.password=@mariadbpasswd@
```

Los valores contenidos entre `@...@` se resuelven dinámicamente durante el proceso de construcción (paquete) a partir de la información de configuración de la herramienta de *build* (construcción, compilación): **Apache Maven**.

2. Construir el servidor todo en uno

Nuestra aplicación necesita un servidor de aplicaciones para ejecutarse, por lo que necesitamos instalar todos los componentes necesarios. Hemos creado un rol y un *playbook* Ansible para automatizar todo esto. Sin embargo, vamos a enumerar todos los pasos.

2.1 Instalación de la aplicación

La instalación se realiza, como en el resto de este libro, en un servidor Linux Ubuntu 24.04.

2.1.1 Apache Tomcat

Necesitamos instalar el servidor de aplicaciones Tomcat, que primero requiere que se instale el *runtime* de Java. Estamos utilizando la versión openjdk-11 proporcionada por nuestra *release* de Linux Ubuntu 24.04. Java 21 es la versión **LTS** (*Long Term Support*) actual en el momento de escribir estas líneas.

Para Apache Tomcat, el JRE (*Java Runtime Environment*) sería suficiente, pero como vamos a construir nuestra aplicación en este mismo servidor 'todo-en-uno', el JDK (*Java Development Kit*) es necesario.

```
$ sudo apt-get install openjdk-11-jdk
```

A continuación, deberá descargar la versión más reciente de Apache Tomcat 10.x. En el momento de escribir este libro es 10.1.19, que vamos a descomprimir como root en una carpeta /opt.

```
$ sudo useradd -U -d /opt/tomcat -m -s /bin/false tomcat

$ cd /tmp && \
curl -O https://dlcdn.apache.org/tomcat/tomcat-10/v10.1.19/bin/
apache-tomcat-10.1.19.tar.gz &&\
tar -xf apache-tomcat-10.1.19.tar.gz &&\
sudo mv apache-tomcat-10.1.19 /opt/tomcat-10.1.19 && sudo rm -rf
/opt/tomcat && sudo ln -s /opt/tomcat-10.1.19 /opt/tomcat &&\
sudo chown -R tomcat:tomcat /opt/tomcat*
```

A continuación, se deben llevar a cabo estas acciones:

- establecer la configuración systemd del servicio creando el archivo /etc/systemd/system/tomcat.service,
- recargar la configuración de systemd,
- iniciar Apache Tomcat como servicio,
- abrir el cortafuegos en el puerto 8080.

Aquí está el contenido del systemd tomcat.service:

```
[Service]
Type=forking

User=tomcat
Group=tomcat

Environment="JAVA_HOME=/usr/lib/jvm/java-21-openjdk-amd64"
#start-for-eni-todo-multi-conf
Environment="SPRING_PROFILES_ACTIVE=tomcat-mariadb-harcoded"
#/end-for-eni-todo-multi-conf
Environment="JAVA_OPTS=-Djava.security.egd=file:///dev/urandom -
Djava.awt.headless=true"

Environment="CATALINA_BASE=/opt/tomcat"
```

```
Environment="CATALINA_HOME=/opt/tomcat"
Environment="CATALINA_PID=/opt/tomcat/temp/tomcat.pid"
Environment="CATALINA_OPTS=-Dspring.profiles.active=tomcat -
Djava.net.preferIPv4Stack=true -Xms512M -Xmx1024M -server -
XX:+UseParallelGC"

ExecStart=/opt/tomcat/bin/startup.sh
ExecStop=/opt/tomcat/bin/shutdown.sh

[Install]
WantedBy=multi-user.target
```

Recargamos systemd y activamos (pero no arrancamos aún) Tomcat:

```
$ sudo systemctl daemon-reload
$ sudo systemctl enable tomcat
$ sudo systemctl start tomcat
```

Observación

En esta configuración, la aplicación web es accesible en el puerto 8080, y no en el 80 como sería deseable. Para permitir que Apache Tomcat escuche en el puerto 80, es necesario modificar las configuraciones en el archivo server.xml e instalar y configurar authbind. Estos pasos se llevan a cabo en el playbook all-in-one.

Tomcat se está ejecutando en el servidor. Ahora es necesario instalar MariaDB.

2.1.2 MariaDB

Para instalar el servidor de bases de datos MariaDB, estamos utilizando el paquete proporcionado por nuestra distribución de Linux Ubuntu 24.04.

```
$ sudo apt-get install mariadb-common mariadb-client mariadb-server
```

Luego lo configuramos para autorizar al usuario springuser en la base de datos `db_todo`:

```
$ sudo mysql --user=root
mysql>
DROP DATABASE IF EXISTS db_todo;
CREATE DATABASE IF NOT EXISTS db_todo;
CREATE USER IF NOT EXISTS springuser@127.0.0.1 IDENTIFIED BY
'hardpassword123456';
GRANT ALL PRIVILEGES ON db_todo.* TO
```

```
'springuser'@'localhost'IDENTIFIED BY 'hardpassword123456' ;
GRANT ALL PRIVILEGES ON db_todo.* TO
'springuser'@'127.0.0.1'IDENTIFIED BY 'hardpassword123456' ;
```

También sería posible y preferible crear las tablas de la base de datos y reducir los permisos del usuario springuser. Para simplificar, utilizamos una funcionalidad de JPA y permitimos que la aplicación cree y actualice su propio esquema en los archivos application-PROFILE.properties:

```
spring.jpa.hibernate.ddl-auto=update
```

2.1.3 Creación de la aplicación

Estamos utilizando la herramienta de compilación Apache Maven suministrada con Ubuntu:

```
sudo apt-get install maven
```

Se trata de una herramienta de línea de comandos. El archivo pom.xml XML contiene la definición del proyecto (nombre, fuente, dependencia, etc.):

```
<?xml version="1.0" encoding="UTF-8"?>
<project xmlns="http://maven.apache.org/POM/4.0.0"
         xmlns:xsi="http://www.w3.org/2001/XMLSchema-instance"
         xsi:schemaLocation="http://maven.apache.org/POM/4.0.0
http://maven.apache.org/xsd/maven-4.0.0.xsd">
    <modelVersion>4.0.0</modelVersion>
    <groupId>net.diehard.sample.todowebsite</groupId>
    <artifactId>eni-todo</artifactId>
    <version>24.04.-SNAPSHOT</version>
    <packaging>${override.packaging}</packaging>
    <parent>
        <groupId>org.springframework.boot</groupId>
        <artifactId>spring-boot-starter-parent</artifactId>
        <version>2.3.5.RELEASE</version>
    </parent>
...
```

Apache Maven aporta e impone una noción de ciclo de vida de la aplicación con fases de build, prueba, packaging y release. Apache Maven se puede ampliar con plugins para mejorar estas fases con operaciones específicas.

```
    <build>
        <finalName>${project.artifactId}</finalName>
```

```
        <plugins>
            <plugin>
                <groupId>org.springframework.boot</groupId>
                <artifactId>spring-boot-maven-plugin</artifactId>
            </plugin>
        </plugins>
    </build>
```

pom.xml también puede tener perfiles que permiten cambiar ciertos parámetros globales o plugins:

```
<profiles>
    <profile>
        <id>tomcat-single-war</id>
        <properties>
            <override.packaging>war</override.packaging>

<com.h2database.jdbc.dependency.scope>runtime</com.h2database.
jdbc.dependency.scope>

<com.mariadb.jdbc.dependency.scope>test</com.mariadb.jdbc.
dependency.scope>
        </properties>
    </profile>
    <profile>
        <id>tomcat-mariadb</id>
        <properties>
            <override.packaging>war</override.packaging>

<com.h2database.jdbc.dependency.scope>test</
com.h2database.jdbc.dependency.scope>

<com.mariadb.jdbc.dependency.scope>runtime</com.mariadb.jdbc.
dependency.scope>
        </properties>
    </profile>
    <profile>
        <id>simpleapp</id>
        <activation>
            <activeByDefault>true</activeByDefault>
        </activation>
        <properties>
            <override.packaging>jar</override.packaging>
            <com.h2database.jdbc.dependency.scope>runtime
</com.h2database.jdbc.dependency.scope>
            <com.mariadb.jdbc.dependency.scope>provided
```

```
</com.mariadb.jdbc.dependency.scope>
        </properties>
    </profile>
</profiles>
```

Finalmente, puedes cambiar dinámicamente ciertos parámetros de Maven usando las opciones -Dmavariable=value.

Nuestra aplicación se produce mediante el comando:

```
$ mvn package -P <miperfil>
```

El perfil elegido depende del objetivo de despliegue.

No es muy prudente poner valores de configuración de producción en el sistema de gestión de código. Por lo tanto, el perfil de producción contiene estos valores entre símbolos @...@, para que sólo se puedan rellenar durante la producción.

Para crear el archivo eni-todo.war, necesita el comando:

```
$ git clone git@github.com:halnx-todo/eni-tomcat-todo.git
$ cd eni-tomcat-todo
$ mvn package -P tomcat-mariadb \
-D mariajdbcurl=jdbc:mariadb://127.0.0.1:3306/db_todo \
-Dmariadbusername=springuser \
-Dmariadbpasswd=hardpassword123456
```

Históricamente, Jakarta EE también ha proporcionado mecanismos de abstracción para permitir que la configuración de la aplicación se externalice fuera de la aplicación, pero no vamos a entrar en ellos aquí.

Ahora copiamos el archivo eni-todo.war en la carpeta webapps de Tomcat y reiniciamos el servicio. Por defecto, no es necesario reiniciar el servicio (en server.xml: `<Host name="localhost" appBase="webapps" unpackWARs="true" autoDeploy="true">`), pero esta operación degrada el rendimiento de Tomcat, que tiene que supervisar la carpeta webapps.

```
$ sudo cp target/eni-todo-tomcat-mariadb.war \
  /opt/tomcat/webapps/eni-todo.war
$ sudo chown tomcat:tomcat /opt/tomcat/webapps/eni-todo.war
$ sudo systemctl restart tomcat
```

2.2 Exposición en Internet

Suponiendo que nuestro servidor se expone en Internet (lo que no es evidente ni se aconseja) con IP 1.2.3.4, ahora tenemos que configurar nuestro DNS en nuestro *registrador* para que apunte todo.diehard.net a nuestra máquina:

```
todo            IN    A     1.2.3.4
```

También puede editar el archivo /etc/hosts para incluir el par `IP<>Nombre`. Tras el retardo de propagación de la actualización, el servidor all-in-one se utiliza como servidor web para la aplicación eni-todo.

2.3 Crítica al diseño de aplicaciones

Esta aplicación es deliberadamente muy sencilla. No está diseñada para gestionar un gran número de tareas. En el caso de una gran lista de tareas (*todoItem*), ciertos elementos de diseño deben ser refinados, por ejemplo:

- separar la página web de la lista de tareas (mediante una llamada JavaScript, por ejemplo),
- crear paginaciones en la lista de tareas,
- crear una caché local y llamadas de actualización asíncronas.

Hemos optado por poner la definición de la configuración de acceso a la base de datos en los archivos xxx.properties, y utilizar el mecanismo de perfiles de Spring. En las mejores prácticas históricas, la configuración de las llamadas a la base de datos y el pool de conexiones deberían configurarse a nivel del servidor de aplicaciones. Para Tomcat, esto se hace en context.xml y se referencia en web.xml en forma de un *datasource*. Los detalles están disponibles en la dirección https://tomcat.apache.org/tomcat-9.0-doc/jndi-datasource-examples-howto.html. Esto evita tener todos los drivers en el archivo WAR (h2, MariaDB, etc.) o un archivo WAR por base de datos objetivo.

3. Algunos problemas de este modelo todo en uno

3.1 Compartir recursos

Por definición, el servidor "todo en uno" alberga el firewall, la aplicación web y la base de datos. Por tanto, debe gestionar cada una de estas funciones en paralelo. Si el servidor está poco cargado, responderá fácilmente a las necesidades, pero si hay muchas peticiones que procesar al mismo tiempo, como las búsquedas en la base de datos, una u otra de las aplicaciones puede ocupar rápidamente todos los recursos.

Si no se utiliza mucho, este servidor puede alojar otras aplicaciones (mutualización), con el riesgo, sin embargo, de que una tome el relevo de las otras.

Además, el puerto 80 sólo puede ser utilizado por una aplicación a la vez, por lo que se necesitan mecanismos (*virtualhost*, proxy, contexto) para redirigir los flujos HTTP a la aplicación web correcta.

Por último, el servidor necesita operaciones de mantenimiento (copias de seguridad, actualizaciones del sistema operativo o de las aplicaciones) que conllevan tiempos de inactividad. Por término medio, cada aplicación se actualiza una vez al mes, lo que naturalmente repercute en la disponibilidad y la seguridad de las aplicaciones instaladas en el servidor, como nuestra aplicación eni-todo.

Si hay varias aplicaciones, las actualizaciones de versión se deben realizar al mismo ritmo.

3.2 Configuración de hardware no óptima

Los requisitos físicos de una máquina de base de datos no son los mismos que los de un servidor de aplicaciones o un HPC. En consecuencia, una máquina "todo en uno" tiene que cumplir la suma total de los requisitos técnicos de cada uno de los componentes. Al final, esto se traduce en una máquina extremadamente cara y frágil. Este fue el caso de los AS/400 y los *mainframes* de los años 80, que rápidamente se volvieron prohibitivamente caros.

3.3 Todos los huevos en la misma cesta

Un solo servidor significa que, si se estropea, todo se para. Pero un servidor es muy complejo y, para que funcione, se necesita un gran número de componentes, como su fuente de alimentación, la conexión de red, el disco duro, los chips de memoria, los procesadores, los ventiladores, la placa base, etc. Cualquiera de estos componentes puede fallar en cualquier momento.

Como cada uno de estos componentes tiene su propia probabilidad de averiarse -a menudo expresada como **MTBF** (*Mean Time Between Failures*) - el riesgo de un incidente es la suma de estos riesgos. Las aplicaciones alojadas en el servidor dependen de cada uno de estos componentes electrónicos.

La fragilidad de los componentes electrónicos es la principal razón de los carísimos sistemas de refrigeración utilizados en las salas de servidores. La **ASHRAE** (*American Society of Heating, Refrigerating and Air-conditioning Engineers*) aumentó sus recomendaciones de temperatura y humedad en 2010 y 2015, recomendando un rango de 15°C a 32°C, con una humedad entre el 8% y el 80%. Uno de los argumentos es que el menor coste del aire acondicionado compensa el aumento de las averías.

Es más, cualquier aplicación o servicio puede contener errores o fallos que pueden hacer que la aplicación se pierda por completo. Si la base de datos se cae, el servicio va a funcionar mal. Si el servidor Tomcat se cae, el acceso al servicio se corta por completo.

En consecuencia, el modelo autónomo es insostenible para una aplicación crítica. Es cierto que nuestra aplicación eni-todo no entra necesariamente en esta categoría. Pero imaginemos que la utilizan miles de personas cada día: el servidor está mal dimensionado, no es robusto ante las averías y está sujeto a los caprichos del hardware y el software. Si no garantizamos la disponibilidad del servicio, los usuarios (y clientes en el caso de un servicio de pago) huirán rápidamente a una solución más viable.

Vamos a corregir todos estos problemas y a construir una arquitectura tolerante a fallos que garantice un buen nivel de disponibilidad.

Capítulo 2
Infraestructuras y servicios básicos

1. ¿Qué es la alta disponibilidad?

La alta disponibilidad reúne un conjunto de normas técnicas, funcionales y organizativas. Se define por una serie de elementos que se exponen a continuación.

1.1 Tolerancia a fallos

El ejemplo del capítulo Aplicación standalone, que es el tema principal de este libro, ha puesto de manifiesto una serie de problemas que se deben corregir.

Para que un servicio siga estando disponible, debe ser tolerante a fallos. Esto significa que, en caso de problemas de hardware o software, la aplicación y sus dependencias deben seguir siendo accesibles, hasta el límite de lo razonable: si apaga todo, es obvio que nada funcionará. Pero si apaga unos cuantos servidores, si pierde unos cuantos servicios, si corta unos cuantos cables de red, si pierde una fuente de alimentación, ¿puede encontrar la manera de seguir trabajando?

1.2 Tasa de disponibilidad

Se dice que un sistema informático tiene alta *disponibilidad* (*High Availability* - HA) cuando presenta un alto índice de disponibilidad. Disponibilidad significa que el servicio se presta de forma adecuada.

Por lo general, se trata de un elemento contractual: un proveedor se compromete a ofrecer una disponibilidad del 99,9%, lo que significa que el servicio se debe prestar el 99,9% del tiempo durante un periodo determinado (año, mes, semana, día, etc.). A lo largo de un año, esto corresponde a menos de 9 horas de interrupción. El método utilizado para calcular la disponibilidad puede variar. Puede decidir, por ejemplo, no contar las interrupciones programadas o los microcortes (que duran menos de unos minutos o segundos).

He aquí una tabla con algunos valores máximos de indisponibilidad en función de la tasa de disponibilidad deseada:

Porcentaje	Día	Semana	Mes	Año
90	2 h 24 min	16 h 48 min	3 d	36 d 12 h
95	1 h 12 min	8 h 24 min	1 d 12 h	18 d 6 h
99	14 min 24 s	1 h 40 min 48 s	7 h 12 min	3 d 15 h 36 min
99,5	7 min 12 s	50 min 24 s	3 h 46 min	1 d 19 h 48 min
99,9	1 min 26 s	10 min 5 s	43 min 12 s	8 h 45 min 36 s
99,99	9 s	1 m	4 min 19 s	52 min 34 s
99,999	0,86 s	6 s	26 s	5 min 15 s
99,9999	0,086 s	0,6 s	3 s	32 s

Por ejemplo, un servicio de archivo como S3 Glacier de Amazon Web Services ofrece una tasa de disponibilidad del 99,9%, lo que significa que el servicio puede estar contractualmente no disponible durante menos de 1 minuto y 26 segundos al día y menos de 9 horas al año. Mientras que la solución EC2 propone una tasa de disponibilidad mensual de 99.99 %, es decir como máximo cuatro minutos de interrupción por mes.

La alta disponibilidad no se debe confundir con el plan de recuperación (*Disaster Recovery Plan* - DRP o DR más corto), que se activa en caso de desastre. Este tema se tratará en el capítulo Ir más lejos. Sin embargo, ambos se pueden complementar: por ejemplo, si todos los elementos están permanentemente duplicados, entonces se hace una conmutación en un espacio de tiempo muy corto. Cuando ambos se implementan juntos, hablamos de HA/DR (*High Availability/Disaster Recovery*).

1.3 Factores que se deben tener en cuenta

La disponibilidad de los servicios no es sólo una cuestión de configuración de los mismos. Es un todo, que incluye:

- hardware (tipos de servidores, procesadores, RAM, etc.),
- topología eléctrica (doble alimentación, redes eléctricas separadas, inversores, etc.),
- topología de la red (tipos de red, conexiones redundantes, routeres, VLAN, enlaces entre datacenters, etc.),
- arquitectura física y técnica (número de máquinas necesarias para la alta disponibilidad, distribución, servidores físicos o virtuales, etc.),
- arquitectura funcional y de software (elección de los servicios adecuados, configuración, distribución, tolerancia a fallos, clústeres, etc.),
- establecer sistemas automatizados (por ejemplo, reinicios automáticos),
- aplicación de un modo degradado (garantía de servicio mínimo),
- creación de una plataforma DR en caso de DRP,
- la escritura y mantenimiento de un plan de DR, contiene todas las acciones y la lista de actores que intervienen, escrita, conocida y probada de manera regular.

Todos estos elementos contribuyen a un objetivo: evitar absolutamente el **SPOF** (*Single Point Of Failure* o punto de fallo único). Alta disponibilidad significa capturar el componente crítico que podría derribar todo el edificio.

Alta disponibilidad también significa **redundancia** de todos los componentes.

1.4 Funciones y responsabilidades

Siguiendo los principios de separación de responsabilidades (*separation of concerns*), las empresas han tenido una fuerte tendencia a restringir y estructurar la relación entre el desarrollo y la producción, mediante procedimientos en papel, con el TMA (*Tierce Maintenance Applicative*) legalizando aún más la relación entre la producción, con sus costes fijos y los desarrolladores de proyectos, con sus costes variables. Con el tiempo, y alentados por mecanismos de corrección automatizados como los reinicios automáticos, las adaptaciones de carga, los aumentos automáticos del espacio de almacenamiento, etc., de los que hablaremos más adelante, los gestores de productos de software tienden a favorecer la rapidez de implantación en detrimento de la calidad del desarrollo.

Teniendo en cuenta que la infraestructura hecha por Ops lo más robusta posible, puede manejar fácilmente aplicaciones defectuosas (*memory leaks*, *log outburst*, *infinite loop*, etc.), esta visión a corto plazo, que a menudo proviene de principios y métodos ágiles equivocados o mal entendidos, es un grave error que el movimiento DevOps, que es mucho más amplio que la simple automatización del despliegue, está tratando de corregir poniendo los problemas de producción en el corazón del proyecto, de la misma manera que la experiencia del usuario, por ejemplo.

Muchas estructuras (incluidas las grandes empresas con actividades críticas) tienen equipos especializados en la gestión de crisis y, en particular, en la pérdida de todo o parte de un sistema de información. Esto se conoce como gestión de la continuidad del servicio de informática o ITSCM (*IT Service Continuity Management*). Estos equipos garantizan el seguimiento de las buenas prácticas en este ámbito, mantienen los PRA, los planes de recuperación ante desastres (DRP, *Disaster Recovery Plans*) y coordinan las pruebas. Estas mejores prácticas se agrupan en la norma ISO 22316 (*Security and Resilience*).

En este capítulo se pondrán los primeros cimientos de una arquitectura técnica, de sistemas y de red, capaz de albergar servicios de alta disponibilidad. Veremos dónde y cómo colocar los servidores, cómo configurar una red y cómo establecer los servicios básicos. Y a lo largo de la práctica, veremos lo importantes que son las interacciones entre plataforma y software y, por lo tanto, entre Ops y Dev. Es esencial que el diseño de la aplicación sea tan robusto como el de la plataforma.

2. Infraestructura de alta disponibilidad

2.1 Ejemplo de arquitectura

Este diagrama muestra una arquitectura típica de alta disponibilidad para una infraestructura informática, diseñada para ser lo más tolerante posible a fallos.

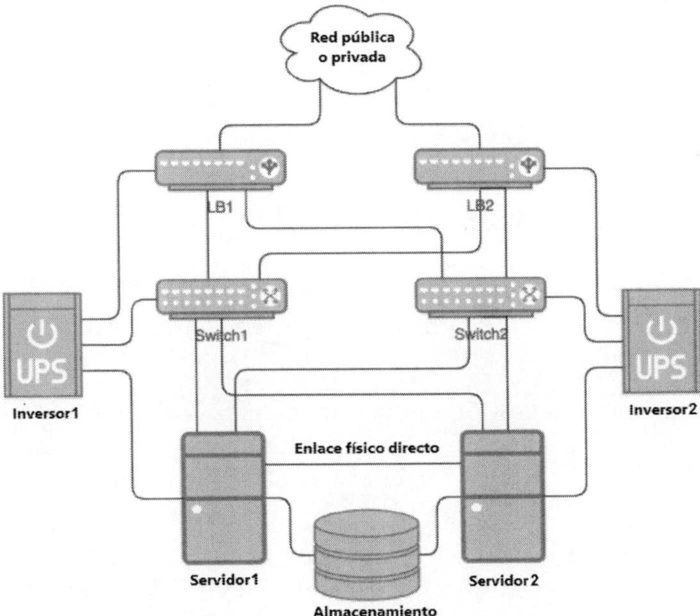

Figura 1: Infraestructura de alta disponibilidad

El equipo es redundante:

- dos servidores,
- dos *switchs* de red,
- dos unidades de carga compartida (LB1 y LB2),
- dos inversores,
- almacenamiento con tolerancia a fallos RAID.

Las conexiones en sí son redundantes:

- Los repartidores y servidores tienen un enlace físico de red con los dos conmutadores.
- Los servidores tienen un enlace físico directo adicional como parte de un *heartbeat*, por ejemplo.
- Los servidores acceden al mismo almacenamiento redundante.
- Los clientes acceden a los servicios a través de uno de los dos repartidores de carga.
- Cada equipo tiene dos fuentes de alimentación separadas, conectadas a dos redes eléctricas independientes, al menos una de las cuales está conectada a un inversor o generador de reserva.

2.2 Características del hardware del servidor

En un datacenter, los servidores se instalan como blades en racks. Estos servidores tienen una serie de características especiales, en comparación con los ordenadores convencionales:

- La presencia de un puerto de gestión remota, como el ILO (*Integrated Lights Out*) de HP, que permite gestionar el servidor a distancia, incluso cuando está apagado. En cierto modo, es una máquina dentro de otra máquina.
- El uso de barras de memoria de tipo ECC (*Error-Correcting Code*), que permite la autocorrección de las corrupciones de datos de memoria más comunes y, de esta manera, disponer de tiempo para cambiarlos en caso de constatar un funcionamiento incorrecto.

- Procesadores dedicados que, de hecho, suelen ser los mismos que en un PC convencional, pero a veces con una mejor gestión de la energía y un poco más de caché (básicamente hay poca o ninguna diferencia entre un Intel Core i y un Xeon).
- Numerosos puertos de red, Ethernet y/o fibra, para conexión a múltiples redes y tolerancia a fallos.
- Imponentes sistemas de refrigeración activa y pasiva, que permiten montar varias blades una encima de otra (pero con un peso muy elevado).
- Dos fuentes de alimentación independientes, que proporcionan tolerancia a fallos en caso de pérdida de una de ellas o de pérdida de tensión en una de las tomas.
- Mayor tamaño y componentes más uniformemente distribuidos para optimizar la disipación del calor, de ahí el imponente tamaño del chasis.
- Un chasis montado sobre raíles de fácil apertura para acceder rápidamente a los distintos componentes en caso de avería.
- Un chasis sólido y resistente a los golpes (para abrirlo y moverlo con frecuencia).
- Numerosas bahías para discos extraíbles con tolerancia a fallos RAID y controladores intercambiables en caliente (*hot swap*).
- Los LED del panel frontal permiten determinar rápidamente el estado del servidor y el tipo de fallo. A veces incluso una pequeña pantalla LCD o panel.

Figura 2: Un HP Proliant DL 380 Gen10 en formato 2U

Está muy lejos de ser el PC de un gamer, excepto quizá en lo que se refiere al ruido a plena carga.

2.3 Distribución de servidores

Cada rack puede alojar un gran número de módulos: servidores, pero también conmutadores, bahías de almacenamiento o cualquier otro equipo. La altura de un rack se calcula en unidades de rack, o U. 1U corresponde a 1,75 pulgadas o 44,45 mm. Un rack típico mide 42U, es decir, algo más de 1,8 m de altura. Cada blade puede medir entre 1U y 4U. Un centro de datos puede contener miles de racks y decenas de miles de servidores, repartidos en grandes superficies y varias plantas. Los datacenters, los racks y los servidores no se colocan en cualquier sitio ni de cualquier manera. Es tarea de los planificadores diseñarlos.

Quedémonos con el caso sencillo de la arquitectura presentada. Para garantizar la disponibilidad, un servicio debe funcionar en, al menos, dos servidores. La ubicación física depende de la arquitectura de los bastidores, la red y la alimentación eléctrica. Si el servicio es muy crítico, conviene colocar los servidores más separados:

- habitaciones diferentes,
- diferentes plantas,
- diferentes edificios,
- diferentes centros de datos,
- países o continentes diferentes,
- racks diferentes,
- diferentes redes eléctricas,
- etc.

En la práctica, los planificadores diseñan bastidores redundantes que ya cuentan con dos redes eléctricas distintas (de ahí las fuentes de alimentación dobles para los servidores), dos conmutadores o switches modulares, etc. Así que la cuestión del posicionamiento físico de los servidores no se puede responder de forma sencilla.

Sin embargo, cada vez es más frecuente que las empresas distribuyan sus servidores en varios centros de datos geográficamente distantes, pero conectados entre sí por redes de alto rendimiento (fibra óptica). En caso de incidente grave en uno, el otro toma el relevo. Esto es lo que también hacen los proveedores de soluciones en la nube. Esto explica, por ejemplo, las nociones de región y zona de disponibilidad en AWS (*Amazon Web Services*).

En Europa, por ejemplo, AWS dispone de centros de datos en París, agrupados bajo el nombre único de región. La región eu-west-3 corresponde a París. Cada región se compone de varios entornos aislados denominados zonas de disponibilidad o AZ (*Availability Zones*). Estas zonas pueden corresponder a uno o varios centros de datos. En todos los casos, estas zonas son independientes en términos de energía y red, pero todas están interconectadas mediante enlaces seguros. En París, hay tres zonas:

- eu-oeste-3a
- eu-oeste-3b
- eu-oeste-3c

Por lo tanto, se trata de repartir los servidores y servicios entre estas tres zonas. El número 3 no es insignificante: corresponde a la noción de quórum (véase el capítulo Orquestación).

La latencia inducida por la distancia física de los servidores también es un criterio importante a tener en cuenta: mientras que en una sala es común una latencia de menos de un milisegundo, puede alcanzar varias decenas, si se trata de distancias largas, lo que puede causar efectos perjudiciales en los servicios ofrecidos. Por ejemplo, la latencia máxima predeterminada de etcd es de 100 ms. Este es un elemento a tener en cuenta, así como las nociones de rendimiento y ancho de banda, en el contexto de la alta disponibilidad. Una latencia demasiado alta podría impedir, por ejemplo, la replicación síncrona. Permaneceremos aquí en valores tolerables que se mantengan por debajo de unos pocos milisegundos.

Una vez más, hay que tener cuidado de no confundir HA y DR (aunque ambas sean posibles al mismo tiempo). Algunas empresas distinguen entre un centro de datos maestro, primario o principal y un centro de datos secundario o de *backup*. En un momento dado, sólo el centro de datos primario está activo y los servicios y datos se replican en el secundario. En caso de avería grave, los servicios se transfieren al centro de datos secundario mediante un procedimiento PRA (plan de recuperación de la actividad).

En todos los casos, HA o DR, es vital no prescindir de las copias de seguridad y los procedimientos de restauración: en caso de desastre global, es la única forma de poder reconstruir todo el sistema.

2.4 Servidores físicos o virtuales

Ya sea en la empresa o en la nube, los servidores virtuales se utilizan muy a menudo (prácticamente todas las instancias en la nube son servidores virtuales que normalmente llamamos instancias, *compute nodes* o *workloads*). Estos servidores virtuales se ejecutan en servidores físicos. Sin embargo, si dos servidores virtuales se ejecutan al mismo tiempo en el mismo servidor físico, no hay redundancia, por lo que se pierde la alta disponibilidad.

En la nube, las aplicaciones se despliegan en dos servidores virtuales (que normalmente llamamos instancias, *compute nodes* o *workloads*) o más, en zonas diferentes.

En la empresa, esto suele ser más complicado, porque los hipervisores los suelen gestionar equipos dedicados y no se sabe en qué servidor físico se instala la máquina virtual suministrada. Sin embargo, es posible, por ejemplo, con VMWare ESX, establecer reglas de afinidad: una máquina no debe coexistir con otra.

Alternativamente, puede dejarlo simplemente en manos de los procesos automáticos y, en caso de fallo, dejar que los servidores migren y se reinicien en otro hipervisor, con el riesgo de tiempo de inactividad durante el cambio.

2.5 Pruebas sin servidores

No todo el mundo dispone de switchs avanzados, varios servidores, varios terabytes de espacio en disco o *peering* de Internet con un operador específico. Hay muchas formas de prescindir de estos equipos.

Con un PC (Windows, Linux) o un Mac lo suficientemente potente, equipado con cuatro o más núcleos (ocho núcleos, incluso dieciséis o threads son muy prácticos), 16 GB o más (32 GB, incluso 64 sería lo ideal), es posible utilizar un hipervisor para crear máquinas virtuales. En aras de la compatibilidad con el mayor número posible de sistemas y para favorecer la democratización, todos los ejemplos de este libro se han configurado y probado en máquinas virtuales que ejecutan VirtualBox. Sin embargo, los autores también probaron otras soluciones como Hyper-V en Windows 11, QEMU-KVM (con libvirt) en Linux y UTM, un emulador basado en QEMU que provocó algunas dificultades, en una MacBook Silicon M3.

En el momento de escribir la primera edición, hasta 13 máquinas virtuales se habían estado ejecutando al mismo tiempo en una máquina Core i7-4770 con 32 GB de RAM y 1 TB de SSD. Esto fue posible porque las máquinas nunca funcionaron al 100% de su capacidad y rara vez al mismo tiempo. Es posible conformarse con menos, en particular deteniendo voluntariamente ciertas máquinas cuando no son necesarias Esta es la ventaja de la alta disponibilidad: si se necesitan al menos dos servidores la mayor parte del tiempo, es precisamente para poder apagar uno. El punto crítico, sin embargo, es el almacenamiento: para poder ejecutar varias máquinas virtuales en buenas condiciones, el dispositivo de almacenamiento debe ser muy rápido. Un disco duro convencional pone a prueba sus nervios: los volúmenes SSD (*Solid State Drive*) en SATA o M.2 son ideales. Los autores han mejorado su equipamiento para esta segunda edición: Mac M3, Ryzen 7 5800X, 64 GB de RAM, pero también un cluster Raspberry, etc.

Otra opción es utilizar una solución en la nube. En AWS, por ejemplo, es posible utilizar instancias t2.micro (1 VCPU, 1 GB) de forma gratuita durante un cierto período de tiempo. Estas instancias pueden ser suficientes para varios de los ejemplos de este libro, pero no se pueden utilizar para ejecutar un clúster Kubernetes. En este caso, es necesario utilizar instancias de mayor rendimiento que cuestan dinero. La ventaja de las soluciones en la nube es que sólo se paga por lo que se utiliza: una máquina apagada no cuesta nada. No hay que olvidarse de hacerlo.

Por último, algunas empresas dan acceso puntualmente a su personal a uno o varios servidores, físicos o virtuales, con fines de experimentación.

2.6 Requisitos y plan de direccionamiento

2.6.1 Servidores

Todos los ejemplos de este libro se crearon y probaron en máquinas virtuales que utilizan VirtualBox, Hyper-V, KVM o UTM. También hubiera sido posible hacer funcionar y comunicar máquinas virtuales Virtualbox y Hyper-V en el mismo PC. Lo único que no se pudo simular fueron los dos inversores y los dos conmutadores independientes. Para estos últimos, es fácil simular un agregado en el lado Linux usando un simple truco. Por lo demás, como se trata de un libro sobre Linux, no hay diferencia entre una instalación en un gran servidor de empresa y las máquinas virtuales.

Todos los servidores están instalados en Ubuntu Server 24.04 LTS.

Casi todos los servidores necesitan estar duplicados. Para poner en práctica los ejemplos de este libro, se necesita lo siguiente:

- Dos máquinas que actúan como servidores de infraestructura: acceso SSH (*Secure SHell*) a la plataforma, servidor DNS, equilibrador de carga, biblioteca de imágenes de contenedores y despliegue de Ansible. En realidad, el rol de balanceador de carga se debe asignar a dos servidores independientes. Estos servidores son necesarios a partir de este capítulo.
- Dos servidores (también llamados hosts, nodos o nodos) que alojan las aplicaciones en contenedores (véanse los capítulos Los contenedores y exposición y distribución).

- Dos servidores utilizados para configurar un clúster de almacenamiento (véase el capítulo Almacenamiento de alta disponibilidad).
- Siete servidores para configurar un clúster Kubernetes de alta disponibilidad. Tres se utilizan como controladores de Kubernetes (también conocidos como *masters*) y cuatro nodos de trabajo (también conocidos como nodos o *workers*). Solo dos pueden ser suficientes, pero veremos cómo especializarlos.

2.6.2 Red

Se utiliza un plan de direccionamiento de tipo estático.

Para simular una conexión de tipo "intranet", los servidores de la infraestructura deben ser accesibles desde la red local. Una interfaz de tipo puente (*bridge*) permite que las máquinas tengan una dirección IP proporcionada, por ejemplo, por un box.

En principio, los demás servidores no están expuestos. Por lo tanto, puede configurar una red interna, en la que sólo las máquinas se comunican entre sí, o -y esto es preferible- una red privada de host, en la que las máquinas virtuales y el host se comunican entre sí, pero los demás equipos de la red no tienen acceso. La ventaja es que puede conectarse a las máquinas directamente desde el host.

Para simular la exposición a Internet sin afectar a las otras dos redes, los dos servidores de infraestructura disponen de una tercera interfaz de red interna en la que se puede configurar cualquier tipo de dirección.

- La red puenteada está en la subred 192.168.1.0/24.
- La red privada del host está en la subred 192.168.56.0/24.

2.6.3 Detalles

Aquí está la lista de servidores y los requisitos para cada uno de ellos:

Servidor	VCPU	RAM	Disco	Rol
infra01	1	1	10+20	Ansible, servidor DNS primario, equilibrador de carga primario, biblioteca de imágenes Docker
infra02	1	1	10	Servidor Ansible secundario (en caso de fallo de infra01), servidor DNS secundario, equilibrador de carga de reserva.
nfsha01	1	2	10+30	Servidor de almacenamiento activo
nfsha02	1	2	10+30	Servidor de almacenamiento pasivo
nodo1	2	2	40	Primer host de la aplicación
nodo2	2	2	40	Segundo host de aplicación
k8s-master01cplane01	2	2	10+40	Primer msater/controlador de Kubernetes
k8s-master02cplane02	2	2	10+40	Segundo master/controlador de Kubernetes
k8s-master03cplane03	2	2	10+40	Tercer master/controlador de Kubernetes
k8s-trabajador01	2	2	10+40	Primer worker Kubernetes
k8s-trabajador02	2	2	10+40	Segundo worker Kubernetes
k8s-trabajador03	2	2	10+40	Tercer worker Kubernetes
k8s-trabajador04	2	2	10+40	Cuarto worker Kubernetes
Total	20	26	570	

Por último, aquí están los nombres de host para cada uno, incluyendo IPs flotantes (VIPs - *Virtual IPs*), ya que inicialmente se configurarán en DNS:

Servidor	Nombre del host	Direcciones
infra01	infra01.diehard.net infra01-intra.diehard.net	192.168.56.12 192.168.1.101
infra02	infra02.diehard.net infra02-intra.diehard.net	192.168.56.13 192.168.1.102
nfsha01	nfsha01.diehard.net	192.168.56.10
nfsha02	nfsha02.diehard.net	192.168.56.11
nodo1	node1.diehard.net	192.168.56.30
nodo2	node2.diehard.net	192.168.56.31
k8s-master01cplane01	k8s-master01cplane01.diehard.net	192.168.56.20
k8s-master02cplane02	k8s-master02cplane02.diehard.net	192.168.56.21
k8s-master03cplane03	k8s-master03cplane03.diehard.net	192.168.56.22
k8s-trabajador01	k8s-worker01.diehard.net	192.168.56.23
k8s-trabajador02	k8s-worker02.diehard.net	192.168.56.24
k8s-trabajador03	k8s-worker03.diehard.net	192.168.56.25
k8s-trabajador04	k8s-worker04.diehard.net	192.168.56.26
VIP NFS	nfsvip.diehard.net	192.168.56.12
API VIP k8s	api.kube.diehard.net	192.168.56.15
VIP GW	vip-gw.diehard.net	192.168.56.19
Intranet VIP	Variable	192.168.1.110

3. Instalación básica

3.1 Red VirtualBox

En VirtualBox, tiene que crear una red privada de host.

- En la esquina superior izquierda, encima de la lista de máquinas virtuales, haga clic en **Tools** y, a continuación, en **Network**.

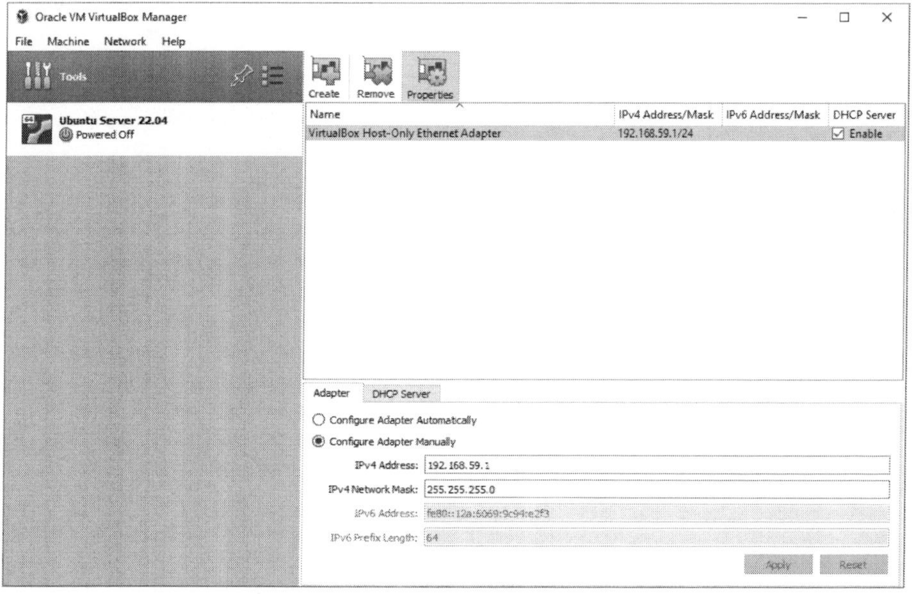

Figura 3: Creación de una red privada de host en VirtualBox

- Debe crear una red privada host en la sección **Host-only Networks**, llamada vboxnet0, en una subred 192.168.56.0/24. La dirección IP del host es 192.168.56.1. En el lado DHCP, las direcciones dinámicas no se utilizarán a menos que se olvide de configurar las interfaces durante la instalación. Deje libre el rango 192.168.56.2 a 192.168.56.99 para direcciones IP estáticas.

A la hora de configurar las máquinas virtuales, el punto más importante se refiere a las interfaces de red. A excepción de los dos servidores infra01 e infra02, todos los servidores tienen una sola interfaz de red. Configúrela con los siguientes parámetros:

- **Attached to: Host-only Adapter**
- **Name: VirtualBox Host-Only Ethernet Adapter**

infra01 e infra02 son diferentes. Están expuestos en la red del usuario (empresa, intranet, red de cajas), la primera interfaz está configurada de forma diferente:

- **Attached to: Bridged Adapter**
- **Name**: elija el adaptador de red principal para el host VirtualBox

Por último, para las simulaciones de exposición a Internet, estos dos servidores disponen de una tercera interfaz, completamente interna a las máquinas virtuales:

- **Attached to: Internal Network**
- **Name: intnet**

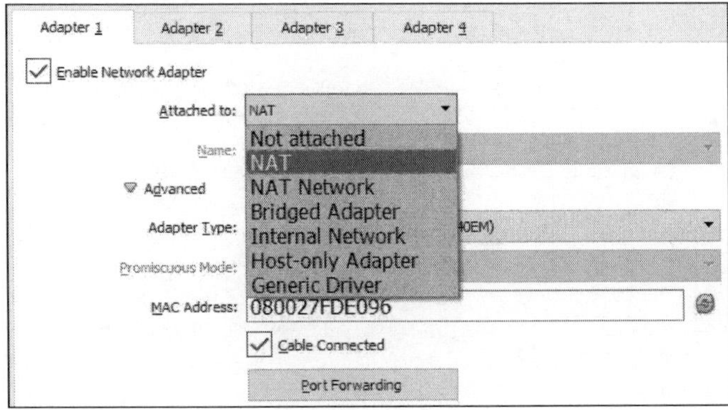

Figura 4: Configuración de las interfaces de las máquinas virtuales

3.2 Red Hyper-V

Hyper-V es el hipervisor predeterminado de Microsoft, disponible en las versiones Server, Windows 10 y 11. También es el hipervisor de la plataforma Azure Cloud. Para conocer los pasos de activación, consulte la página:
https://support.microsoft.com/es-es/windows/habilitar-la-virtualizaci%C3%B3n-en-windows-c5578302-6e43-4b4b-a449-8ced115f58e1

- A continuación, inicie el **Hyper-V Manager** desde la lista de aplicaciones. Una vez iniciado, en la lista de la derecha, seleccione **Virtual Switch Manager**. Debe crear tres de ellos haciendo clic en **New virtual network switch** en la parte superior izquierda de la ventana:
  - Un conmutador **External**, que se vinculará a un adaptador físico de su máquina: la interfaz vinculada a este conmutador recibirá una IP en la red asociada (por ejemplo, su decodificador de Internet).
  - Un conmutador **Internal** de Windows creará una interfaz virtual Ethernet interna para el host, lo que permitirá la comunicación entre el host y la máquina virtual. Se requerirá una configuración adicional en el host.
  - Finalmente, para las pruebas OSPF, un conmutador **Private**. Solo serán posibles las comunicaciones entre máquinas virtuales.

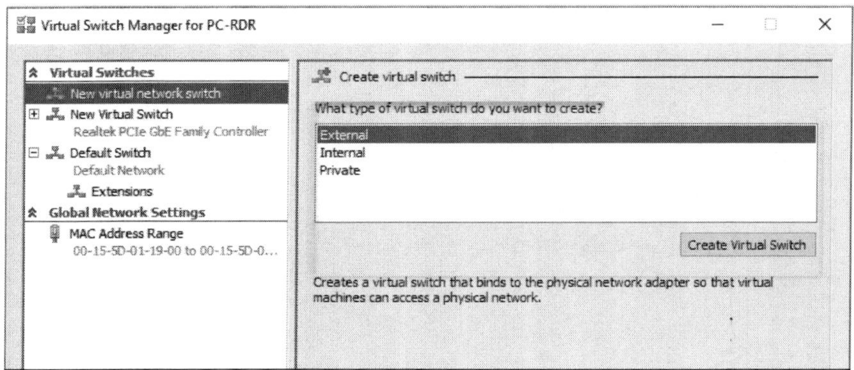

Figura 5 : Los conmutadores virtuales en Hyper-V

Windows ha creado una interfaz de red vinculada al conmutador interno. La usaremos para el rango de direcciones 192.168.56.0/24, pero aún no está configurada.

- Vaya al **Panel de configuración** y busque **Centro de redes y recursos compartidos**. Debería ver varias interfaces en la lista de redes activas.
- Pulse en la interfaz llamada **vEthernet (Privada)** y después en el botón **Propiedades**. En la lista de los diversos argumentos y protocolos, seleccione **Protocolo Internet version 4 (TCP/IPv4)** y puse en **Propiedades**.
- Asigne una dirección IP a la interfaz y valide:
  - IP: **192.168.56.254**
  - Máscara: **255.255.255.0**

Las máquinas virtuales que usan este switch ahora se podrán comunicar con el hist en este rango.

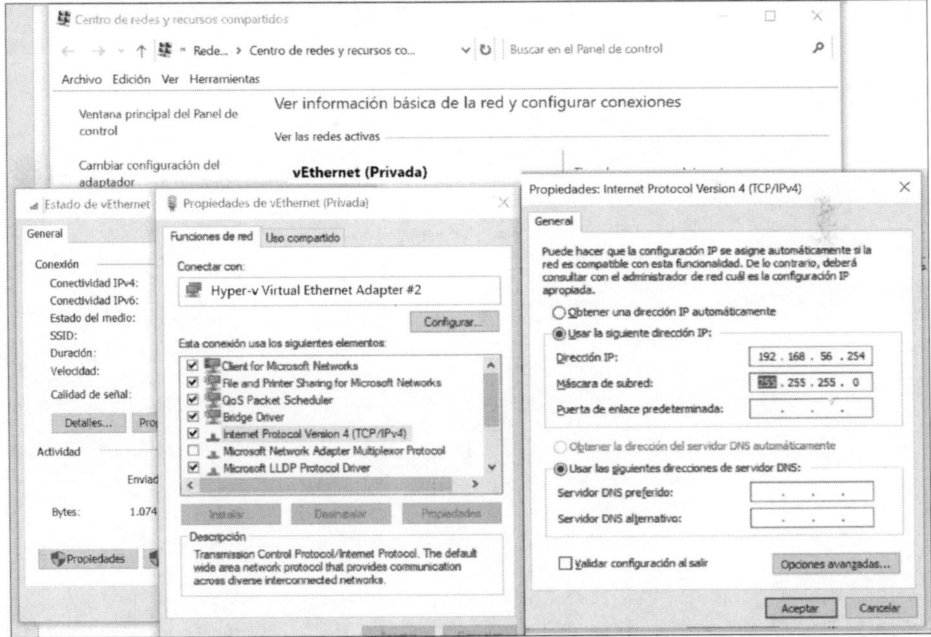

Figura 6: Configuración de la interfaz vEthernet en Windows

3.3 UTM

UTM es un proyecto licenciado bajo Apache 2.0 (que puede patrocinar comprándolo por 10 euros en la App Store de Apple) y ofrece una interfaz gráfica para QEmu, un software de virtualización de procesadores.

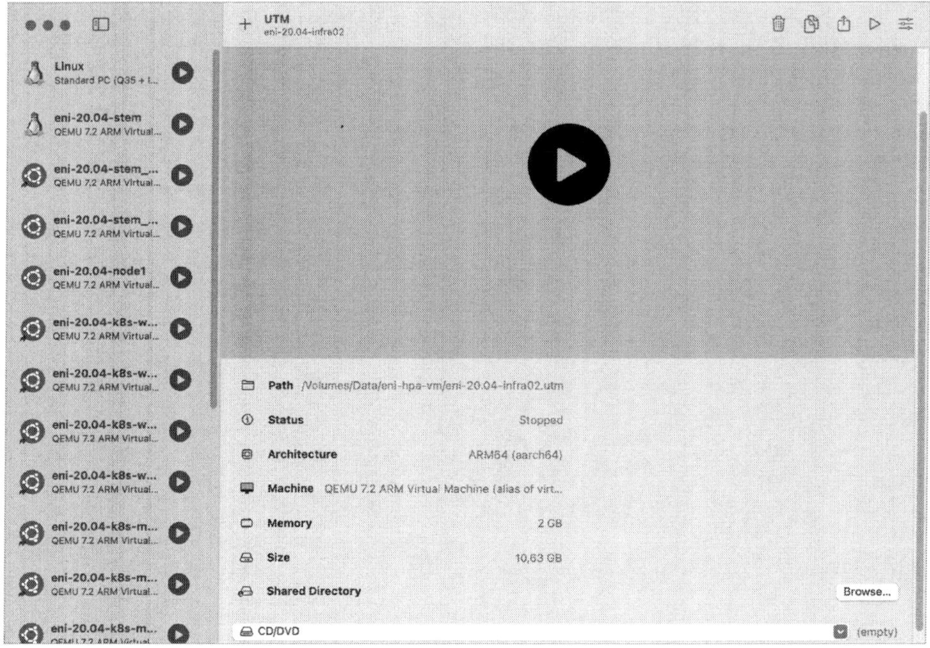

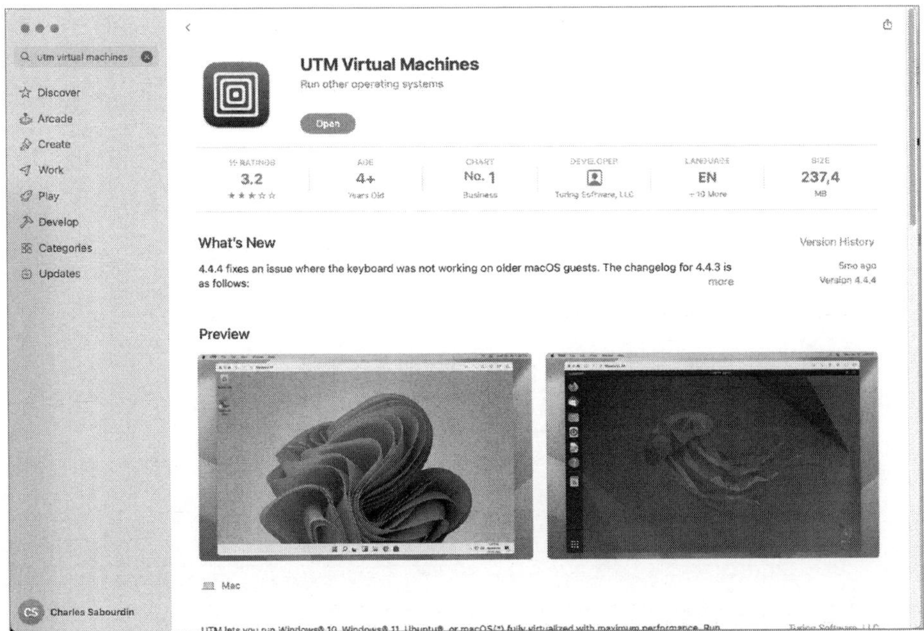

También existe una galería de imágenes preparadas para la herramienta.

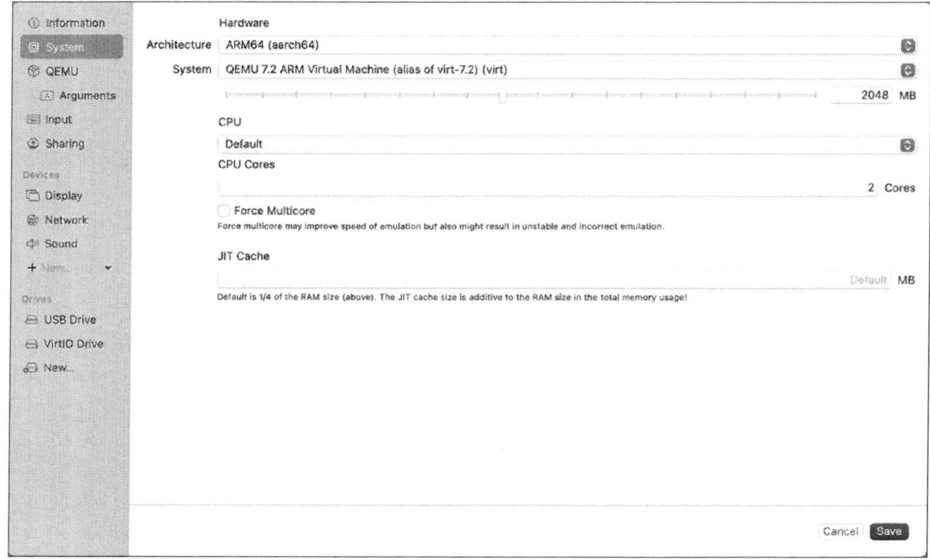

La configuración es relativamente intuitiva y muy clásica, pero nos encontramos con un problema con las interfaces de red. Si desea usar el mismo DHCP Start y DHCP End para que las máquinas virtuales se comuniquen en la misma red, recibirá mensajes de error. Después de investigar un poco, la forma más fácil es dejar estos campos en blanco y establecerlos en la máquina virtual.

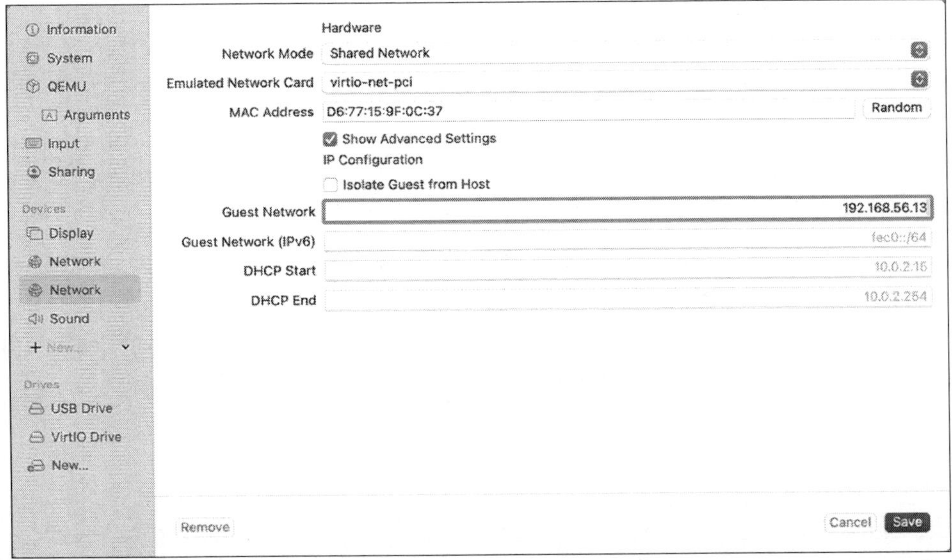

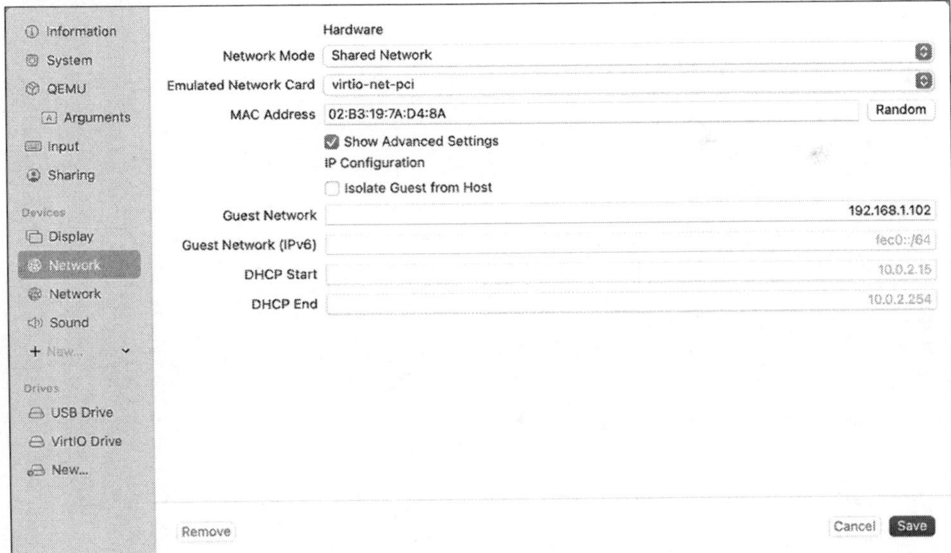

▶ Cambie la MAC Address con el botón **Random**.

3.4 Instalación estándar

3.4.1 Imagen de Ubuntu

Todos los servidores se instalan con Ubuntu Server 24.04 LTS. Para recuperar la imagen ISO de instalación, vaya a https://ubuntu.com/download/server, seleccione la opción 1 y elija la versión 24.04 LTS

La instalación en sí es sencilla y estándar. Por el momento, sólo debe instalar el servidor **openSSH**. Todo lo demás se instalará sólo cuando lo necesite.

Durante la instalación, es posible especificar la ruta a una clave pública, lo que resultará muy útil cuando necesite conectarse directamente.

3.4.2 Discos

Por el momento, utilice sólo el primer disco como medio de destino, siguiendo el esquema de particionado por defecto de Ubuntu. Los otros discos se utilizarán cuando llegue el momento.

Con un disco inicial de 10 GB, obtenemos un cierto número de volúmenes LVM (*Logical Volume Manager*):

```
# pvs
  PV         VG        Fmt  Attr PSize   PFree
  /dev/sda3  ubuntu-vg lvm2 a--   <9,00g    0
# vgs
  VG        #PV #LV #SN Attr   VSize   VFree
  ubuntu-vg   1   1   0 wz--n-  <9,00g    0
# lvs
  LV          VG         Attr        LSize   Pool Origin Data%
Meta%  Move Log Cpy%Sync Convert
  ubuntu-lv   ubuntu-vg -wi-ao----  <9,00g
```

Se montan los siguientes volúmenes:

```
# mount
/dev/mapper/ubuntu--vg-ubuntu--lv  9219412 7049464  1681912  81% /
/dev/sda2                           999320  202116   728392  22% /boot
```

Observación

/dev/sda1 no está montado, es la partición EFI o bios_boot, según el caso.

Si está utilizando UTM, sus discos se verán como /dev/vdX y /dev/sdX en otras soluciones.

Para cambiar el tamaño de los discos, como se explica en la subsección Detalles de este capítulo, tiene varias opciones:

La primera es modificar el disco en el origen, es decir, cambiar el tamaño del disco a nivel de máquina virtual.

La segunda es agregar un disco y montarlo en LVM.

Tiene que apagar la máquina virtual, agregar el disco y reiniciar.

En la línea de comandos, puede encontrar el disco usando el comando `df`, por ejemplo, que ya debe estar montado y de la forma /dev/vdx.

```
$ sudo df -h
Filesystem                          Size  Used Avail Use% Mounted on
udev                                928M     0  928M   0% /dev
tmpfs                               198M  1.4M  197M   1% /run
/dev/mapper/ubuntu--vg-ubuntu--lv 7.6G  4.6G  2.6G  65% /
tmpfs                               988M     0  988M   0% /dev/shm
tmpfs                               5.0M     0  5.0M   0% /run/lock
tmpfs                               988M     0  988M   0% /sys/fs/cgroup
/dev/loop0                           60M   60M     0 100% /snap/core20/2186
/dev/loop3                           62M   62M     0 100% /snap/lxd/22761
/dev/loop4                           35M   35M     0 100% /snap/snapd/21185
/dev/loop1                           92M   92M     0 100% /snap/lxd/24065
/dev/loop2                           58M   58M     0 100% /snap/core20/1614
/dev/vda2                           1.7G  206M  1.4G  13% /boot
/dev/vda1                           537M  6.4M  531M   2% /boot/efi
tmpfs                               198M     0  198M   0% /run/user/1000
```

Nuestro disco primario es, en nuestro ejemplo, /dev/vda (con múltiples particiones), por lo que nuestro nuevo disco es /dev/vdb. Vamos a crear una partición en este disco (n por new, usamos todo el disco como partición primaria para mantenerlo sencillo y escribimos la w update):

```
$ sudo fdisk -l /dev/vdb
Command (m for help): n
Partition type
   p   primary (0 primary, 0 extended, 4 free)
   e   extended (container for logical partitions)
Select (default p): p
Partition number (1-4, default 1): 1
First sector (2048-62914559, default 2048):
```

```
Last sector, +/-sectors or +/-size{K,M,G,T,P} (2048-62914559,
default 62914559):

Created a new partition 1 of type 'Linux' and of size 30 GiB.

Command (m for help): w
```

Mostramos la información del disco para verificar que todo salió bien.

```
sudo fdisk -l /dev/vdb
Disk /dev/vdb: 30 GiB, 32212254720 bytes, 62914560 sectors
Units: sectors of 1 * 512 = 512 bytes
Sector size (logical/physical): 512 bytes / 512 bytes
I/O size (minimum/optimal): 512 bytes / 512 bytes
Disklabel type: dos
Disk identifier: 0x430c711f

Device     Boot Start      End  Sectors Size Id Type
/dev/vdb1        2048 62914559 62912512  30G 83 Linux
```

Se crea una nueva partición a partir del volumen físico LVM ('pvdisplay' para mostrar todos los volúmenes físicos LVM).

```
$ sudo pvcreate /dev/vdb1
 Physical volume "/dev/vdb1" successfully created.
```

Agregamos este nuevo volumen físico al grupo de volúmenes actual 'ubuntu-vg' ('vgdisplay', para mostrar el tamaño de los grupos de volúmenes LVM).

```
$ sudo vgextend ubuntu-vg /dev/vdb1
 Volume group "ubuntu-vg" successfully extended.
```

Luego ampliamos el volumen lógico LVM ('lvdisplay' para mostrar información del volumen lógico).

```
$ sudo lvextend -L +25g /dev/ubuntu-vg/ubuntu-lv
 Size of logical volume ubuntu-vg/ubuntu-lv changed from <7.72 GiB
(1976 extents)  to <32.72 GiB (8376 extents).
 Logical volume ubuntu-vg/ubuntu-lv successfully resized.
```

Para terminar, redimensionamos el sistema de archivos.

```
sudo resize2fs /dev/mapper/ubuntu--vg-ubuntu--lv
resize2fs 1.45.5 (07-Jan-2020)
Filesystem at /dev/mapper/ubuntu--vg-ubuntu--lv is mounted on /;
on-line resizing required
```

```
old_desc_blocks = 1, new_desc_blocks = 5
The filesystem on /dev/mapper/ubuntu--vg-ubuntu--lv is now 8577024
(4k) blocks long.
```

El comando `'df'` permite verificar que todo se haya desarrollado correctamente.

Aunque estos son comandos comunes, es mejor realizarlo cuando el sistema tiene poca carga. También puede reiniciar para validar que todas las operaciones funcionen correctamente.

3.4.3 Red Netplan

Durante la instalación, puede configurar sus interfaces de red estáticas según el plan de direccionamiento proporcionado. Sin embargo, si ha dejado la configuración por defecto, es probable que esté utilizando DHCP. En este caso, es necesario cambiar la configuración de red después de la instalación.

Ubuntu 20.04 utiliza Netplan, una capa de abstracción de configuración de red: se puede utilizar un único archivo de configuración r para generar una configuración específica para cualquier tipo de backend de red especificado. Ubuntu utiliza **systemd-networkd** en lugar de Network Manager. La documentación de Netplan está disponible en https://netplan.io/.

Con Netplan, la configuración de red se describe completamente en YAML, un lenguaje de descripción similar al formato JSON, pero más simple y similar al lenguaje Python. Utilizaremos este formato a lo largo del libro. Una vez aplicada la configuración, Netplan genera los archivos de configuración específicos para systemd-networkd.

Observación

Nota: los nombres de las interfaces de red pueden cambiar según el hipervisor. Si una máquina creada bajo Virtualbox recibe nombres del tipo enpXsY, las creadas bajo Hyper-V usan los nombres clásicos ethX. Esto será algo en lo que pensaremos a lo largo del libro, ya que los ejemplos se proporcionan para Virtualbox.

El instalador de Ubuntu crea un archivo /etc/netplan/50-cloud-init.yaml que se debe modificar en consecuencia. Por ejemplo, en infra02

```
network:
ethernets:
  enp0s3:
    link-local: []
    addresses:
      - 192.168.1.102/24
    routes:
      - to: default
        via: 192.168.1.254
    nameservers:
      addresses:
        - 8.8.8.8
        - 8.8.4.4
    dhcp4: false
    dhcp6: false
  enp0s8:
    link-local: []
    addresses:
      - 192.168.56.13/24
    dhcp6: false
    nameservers: {}
version: 2
```

Y para otras máquinas, como node01, que solo tiene una interfaz:

```
network:
 ethernets:
   enp0s1:
     link-local: []
     addresses:
       - 192.168.56.30/24
     routes:
       - to: default
         via: 192.168.56.1
     dhcp6: false
     nameservers:
      - 192.168.56.13
      - 192.168.56.14
      - 8.8.8.8
 version: 2
```

Los servidores DNS (192.168.56.13 y 192.168.56.14) son servidores locales que configuraremos más adelante en el capítulo.

Una vez modificado el archivo, aplique la configuración:

```
$ sudo netplan apply
```

Netplan genera la configuración en /run/systemd/network/. Por ejemplo, para enp0s3:

```
root@infra02:/run/systemd/network# cat 10-netplan-enp0s3.network
[Match]
Name=enp0s3
[Network]
LinkLocalAddressing=no
Address=192.168.1.101/24
DNS=8.8.8.8
DNS=8.8.4.4

[Route]
Destination=0.0.0.0/0
Gateway=192.168.1.254
```

3.4.4 Usuarios

Cuando instaló Ubuntu, creó su primer usuario. Se crearán otros a medida que instale los distintos servicios presentados en este capítulo y en los siguientes. Pero al igual que en el capítulo Aplicación standalone, utilizará regularmente Ansible para automatizar tareas. Ansible utiliza SSH para conectarse a los servidores.

- Cree un usuario Ansible específico para este rol y asígnele una contraseña de su elección:

```
$ sudo su-
# groupadd -g 1001 ansible
# useradd -m -s /bin/bash -u 1001 -g ansible -d /home/ansible
-c "Cuenta ansible" ansible
# echo "ansible:P@ssw0rd" | chpasswd
```

▶ A continuación, cree una configuración sudoers para este usuario. Para realizar ciertas acciones, Ansible se debe poder ejecutar como root. La siguiente configuración permite al usuario Ansible utilizar `sudo` sin contraseña:

```
$ sudo cat /etc/sudoers/ansible
ansible ALL=(ALL) NOPASSWD: ALL
```

Observación

Esta configuración sudo sólo se aplica a los ejemplos de este libro. Debería considerar eliminar `NOPASSWD` en un entorno de producción real. Es posible colocar la contraseña en un archivo con valor ansible y establecer la variable necesaria cuando se reproduzcan los playbooks.

Sólo los servidores infra01 e infra02 se utilizan para reproducir los playbooks Ansible. Como la conexión a los otros servidores es a través de SSH, es necesario generar una clave para este usuario - la misma clave para ambos servidores.

```
$ sudo su - ansible
$ ssh-keygen -t ed25519
```

▶ Para cada servidor al que se deba conectar Ansible, copie la clave pública e introduzca la contraseña de la cuenta remota de Ansible:

```
$ ssh-copy-id ansible@<hote>
$ ssh ansible@<hote>
```

También es posible copiar directamente la clave pública en la cuenta Ansible de la siguiente manera:

```
$ sudo -H -u ansible bash -c 'echo "ssh-ed25519
AAAAAAAAAAAAAAAAAAAAAAAAAAAAAAAAAAAAAAAA+ARMARMARMARMARMARMARMARM88" >
/home/ansible/.ssh/authorized_keys' && sudo -H -u ansible bash -c
'chmod u+rw,go-rwx /home/ansible/.ssh/authorized_keys'
```

Ubuntu también le permite usar su clave pública de GitHub, si la tiene configurada de esa manera.

Observación

Bajo ninguna circunstancia se debe copiar la clave privada del usuario de Ansible a otros servidores. Si se clona la máquina virtual, la clonación se debe realizar antes de generar la clave privada.

3.4.5 Instalación de Ansible

Ansible sólo es necesario en infra01 e infra02 (como copia de seguridad). Las últimas versiones de Ansible están en un repositorio separado. Los ejemplos de este libro se han probado con Ansible 2. 16.3 disponible con Ubuntu 24.04:

Clonamos el repositorio Git que contiene todos los ejemplos de este libro, como usuario de Ansible:

```
$ sudo su - ansible
$ git clone https://github.com/halnx-todo/ansible-playbooks.git
$ cd ansible-playbooks
$ ansible --version
ansible [core 2.16.3]
 config file = None
 configured module search path = ['/home/ansible/.ansible/plugins/modules',
'/usr/share/ansible/plugins/modules']
 ansible python module location = /usr/lib/python3/dist-packages/ansible
 ansible collection location = /home/ansible/.ansible/collections:/usr/
share/ansible/collections
 executable location = /usr/bin/ansible
 python version = 3.12.3 (main, Apr 10 2024, 05:33:47) [GCC 13.2.0]
(/usr/bin/python3)
 jinja version = 3.1.2
 libyaml = True
```

3.5 Clonación

En lugar de reinstalar varias máquinas virtuales, se puede crear una inicial y luego clonarla tantas veces como sea necesario. En este caso, hay que tomar precauciones.

Lado Virtualbox

- En la política de direcciones MAC, genere nuevas direcciones MAC para todas las interfaces de red. Cree un clon completo, con una copia independiente de las imágenes de disco.

Lado Hyper-V

Hyper-V no permite clonar directamente una máquina. Sin embargo, esto sigue siendo posible así:

- Desactive los snapshots (puntos de control) automáticos.
- Exporte la máquina virtual en un directorio.
- Importe esta misma máquina en un directorio diferente, solicitando un nuevo identificador al copiar.
- Renombre la máquina virtual.

No necesita preocuparse por la dirección MAC, Hyper-V generará una nueva.

Lado UTM

Al hacer clic derecho en "duplicar" se realiza el trabajo y la dirección MAC se cambia automáticamente.

En Linux

- Modifique el nombre del host y, si es necesario, el contenido de /etc/hosts:

```
$ sudo hostnamectl set-hostname nfsha02
```

Borre el identificador de máquina y vuelva a generarlo:

```
$ sudo rm /etc/machine-id
$ sudo systemd-machine-id-setup
```

- Modifique la configuración de Netplan (nueva dirección IP) y aplique los cambios:

```
$ sudo vi /etc/netplan/00-installer-config.yaml
$ sudo netplan apply
```

- Borre las claves del servidor SSH y vuelva a generarlas:

```
sudo rm /etc/ssh/ssh_host*
sudo dpkg-reconfigure openssh-server
```

▶ Esto no es obligatorio, pero un *reboot* valida los cambios:

```
sudo reboot
```

Presentaremos Ansible más adelante, pero proporcionamos un playbook de Ansible para realizar estos cambios de manera automatizada.

Si su clon usó la IP `192.168.56.66` como se define en el inventario para el grupo `newvm`, entonces simplemente inícielo y ejecútelo desde infra01:

```
$ ansible-playbook -i etc/hosts playbooks/install_new_vm.yml \
   -e "vmifname=enp0s1" \
   -e "vmip=192.168.56.70" \
   -e "vmname=tomcat-all-in-one"
```

Dónde los argumentos son:

- `vmifname` es el nombre de la interfaz de red,
- `vmip` para la IP de la VM,
- `vmname` para el nombre del host.

4. Agregados de red

4.1 Velocidad y tolerancia a fallos

Las conexiones de red de los servidores deben ser tolerantes a fallos. Linux permite agregar varias interfaces de red físicas en una única interfaz lógica creando un enlace lógico (*bonding*) entre varias interfaces de red (adaptadores). Si se pierde un enlace en una tarjeta, el tráfico se puede conmutar a otra.

El modo de funcionamiento de este agregado de interfaces depende de su configuración y abarca distintas posibilidades. El bonding permite:

- ofrecer soluciones de reserva en caso de fallo de la interfaz física,
- mejorar el rendimiento multiplicando el rendimiento por el número de tarjetas,
- garantizar la calidad del servicio añadiendo tolerancia a los errores, con el flujo de una tarjeta controlando la otra,

– conexiones del monitor.

En Linux existen dos métodos para gestionar agregados: mediante **bonding**, que es el método histórico gestionado por el núcleo y mediante **teamd**, que es el método que apareció con los núcleos 3.3, con un servicio (*demonio*) en el espacio de usuario. Es la versión histórica la que se presenta aquí, totalmente soportada en el conjunto de versiones de Ubuntu. Sin embargo, el principio sigue siendo el mismo, sea cual sea el método.

4.2 Consideraciones materiales

El uso de determinados modos de agregación requiere una configuración específica de los puertos de los switchs a los que están conectadas las interfaces del servidor, pero incluso un modelo básico permite el uso de determinados modos de funcionamiento. La configuración de los switchs gestionados es responsabilidad de los equipos de red y no se tratará en este libro. La descripción de los modos de funcionamiento indica cuándo se debe aplicar una configuración determinada.

4.3 Modos de funcionamiento

Un agregado define una interfaz de red lógica denominada maestro, en la que se configuran las distintas direcciones IP del servidor. Las interfaces de red que componen el agregado se denominan adaptadores o tarjetas esclavas. Existen varios modos de agregación:

– Modo 0 o **balance-rr** (*round-robin*): los paquetes se transmiten alternativamente en cada una de las interfaces de red que componen el agregado, en orden circular, de la primera a la última. Este modo proporciona equilibrio de carga en cada tarjeta y tolerancia a fallos. Por lo general, es necesario configurar el switch en consecuencia (modo EtherChannel de Cisco o trunk groupe).

- Modo 1 o **active-backup**: sólo hay una interfaz activa, normalmente la primera del clúster en el arranque. Si ésta cae, otra ocupa su lugar. La dirección MAC del agregado sólo es visible en la interfaz activa para evitar confusiones al switch. Todos los switchs permiten este modo, que ofrece tolerancia a fallos. Cuando una tarjeta se activa, el controlador emite peticiones "gratuitas ARP" (*Address Resolution Protocol*) para forzar la actualización de las tablas ARP del equipo.
- Modo 2 o **balance-xor**: los datos se transmiten a todos los adaptadores según reglas XOR predefinidas: (origen XOR destino) %n, donde n es el número de tarjetas. La aplicación de la regla reconstituye los datos en la tarjeta perdida. El switch y el agregado se deben configurar de forma idéntica para seleccionar la regla que se debe aplicar. Este modo proporciona tolerancia a fallos y equilibrio de carga entre las distintas tarjetas.
- Modo 3 o **broadcast**: todos los datos se transmiten al mismo tiempo a todos los adaptadores. El switch se debe configurar en consecuencia. La tolerancia a fallos está garantizada.
- Modo 4 o **802.3ad LACP**: agregación dinámica de enlaces. Este modo crea agregados de tarjetas que comparten la misma velocidad y modos de transferencia. Se utilizan todos los adaptadores. El protocolo 802.3ad se denomina LACP (*Link Aggregation Control Protocol*). El switch y la agregación deben utilizar las mismas reglas. En función de las reglas utilizadas, este modo ofrece un amplio abanico de posibilidades: mayor ancho de banda, tolerancia a fallos y equilibrio de carga. Sin embargo, es más difícil de configurar. Hasta 16 adaptadores pueden formar un agregado 802.3ad, 8 de los cuales pueden estar activos simultáneamente.
- Modo 5 o **balance TLB** (*Transmit Load Balancing*): el tráfico saliente se distribuye entre todos los adaptadores en función de su carga actual. El tráfico entrante sólo se recibe en el adaptador activo. Si se cae, se sustituye por otro, utilizando el mismo principio que el modo 2. Este modo no requiere ninguna configuración especial del switch.

- Modo 6 o **balance ALB** (*Adaptive Load Balancing*): este modo utiliza el modo 5 (balance TLB) y un modo RLB (Receive Load Balancing) para el tráfico IPv4. Las tablas ARP se modifican para que ARP vea todos los adaptadores como uno solo, tanto de entrada como de salida. El controlador modifica la dirección MAC sobre la marcha en cada adaptador. Este modo no requiere ninguna configuración especial del switch. Es el único modo que ofrece modificación del ancho de banda, equilibrio de carga y tolerancia a fallos. Los controladores de los adaptadores deben soportar la modificación de su dirección MAC una vez abierto el puerto, lo que no siempre es el caso.

4.4 Configuración

4.4.1 Configuración manual

La configuración inicial elegida es un agregado en modo active-backup (modo 1). Esto sólo es útil en un servidor físico o si las interfaces de red físicas de un hipervisor se presentan directamente a una máquina virtual. En una máquina virtual, este es un ejercicio práctico para probar agregados y a veces son necesarias modificaciones para conseguir que la capa de red del hipervisor, acepte el modo operativo.

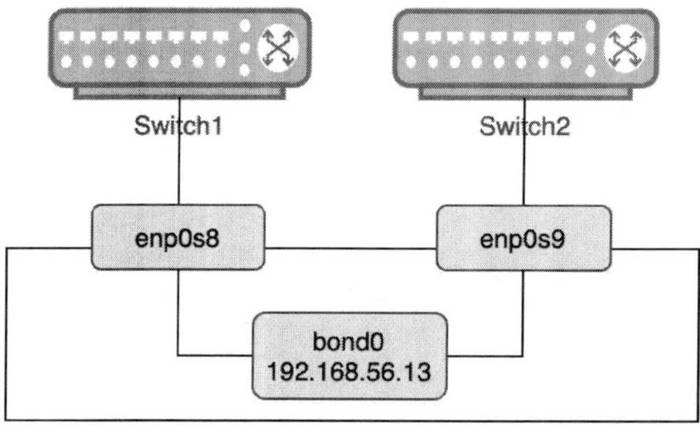

Figura 5: Modelo agregado de agregado active-backup

Para empezar, he aquí una configuración completamente manual de una interfaz bond0, que agrupa dos tarjetas de red conectadas al mismo switch.

Durante la implementación en la máquina de pruebas VirtuaBox infra01, las tarjetas de red de servidor que se deben integrar en el enlace, son las siguientes (utilice eth0 y eth1 con Hyper-V):

```
$ ip l
3: enp0s8: ...  link/ether 08:00:27:11:4c:90 ...
4: enp0s9: ...  link/ether 08:00:27:3f:33:b0 ...
```

El módulo bonding debe estar cargado. Se puede cargar utilizando el comando `modprobe`:

```
$ sudo modprobe bonding
```

Es necesario modificar el archivo /etc/modules o el archivo /etc/modules-load.d/modules.conf para añadirle bonding para que el módulo se cargue cuando se inicie el servidor.

El comando `ifenslave` debe estar instalado.

```
sudo apt install ifenslave
```

Ahora podemos añadir una interfaz de respaldo activa y colocar nuestros adaptadores en ella. El parámetro `miimon` indica el intervalo de control de enlace, en milisegundos:

```
$ sudo ip link add bond0 type bond mode active-backup miimon
fail_over_mac active
$ sudo ifenslave bond0 enp0s8
$ sudo ifenslave bond0 enp0s9
$ sudo ip link set bond0 up
```

Observación

Tenga en cuenta el parámetro `fail_over_mac`. El switch virtual VirtualBox no permite cambiar las direcciones MAC conectadas a él. Este parámetro permite a los adaptadores esclavos conservar su dirección MAC. Cuando la interfaz se convierte en maestra, se modifica la dirección MAC del agregado y se envían peticiones ARP libres.

Ahora podemos configurar una dirección IP:

```
$ sudo ip addr add 192.168.1.200/24 dev bond0
```

En este punto, el sistema de unión es totalmente funcional.

4.4.2 Utilizar Netplan

Modifique el archivo /etc/netplan/0-cloud-init.yaml como se indica a continuación:

```
network:
  ethernets:
...
    enp0s8:
      optional: true
      dhcp4: false
      dhcp6: false
    enp0s9:
      optional: true
      dhcp4: false
      dhcp6: false
  bonds:
    bond0:
      interfaces:
        - enp0s8
        - enp0s9
      parameters:
        mode: active-backup
        primary: enp0s8
        fail-over-mac-policy: active
      addresses:
      - 192.168.1.13/24
      nameservers: {}
```

Aplique los cambios:

```
sudo netplan apply
```

4.4.3 Estado del agregado

El estado de las interfaces refleja el agregado:

```
3: enp0s8: <BROADCAST,MULTICAST,SLAVE,UP,LOWER_UP> mtu 1500 qdisc
fq_codel master bond0 state UP group default qlen 1000
    link/ether 08:00:27:11:4c:90 brd ff:ff:ff:ff:ff:ff
4: enp0s9: <BROADCAST,MULTICAST,SLAVE,UP,LOWER_UP> mtu 1500 qdisc
fq_codel master bond0 state UP group default qlen 1000
    link/ether 08:00:27:3f:33:b0 brd ff:ff:ff:ff:ff:ff
5: bond0: <BROADCAST,MULTICAST,MASTER,UP,LOWER_UP> mtu 1500 qdisc
noqueue state UP group default qlen 1000
```

```
    link/ether 08:00:27:11:4c:90 brd ff:ff:ff:ff:ff:ff
    inet 192.168.1.200/24 brd 192.168.1.255 scope global bond0
...
```

Accediendo a /proc/net/bonding/bond0 se obtiene el estado del agregado:

```
$ cat /proc/net/bonding/bond0
Bonding Mode: fault-tolerance (active-backup)
Primary Slave: None
Currently Active Slave: enp0s8
MII Status: up
MII Polling Interval (ms): 100
Up Delay (ms): 0
Down Delay (ms): 0

Slave Interface: eth0
MII Status: up
Link Failure Count: 0
Permanent HW addr: 08:00:27:11:4c:90

Slave Interface: enp0s9
MII Status: up
Link Failure Count: 0
Permanent HW addr: 08:00:27:3f:33:b0
```

Puede consultar el estado y las modificaciones dinámicas del agregado son accesibles a través del sistema de archivos virtual /sys. He aquí algunos ejemplos:

Ver adaptadores agregados

```
$ sudo cat /sys/class/net/bond0/bonding/slaves
enp0s9 enp0s8
```

Ver la interfaz activa

```
$ sudo cat /sys/class/net/bond0/bonding/active_slave
enp0s8
```

Probar un toggle desactivando enp0s8

```
$ sudo ip link set enp0s8 down
$ sudo cat /sys/class/net/bond0/bonding/active_slave
enp0s9
```

Lo mismo con ifenslave

```
$ sudo ip link set enp0s9 up
$ sudo ifenslave -c bond0 enp0s8
$ sudo cat /sys/class/net/bond0/bonding/active_slave
enp0s8
```

Observación

Si está ejecutando VirtualBox con la configuración `fail-over-mac-policy`, verá que la dirección MAC de la interfaz agregada cambia dependiendo del adaptador que esté activo.

5. Servidor DNS

5.1 ¿Cómo resuelve Linux las direcciones?

Una de las muchas funciones de los servidores infra01 e infra02 es proporcionar un servicio de resolución de nombres de dominio a través de un **DNS** (*Domain Name System*). Linux tiene varias formas de asociar y resolver nombres de host y direcciones IP. Los comandos y herramientas estándar utilizan la función gethostbyname de la librería C estándar. Este es el resolvedor. El orden de búsqueda se define en /etc/nsswitch.conf:

```
hosts:          files dns
```

Con esta línea, la función busca primero una coincidencia en el archivo /etc/hosts, y después con el servicio DNS. La ventaja de la primera solución es que es local y, por tanto, rápida, y no se ve afectada por la pérdida de otro servicio. La desventaja es también que es local. El contenido del archivo /etc/hosts se debe sincronizar con todos los servidores cada vez que se modifica. En grandes infraestructuras, esto es insostenible.

DNS resuelve este problema proporcionando un servicio de red jerárquico y distribuido de resolución de nombres: dado un nombre, devuelve la dirección correspondiente y viceversa (resolución inversa). Las ventajas son numerosas: ahora sólo hay un lugar donde actualizar las asociaciones y, según la configuración, si el servidor no encuentra el nombre, puede reenviar la petición a otro.

La desventaja es que, si se pierde el servicio de resolución, Linux ya no puede resolver direcciones, lo que conlleva la pérdida de muchos otros servicios. Una segunda desventaja es una posible latencia en la velocidad de resolución. En ambos casos, el problema se puede superar utilizando los siguientes elementos:

- varios servidores DNS "primarios",
- servidores DNS "secundarios",
- una caché local.

Configurar un DNS primario y un DNS secundario es bastante sencillo y responde al objetivo de configurar un servicio de alta disponibilidad, dejando que sea el propio servicio DNS el que replique su información en uno o varios servidores secundarios.

5.2 DNS primarios y secundarios

No entraremos aquí en los detalles de configuración de un servidor DNS completo; nos centraremos en poner en marcha lo necesario para garantizar que la implementación del servicio cumple los criterios de alta disponibilidad.

Un servidor DNS contiene información de zona. Una zona es una porción de un *namespace* (espacio de nombres) DNS. Un servidor DNS puede gestionar varios dominios y subdominios. La mejor práctica es dividirlos en diferentes zonas, que se pueden gestionar de forma independiente. Una zona puede describir un dominio, varios subdominios, etc. Cada zona tiene su propio registro **SOA** (*Start Of Authority*), que describe la información esencial y los parámetros básicos de la zona.

- El servidor DNS primario es donde se configuran las zonas: un archivo de configuración por zona.
- El servidor DNS secundario se sincroniza con el servidor DNS primario para obtener una copia de las zonas.

Cuando se modifica una zona en el DNS primario, éste envía una notificación NOTIFY a los servidores DNS secundarios. El servidor secundario comprueba si el número de serie de la zona ha cambiado. Si es así, realiza una transferencia de zona: se envía una solicitud AXFR (transferencia completa) o IXFR (sólo el delta) al servidor primario, que devuelve los datos de la zona en cuestión.

Ambos tipos de servidores son autoritativos: tras la sincronización, disponen de los mismos datos y pueden resolver directamente las consultas correspondientes a las zonas que gestionan.

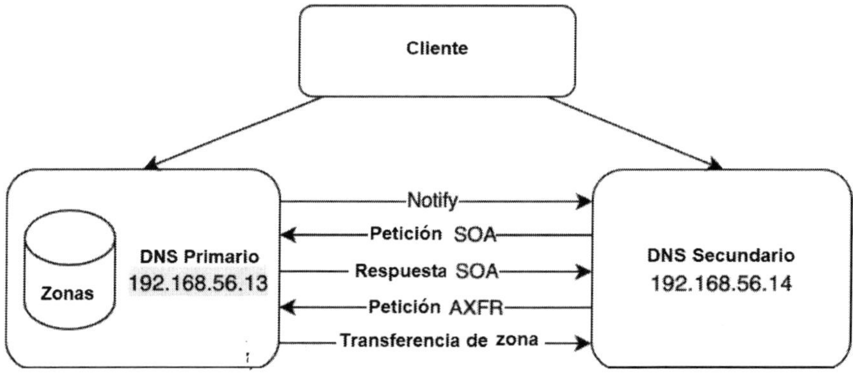

Figura 6: DNS primario y secundario

Observación

Esta arquitectura básica es adecuada en la mayoría de los casos, sobre todo en una red interna que no esté expuesta al público. Si busca una seguridad óptima, existen otras opciones de configuración, utilizar DNS primarios "en la sombra" y exponer sólo los DNS secundarios, utilizar el protocolo DNSSEC (Domain Name System Security Extensions), prohibir las transferencias de zona y las consultas recursivas, etc.

5.3 Configuración

El servidor infra01 tiene el rol de DNS primario, mientras que infra02 tiene el rol de servidor secundario. En ambos casos, la secuencia básica de instalación es la misma:

```
$ sudo apt update
$ sudo apt install bind9 bind9utils bind9-doc bind9-host net-tools
iputils-ping
$ sudo systemctl start named
$ sudo systemctl enable named
```

Como se indica en el plan de direccionamiento, los servidores DNS resolverán nombres de host en el dominio diehard.net. Tendrán una zona asociada.

5.3.1 DNS primario

En infra01, edite el archivo /etc/bind/named.conf.options para definir las opciones globales, como sigue:

```
options {
        directory "/var/cache/bind";
        recursion yes;
        allow-recursion { 127.0.0.1; 192.168.56.0/24;
192.168.1.0/24; };
        forwarders {
            8.8.8.8;
            8.8.4.4;
        };
        querylog yes;
};
```

Observe la presencia de los servidores DNS de Google, que puede sustituir por los de su ISP o empresa: si el servidor no puede resolver la petición, la enviará a los servidores especificados.

- Edite el archivo /etc/bind/named.conf.local donde se declara la zona diehard.net:

```
zone "diehard.net" {
  type master;
  file "/etc/bind/db.diehard.net";
  notify yes;
```

```
    allow-transfer {
      192.168.56.14;
    };
};
```

Esta declaración de zona merece algunas explicaciones:

- `type`: este servidor DNS es de tipo master (primario).
- `file`: es el archivo que contiene los datos de la zona.
- `notify`: los cambios se notificarán a todos los servidores descritos en los registros de tipo NS, excepto al remitente.
- `allow-transfer`: sólo los servidores cuyas direcciones se especifican están autorizados a solicitar una transferencia de zona (AXFR). Se trata del DNS secundario.

Sólo queda describir el archivo de datos de la zona, en /etc/bind/db.diehard.net. En el ejemplo, todos los tiempos se expresan en segundos. Como el archivo es largo, se describe varias veces:

```
$TTL 604800
@ IN SOA dns1.diehard.net. admin.diehard.net. (
         11   ; Serial
     604800   ; Refresh
      86400   ; Retry
    2419200   ; Expire
     604800 ) ; Negative Cache TTL
;
```

- `$TTL`: el periodo de validez por defecto para los registros, en este caso siete días. Hay muchas cachés qye utilizan este valor, que no se actualizarán hasta que haya transcurrido este tiempo. Es una práctica común reducir el TTL varios días antes de una modificación importante para que los clientes actualicen su caché más rápidamente. Cada registro puede tener un TTL diferente.
- `@ IN SOA`: la @ sustituye al nombre de zona, en este caso el nombre de dominio. SOA indica el inicio de la zona de autoridad. El primer nombre es el del DNS primario de la zona descrita, el segundo la dirección de correo electrónico del administrador de zona, sustituyéndose el primer punto por una @: admin@diehard.net.

- `Serial`: el número de serie de la zona. Se debe incrementar (o modificar) durante una actualización, para actualizar el DNS secundario.
- `Refresh`: intervalo de tiempo tras el cual los DNS secundarios deben solicitar el número de serie de la zona al servidor primario, para compararlo con el suyo y solicitar una nueva transferencia de zona.
- `Retry`: el tiempo tras el cual el DNS secundario realiza un Retry si el DNS primario no responde.
- `Expire`: el tiempo tras el cual los DNS secundarios dejan de responder a las consultas si no han podido actualizarse. Los datos se consideran entonces no válidos.
- `Negative Cache TTL`: el tiempo durante el cual las cachés de los clientes retienen una respuesta NXDOMAIN devuelta por el servidor DNS.

A continuación, describa las entradas de zona. Los registros NS enumeran todos los servidores DNS de la zona, tanto primarios como secundarios:

```
; Name servers
diehard.net.    IN   NS   dns1.diehard.net.
diehard.net.    IN   NS   dns2.diehard.net.
```

A continuación, puede pasar a los registros A, para asociar nombres a IPv4 (AAAA para Ipv6) y CNAME para los alias:

```
; A records for name servers
dns1            IN   A    192.168.56.13
dns2            IN   A    192.168.56.14
; Other A records
@               IN   A    192.168.56.13
nfsha01         IN   A    192.168.56.10
nfsha02         IN   A    192.168.56.11
nfsvip          IN   A    192.168.56.12
infra01         IN   A    192.168.56.13
ansible         IN   CNAME infra01
infra02         IN   A    192.168.56.14
; Control Plane endpoint
api.kube        IN   A    192.168.56.15
; 16-19 reservation for VIPs
; k8s cluster
k8s-cplane01    IN   A    192.168.56.20
k8s-cplane02    IN   A    192.168.56.21
k8s-cplane03    IN   A    192.168.56.22
```

```
k8s-worker01    IN   A    192.168.56.23
k8s-worker02    IN   A    192.168.56.24
k8s-worker03    IN   A    192.168.56.25
k8s-worker04    IN   A    192.168.56.26
; nodes
node1           IN   A    192.168.56.30
node2           IN   A    192.168.56.31
; public and gw
infra01-intra   IN   A    192.168.1.101
infra02-intra   IN   A    192.168.1.102
vip-gw          IN   A    192.168.56.19
```

Abra el puerto 53 a la red privada del host:

```
$ sudo ufw allow in from 192.168.56.0/24 to any port 53
```

Ahora vuelve a cargar la configuración:

```
$ sudo systemctl reload named
```

5.3.2 DNS secundario

El archivo named.conf.options es idéntico. El archivo /etc/bind/named.conf.local, por otro lado, está adaptado al papel de DNS secundario:

```
zone "diehard.net" {
  type slave;
  file "/var/cache/bind/db.diehard.net";
  masters {
    192.168.56.13;
  };
};
```

- `type`: el DNS es de tipo esclavo (secundario).
- `file`: es el archivo que contiene la copia en caché de la zona, resultante de la solicitud de transferencia de zona AXFR.
- `masters`: es la lista de DNS primarios a consultar.

A continuación, la ruta especificada no es idéntica a la del maestro. Esto se debe a apparmor, que especifica que al proceso named no se le permite escribir en su directorio de configuración, como medida de protección en caso de ataque:

```
$ cat /etc/apparmor.d/usr.sbin.named
...
# /etc/bind should be read-only for bind
  # /var/lib/bind is for dynamically updated zone (and journal) files.
  # /var/cache/bind is for slave/stub data, since we're not the
origin of it.
  # See /usr/share/doc/bind9/README.Debian.gz
  /etc/bind/** r,
  /var/lib/bind/** rw,
  /var/lib/bind/ rw,
  /var/cache/bind/** lrw,
...
```

▶Abra el puerto 53 y vuelva a cargar la configuración.

5.3.3 Prueba

▶Pruebe los dos servidores DNS desde cualquier máquina de la red privada del host utilizando el comando host:

```
$ host ansible.diehard.net 192.168.56.13
Using domain server:
Name: 192.168.56.13
Address: 192.168.56.13#53
Aliases:

ansible.diehard.net is an alias for infra01.diehard.net.
infra01.diehard.net has address 192.168.56.13
$ host node1.diehard.net 192.168.56.14
Using domain server:
Name: 192.168.56.14
Address: 192.168.56.14#53
Aliases:

node1.diehard.net has address 192.168.56.30
```

- Si no obtiene el resultado deseado, además de comprobar la sintaxis de los archivos, se debe asegurar de que el servicio está iniciado y de que el puerto 53 está abierto. Compruebe también los registros con `journalctl`: debería poder ver cómo se suceden las peticiones.

```
$ sudo journalctl -f -u named
...
Mar 24 10:40:15 infra01 named[897]: client @0x737f1c00fd18
192.168.56.13#38988 (ansible.diehard.net): query: ansible.diehard.net
IN A + (192.168.56.13)

Mar 24 10:40:15 infra01 named[897]: client @0x737f202a46c8
192.168.56.13#49852 (infra01.diehard.net): query: infra01.diehard.net
IN AAAA + (192.168.56.13)

Mar 24 10:40:15 infra01 named[897]: client @0x737f202a46c8
192.168.56.13#44625 (infra01.diehard.net): query: infra01.diehard.net
IN MX + (192.168.56.13)

Mar 24 10:40:59 infra01 named[897]: client @0x737f1c00fd18
192.168.56.13#35939 (node1.diehard.net): query: node1.diehard.net
IN A + (192.168.56.13)

Mar 24 10:40:59 infra01 named[897]: client @0x737f1c00fd18
192.168.56.13#52181 (node1.diehard.net): query: node1.diehard.net
IN AAAA + (192.168.56.13)

Mar 24 10:40:59 infra01 named[897]: client @0x737f202a46c8
192.168.56.13#41946 (node1.diehard.net): query: node1.diehard.net
IN MX + (192.168.56.13)...
```

5.3.4 Resolver Systemd

Si mira el archivo /etc/resolv.conf, puede ver que el servidor DNS por defecto apunta a la IP 127.0.0.53:

```
nameserver 127.0.0.53
options edns0
search diehard.net
```

El comando `netstat` le informa de que systemd-resolved está actuando como servidor DNS local.

```
$ sudo netstat -laputen|grep 127.0.0.53
tcp        0      0 127.0.0.53:53           0.0.0.0:*
LISTEN      101        22213      856/systemd-resolved
udp        0      0 127.0.0.53:53           0.0.0.0:*
101        22212      856/systemd-resolved
```

El archivo resolv.conf es un enlace simbólico a una configuración generada por systemd:

```
$ ls -l /etc/resolv.conf
lrwxrwxrwx 1 root root 39 juil. 31 18:28 /etc/resolv.conf ->
../run/systemd/resolve/stub-resolv.conf
```

Por tanto, es systemd quien gestiona las peticiones DNS. También actúa como caché local, lo que elimina la latencia asociada a la llamada a un servidor DNS externo. Esto significa que no es necesario modificar directamente el archivo /etc/resolv.conf, sino la configuración de systemd, para utilizar nuestros nuevos servidores DNS.

- Modifique el archivo de configuración /etc/systemd/resolved.conf:

```
[Resolve]
DNS=192.168.56.13 192.168.56.14
Domains=diehard.net
```

- Reinicie el servicio systemd-resolved:

```
$ sudo systemctl restart systemd-resolved
```

- A partir de Ubuntu 22.04, systemd-resolve ha sido reemplazado por resolvectl. Compruebe el estado del *resolver*:

```
$ resolvectl status
Global
       Protocols: -LLMNR -mDNS -DNSOverTLS DNSSEC=no/unsupported
  resolv.conf mode: stub
Current DNS Server: 192.168.56.13
       DNS Servers: 192.168.56.13 192.168.56.14
       DNS Domain: diehard.net
...
```

▶ Ahora pruebe una resolución clásica:

```
$ host node2.diehard.net
node2.diehard.net has address 192.168.56.31
```

El objetivo se ha cumplido: los servidores DNS están altamente disponibles y cualquier servidor puede utilizarlos.

5.3.5 Automatización

Los autores proporcionan un playbook Ansible para instalar y configurar los servicios DNS primario y secundario.

Para reproducirlo, primero hay que modificar el inventario en función de los servidores en los que se desplegarán los servicios, especificando el rol de cada uno:

```
[dns]
infra01 dnsrole=master
infra02 dnsrole=slave
```

Si es necesario, modifique las plantillas del rol **dnsserver**, en particular db.diehard.net.j2, para añadir o eliminar nombres y direcciones y para cambiar el número de serie de la zona. Si no cambia este número de serie, los cambios no se tendrán en cuenta (incrementarlo en 1 es suficiente).

Después de asegurarse de que ambos servidores están arrancados y accesibles, reproduce el playbook install_bind.yml:

```
ansible_playbook playbooks/install_bind.yml
```

Capítulo 3
Los contenedores

1. Especificaciones

El capítulo Aplicación standalone reveló las deficiencias de una arquitectura monolítica. El capítulo Infraestructura y servicios básicos sentó las bases de una infraestructura tolerante a fallos capaz de alojar aplicaciones en condiciones mucho mejores. Ahora tenemos que ser capaces de desplegar la aplicación en los servidores de la forma más sencilla y rápida posible. Hay muchos pasos a seguir para instalarla, configurarla y ponerla en marcha. Es hora de completar las especificaciones:

- La aplicación debe ser fácil de instalar.
- La aplicación debe ser reutilizable.
- La aplicación se debe poder desplegar en varios servidores.
- El mismo servidor debe poder ejecutar varias instancias de la aplicación.
- El mantenimiento de la aplicación debe ser mínimo.
- La aplicación no debe ocupar todos los recursos del servidor.

Este último punto puede sorprender, pero también es un factor de disponibilidad y tolerancia a fallos. Un proceso que consume todos los recursos de la CPU impide que otras aplicaciones y servicios funcionen correctamente.

Si consume toda la memoria, corre el riesgo de que Linux mate el proceso, mediante el mecanismo OOMKiller (*Out-Of-Memory Killer*). No hay que olvidar que el papel de un sistema operativo es preservar a toda costa el funcionamiento global del sistema y conservar los recursos, aunque ello implique sacrificar determinados servicios y aplicaciones.

Se pueden considerar varias soluciones clásicas. Todas las distribuciones Linux distribuyen componentes de software en forma de paquetes. Podríamos imaginar un paquete dpkg o rpm para nuestra aplicación, lo que facilitaría su instalación y el paquete sería reutilizable. Pero no se cumplirían totalmente las especificaciones: ¿cómo instalarlo varias veces en el mismo servidor? ¿Cómo evitar que ponga en peligro el servidor en su conjunto?

Da la casualidad de que el kernel de Linux dispone desde hace años de todo lo necesario para resolver el problema: mecanismos de aislamiento y contenedores

2. Aislamiento y contenedores

2.1 Principio

El aislamiento es una técnica que consiste en ejecutar aplicaciones en sus propios contextos, aisladas de las demás. Es una forma de virtualización. La primera implementación de este tipo en Unix se remonta a 1979, con **chroot**.

El núcleo de Linux utiliza dos mecanismos para aislar uno o más procesos: **namespaces** y **cgroups**. Los namespaces se introdujeron en 2002, y los cgroups en 2007. Todos los núcleos Linux incluyen estas características por defecto. La llegada de los **namespaces** a los usuarios en Kernel 3.8 en febrero de 2013 allanó el camino para el soporte completo de contenedores.

Los namespaces agrupan procesos en un espacio aislado de los demás. Se pueden utilizar para:

- un aislamiento de procesos y un proceso con PID 1 como primer proceso en su espacio (PID 1 del primer proceso en un espacio de nombres),
- un aislamiento de la red, con direcciones IP y puertos propios,
- un aislamiento de volúmenes de datos: almacenamiento,
- un aislamiento de permisos y usuarios en relación con el host: ser root dentro de un contenedor puede corresponder así a un usuario sin permiso sobre el host;

Los cgroups controlan los recursos del sistema que un grupo de procesos puede utilizar, con los siguientes controles, por ejemplo:

- limitar el consumo de memoria,
- limitar el uso de procesadores,
- gestionar prioridades,
- obtener información "contable" sobre este grupo,
- controlar varios procesos en su conjunto (detenerlos, por ejemplo),
- aislar este grupo asociándolo a un espacio de nombres.

La combinación de estos dos mecanismos es la base del principio del contenedor.

2.2 Contenedor y máquina virtual

Los contenedores se comparan a menudo con las máquinas virtuales, poder facilitar la comprensión, pero se trata de dos tipos de tecnología de virtualización bien distintas. El concepto es diferente.

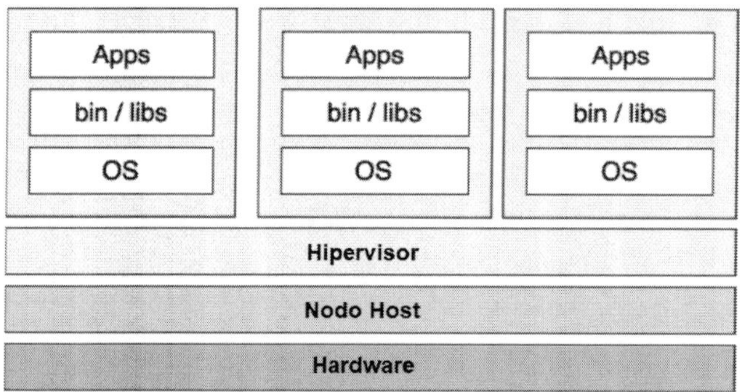

Figura 1: Hipervisor y máquinas virtuales

Las máquinas virtuales se ejecutan en hipervisores. Tanto si utilizan emulación como si no, las máquinas virtuales ejecutan un sistema operativo completo, con un núcleo y controladores de dispositivos (incluso si utilizan paravirtualización). Las aplicaciones se instalan en el sistema operativo de la máquina virtual. Desde el punto de vista del hipervisor, la máquina virtual es un único proceso.

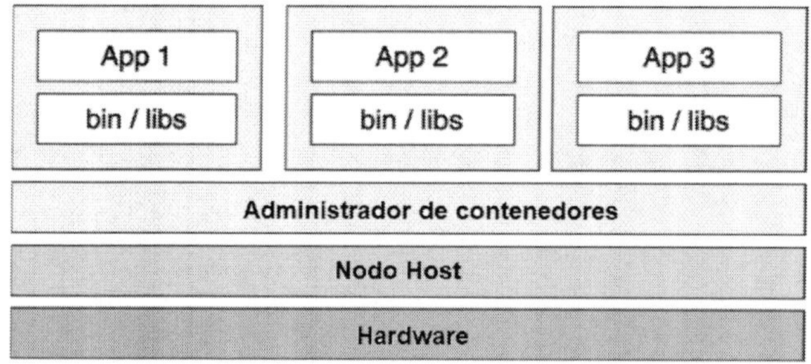

Figura 2: Host y contenedores

Los contenedores se ejecutan directamente en el host, en el mismo kernel. Los procesos que contienen son procesos como cualquier otro, sólo que aislados y limitados en recursos. Si un contenedor contiene diez procesos, puede ver diez procesos en su host.

2.3 Namespace

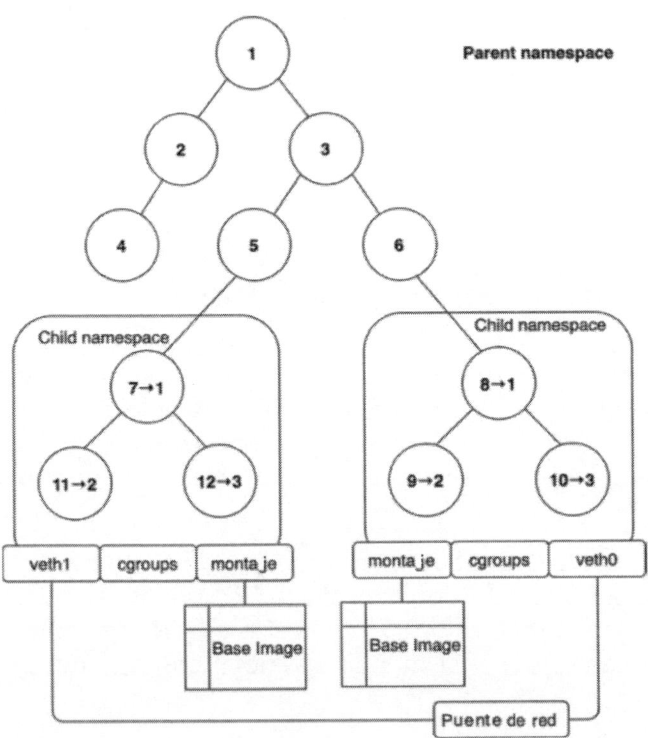

Figura 3: Contenedores: namespaces y cgroups

El primer proceso de un namespace tiene un PID 1 (*Process Identifier 1*). Todos los hijos de este proceso pertenecen automáticamente a este namespace. Todos los procesos de este namespace están aislados de otros namespaces. No pueden ver lo que ocurre fuera de su espacio. Este es el **PID namespace**.

Según este principio, el primer proceso iniciado por el núcleo (init, systemd...) con PID 1 también se encuentra en un namespace: el **parent namespace**. Desde el padre, los procesos dentro de un namespace son vistos como procesos ordinarios, con PIDs "normales". Así, el proceso con PID 1 en un namespace podría tener el PID 12345, visto desde fuera. Por ejemplo, aquí el proceso con PID 1 de este contenedor es el PID 1148 del host en el que se ejecuta:

```
# En el contenedor:
# cat /proc/1/cmdline | tr '\0' ' ' ; echo
/usr/local/openjdk-11/bin/java .

# Vista del servidor:
eni@node2:~$ ps auxww |grep java
root       1148 28.0 21.1 4909116 412356 ?
Ssl  20:22   3:08 /usr/local/openjdk-11/bin/java
```

Los mecanismos de namespace también le permiten modificar el rootfs del proceso, de la misma manera que un chroot. Usted instala todo lo que necesita para que el proceso se ejecute en un directorio y posteriormente, reemplaza el sistema de archivos root / namespace con este directorio. Este es el **mount namespace**.

Cada namespace puede tener una interfaz de red virtual. Esta interfaz suele unida a una interfaz de red del host o con otra interfaz gestionada por un servicio específico. La interfaz virtual recibe su propia dirección IP y garantiza la comunicación entre el namespace y el mundo exterior. Este es el **network namespace**.

Por defecto, los procesos de un namespace comparten usuarios y grupos con los del sistema. Sin embargo, es posible aislarlos, disociarlos o, por el contrario, asociarlos a otros usuarios. De esta forma, es posible tener usuarios con el mismo UID (*User IDentifier*) en dos espacios de nombres, aunque estos usuarios sean diferentes o tener una cuenta root dentro del namespace, que estará asociada a un usuario sin permisoss fuera del namespace. Este es el **user namespace**.

Cada namespace se puede asociar a un cgroup para limitar los recursos de los procesos en el espacio. Este es el **nam cgroup namespace**.

Existen otros dos tipos de espacios de nombres: **IPC** (*InterProcess Communication*), que permite aislar las comunicaciones entre procesos dentro del espacio y **UTS** (*Unix Timesharing System*), que permite cambiar el nombre de host (hostname) y de dominio (*domainname*, NIS (*Network Information System*)) del espacio.

2.4 cgroup

Si coloca procesos en un cgroup, puede controlar los recursos que pueden utilizar. Puede limitar estos procesos a una cantidad determinada de memoria utilizable, por ejemplo 256 MB y a una cantidad determinada de tiempo de procesador, expresada en núcleos o milicores, por ejemplo 500 milinúcleos o 0,5 núcleos. Estos límites son para el espacio de nombres en su conjunto, no límites por proceso.

Los grupos de control se pueden utilizar no sólo para limitar el uso de recursos por parte de un grupo de procesos, sino también para evitar que un grupo de procesos acapare todos los recursos del sistema y, por tanto, canibalice otras aplicaciones y el propio sistema. Así, si un proceso del grupo intenta utilizar más memoria que la cuota asignada, será eliminado por los mecanismos de protección cgroups del núcleo Linux.

2.5 Montaje en unión

Un montaje ne unión (*union mount*) reúne varios sistemas de archivos -normalmente una pila ordenada de directorios- en un único punto de montaje, creando un sistema de archivos virtual a partir de la unión de todos los demás. Cada capa de la pila añade o elimina archivos. Los sistemas de archivos más conocidos son **AUFS** (*Another Union FileSystem*) y **Overlay**. Un sistema de archivos de este tipo también se puede implementar utilizando LVM (*Logical Volume Manager*) o las instantáneas snapshots que ofrecen algunos sistemas de archivos como BTRFS (*B-TRee File System*). En la actualidad, Overlay es el más utilizado.

Este tipo de sistema de archivos ofrece una gran ventaja cuando se monta como sistema de archivos raíz de un contenedor: todas las capas son de sólo lectura, excepto la última capa - un directorio deliberadamente vacío, que es de sólo escritura. Por tanto, el contenedor puede escribir en el punto de montaje sin modificar el sistema de archivos base. Cuando se destruye el contenedor, los cambios se pierden al destruirse la última capa.

Una segunda ventaja de esta tecnología es la posibilidad de aprovechar y compartir determinadas capas. Por ejemplo, si sólo hay una diferencia de 20 MB entre dos imágenes contenedoras de 100 MB, estas dos imágenes sólo ocupan 120 MB, no 200 MB.

2.6 Imagen de la aplicación

Para iniciar una aplicación dentro de un contenedor, todas sus dependencias deben estar instaladas en su sistema de archivos raíz: la aplicación está totalmente aislada y no puede acceder a archivos fuera de su espacio. Un método consiste en copiar en un directorio un árbol estándar de Linux que contenga los archivos básicos (ejecutables, librerías y archivos de configuración), las dependencias de la aplicación que se va a ejecutar en el contenedor y la propia aplicación.

El árbol básico de Linux puede ser el de cualquier distribución.

Puede crear una copia de esta estructura de árbol para crear una imagen base reutilizable. Se puede almacenar, replicar y distribuir. Puede crear catálogos y repositorios. Puede adaptarla a tus necesidades y hacer varias versiones.

Puede montar este árbol como una unión de sólo lectura con un directorio vacío para la escritura y utilizarlo como el sistema de archivos raíz en el espacio de nombres.

Crear un contenedor significa instanciar una imagen del sistema de archivos y, a continuación, iniciar uno o más procesos dentro de un namespace.

2.7 Capas de imágenes

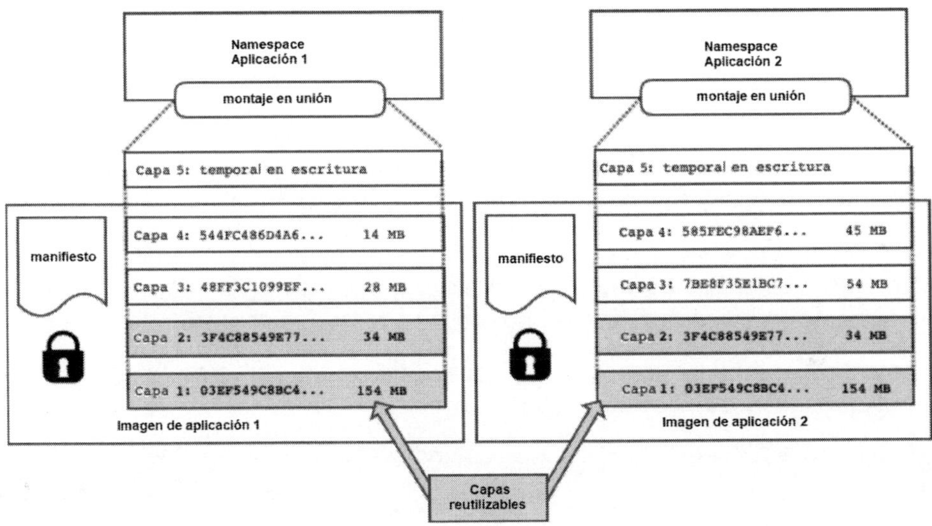

Figura 4: Imágenes en capa y montaje en unión

Cuando construimos una imagen, partimos del mínimo utilizable.

Encima de esta capa mínima, puede añadir actualizaciones de paquetes, luego instalar las dependencias de la aplicación que desea iniciar y, por último, la propia aplicación.

En cada etapa se añade una capa (*layer*) adicional, por ejemplo:

- capa 1: la imagen de base,
- capa 2: actualizaciones,
- capa 3: dependencias de la aplicación,
- capa 4: aplicación.

Para añadir una capa sobre la anterior, las capas de lectura anteriores se montan en una unión con un nuevo directorio de escritura encima. Una vez modificada la nueva capa, se archiva. Si se desea crear una nueva imagen para una nueva aplicación, no es necesario volver a crear las capas 1 y 2: ya existen. La construcción de la nueva imagen parte de estas dos capas.

Cada capa se archiva. Una imagen es una pila de capas sucesivas y reutilizables, ensambladas en una unión. Un **manifiesto** describe la lista ordenada de capas. Este manifiesto ya no se puede modificar; la imagen es atómica.

Para recuperar una imagen, recuperamos su manifiesto y cada una de las capas, que se descomprimen en su propio directorio. Para utilizarlo como sistema de archivos raíz, montamos estos directorios en unión.

Por ejemplo, aquí podemos ver el contenido de los cambios en una capa de imagen dada en comparación con la anterior:

```
root@node1:/var/lib/docker/overlay2/0293bc...022e/diff# ls -R
.:
etc  tmp  usr  var

./etc:
ca-certificates  ca-certificates.conf  ld.so.cache  ssl

./etc/ca-certificates:
update.d
```

El tamaño de las distintas capas debe ser lo más pequeño posible para reducir su huella en el host, la red, la velocidad de procesamiento y la librería.

Cada imagen es única y se identifica mediante una firma sha256.

Por último, el mecanismo de etiquetas (tag) facilita la identificación de las imágenes y la existencia de diferentes versiones de una imagen. Por convención, la imagen por defecto tiene la etiqueta `latest` y ésta es la que se recuperará si no se especifica la versión.

Pero cuidado, si una firma es inmutable, una etiqueta se puede mover con el tiempo.

Observación

Una imagen de contenedor (sha256) es única e inmutable, pero la etiqueta se puede mover y reasignar a diferentes imágenes. Por tanto, hay que asegurarse de que las etiquetas sean compatibles. Por convención, una etiqueta de versión principal garantiza la compatibilidad, aunque haya cambios menores. Sin embargo, con `latest`*, la compatibilidad no está garantizada si hay demasiadas versiones diferentes.*

2.8 Docker

Linux ofrece la posibilidad de crear contenedores a través de su kernel y varios comandos, pero es una tarea muy compleja. La solución ideal es una llave en mano.

Docker apareció en marzo de 2013, fruto del trabajo de Solomon Hykes. En 2008, creó dotCloud, una empresa con oficinas en Montrouge (Francia) que apostaba por la nube y PaaS (*Platform as a Service*). En 2010, la empresa empezó a trabajar en el proyecto Docker. Los inversores franceses no entendieron el potencial del proyecto, por lo que dotCloud se trasladó a Silicon Valley en 2011. Solomon liberó el código de Docker en 2013, rebautizó la empresa con el nombre de su producto y cedió el puesto de CEO a otra persona, para poder dedicarse al de CTO.

Docker ha despertado el interés de desarrolladores, administradores y grandes empresas por igual. El éxito y la adopción del producto fueron inmediatos.

Docker tiene tres características principales:

- Creación sencilla de imágenes de aplicaciones gracias a un simple archivo descriptivo, basado en un pequeño número de comandos eficaces. Se trata del Dockerfile.
- Gestión de una librería o registro (*registry*) de diferentes versiones de imágenes basadas en una API REST. Esta librería proporciona un conjunto de imágenes de aplicaciones reutilizables. Docker Hub ofrece un catálogo de más de 10.000 imágenes de libre acceso.
- Gestión del ciclo de vida de un contenedor, desde su puesta en marcha hasta su destrucción. Docker simplemente gestiona espacios de nombres y grupos de control.

Todo utiliza un único comando con una sintaxis sencilla: `docker`.

La fuerza de Docker reside en hacer sencillo y obvio el uso de una tecnología compleja. El contenedor se ve como una aplicación como cualquier otra, que se puede construir, almacenar, iniciar, exponer, controlar, detener y eliminar.

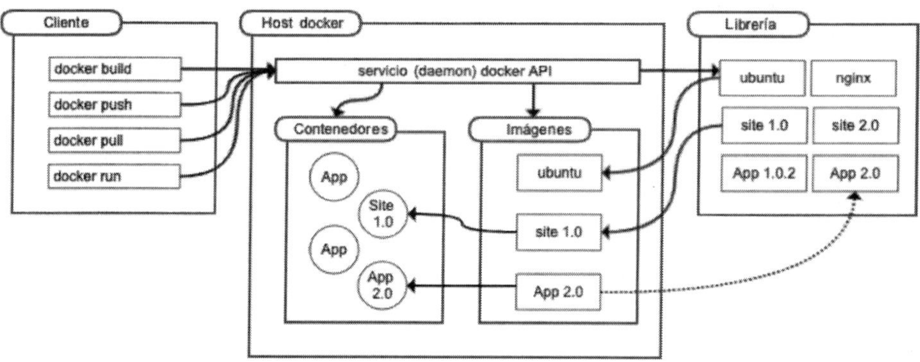

Figura 5: Funcionamiento de Docker

Docker ofrece un API sencillo y kits de desarrollo en varios lenguajes, como Go y Python, lo que ha acelerado su difusión.

2.9 El proyecto OCI

El proyecto OCI (*Open Container Initiative*) es un proyecto de la Fundación Linux que publica estándares abiertos para contenedores. Iniciado por Docker, cuenta con el apoyo de los principales actores del mercado de contenedores.

Se han publicado dos pliegos de condiciones:

- La especificación de imagen image-spec: es la definición de un formato de imagen de sistema de archivos contenedor estandarizado (cómo crearlos, almacenarlos y distribuirlos).
- La especificación de las especificaciones de ejecución: define la configuración, el entorno de ejecución y el ciclo de vida de un contenedor.

Las herramientas runc, podman y umoci se derivan de estas especificaciones.

3. Preparar el entorno

3.1 Instalar Docker

No utilizaremos la versión publicada por Ubuntu. Añadiremos un repositorio a la configuración de apt.

Observación

Los ejemplos que vamos a presentar se han probado con la versión 25.0.4. Con una versión inferior a la 20.10.3, tendrá que activar las funciones experimentales.

Primero necesita instalar algunas dependencias. Esto implica comenzar de manera limpia eliminando cualquier paquete que pueda haber sido instalado por la distribución y, posteriormente, instalar la clave GPG del repositorio, agregar el repositorio oficial de Docker, actualizar apt y, finalmente, instalar la versión oficial.

A continuación, se explica cómo instalar Docker:

Instalamos algunas dependencias previamente:

```
$ sudo apt install apt-transport-https ca-certificates curl
software-properties-common
```

Añadimos la clave GPG del almacén oficial:

```
$ sudo install -m 0755 -d /etc/apt/keyrings
$ sudo curl -fsSL https://download.docker.com/linux/ubuntu/gpg -o
/etc/apt/keyrings/docker.asc
$ sudo chmod a+r /etc/apt/keyrings/docker.asc
```

Añadimos el almacén oficial:

```
$ echo \
 "deb [arch=$(dpkg --print-architecture) signed-
by=/etc/apt/keyrings/docker.asc]
https://download.docker.com/linux/ubuntu \
 $(. /etc/os-release && echo "$VERSION_CODENAME") stable" | \
 sudo tee /etc/apt/sources.list.d/docker.list > /dev/null
$ sudo apt update
```

Para terminar, instalamos la aplicación Docker:

```
$ sudo apt-get install docker-ce docker-ce-cli containerd.io
docker-buildx-plugin docker-compose-plugin
```

Compruebe que se ha iniciado el servicio:

```
$ sudo systemctl status docker

● docker.service - Docker Application Container Engine
    Loaded: loaded (/lib/systemd/system/docker.service; enabled;
preset: enabled)
    Active: active (running) since Fri 2024-03-15 20:37:05 CET; 23min ago
TriggeredBy: ● docker.socket
       Docs: https://docs.docker.com
   Main PID: 855 (dockerd)
      Tasks: 10
     Memory: 116.7M
        CPU: 404ms
     CGroup: /system.slice/docker.service
             └─855 /usr/bin/dockerd -H fd://
--containerd=/run/containerd/containerd.sock
```

Para utilizar Docker como un simple usuario, ya que el *socket* pertenece al grupo docker read/write, necesita añadir usuarios a este grupo.

A continuación, se añade un usuario al grupo docker con un `usermod`:

```
 $ ls -l /var/run/docker.sock
srw-rw---- 1 root docker 0 mars  15 20:36 /var/run/docker.sock
$ sudo usermod -a -G docker eni

~$ id eni
uid=1000(eni) gid=1000(eni) groups=1000(eni),4(adm),24(cdrom),
27(sudo),30(dip),46(plugdev),105(lxd),994(docker)
```

Observación

Si está trabajando con su cuenta de usuario, deberá cerrar sesión y volver a iniciarla para que se reconozca el cambio.

Todo lo que queda es probar cómo funciona Docker, simplemente descargando una imagen de prueba desde el repositorio predeterminado Docker Hub. Aquí, recuperamos y ejecutamos un `hello-world`:

```
 $ docker run hello-world
Unable to find image 'hello-world:latest' locally
latest: Pulling from library/hello-world
c1ec31eb5944: Pull complete
Digest:
sha256:6352af1ab4ba4b138648f8ee88e63331aae519946d3b67dae50c313c6fc8200f
Status: Downloaded newer image for hello-world:latest

Hello from Docker!
This message shows that your installation appears to be working correctly.
...
```

Ahora puede lanzar contenedores instanciando imágenes, así como crear sus propias imágenes.

Observación

Al hacer esto, todos los miembros del grupo Docker tienen acceso a las imágenes de los demás. Es posible ejecutar Docker en modo «rootless» o utilizar otras herramientas, especialmente podman, que tiene esto en cuenta y aísla los contenedores de cada usuario.

La configuración del servicio Docker se encuentra en /etc/docker/daemon.json. Si la versión de Docker es inferior a 20.10.3, es necesario habilitar las funciones experimentales:

```
{
  "experimental": true
}
```

Observación

Esta instalación está automatizada en el playbook de Ansible: play-books/install_docker.yml. Tenga cuidado de actualizar el grupo [docker] en etc/hosts para instalarlo en sus máquinas. Pero la instalación de Docker está integrada con otras operaciones que veremos a continuación.

3.2 Instalar un registry Docker

Ahora tenemos todo lo que necesitamos para crear imágenes y desplegarlas, pero por el momento todo esto permanece local en el servidor. No vamos a reconstruir la aplicación en cada servidor. Así que tenemos que ser capaces de almacenar la imagen generada en otro lugar, para que pueda ser reutilizada en todos los servidores en los que queremos desplegar la aplicación. Hay dos soluciones:

- Utilizar una librería externa, en la nube por ejemplo, como Docker Hub. Algunas son gratuitas, otras tienen un coste, algunas ofreçen funciones adicionales como análisis de seguridad, mientras que otras ofrecen versiones locales, lo que significa que puede instalar las herramientas en sus propios servidores.
- Configure su propio registro para almacenar sus artefactos (imágenes) en su plataforma. Docker proporciona la imagen que necesita para hacerlo usted mismo.

Esta es obviamente la solución que vamos a utilizar aquí. Docker proporciona una imagen que se puede utilizar para instanciar una librería (*registry*) en cualquier máquina. Se puede encontrar en el Docker Hub en:
https://hub.docker.com/_/registry

En el resto de esta guía, utilizaremos la palabra inglesa *registry*, para mantener la coherencia con el uso y la documentación del producto. Para la instalación inicial, necesitamos:

- un espacio de almacenamiento suficiente para nuestros diversos artefactos,
- un certificado, incluso autofirmado, correspondiente al nombre DNS del registro.

Observación

Inicialmente, el registro se instalará en un único servidor, el primer servidor de infraestructura. Por consiguiente, no será redundante. Como parte de nuestro tema principal, estudiaremos cómo hacer que este servicio esté disponible en todas las circunstancias.

3.2.1 Crear almacenamiento

Las diferentes versiones de las imágenes pueden llegar a ser muy grandes rápidamente, sobre todo porque borrar una imagen de la librería no tiene necesariamente el efecto deseado: si las capas intermedias se utilizan por otras imágenes, no se borran. Por defecto, las imágenes se almacenan en /var/lib/registry.

Por el momento, no disponemos de una solución de almacenamiento redundante. Cuando se creó infra01, se aprovisionó un segundo disco de 20 GB. Ahora es el momento de utilizarlo. En previsión de una posible falta de espacio, es aconsejable crear un volumen LVM lógico para poder ampliarlo más adelante.

```
$ sudo pvcreate /dev/sdb
$ sudo vgcreate vg_data /dev/sdb
$ sudo lvcreate -l 100%Free -n lv_registry vg_data
$ sudo mkfs -t ext4 -L REGISTRY /dev/vg_data/lv_registry
$ sudo mkdir /var/lib/registry
```

Añadimos la siguiente línea al archivo /etc/fstab:

```
LABEL=REGISTRY    /var/lib/registry    ext4 defaults 0 1
```

Informamos a systemd del cambio recargando el servicio:

```
$ sudo systemctl daemon-reload
```

Y montamos el volumen:

```
$ mount /var/lib/registry
```

Observación

También podemos utilizar un NAS (Network Attached Storage), con un montaje NFS (Network File System) por ejemplo. Veremos en el capítulo Almacenamiento y alta disponibilidad cómo tener una solución sencilla de almacenamiento de alta disponibilidad. En este caso, es posible desplegar varios registros detrás de un balanceador de carga. Pero podemos hacerlo aún mejor.

3.2.2 Obtener una clave y un certificado

Por convención, el registro se expone en el puerto 5000, pero no es obligatorio. El protocolo es HTTPS (*HyperText Transfer Protocol Secure*), por lo que se necesita un certificado que se corresponda con el nombre del servicio. Según las convenciones del capítulo Aplicación standalone, el nombre es registry.diehard.net.

Las últimas versiones de las librerías SSL/TLS del lenguaje GOLang, en el que está desarrollado Docker, ya no aceptan certificados cuyo nombre DNS (o FQDN) solo esté en el CN, *Common Name*, del certificado. Debe estar presente en la extensión x509v3 SubjectAltName o SAN, bajo una entrada DNS. Primero generará una CSR, solicitud de firma de certificado, utilizando información de un archivo de configuración.

- Cree los directorios necesarios para que el demonio Docker acepte el certificado que va a crear:

```
$ sudo su -
# mkdir /etc/docker/registry_certs
# cd /etc/docker/registry_certs
```

- Cree un archivo req .conf con el siguiente contenido:

```
# cat << EOF > req.conf
[req]
               distinguished_name = req_distinguished_name
               req_extensions = v3_req
               prompt = no
               [req_distinguished_name]
               C = FR
               ST = IDF
               L = Paris
               O = DieHard
               OU = DieHard
               CN = registry.diehard.net
               [v3_req]
               keyUsage = keyEncipherment, dataEncipherment
               extendedKeyUsage = serverAuth
               subjectAltName = @alt_names
               [alt_names]
               DNS.1 = registry.diehard.net
EOF
```

- Cree un archivo CSR y una clave privada en el mismo comando:

```
# openssl req -new -out registry.diehard.net.csr -newkey rsa:4096
-nodes -sha256 -keyout registry.diehard.net.key -config req.conf
```

- Y por último, firmar el certificado con esa misma clave. Obtendrá un certificado autofirmado. Esto no es lo ideal dentro de una empresa. En la práctica, debe tener su certificado firmado por una autoridad de certificación externa o interna a su empresa. Para nuestro registro, esto no es un problema.

```
# openssl x509 -in registry.diehard.net.csr -out
registry.diehard.net.crt -req -signkey registry.diehard.net.key
-days 3650
```

Se obtiene una clave privada y un certificado:

```
$ ls -1 /etc/docker/registry_certs

registry.diehard.net.crt
registry.diehard.net.csr
registry.diehard.net.key
req.conf
```

Observación

Recuerde sustituir el contenido del archivo playbooks/roles/docker/files/registry_ca.crt por el del certificado registry.diehard.net.crt para que Docker pueda utilizar el registro cuando se instale.

Por último, también copiamos este certificado en /usr/local/share/ca-certificates y luego actualizamos los certificados del sistema. Por lo tanto, será considerado "confiable" por los distintos comandos:

```
# cp registry.diehard.net.crt /usr/local/share/ca-certificates/
# update-ca-certificates
```

3.2.3 Iniciar el registro

▶ Ahora puede iniciar el registry pasándole todas las variables y valores utilizados para encontrar los certificados y, en particular, creando un directorio local dentro del contenedor. Use la versión 2, porque la versión 3 todavía está en fase alpha cuando se ha escrito este capítulo:

```
$ docker run -d --restart=always --name registry
-v /etc/docker/registry_certs:/certs
-v /var/lib/registry:/var/lib/registry
-e REGISTRY_HTTP_ADDR=0.0.0.0:5000
-e REGISTRY_HTTP_TLS_CERTIFICATE=/certs/registry.diehard.net.crt
-e REGISTRY_HTTP_TLS_KEY=/certs/registry.diehard.net.key
-p 5000:5000
registry:2
```

Para conseguir que el servicio Docker acepte usar el registry con un certificado autofirmado, es necesario modificar su configuración proporcionándole el certificado. Si ha utilizado el playbook de Ansible de instalación de Docker, proporcionado por los autores, y ya había reemplazado el certificado de rol asociado, entonces ya está en su lugar:

```
$ sudo mkdir -p /etc/docker/certs.d/registry.diehard.net:5000/
$ sudo cp /etc/docker/registry_certs/registry.diehard.net.crt
/etc/docker/certs.d/registry.diehard.net\:5000/ca.crt
```

3.2.4 Probar

La forma más sencilla de probar cómo funciona el registro es realizar un *push/pull* hacia y desde él, con la imagen hello-world ya recuperada:

```
$ docker image pull hello-world
$ docker tag hello-world registry.diehard.net:5000/my-hello-world
$ docker push registry.diehard.net:5000/my-hello-world:latest
The push refers to repository [registry.diehard.net:5000/my-hello-world]
ac28800ec8bb: Pushed
latest: digest:
sha256:d37ada95d47ad12224c205a938129df7a3e52345828b4fa27b03a98825d1e2e7
size: 524
```

También podemos añadir el argumento `"insecure-registries"`: ["registry.diehard.net:5000"], » en el archivo /etc/docker/daemon.json para poder avanzar hacia un registry autofirmado, si queremos liberarnos de la gestión de los certificados de servicio de Docker.

- Comprobar en el registry (el -k no es necesario si ha actualizado los certificados de sistema:

```
$ curl -k https://registry.diehard.net:5000/v2/_catalog
{"repositories":["my-hello-world"]}
$ curl -k https://registry.diehard.net:5000/v2/my-hello-world/
tags/list
{"name":"my-hello-world","tags":["latest"]}
```

- Por último, desde otro servidor, intente recuperar la imagen:

```
$ docker pull registry.diehard.net:5000/my-hello-world:latest
latest: Pulling from my-hello-world
Digest:
sha256:d37ada95d47ad12224c205a938129df7a3e52345828b4fa27b03a98825d1e2e7
Status: Downloaded newer image for registry.diehard.net:5000/my-hello-
world:latest
registry.diehard.net:5000/my-hello-world:latest
```

La librería es totalmente funcional.

3.2.5 Automatizar

El playbook Ansible install_registry.yml se utiliza para generar el par clave/certificado e iniciar el registro:

- /var/lib/registry se crea si es necesario, pero Ansible no crea un montaje.
- La variable `gen_cert`, establecida en `yes` o `no`, fuerza la recreación de claves y certificados.

```
ansible-playbook playbooks/install_registry.yml -e
"gen_cert=yes"
```

Observación

Si se han regenerado las claves y los certificados, tendrá que volver a ejecutar el playbook de instalación de Docker con la etiqueta `cert` añadiendo `-t cert` al final del comando.

4. Construir la imagen

4.1 Adaptar el código

Pasar de un modelo standalone u on-premise (aplicaciones instaladas de manera clásica en un servidor físico o una máquina virtual) a los contenedores, la nube o Kubernetes no resuelve por arte de magia todos los problemas de arquitectura, escalabilidad y disponibilidad de una aplicación. Sin una reflexión y la necesaria adaptación de la arquitectura y el código, es probable que la operación cause más problemas de los que resuelve.

Una imagen se construye utilizando un Dockerfile en el que se especifican todos los comandos necesarios para instalar e iniciar el producto. Como se explica en el capítulo Aplicación standalone, hay varias etapas en la construcción de una aplicación funcional:

- construcción de la propia aplicación con Java, Maven, perfiles, etc,
- instalación y configuración de Tomcat,
- configuración de la aplicación, recuperación del archivo WAR de la primera etapa e inicio de Tomcat.

Sabiendo que no necesita todo el entorno de compilación (todas las dependencias instaladas en la primera etapa), no querrá crear una imagen de la aplicación con todo este contenido inútil. La imagen final sólo debe contener lo estrictamente necesario para iniciar la aplicación:

- Java,
- dependencias de la aplicación,
- Tomcat,
- la aplicación eni-todo.

El programa se modifica para aceptar parámetros a través de variables de entorno. Cuando construimos el archivo eni-todo.war, especificamos valores estáticos para el acceso a la base de datos MariaDB. Ahora puede especificarlos al inicio con las siguientes variables:

- `SPRING_PROFILES_ACTIVE`: el perfil Spring que se va a utilizar.
- `MULTIPART_LOCATION`: la ruta para almacenar los elementos adjuntos de la tarea. Idealmente, un recurso compartido de red para la persistencia.
- `DB_DTB_JDBC_URL`: la URL de conexión a la base de datos, de la forma jdbc:mariadb://<ip>/<base>.
- `DB_DTB_USERNAME`: el usuario de la base de datos.
- `DB_DTB_PASSWORD`: la contraseña de la base de datos.

4.2 Dockerfiles

El objetivo es disponer de una imagen Docker que, una vez instanciada con los parámetros adecuados, inicie la aplicación conectándose a la base de datos correcta y escribiendo sus archivos en la carpeta adecuada.

Vamos a utilizar una característica muy práctica de Docker: la construcción multietapa o **multi-stage build**. En términos prácticos, Docker construye varias imágenes, y el contenido de una imagen que ya se ha construido se puede utilizar en otra imagen. Esto nos permite:

- construir la aplicación, el archivo WAR en una primera imagen,
- instalar Tomcat en una segunda imagen,
- crear una imagen final derivada de la imagen Tomcat, copiando la aplicación (el archivo WAR) de la primera imagen.

4.2.1 Builder

Vamos a construir la aplicación tal y como se define en el capítulo Aplicación standalone. En la raíz del repositorio clonado desde GitHub hay un archivo Dockerfile de tipo multistage.

Vamos a utilizar una imagen de Maven disponible en el Docker Hub: https://hub.docker.com/_/maven

`FROM` define un alias, llamado **builder**. Más tarde podemos recuperar los artefactos construidos (los archivos WAR) en otra imagen usando este nombre.

A continuación, de acuerdo con los pasos del capítulo Aplicación standalone, mostramos los pasos de construcción utilizando la sintaxis de un Dockerfile.

El Dockerfile suministrado en la raíz del proyecto 'eni-tomcal-todo' permite construir las diferentes versiones de la aplicación. Usaremos algunos de ellos como parte de la aplicación principal.

```
FROM maven:3.9-eclipse-temurin-21AS builder
ARG SKIP_TESTS="true"
### pour la version tomcat-mariadb-harcoded-war
ARG MULTIPART_LOCATION=/usr/local/tomcat/files
ARG DB_DTB_JDBC_URL='jdbc:mariadb://127.0.0.1:3306/db_todo'
ARG MULTIPART_LOCATION=/usr/local/tomcat/files
ARG DB_DTB_JDBC_URL='jdbc:mysql://127.0.0.1:3306/db_todo'
ARG DB_DTB_USERNAME="springuser"
ARG DB_DTB_PASSWORD="mypassword-quoor-uHoe7z"
COPY pom.xml .
RUN  mvn --batch-mode dependency:copy-dependencies dependency:
copy-dependencies dependency:go-offline
COPY src ./src
RUN  --mount=type=cache,target=/var/cache/m2 mvn --batch-mode
package -P tomcat-mariadb \
               -Dmultipartlocation=${MULTIPART_LOCATION} \
               -Dmariajdbcurl="${DB_DTB_JDBC_URL}" \
               -Dmariadbusername=${DB_DTB_USERNAME} \
               -Dmariadbpassword=${DB_DTB_PASSWORD} \
               -Dmaven.repo.local=/var/cache/m2 \
               -DskipTests=${SKIP_TESTS}
```

Al final de esta etapa, el archivo WAR para la aplicación eni-todo está presente en la imagen creada.

4.2.2 Tomcat

Todavía en el mismo Dockerfile, podemos pasar a la imagen Tomcat, que contiene la configuración básica del servidor. Usaremos la imagen de Tomcat disponible en el Docker Hub: https://hub.docker.com/_/tomcat

```
FROM tomcat:10.1-jre21-temurin AS eni-todo-tomcat-base

ARG MULTIPART_LOCATION=/usr/local/tomcat/files

LABEL vendor=ACME\ Incorporated \
      net.diehard.sample.todowebsite.version="XXXX"
ARG MULTIPART_LOCATION=/usr/local/tomcat/files
RUN mkdir -p ${MULTIPART_LOCATION}

ENV SPRING_PROFILES_ACTIVE="default"
ENV CATALINA_OPTS="${CATALINA_OPTS} -XshowSettings:vm"
ENV CATALINA_OUT=/dev/null

ADD src/main/conf/server-tomcat-mariadb.xml /usr/local/tomcat/
conf/server.xml
ADD src/main/conf/context-tomcat-mariadb.xml /usr/local/tomcat/
conf/context.xml
```

Observación

Tenga en cuenta que entre el Tomcat 9 de la versión anterior y el de la versión actual, el estándar J2EE ha evolucionado a Jakarta EE 9.

4.2.3 Imagen de la aplicación

Por último, todavía en el mismo Dockerfile, creamos una imagen de aplicación final utilizando nuestra nueva imagen Tomcat y añadiendo nuestro WAR eni-todo. Nótese el uso de `-from=builder`, que indica que el archivo se debe obtener de la imagen `builder` resultante del paso de compilación especificado.

El uso de imágenes intermedias de build permite reducir los tiempos de compilación mediante la agrupación de ciertas operaciones que consumen mucho tiempo, como la recuperación prolongada de las dependencias de Maven.

La segmentación de las operaciones de build en imágenes intermedias, añade tanto aspectos positivos como negativos. Por ejemplo, reconstruir esta imagen cada vez que se cambian las dependencias y, por lo tanto, volver a descargar los 200 MB de jar, es un poco engorroso, pero tenerlo en una capa aislada del servidor es un plus.

```
FROM eni-todo-tomcat-base AS eni-todo-tomcat-mariadb-env
ENV SPRING_PROFILES_ACTIVE=tomcat-mariadb-env

COPY --from=builder  /target/eni-todo-tomcat-mariadb.war
/usr/local/tomcat/webapps/eni-todo.war
```

Tenga en cuenta que, en las versiones recientes de Docker, las imágenes de build intermedias no aparecen en imágenes "normales" ('imágenes de Docker').

4.3 Build

Con este imponente Dockerfile, ya podemos construir la imagen de la aplicación eni-todo dando como destino el alias indicado anteriormente:

```
$ docker build -t eni-todo:v24.04-tomcat-mariadb-env
\--target
eni-todo-tomcat-mariadb-env .
```

La compilación tarda varios minutos la velocidad varía en función de su red o connexión a internet yy de su procesador. Es posible verla en directo. El resultado es una imagen llamada eni-todo:v24.04-tomcat-mariadb:env.

```
$ docker images
REPOSITORY       TAG       IMAGE ID       CREATED       SIZE
 eni-todo        v24.04    fe29213fdaee   2 days ago    484MB
                 -
                 tomcat
                 ---
                 mariad
                 b-env
```

4.4 Primera prueba

Si el servidor MariaDB del capítulo Aplicación standalone sigue siendo accesible, ya podemos probar la puesta en marcha de la aplicación eni-todo. Puede ser necesario abrir el puerto 3306 en la IP indicada (IP del servidor MariaDB).

Para reutilizar el servidor MariaDB instalado en el capítulo Aplicación standalone, debe cambiar algunos elementos de configuración. MariaDB necesita escuchar en direcciones IP que no sean 127.0.0.1.

- Edite el archivo /etc/mysql/mariadb.conf.d/50-server.cnf y edite esta línea:

```
bind-address            = 0.0.0.0
```

- Reinicie el servidor MariaDB.

```
$ sudo systemctl restart mariadb
```

- Inicie sesión en MariaDB y permita que el usuario springuser inicie sesión desde cualquier host.

```
$ sudo mysql --user=root
MariaDB [(none)]> grant all privileges on db_todo.* to 'springuser'@'%'
identified by 'hardpassword123456';
```

- Por último, con el cliente, pruebe una conexión:

```
$ mariadb -u springuser -p -h 192.168.56.13 db_todo
```

- Inicie el contenedor suministrando las variables de entorno y exponga el puerto 8080 en el mismo puerto local:

```
$ docker run --rm -p 8080:8080 \
  -e SPRING_PROFILES_ACTIVE=tomcat-mariadb-env \
  -e MULTIPART_LOCATION=/tmp \
  -e DB_DTB_JDBC_URL='jdbc:mariadb://192.168.56.13:3306/db_todo' \
  -e DB_DTB_USERNAME="springuser" \
  -e DB_DTB_PASSWORD="hardpassword123456" \
  eni-todo-tomcat-mariadb:latest
```

Observación

Atención, hay que pensar en parar el servicio Tomcat que ocupa el puerto 8080.

```
$ sudo systemctl stop tomcat
```

Después de unos instantes (siempre en función de su procesador) y las numerosas trazas de arranque asociadas, la aplicación debería ser accesible a través de la URL http://<ip>:8080/eni-todo. El contenedor se borra definitivamente (parámetro `--rm`) cuando se destruye, pero como las tareas están en la base de datos, no desaparecen si se vuelve a iniciar la aplicación.

Aún siendo la ruta a los archivos descargados locales al contenedor, por el contrario los archivos han desaparecido con el contenedor.

Observación

Estos pasos se automatizan en la máquina "tomcat-all-in-one" con los playbooks playbooks/install_all_in_onen.yml` et `playbooks/install_all_in_one_with_eni_docker.yml`.

4.5 Utilizar el registry

Para poder utilizar la imagen en otros servidores, se debe recuperar desde un punto central, en este caso el registry, que instalamos antes.

Para ello, es necesario cambiar el nombre para mostrar el repositorio deseado:

```
$ docker tag eni-todo-tomcat-mariadb:latest
registry.diehard.net:5000/eni-todo-tomcat-mariadb:latest
```

▶ A continuación, envíe la imagen hacia el registry:

```
$ docker image push registry.diehard.net:5000/eni-todo-tomcat-mariadb:latest
The push refers to repository [registry.diehard.net:5000/eni-todo-
tomcat-mariadb]
14562af98743: Pushed
5e6d4ff2a25e: Pushed
d460cb5e5dc0: Pushed
b9b90cbaa9b0: Pushed
e3f5ef9aa2c0: Pushed
efdd62d2d5d4: Pushed
ed673220b64d: Pushed
0e154392cc5c: Pushed
47234022b28a: Pushed
1c44f9d6c008: Pushed
cb42413394c4: Pushed
latest: digest:
sha256:2d77f8c6d0f0b8b2a3bcf1c697c36d51590b53af870a1901f5c5fdba984b8c07
size: 2620
```

Para recuperar la imagen de otro servidor, basta con ejecutar este comando:

```
$ docker image pull registry.diehard.net:5000/eni-todo-tomcat-
mariadb:latest
```

Para enviarlos todos, es posible hacer un script simple:

```
$ for tags in $(sudo docker images | grep registry.diehard.net:5000/
eni-todo | awk '{print $2}'); do sudo docker push
registry.diehard.net:5000/eni-todo:$tags; done
```

4.6 Automatización

4.6.1 Imagen para MariaDB

Podemos automatizar todas las fases de construcción y archivo de la imagen en el registro con Ansible. Los autores proporcionan un playbook que permite evitar todos los pasos manuales anteriores, a partir de un repositorio Git que contiene las fuentes de la aplicación y un Dockerfile. El usuario Ansible debe poder formar parte del grupo docker.

Lo primero que hay que hacer es crear un archivo de descripción YAML, con el nombre <composant>-<application>.yml, en este caso playbooks/vars/tomcat-eni-todo.yml.

```
git_repo:
  name: 'eni-tomcat-todo'
  repo: 'git@github.com:halnx-todo/eni-tomcat-todo.git'
  version: '{{ release }}'
  ssh_key_file: '/home/ansible/.ssh/id_rsa'

dockerfile_path: Dockerfile
target: eni-todo-tomcat-mariadb-env

build_name: "{{ component }}-{{ application }}:{{ release }}-{{ target }}"
build_strategy: dockerfile
build_args:
  MULTIPART_LOCATION: '/tmp'
  DB_DTB_JDBC_URL: 'jdbc:mariadb://192.168.56.13:3306/db_todo'
  DB_DTB_USERNAME: 'springuser'
  DB_DTB_PASSWORD: 'hardpassword123456'
```

Los valores son los siguientes:

- `git_repo`:
  - `name`: utilizado internamente por el playbook para crear la estructura de árbol necesaria para recuperar el código.
  - `repo`: el repositorio Git (una URL) en formato SSH o HTTPS.
  - `version`: la rama, branch, etiqueta o *commit*a recuperar. Esta será también la etiqueta de la imagen Docker generada.
- `dockerfile_path`: la ruta relativa del Dockerfile dentro del código.
- `target`: en el Dockerfile, el objetivo a construir (el alias `FROM`).
- `build_name`: el nombre de la imagen que se está construyendo, por ejemplo tomcat-eni-todo:dev-eni-todo-tomcat-mariadb-env..
- `build_strategy`: el tipo de compilación (`s2i`, que no se tratará en este libro o `dockerfile`).
- `build_args`: la lista de argumentos o variables a suministrar durante la construcción Docker. Los argumentos suministrados aquí no son necesarios y sólo están ahí para construir una posible versión "hardcoded".

El nombre del registro y donde insertar la imagen se encuentra en playbooks/vars/default.yml:

```
docker_registry: 'registry.diehard.net:5000'
deploy_user: ansible
deploy_group: ansible
```

Ahora es posible ejecutar el playbook build_docker_image.yml. Por defecto, la construcción se realiza en el servidor infra01, pero es posible utilizar un servidor específico, siempre y cuando el usuario Ansible exista y Docker esté correctamente instalado en él. En este caso, es necesario modificar el valor hosts en el playbook.

```
$ ansible-playbook build/build_docker_image.yml -e
"component=tomcat application=eni-todo release=dev"
```

Observación

`dev` es el valor por defecto, pero puede elegir otras ramas como v20.04 o v24.04 creadas como resultado de la actualización del libro.

El playbook crea una carpeta /var/build/container_build/tomcat-eni-todo:v24.04-eni-todo-tomcat-mariadb-env que contiene el repositorio Git clonado y el archivo de trazas de compilación:

```
$ tail -f tomcat-eni-todo\:dev.log



#8 [builder 2/8] COPY pom.xml .
#8 DONE 0.1s

#9 [builder 3/8] RUN  mvn --batch-mode dependency:copy-dependencies
dependency:copy-dependencies dependency:go-offline
#9 ...

#10 [eni-todo-tomcat-base 2/4] RUN mkdir -p /tmp
#10 DONE 0.2s

#11 [eni-todo-tomcat-base 3/4] ADD src/main/conf/server-tomcat-mariadb.xml
/usr/local/tomcat/conf/server.xml
#11 DONE 0.1s

#12 [eni-todo-tomcat-base 4/4] ADD src/main/conf/context-tomcat-mariadb.xml
/usr/local/tomcat/conf/context.xml
#12 DONE 0.1s...
```

Tras la compilación, la imagen se envía al registry. Si se produce un error a este nivel, significa que la imagen no está presente: la compilación ha fallado y el archivo de seguimiento explica por qué.

Obtenemos una imagen llamada registry.diehard.net:5000/tomcat-eni-todo: v24.04-eni-todo-tomcat-mariadb-env.

4.6.2 Imagen h2

Es posible construir una imagen que no utilice una base de datos MySQL o MariaDB, sino una base de datos en memoria: H2. Aunque la siguiente sección no presenta esta imagen, la usaremos en los capítulos Orquestación y despliegue con Kubernetes. Así que será mejor que la construyamos ahora.

- Es muy sencillo. Cree una copia del archivo anterior llamada build/vars/tomcat-eni-todo-h2-env.yml. En este archivo, modifique sólo el destino:

```
objetivo: eni-todo-tomcat-h2-env
```

▶A continuación, inicie la construcción como antes:

```
ansible-playbook build/build_docker_image.yml -e
"component=tomcat application=eni-todo-h2-env release=dev"
```

Obtendrá una imagen llamada tomcat-eni-todo-h2-env:v24.04-eni-todo-tomcat-h2-env`.

```
docker pull registry.diehard.net:5000/tomcat-eni-todo-h2-
env:v24.04-eni-todo-tomcat-h2-env
```

5. Despliegue de contenedores

5.1 MariaDB

MariaDB es una dependencia de la aplicación eni-todo. Por el momento, estamos dejando deliberadamente la alta disponibilidad de la base de datos a un lado: vamos a ver cómo configurar una base de datos en clúster en el resto de este tutorial, en particular en el capítulo Despliegue con Kubernetes y el capítulo Integración final. Hasta que tengamos una versión de alta disponibilidad de MariaDB, podemos:

- reutilizar el servicio MariaDB instalado en el capítulo Aplicación standalone, que se ha explicado previamente,
- iniciar un servicio MariaDB en forma de contenedor.

Si está reutilizando el servicio MariaDB existente, puede saltarse esta sección e ir directamente a la sección eni-todo.

5.1.1 Almacenamiento

Las siguientes operaciones se realizan arbitrariamente en infra01.

MariaDB se puede iniciar como un contenedor, cuyas imágenes proporciona gratuitamente la comunidad Docker, en el Docker Hub:
https://hub.docker.com/_/mariadb

Como se explicó anteriormente, el contenedor utiliza su propio almacenamiento a través del montaje en unión, donde la última capa se puede escribir. Si iniciamos un contenedor MariaDB, la base de datos se creará en el contenedor y cuando se destruya, su contenido se borrará, perdiéndose permanentemente.

Docker permite montar volúmenes de datos en un contenedor. Hay varios tipos de montaje. Vamos a utilizar un montaje de tipo **bind**, que permite asociar un directorio del sistema de archivos host con otro directorio dentro del contenedor: entonces podemos almacenar la base de datos en el host en el directorio /opt/mysql, que vamos a montar en el contenedor en /var/lib/mysql.

▶ Empiece por deteniendo la instancia MariaDB si ha arrancado en infra01:

```
$ sudo systemctl stop mariadb
$ sudo systemctl disable mariadb
```

▶ Cree la carpeta en el servidor:

```
$ sudo mkdir -p /opt/mysql
```

Observación

/opt/mysql también puede ser un recurso compartido de red NFS o CIFS desde un NAS o un almacenamiento de alta disponibilidad. En este caso, si el servidor falla, MariaDB se puede reiniciar en otro servidor sin perder la base de datos. El capítulo Almacenamiento en alta disponibilidad presenta una de estas soluciones. Sin embargo, debe ser consciente de las limitaciones de E/S (velocidad, latencia, etc.).

5.1.2 Inicio

A continuación, se inicia el contenedor MariaDB especificando en las variables la información (usuario, contraseña, nombre de la base de datos que se va a crear, etc.) que se utilizará para crear la base de datos en el primer arranque. Esta información no se utilizará en las siguientes puestas en marcha si ya existe una base de datos. El puerto 3306 del contenedor (puerto de escucha de MariaDB) está asociado al puerto 3306 del servidor. `--d` indica que el contenedor se iniciará en segundo plano (background) y `--restart` se asegurará de que se reinicie al mismo tiempo que el servicio Docker, a menos que se haya detenido manualmente.

```
$ sudo docker run \
  -e MYSQL_USER=springuser \
  -e MYSQL_PASSWORD=hardpassword123456 \
  -e MYSQL_DATABASE=db_todo \
  -e MYSQL_ROOT_PASSWORD=r00t-P@ssW0rd \
  -p 3306:3306  \
  -d --restart unless-stopped \
  mariadb:10.11.7
```

Observación

Es posible, para conservar el acceso a Docker en adelante o para evitar actualizaciones improvisadas, guardar esta imagen en nuestro registro y usarla en lugar de la imagen de Docker.

```
docker pull mariadb:10.11.7 &&\
docker tag mariadb:10.11.7 registry.diehard.net:5000/mariadb:10.11.7 &&\
docker push registry.diehard.net:5000/mariadb:10.11.7
```

- Abra el puerto en el cortafuegos para que sólo las aplicaciones de la subred anfitriona puedan acceder a él:

```
$ sudo ufw allow proto tcp from 192.168.56.0/24 to any port 3306
```

- Por último, pruebe la accesibilidad instalando el cliente MariaDB y conectándose a la base de datos en modo TCP (*Transmission Control Protocol*):

```
$ sudo apt install mariadb-client
$ mysql -u springuser -p -h localhost -P 3306 --protocol tcp db_todo
Enter password:
Welcome to the MariaDB monitor.  Commands end with ; or \g.
Your MariaDB connection id is 6
Server version: 10.11.7-MariaDB-1:10.11.7+maria~ubu2204 mariadb.org
```

```
binary distribution

Copyright (c) 2000, 2018, Oracle, MariaDB Corporation Ab and others.

Type 'help;' or '\h' for help. Type '\c' to clear the current
input statement.
MariaDB [db_todo]>exit
Bye
```

5.2 eni-todo

Nuestra imagen de aplicación está lista, ahora necesitamos recuperar las imágenes y crear instancias (contenedores) de la aplicación en nodo1 y nodo2.

5.2.1 Ubicación de los archivos descargados

Nuestra aplicación eni-todo descarga archivos a la carpeta indicada por la variable `MULTIPART_LOCATION`. Hemos visto como el contenedor MariaDB puede usar el sistema de archivos del host para escribir sus datos. Podemos hacer lo mismo iniciando el contenedor y montando un volumen local. Si la aplicación todo-eni se despliega en dos máquinas diferentes, el contenido debe ser el mismo en ambos lados, de lo contrario sólo uno de los servidores contendrá un archivo asociado a una tarea y no el otro: esto sería inconsistente.

Necesitamos planificar el uso de un sistema de s compartido, por ejemplo, NFS, entre los dos servidores. Podemos utilizar un NAS o un recurso compartido de otro servidor, a ser posible ni nodo1 ni nodo2: detener el servidor que comparte el volumen provocaría la caída del segundo servidor.

Por el momento, utilizaremos temporalmente el servidor infra01.

▶ Configure un recurso compartido NFS y expórtelo como se indica a continuación:

```
$ sudo apt install nfs-kernel-server
$ sudo mkdir -p /opt/eni-todo-storage
$ sudo vim /etc/exports

$ cat /etc/exports
/opt/eni-todo-storage   *(no_subtree_check,rw,crossmnt,no_root_
```

```
squash,fsid=1)

$ sudo exportfs -a
$ sudo exportfs -v
/opt/eni-todo-storage     <world>(no_subtree_check,rw,crossmnt,
no_root_squash,fsid=1)
```

- No olvide la regla firewall, hay que permitir las conexiones en el puerto NFS de tipo TCP, puerto 2049:

```
$ sudo ufw allow proto tcp from 192.168.56.0/24 to any port 2049
```

- En nodo1 y nodo2, instale el cliente NFS, cree el punto de montaje, modifique el archivo /etc/fstab y monte el archivo:

```
$ sudo apt install nfs-common
$ sudo mkdir /opt/eni-todo-storage
$ cat /etc/fstab
...
192.168.56.13:/opt/eni-todo-storage /opt/eni-todo-storage
nfs4 defaults 0 0
...
$ sudo mount /opt/eni-todo-storage
```

5.2.2 Arranque manual

En nodo1, primero recupere la imagen que construyó desde el archivo:

```
$ docker image pull registry.diehard.net:5000/
tomcat-eni-todo:v24.04-eni-todo-tomcat-mariadb-env
...
$ docker image ls registry.diehard.net:5000/tomcat-eni-todo
REPOSITORY                                          TAG
IMAGE ID        CREATED       SIZE

 registry.diehard.net:5000/tomcat-eni-todo  v24.04-eni-todo-
tomcat-mariadb-env      fe29213fdaee   2 days ago    484MB
```

Ahora puede instanciarlo creando un contenedor, añadiendo variables y los parámetros correctos. Tenga en cuenta que estamos exponiendo el puerto 8080 del contenedor al puerto 8080 de nodo1 y que -v indica que el directorio local /opt/eni-todo-storage (que es nuestro punto de montaje NFS) apunta al directorio del contenedor, donde se almacenarán los archivos descargados:

```
$ docker run -d -p 8080:8080 \
  --name eni-todo_dev \
  -v /opt/eni-todo-storage:/usr/local/tomcat/files \
  -e MULTIPART_LOCATION=/usr/local/tomcat/files \
  -e DB_DTB_JDBC_URL='jdbc:mariadb://192.168.56.13:3306/db_todo' \
  -e DB_DTB_USERNAME="springuser" \
  -e DB_DTB_PASSWORD="hardpassword123456" \
  registry.diehard.net:5000/tomcat-eni-todo:v24.04-eni-todo-
tomcat-mariadb-env
```

Este es el estado de nuestro contenedor si no hay errores:

```
$ docker ps
CONTAINER ID   IMAGE                                        COMMAND
CREATED        STATUS       PORTS       NAMES
38468a0d66a5   registry.diehard.net:5000/tomcat-eni-todo:dev   "catalina.sh
run"   2 hours ago   Up 2 hours   8080/tcp   tomcat-production-eni-todo_1_dev
```

Aquí están las trazas de ejecución:

```
$ docker container logs eni-todo_dev

2024-03-15 19:37:42.052  INFO 1 --- [           main] n.d.sample.
todowebsite.Application       : Starting Application v0.2-SNAPSHOT
on 38468a0d66a5 with PID 1 (/usr/local/tomcat/webapps/eni-todo.war
started by root in /usr/local/tomcat)
2024-03-15 19:37:42.127 DEBUG 1 --- [           main] n.d.sample.
todowebsite.Application       : Running with Spring Boot v2.3.5.
RELEASE, Spring v5.2.10.RELEASE
2024-03-15 19:37:42.127  INFO 1 --- [           main] n.d.sample.
todowebsite.Application       : The following profiles are active:
tomcat-mariadb-env
2024-03-15 19:40:11.736  INFO 1 --- [           main] n.d.sample.
todowebsite.Application       : Started Application in 156.258
seconds (JVM running for 186.738)
15-Mar-2024 19:40:11.822 INFO [main] org.apache.catalina.
startup.HostConfig.deployWAR Deployment of web application archive
[/usr/local/tomcat/webapps/eni-todo.war] has finished in [185,570] ms
15-Mar-2024 19:40:11.833 INFO [main] org.apache.coyote.
AbstractProtocol.start Starting ProtocolHandler ["http-nio-8080"]
15-Mar-2024 19:40:11.910 INFO [main] org.apache.catalina.startup.
Catalina.start Server startup in [185775] milliseconds
```

▶ Abrir puerto 8080:

```
sudo ufw allow 8080
```

Después de repetir las mismas operaciones en el nodo2, puede probar la aplicación desde el hipervisor (que puede acceder a la red privada del host) a través de un navegador (como en el capítulo Aplicación standalone) creando tareas y subiendo archivos al nodo1 y al nodo2.

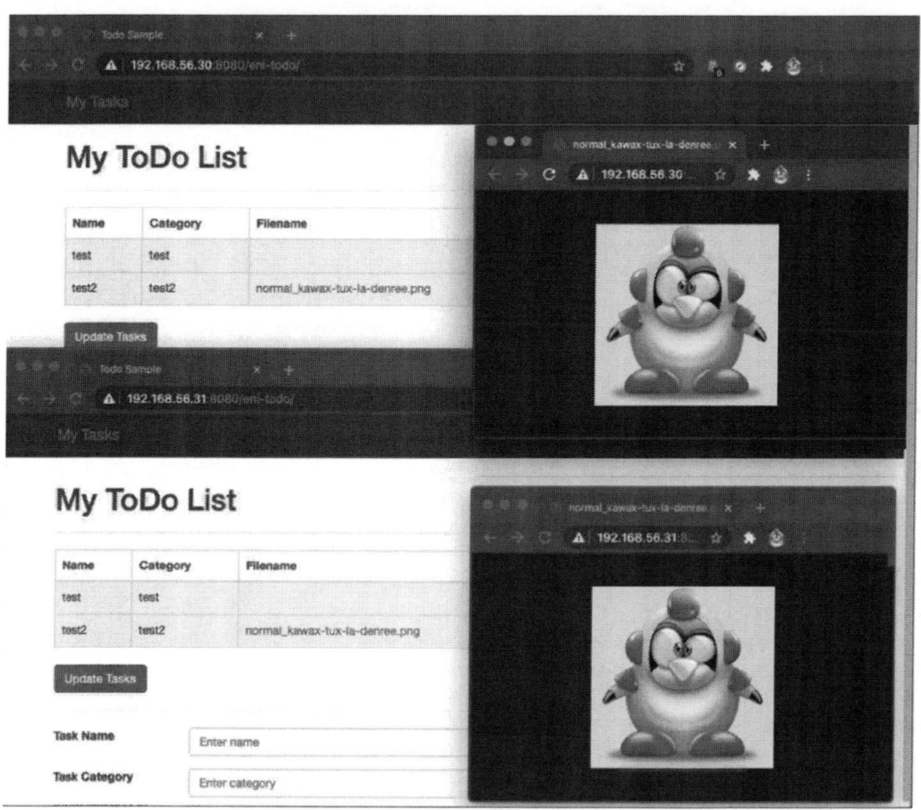

Figura 6: la aplicación todo-eni se despliega en dos servidores que acceden al mismo contenido

5.3 Automatización

Admitámoslo, es laborioso repetir los pasos manualmente en cada servidor. Es hora de involucrar a Ansible. Al igual que con la construcción de una imagen, los autores proporcionan un playbook llamado deploy_docker_container.yml, que le permite desplegar una imagen e instanciarla mediante la creación de contenedores en los servidores especificados en el inventario de Ansible.

5.3.1 Configuración YAML

Todo lo necesario para desplegar contenedores se encuentra en un archivo con formato YAML ubicado en build /vars/ (atención, este es un enlace simbólico hacia `playbooks/vars`). Este archivo sigue una convención de nomenclatura: { *env* }-{ *application* }.yml, donde:

- *env* es el entorno de destino, por ejemplo, desarrollo, producción, aceptación, etc.
- *application* es el nombre de la aplicación o proyecto, en este caso eni-todo.

La elección de los valores es libre. Por ejemplo, production-eni-todo.yml describe el entorno de producción de la aplicación eni-todo.

Una aplicación puede estar formada por uno o varios elementos, por ejemplo, el propio sitio web, un API, una caché, una base de datos, etc. Puede ser modular, formada por varios componentes. Puede ser modular, formada por varios componentes. El de configuración sirve para describir estos componentes. He aquí un ejemplo de contenido para eni-todo, donde el componente es de hecho el servidor Tomcat. El caso manejado aquí sigue siendo simple. El ejemplo completo se puede encontrar en el repositorio Git. Por el momento, sólo estamos describiendo los valores que son útiles para el despliegue. Ampliaremos esta descripción en el capítulo Exposición y reparto.

Comencemos con una descripción básica del componente Tomcat de la aplicación eni-todo.

```
project_components:
- component: tomcat
  service_port: 8080
  docker_image: '{{ node_docker_registry }}'
  docker_container: '{{ node_docker_container }}'
  volumes: '{{ node_volumes }}'
```

- component: el componente de la aplicación. Aquí, es el componente del servidor HTTP Nginx, pero puede poner lo que quiera, por ejemplo, el nombre de una configuración de aplicación, el idioma utilizado, etc.
- service_port: el puerto TCP para escuchar la aplicación dentro del contenedor.
- docker_image: la imagen Docker utilizada y cómo acceder a ella.
- docker_container: parámetros del contenedor (número, derechos, CPU, memoria, entorno).
- volumes: (s, puntos de montaje, archivos, etc.) que se presentarán al contenedor. Por ejemplo, archivos de aplicaciones, páginas de un sitio estático, un montaje NFS, etc.

En este mismo archivo, describimos el entorno del futuro contenedor:

```
node_docker_container:
  count_per_host: 1
  cpus: 1
  memory: "512m"
  uid: "0"
  gid: "0"
  env: "{{ node_docker_env }}"

node_docker_env:
  host: '{{ inventory_hostname }}'
  component: '{{ component }}'
  environment: '{{ env }}'
  application: '{{ application }}'
  release: '{{ release|default("0.0.0") }}'
  MULTIPART_LOCATION: '/usr/local/tomcat/files'
  DB_DTB_JDBC_URL: 'jdbc:mariadb://192.168.56.13:3306/db_todo'
  DB_DTB_USERNAME: 'springuser'
  DB_DTB_PASSWORD: 'hardpassword123456'
```

Los valores son fáciles de reconocer, ya que se toman de los parámetros del comando docker. Esto permite ajustar con precisión el uso de los recursos. Por ejemplo:

- count_per_host: aquí sólo se lanza un contenedor por host (servidor).
- cpus: con 1, el contenedor puede utilizar como máximo un corazón (con 0,5 se puede utilizar el 50% de un corazón).

- memory: los procesadores del contenedor no pueden utilizar más de 512 MB. Si superan este valor, son eliminados.
- uid y gid: los procesos del contenedor se ejecutan como root. Tenga en cuenta que es una mala idea hacer que un proceso se ejecute como root (consulta el capítulo Ir más allá).
- env: la lista de variables de entorno del contenedor.

A continuación, se explica cómo recuperar la imagen creada en el capítulo Infraestructura y servicios básicos:

```
node_docker_registry:
  login: no
  name: "{{ component }}-{{ application }}"
  registry_url: registry.diehard.net:5000
  registry_login: none
  registry_password: none
  registry_email: 'sebastien.rohaut@pouetpouet.com'
  registry_check: yes
```

Reconocemos los valores clásicos utilizados para conectarse a cualquier librería de imágenes Docker. registry_check se utiliza, para una librería interna de la versión 2, para comprobar la presencia de la imagen antes de desplegarla. El registry instalado en infra01 no dispone de autenticación.

Por último, he aquí un ejemplo de utilización de un volumen NFS, que permite al playbook crear un punto de montaje, modificar el archivo /etc/fstab, montar el volumen y presentarlo al contenedor:

```
node_volumes:
- type: nfs
  nfs_path: nfsvip.diehard.net:/eni-todo-storage
  local_path: eni-todo-storage
  dest_path: /usr/local/tomcat/files
```

El inventario de Ansible se actualiza en consecuencia. La lista de hosts en los que se desplegarán los contenedores se debe describir en una sección que cumpla con la convención de nomenclatura: [component-env-application].

Si los contenedores se van a desplegar en nodo1 y nodo2, el inventario contiene:

```
[tomcat-production-app1]
nodo1
nodo2
```

5.3.2 Despliegue

- Temporalmente, edite el archivo build/roles/deploy_docker_container/tasks/main.yml y "descomente" la línea `published_ports`:

```
- name: "start {{ component }} container"
  docker_container:
    ...
    published_ports: "{{ service_port }}:{{ service_port }}"
    ...
```

Vamos a pedirle deliberadamente a Ansible que evite ciertas tareas (que veremos en el capítulo Exposición y reparto) usando `--skip-tags nginx`. El playbook despliega los contenedores. Los parámetros incluyen los valores descritos anteriormente, así como la versión deseada, que es de hecho la etiqueta para la imagen deseada.

- Ahora despliega la imagen de la etiqueta `dev`:

```
$ ansible-playbook build/deploy_docker_container.yml \
  -e "component=tomcat \
      env=production \
      application=eni-todo \
      release=v24.04-eni-todo-tomcat-mariadb-env" \
  --skip-tags nginx
```

El despliegue realiza todas las operaciones necesarias en cada uno de los servidores del inventario:

- si es necesario, conéctese al registro Docker y compruebe que la imagen está presente,
- crear una estructura de directorios en /opt/data,
- preparar los diferentes volúmenes que se presentarán al contenedor,
- eliminar la versión idéntica en caso de redistribución,
- recuperar la imagen,

- arrancar el contenedor,
- comprobar que el puerto es accesible
- por último, eliminar las versiones antiguas de los contenedores.

6. Conclusión

Ahora podemos ejecutar nuestra aplicación eni-todo en varios servidores. El uso compartido de NFS para los archivos descargados y una base de datos común y externa garantizan que tengamos el mismo estado de la aplicación tanto si accedemos a ella desde un servidor como desde otro, pero sólo si almacenamos la información en la base de datos: sólo se puede acceder a la información mediante sesiones desde la instancia de la aplicación en la que se crearon.

Hemos avanzado mucho, porque ahora podemos crear, desplegar y reutilizar fácilmente nuestra aplicación en varios servidores. Pero aún nos quedan varios problemas por resolver:

- La base de datos sigue siendo un punto único de fallo (SPOF), porque si la única instancia de MariaDB se cae, la aplicación falla.
- Por el momento, el recurso compartido NFS procede de una única máquina y también es un único punto de fallo: si se cae, los archivos descargados quedan inaccesibles.
- Sólo se puede acceder a cada contenedor de forma individual. Se requiere una dirección IP única para distribuir la conexión a uno de los servidores y contenedores.
- Las sesiones son únicas para cada contenedor desplegado. Como mínimo, necesitamos un sistema de persistencia para asegurarnos de que siempre acabamos con la misma sesión o incluso, a largo plazo, que los contenedores puedan "hablar" entre sí y compartir una única sesión.
- Así las cosas, no podemos desplegar una segunda instancia de la aplicación, porque el puerto 8080 ya está ocupado por la primera. Tampoco podemos desplegar otra aplicación que también utilice este puerto.

La próxima etapa resolverá los tres últimos puntos.

Capítulo 4
Exposición y reparto

1. Exponer sus servicios

1.1 Problemática

En el capítulo Los contenedores, vimos cómo crear imágenes reutilizables de nuestra aplicación eni-todo y cómo, usando contenedores, desplegarlas en uno o más servidores. Pero aún no hemos visto cómo acceder a ellas desde un único punto de entrada. Necesitamos resolver varios problemas.

En primer lugar, cada contenedor, una vez iniciado, tiene su propia dirección IP en una red que es local a la máquina y no está enrutada, es decir, no es accesible desde ningún otro punto de la red. Tenemos que encontrar la manera de que la aplicación que se ejecuta de forma aislada sea accesible a través de, por ejemplo, la dirección IP del servidor.

En segundo lugar, el servicio de la aplicación eni-todo se distribuye ahora en, al menos, dos servidores, para garantizar su disponibilidad en caso de pérdida de una de las máquinas. Se necesita un único punto de acceso: una dirección, que reenviará las peticiones a uno u otro servidor, pero que también debe ser capaz de detectar la indisponibilidad de la aplicación en uno o varios servidores y reenviar el tráfico a los que aún estén activos.

Si el servicio se va a exponer en Internet, debe tener una dirección IP pública.

Y, por último, todos los servicios deben ser redundantes: debemos ser capaces de soportar la pérdida (avería, mantenimiento) de un equipo, manteniendo a toda costa la disponibilidad del servicio. Esto significa que, además de dos (o más) servidores, los servicios y equipos utilizados como puntos de entrada de los servicios también deben estar duplicados, con todos los mecanismos automáticos de conmutación por error necesarios.

1.2 Arquitectura básica

El siguiente diagrama describe el principio general de acceso al servicio de aplicación según se desee.

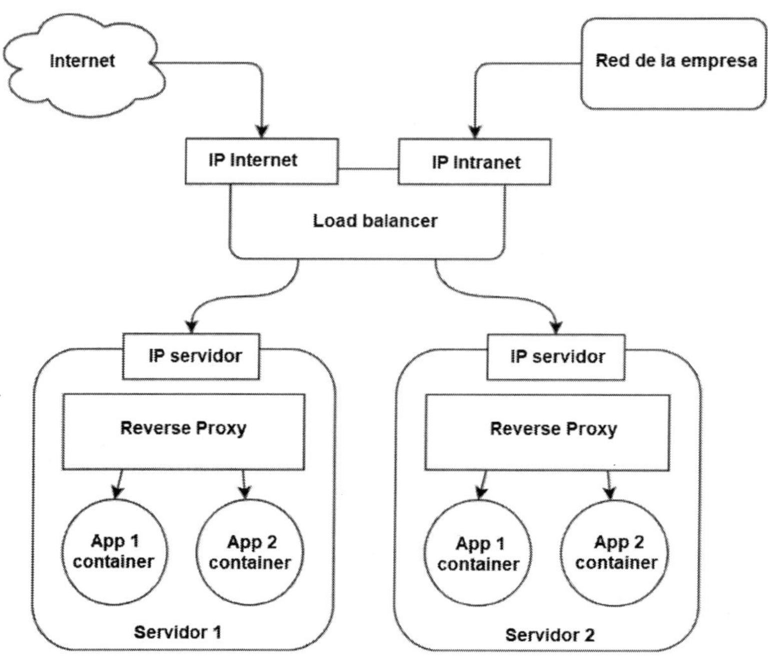

Figura 1: Arquitectura general de acceso a los servicios

La alta disponibilidad del repartidor de carga no aparece por el momento y será objeto de un diagrama específico en la sección Reparto de carga - Arquitectura de alta disponibilidad de este capítulo.

2. Reverse proxy

2.1 ¿Por qué utilizar un reverse proxyreverse proxy?

Cada contenedor iniciado en el servidor tiene su propia dirección IP. Esta dirección se puede obtener simplemente utilizando el comando `docker` y el nombre o identificador del contenedor:

```
$ docker container ps
CONTAINER ID   IMAGE    COMMAND     CREATED    STATUS     PORTS    NAMES
296364ae3c93   registry.diehard.net:5000/tomcat-eni-todo:v24.04-eni-
todo-tomcat-mariadb-env    "catalina.sh run"   16 minutes ago   Up
16 minutes    0.0.0.0:8080->8080/tcp   tomcat-production-eni-todo_1_
v24.04-eni-todo-tomcat-mariadb-env
$ docker inspect --format '{{ .NetworkSettings.IPAddress }}' 296364ae3c93
172.17.0.2
```

Desde el propio servidor, puede comprobar que el servicio que se ejecuta en el contenedor funciona, con un simple `curl`:

```
$ curl -I http://172.17.0.2:8080/eni-todo/
HTTP/1.1 200
Set-Cookie: JSESSIONID=5EFB90378D2336F11E2FFF6348BD6510;
Path=/eni-todo; HttpOnly
Content-Type: text/html;charset=UTF-8
Content-Language: en
Content-Length: 3333
Date: Sat, 16 Mar 2024 12:45:40 GMT
```

De momento, intentar lo mismo desde la dirección IP del servidor también funciona, porque hemos asociado el puerto 8080 del servidor con el del contenedor que hemos iniciado. Impedir el acceso directo a la aplicación es una mala idea. Iniciar varias aplicaciones utilizando el puerto 8080 es imposible: varias aplicaciones no pueden escuchar directamente en el mismo par IP:Puerto.

```
$ curl -I http://192.168.56.30:8080/eni-todo/
HTTP/1.1 200
$ nc -l -s 192.168.56.30 -p 8080
nc: Address already in use
```

También puede iniciar el contenedor utilizando la red del host, es decir, el servidor. En este caso, el contenedor utiliza las direcciones y puertos del servidor, por lo que no hay aislamiento de red. Pero también en este caso, dos contenedores no pueden utilizar el mismo puerto del host.

```
$ docker run --network=host ...
```

Podríamos considerar otras soluciones de bajo nivel, con Netfilter, NAT (*Network Address Translation*), pero volveríamos a encontrarnos con los mismos problemas. Necesitamos utilizar una solución que permita a varias aplicaciones escuchar en el mismo puerto, a través de un único punto de entrada.

Dado que cada contenedor tiene una dirección IP única en una red no enrutada, cada uno puede escuchar en el mismo puerto, por ejemplo 8080. Entonces, ¿cómo se accede a este puerto desde la IP del servidor en el marco de aplicaciones que utilizan el protocolo HTTP?

La solución es utilizar un reverse proxy. El objetivo del reverse proxy es concentrar las conexiones externas en un único punto de entrada y redistribuirlas al servicio interno deseado.

Como el servicio estará expuesto en Internet o en una intranet (red corporativa), se accederá a él utilizando su nombre de host o nombre DNS. Por lo tanto, el factor discriminante para enrutar al servicio correcto es su nombre. En cada servidor se puede configurar un servidor web, como Apache o Nginx que, en función del nombre utilizado para acceder a él, puede redirigir la conexión a un contenedor determinado. El resultado es el siguiente modelo:

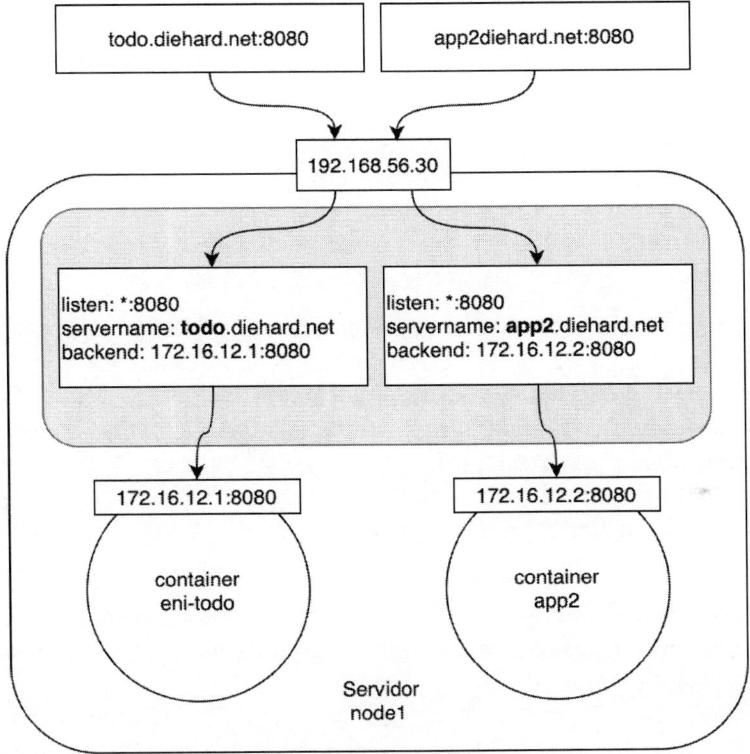

Figura 2: Funcionamiento de un reverse proxy

En este diagrama, podemos ver que el servidor escucha en el puerto 8080, pero dependiendo del nombre utilizado para acceder a él (*servername*), envía la conexión a un contenedor (*backend*) diferente.

2.2 Elección del reverse proxy

Se pueden utilizar varios productos para desempeñar la función de reverse proxy. Un servidor web como Apache o Nginx puede hacer el trabajo, al igual que HAProxy.

Para este tipo de uso, utilizar HAProxy significa "sacar la artillería pesada" para una necesidad reducida, ya que no es necesario gestionar reglas complejas a nivel de host. Además, el proxy host, como verdadero servidor HTTP, puede necesitar servir páginas web estáticas bajo demanda, en directorios locales, cosa que HAProxy no puede hacer.

Nginx es el ganador: para este tipo de uso, Nginx es hasta 2,5 veces más rápido que su competidor Apache y como las aplicaciones están en contenedores, el servidor no necesita ningún módulo especial. Nginx es más ligero y más rápido, y su configuración es ligera si mantiene las cosas simples.

La empresa F5, un famoso editor de soluciones propietarias de reparto de carga como Big IP, ha adquirido la empresa detrás de Nginx. En desacuerdo con las políticas de este nuevo propietario, los principales desarrolladores decidieron crear nuevas ramas de Nginx (llamadas *fork*), desarrolladas de forma independiente y bajo diferentes nombres. Igor Sysoev creó Angie en 2019, luego Maxim Dounin, debilitado por la salida de F5 de Rusia en 2022 y en desacuerdo con la política de seguridad de F5, creó Freenginx en 2024.

Puede decidir utilizar estas versiones derivadas, sin embargo, no existen en forma empaquetada para la versión de Ubuntu utilizada por los autores, no se puede garantizar la compatibilidad de las configuraciones en la fecha de redacción (marzo de 2024) y en el futuro.

2.3 Instalación

Ubuntu 24.04 proporciona, en 10 mayo 2024, Nginx 1.24.0, con el soporte TLS y SNI (*Server Name Indication*).

Nginx se instala simplemente con apt:

```
$ sudo apt install nginx nginx-extras
```

La configuración se encuentra en /etc/nginx. La configuración de los sitios está en /etc/nginx/sites-available y los enlaces simbólicos para los sitios activados están en /etc/nginx/sites-enabled.

El servicio se gestiona con systemd:

```
$ sudo systemctl start/restart/reload/stop nginx
```

Una vez más, los autores ofrecen un playbook de Ansible, ubicado en el mismo repositorio de GitHub que el resto, que se encarga de todo.

Simplemente edite el inventario etc/hosts de Ansible y añada una sección `nginx` que contenga la lista de servidores:

```
[nginx]
node1
node2
```

A continuación, basta con ejecutar el playbook de instalación de Nginx install_nginx.yml:

```
$ ansible-playbook playbooks/install_nginx.yml -e"datacenter=home"

PLAY [install nginx and dependencies]
**********************************************************************
TASK [Gathering Facts]
**********************************************************************
ok: [node1]
ok: [node2]
TASK [shell]
**********************************************************************
changed: [node2]
changed: [node1]
TASK [nginx : install needed libraries on the system]
***************************************************************
ok: [node1]
changed: [node2]
...
```

2.4 Configuración

2.4.1 nginx.conf

El playbook crea una estructura de árbol en /opt/data/nginx y modifica /etc/nginx con enlaces simbólicos sólo para el archivo de configuración global nginx.conf y las configuraciones personalizadas de los sitios.

Para cada aplicación desplegada en los servidores, se debe crear o vincular un archivo de configuración específico en /opt/data/nginx/conf/sites-available. Esta configuración se activa si existe un enlace en sites-enabled. Cuando Nginx arranca o se recarga, lista y carga todos estos archivos, en orden. He aquí un ejemplo muy simple de cómo configurar un reverse proxy:

```
upstream backend_servers_eni-todo {
    round-robin ;
    server 172.17.0.2:8080 max_fails=0; # 296364ae3c93

  listen
  listen *:8443  ssl;

  server_name


  location
    proxy_pass


}
```

Este ejemplo de configuración contiene las entradas esenciales:

- La sección `upstream` enumera los backends, en este caso las direcciones IP y los puertos de los contenedores a los que se dirigirán las conexiones. Fíjese en el comentario. Es importante: es el identificador corto del contenedor. La entrada round-robin enviará las conexiones a los backends presentes por turno, si hay varios.
- La sección `server` enumera, para el nombre de host `server_name` dado, las direcciones y puertos de escucha y para SSL (*Secure Sockets Layer*), las claves y certificados que se deben presentar.

– La sección `location` indica que, para cualquier acceso a través de este nombre de host, la conexión es "proxyada" (enrutada, reenviada) a la configuración `upstream` asociada.

Imaginemos que la entrada DNS todo.diehard.net apunta a nuestro servidor. Veamos qué ocurre al acceder a http://todo.diehard.net (navegador, curl, wget, etc.):

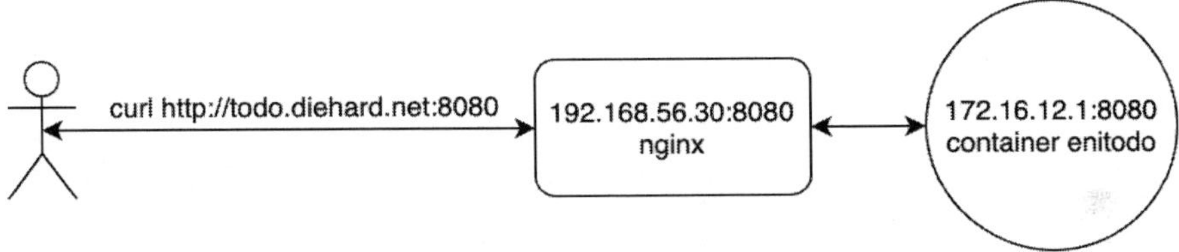

Figura 3: Proxy inverso en acción

– Nginx busca un bloque de configuración `server` que contenga este `server_name`.

– Actúa como proxy y reenvía la conexión a uno de los backends, referenciados por el par IP:Puerto, listados en el upstream correspondiente.

– La IP/puerto corresponde a un contenedor, por lo que es la aplicación en contenedor la que gestiona y responde a la petición.

Basta con establecer una configuración de este tipo, en cada servidor y para cada aplicación desplegada.

Nginx, como reverse proxy, también puede actuar como equilibrador de carga. Si hay varias entradas en el flujo ascendente, las conexiones se equilibran en cada una de ellas. Por defecto, se utiliza la directiva `round-robin`. Si sustituye `round-robin` por `ip_hash`, el balanceo de carga se basa en la fuente (IP del cliente). Esto también tiene la ventaja de permitir la persistencia de la sesión. Esto es una buena idea si los clientes se conectan directamente a través de la IP del servidor, pero el objetivo es utilizar un balanceador de carga adicional. En este caso, la dirección del cliente es la del equilibrador de carga y, por lo tanto, si hay varios backends, la conexión siempre terminará en el mismo, nunca en los demás... Puede cambiar la forma en que esto funciona en la plantilla de Ansible en la configuración de Nginx.

2.4.2 Certificados

Cuando se presenta un sitio o una aplicación web en HTTPS, se necesita una clave y un certificado SSL, cuya función es proteger los datos que circulan entre el cliente y el servidor. Su función es doble:

- codificar el flujo de datos entre el cliente y el servidor,
- comprobar la autenticidad del sitio o servicio al que se conecta.

Un certificado se genera simplemente con el comando `openssl`. Si lo firma usted mismo, se dice que está autofirmado (*self-signed*). Pero también puede estar firmado por una autoridad de certificación, ya sea interna de la empresa o pública. En este caso, esta entidad valida que el creador del certificado es quien dice ser, aportando información específica (documentos acreditativos) y firmará nuestro certificado añadiendo su propio certificado para demostrar su validez y origen. Como el certificado de la entidad, denominado certificado de intermediario, es reconocido como fiable por los clientes y los navegadores de Internet (Chrome, Firefox, etc.), éstos aceptan el certificado firmado (el famoso candado junto a la URL de acceso a eni-todo).

Si el certificado no está firmado por una autoridad de certificación reconocida, los visitantes del sitio o los usuarios del servicio recibirán, en el mejor de los casos, una advertencia y, en el peor, un error (página roja, candado rojo o candado tachado).

- Crear un certificado con el comando `openssl` es muy sencillo. En primer lugar, cree una clave privada y un archivo CSR (*Certificate Signing Request*) y responda a las preguntas, especificando el nombre de host del servicio en forma de **CN** (*Common Name*), pero también dentro de las entradas SubjectAltNames, como hemos visto en el capítulo anterior sobre la creación del certificado del registry. Este CN y el valor DNS.1 son los valores más importantes para su ejemplo.

- Cree un archivo req.conf con el siguiente contenido:

```
# cat req.conf
[req]
               distinguished_name = req_distinguished_name
               req_extensions = v3_req
               prompt = no
               [req_distinguished_name]
```

```
C = FR
ST = IDF
L = Paris
O = DieHard
OU = DieHard
CN = todo.diehard.net
[v3_req]
keyUsage = keyEncipherment, dataEncipherment
extendedKeyUsage = serverAuth
subjectAltName = @alt_names
[alt_names]
DNS.1 = todo.diehard.net
```

- Cree la clave privada y el CSR.

```
# openssl req -new -out registry.diehard.net.csr -newkey rsa:4096
-nodes -sha256 -keyout registry.diehard.net.key -config req.conf
```

- Firme el certificado con está misma clave para obtener un certificado self-signed, es decir, autofirmado.

```
# openssl x509 -in registry.diehard.net.csr -out registry.
diehard.net.crt -req -signkey registry.diehard.net.key -days 3650

# openssl req -newkey rsa:4096 -nodes -sha256 -keyout
registry.diehard.net -x509 -days 3560 -out registry.diehard.net
```

En las respuestas a las preguntas, solo el CN (*Common Name*) es obligatorio, con el valor `registry.diehard.net`:

```
Country Name (2 letter code) [AU]:FR
State or Province Name (full name) [Some-State]:IDF
Locality Name (eg, city) []:Paris
Organization Name (eg, company) [Internet Widgits Pty Ltd]:DieHard
Organizational Unit Name (eg, section) []:DieHard
Common Name (e.g. server FQDN or YOUR name) []:registry.diehard.net
Email Address []:
```

Obtendrá una clave privada y un certificado.

Ahora tiene tres archivos: clave, CSR y CRT. Puede hacer que una autoridad de certificación firme el CSR.

2.5 Automatización

Aunque el sistema de reverse proxy es muy inteligente, existen algunos problemas prácticos. El mayor tiene que ver con el arranque de los contenedores: por defecto, la IP asignada a un contenedor no es estática. Esto significa que cada vez que se inicia un contenedor, puede cambiar; cada vez que se redistribuye, cambia y cada vez que se reinicia el servidor, el contenedor se reinicia y su IP cambia de nuevo. Si las cosas se dejaran como están, la configuración estática de Nginx, a nivel de backend, sería obsoleta: las direcciones en la sección `upstream` estarían equivocadas o peor, no serían las de los contenedores correctos; los clientes accederían al sitio equivocado o a la aplicación equivocada, lo que estaría muy mal visto.

Docker permite el uso de IPs fijas:

```
$ docker run --ip=172.16.12.1 ...
```

Podría ser una buena idea, pero entonces tendría que mantener un repositorio de IPs asignadas y disponibles, elegir qué IP asignar a qué contenedor, gestionar su rotación y reutilización, etc.

Ahí es donde Ansible y algunos scripts entran en juego. No hay nada que nos impida usarlo para desplegar nuestras imágenes, instanciarlas, iniciar contenedores y establecer la configuración de Nginx asociada. Ansible es muy bueno en la manipulación de plantillas de archivos o *templates*. Por lo tanto, también podría crear plantillas de configuración de Nginx.

Observación

Utilizamos la palabra clave inglesa template a partir de ahora.

Mientras que Ansible instancia por sí mismo los contenedores, una vez que se han iniciado también es capaz de recuperar sus direcciones IP y colocarlas en la parte superior del archivo de configuración de Nginx asociado.

También necesita incluir un pequeño script que, cuando se inicie el servidor, recupere las nuevas IPs para los contenedores y actualice las configuraciones de Nginx.

Volvamos al playbook de despliegue del capítulo Los contenedores y añadamos las partes que faltan.

2.5.1 Configuración YAML

En el archivo production-eni-todo.yml, añada las entradas necesarias para configurar el proxy:

```
project_components:
- component: tomcat
  primary_hostname: todo.diehard.net
  hostname:
  - todo.diehard.net
  http_port: 8080
  https_port: 8443
  service_port: 8080
  service_protocol: http
  redirect_http: yes
  deploy_lb_vhost: yes
  lb_conf_name: mutualized-production
  auth: no
  allow_uploads: yes
  max_body_size: 20
  docker_image: '{{ node_docker_registry }}'
  docker_container: '{{ node_docker_container }}'
  volumes: '{{ node_volumes }}'
```

- `primary_hostname`, `hostname`: los nombres de hosts o DNS utilizados para acceder a la aplicación.
- `http_port`, `https_port`: para Nginx, los puertos TCP de escucha para los protocolos asociados.
- `service_port`, `service_protocol`: el puerto TCP en el que escucha la aplicación dentro del contenedor y el protocolo asociado (HTTP o HTTPS), utilizados en la configuración Nginx del upstream y `proxy_pass`.
- `redirect_http`: fuerza una redirección de HTTP a HTTPS (cuando el valor es `yes` o `no`).
- `deploy_lb_vhost` y `lb_conf_name`: utilizadas a continuación, estas entradas se refieren a la configuración del repartidor de carga HAProxy.

Este archivo tiene unas cincuenta líneas y describe todo lo necesario para desplegar una aplicación y configurar el reverse proxy. Su tamaño puede ser mucho menor, ya que varias entradas tienen valores por defecto.

2.5.2 Certificados

El playbook generate_certificate.yml genera una clave privada (en formato texto y PEM), un certificado autofirmado y un archivo CSR (solicitud de firma de certificado), que se colocan en /opt/data/ssl. Estos archivos se utilizan al desplegar contenedores y establecer la configuración del proxy Nginx. También se utilizan para establecer la configuración del repartidor de carga.

```
$ ansible-playbook playbooks/generate_certificate.yml \
  -e"domain=todo.diehard.net \
     C=ES ST=Cataluña L=Tarragona O='ENI' OU='ENI' \
     key_size=2048 subjectaltnameip='' subjectaltname=''"
```

En el directorio de destino, encontrará esta estructura de árbol:

```
$ tree /opt/data/ssl/
/opt/data/ssl/
├── todo.diehard.net
│   ├── openssl.cnf
│   ├── todo.diehard.net.ca.crt
│   ├── todo.diehard.net.crt
│   ├── todo.diehard.net.csr
│   ├── todo.diehard.net.key
│   └── todo.diehard.net.key.pem
├── todo.diehard.net.ca.crt -> todo.diehard.net/todo.diehard.net.ca.crt
├── todo.diehard.net.crt -> todo.diehard.net/todo.diehard.net.crt
├── todo.diehard.net.key -> todo.diehard.net/todo.diehard.net.key
└── todo.diehard.net.key.pem -> todo.diehard.net/todo.diehard.net.key.pem
```

Cuando la autoridad de certificación recibe un certificado para firmar, devuelve un certificado (.crt), así como un archivo que contiene uno o varios certificados intermedios (ca.crt). Los archivos actuales se deberán sustituir por los entregados.

2.5.3 Despliegue

El playbook deploy_docker_container.yml despliega los contenedores y establece la configuración del reverse proxy. Los argumentos incluyen los valores descritos anteriormente, así como la versión deseada que es, de hecho, el tag de la imagen deseada.

- Modifique este playbook de nuevo, comentando `published_ports` para que ya no exponga el puerto de la aplicación en el servidor: este es el papel de Nginx.

```
    #published_ports: "{{ service_port }}:{{ service_port }}"
```

- Reproduzca el playbook de nuevo, pero esta vez con todas las tareas (sin `--skip-tags`):

```
$ ansible-playbook playbooks/deploy_docker_container.yml \
  -e "component=tomcat \
     env=production \
     application=eni-todo \
     release=v24.04-eni-todo-tomcat-mariadb-env"
```

El despliegue realiza todas las operaciones siguientes:

- si es necesario, conéctese al registro de Docker y compruebe que la imagen está presente,
- crear una estructura de directorios en /opt/data,
- preparar los diferentes volúmenes que se presentarán al contenedor,
- eliminar la versión idéntica de los contenedores e imágenes en caso de redistribución,
- recuperar la imagen,
- arrancar el contenedor,
- establecer la configuración del reverse proxy,
- abrir los puertos del cortafuegos,
- instalar claves y certificados,
- comprobar que el puerto es accesible,
- volver a cargar la configuración del reverse proxy,
- por último, eliminar las versiones antiguas (de más de 40 días) de los contenedores e imágenes.

2.5.4 Prueba

Siguiendo el despliegue anterior, se inicia un contenedor en cada servidor. En el nodo1, por ejemplo:

```
 $ docker container ps
...
e4f9b1ca4065   registry.diehard.net:5000/tomcat-eni-todo:v24.04-eni-
todo-tomcat-mariadb-env   "catalina.sh run"   About a minute ago   Up
About a minute   8080/tcp   tomcat-production-eni-todo_1_v24.04-eni-
todo-tomcat-mariadb-env
```

Su dirección IP es:

```
$ docker inspect --format '{{ .NetworkSettings.IPAddress }}' e4f
172.17.0.2
```

Una petición `curl` en la IP devuelve el resultado esperado y la aplicación responde:

```
$ curl -I http://172.17.0.2:8080/eni-todo/
HTTP/1.1 200
Set-Cookie: JSESSIONID=BAB28A3B8C56A1AD21AD9BB921D5A488;
Path=/eni-todo; HttpOnly
Content-Type: text/html;charset=UTF-8
Content-Language: en
Content-Length: 3333
Date: Sat, 11 May 2024 15:32:29 GMT
```

La prueba en el puerto 8080 del reverse proxy, en primer lugar, sin el nombre de host, devuelve un error, como era de esperar:

```
# curl -I http://localhost:8080
HTTP/1.1 504 Gateway Time-out
Server: nginx
...
```

Por otro lado, si se utiliza el nombre de host correcto, se obtiene el resultado correcto de la aplicación, con los *headers* adicionales establecidos por la configuración de Nginx, lo que indica que el proxy está funcionando:

```
$ curl -I --resolve todo.diehard.net:8080:127.0.0.1
http://todo.diehard.net:8080/eni-todo/
HTTP/1.1 200
Server: nginx
Date: Sat, 11 May 2024 13:47:45 GMT
```

```
Content-Type: text/html;charset=UTF-8
Connection: keep-alive
Set-Cookie: JSESSIONID=8E9D78141467EF8E2F45B98F890693B2;
Path=/eni-todo; HttpOnly
Content-Language: en-US
X-Frame-Options: SAMEORIGIN
X-Content-Type-Options: nosniff
X-XSS-Protection: 1; mode=block
```

```
$ curl -s --resolve todo.diehard.net:8080:127.0.0.1
http://todo.diehard.net:8080/eni-todo/
<!DOCTYPE HTML>
<html lang="en">
<head>
    <title>Todo Sample</title>
...
```

```
$ curl -s --resolve todo.diehard.net:8080:192.168.56.30
http://todo.diehard.net:8080/eni-todo/
<!DOCTYPE HTML>
<html lang="en">
<head>
   <title>Todo Sample</title>
   <meta http-equiv="Content-Type" content="text/html; charset=UTF-8"
/>
...
```

Observación

Algunas veces, el tiempo de respuesta para la primera consulta es demasiado largo y se obtiene un error "`403 Forbidden`". Es suficiente con ejecutar de nuevo la llamada "`curl`".

2.5.5 Reboot

Cuando se reinicia el servidor, dependiendo del orden en que se inicien los contenedores, sus direcciones IP pueden cambiar. Sin embargo, el identificador del contenedor no cambia a lo largo de su vida. En la configuración del reverse proxy Nginx, el comentario en la sección `upsteam` muestra que este identificador está presente:

```
server 172.17.0.2:8080 max_fails=0; # 8797c8a3160b on node1
```

Cuando se inicia el servidor, un script se encarga de comprobar los contenedores iniciados, recuperar sus direcciones IP, actualizar todas las configuraciones de Nginx y reiniciar Nginx. El servicio está controlado por systemd. Es del tipo `oneshot` y se ejecuta después de que se haya iniciado el servicio Docker.

```
$ cat /etc/systemd/system/update_nginx_containers_ip.service
[Unit]
Description=Update nginx upstream backends with containers IP
After=docker.service
[Service]
Type=oneshot
RemainAfterExit=yes
ExecStartPre=/bin/sleep 2
ExecStart=/etc/init.d/update_nginx_containers_ip.py
[Install]
WantedBy=multi-user.target
```

El script de Bash es relativamente sencillo. Busca líneas que contengan una dirección IP y el identificador de un contenedor y sustituye la dirección antigua por la nueva. Por ejemplo (versión muy simplificada):

```
for DOCKER_ID in $(docker ps -a -q); do
...
   D_CONT_STATUS=$(docker inspect ${DOCKER_ID} --format '{{.Status}}');
...
   if [[ ${D_CONT_IS_RUNNING} = 'true' ]]; then
     echo " ${D_CONT_NAME} with ${DOCKER_ID} is running ";
     NGINX_CONT_ID=$(grep "${DOCKER_ID}" ${NGINX_CONF_PATH});
     if [[ ${NGINX_CONT_ID} != "" ]]; then
       echo "${NGINX_CONF_PATH} updated"
       sed -i -E "s@.*server ([0-9]{1,3}.[0-9]{1,3}.[0-9\]{1,3}.[0-9]
{1,3}):[0-9].*@\      server ${D_CONT_IP}:${D_CONT_PORTS} max_fails=0;
# ${DOCKER_ID} on $(hostname) at $(date -Iseconds)@g" ${NGINX_CONF_PATH};
     fi
   else
     echo " ${D_CONT_NAME} with ${DOCKER_ID} is not running ";
   fi
 done
done
```

- `sed` : para sustituir una línea por otra,
- `-i` : para actualizar el archivo,
- `-E` : para utilizar las expresiones regulares,

- `s@` : para la parte de búsqueda (se utiliza `'@'` como separador, en lugar de `'/'` que plantea más problemas en un script Bash),
- `*server ([0-9]{1,3}.[0-9]{1,3}.[0-9\]{1,3}.[0-9]{1,3}):[0-9].*"`: la expresión regular de la búsqueda (antes se ha buscado la presencia del ID del contenedor),
- `\ server ${D_CONT_IP}:${D_CONT_PORTS} max_fails=0; #; ${DOCKER_ID} on $(hostname) at $(date -Iseconds)`: la línea actualizada,
- `${NGINX_CONF_PATH}`: el archivo actualizado.

3. Reparto de la carga

3.1 Presentación

Ahora que los servicios en contenedores son accesibles desde la dirección IP de un host, necesitamos exponer todos estos servicios y, por lo tanto, todos los hosts, a todos los clientes, ya sea en la red corporativa (la intranet) o en una red pública (Internet). En las pruebas anteriores sólo se utilizaba un único host. Sin embargo, el servicio se desplegará en, al menos, dos hosts. No vamos a exponer directamente un servidor de aplicaciones en Internet. Como los servicios están repartidos entre varios servidores, es necesario un proceso de decisión para repartir la carga entre todos los servicios.

El objetivo de un **load balancer** o **repartidor de carga** es distribuir las conexiones de los clientes entre varios servidores o servicios, según criterios de decisión. El repartidor de carga suele tener, al menos, dos interfaces de red: una accesible desde la red que expone la dirección IP a los clientes y otra en una subred interna dedicada, a través de la cual accede a los hosts (puede tener una sola interfaz si la IP expuesta está en la misma subred que los servidores).

El primer papel del repartidor de carga es el de proxy: enrutar las conexiones a las aplicaciones a los hosts correctos, de acuerdo con reglas basadas, como con un proxy de host, en el nombre del servicio. En este sentido, su papel es similar al del reverse proxy Nginx.

Su segunda función es distribuir las conexiones entre los hosts en función de la carga. El repartidor de carga también gestiona la seguridad del acceso a la aplicación, el cifrado de los flujos (SSL/TLS) mediante la presentación de un certificado y la disponibilidad de las aplicaciones mediante comprobaciones periódicas de estado. Si una aplicación deja de estar disponible en un host determinado, el repartidor de carga lo excluye automáticamente de su lista y las conexiones se redirigen a un host que siga estando disponible.

Un repartidor de carga es un servicio especializado dedicado a una tarea específica. Suele ir acompañado de servicios auxiliares para gestionar sus direcciones IP, diferentes protocolos, varios pools de servidores, su propia disponibilidad, seguridad, enrutamiento, anuncios BGP (*Border Gateway Protocol*) y OSPF (*Open Shortest Path First*), etc.

Existen soluciones llave en mano que hacen todo esto y más, como Big-IP de F5 o Netscaler de Citrix. Todas estas soluciones son, sin duda, de alto rendimiento, pero tienen un precio elevado.

Es instructivo montar una solución completa basada en Linux y productos gratuitos. Nginx es demasiado limitado para este tipo de uso, por lo que es necesario utilizar un producto dedicado.

3.2 Objetivos

Los objetivos son los siguientes:

- distribuir la carga de aplicaciones expuestas en HTTP, seguras (SSL/TLS) o no, con o sin autenticación y, posiblemente influir en las reglas (control de acceso, cabeceras, cookies, etc.),
- permitir la exposición a TCP, para gestionar servicios distintos de HTTP, por ejemplo, conexiones SSH, bases de datos, etc,
- gestionar las direcciones IP que pueden o no estar expuestas en Internet y garantizar su disponibilidad en caso de pérdida de un servidor,
- poder agrupar el uso de direcciones IP por razones económicas (tener una dirección para varios servicios y nombres de host),
- opcionalmente, hablar con los routeres en Internet para exponer las direcciones IP públicas a través de los protocolos apropiados,

- ser capaz de actuar como pasarela de los hosts de la plataforma a la red corporativa y, opcionalmente si el repartidor está expuesto, a Internet (como el repartidor gestiona IPs, también actuará como router),
- automatizar la configuración en la medida de lo posible.

3.3 Arquitectura de alta disponibilidad

Para alcanzar estos objetivos, los repartidores de carga deben tener una arquitectura de alta disponibilidad. Este diagrama describe un único repartidor de carga, sin alta disponibilidad:

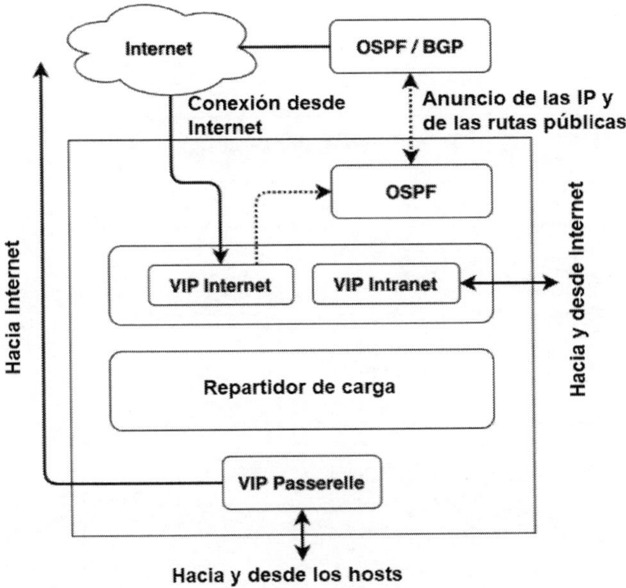

Figura 4: Repartidor de carga sin alta disponibilidad

Este repartidor puede garantizar la accesibilidad y disponibilidad de los servicios. Sin embargo, por sí solo no puede garantizar su propia disponibilidad. Si se produce un fallo, todos los servicios dejan de estar disponibles. Por eso es necesario garantizar la redundancia y, por tanto, la alta disponibilidad del repartidor.

Por lo tanto, es necesario duplicarlo. He aquí la nueva propuesta de arquitectura:

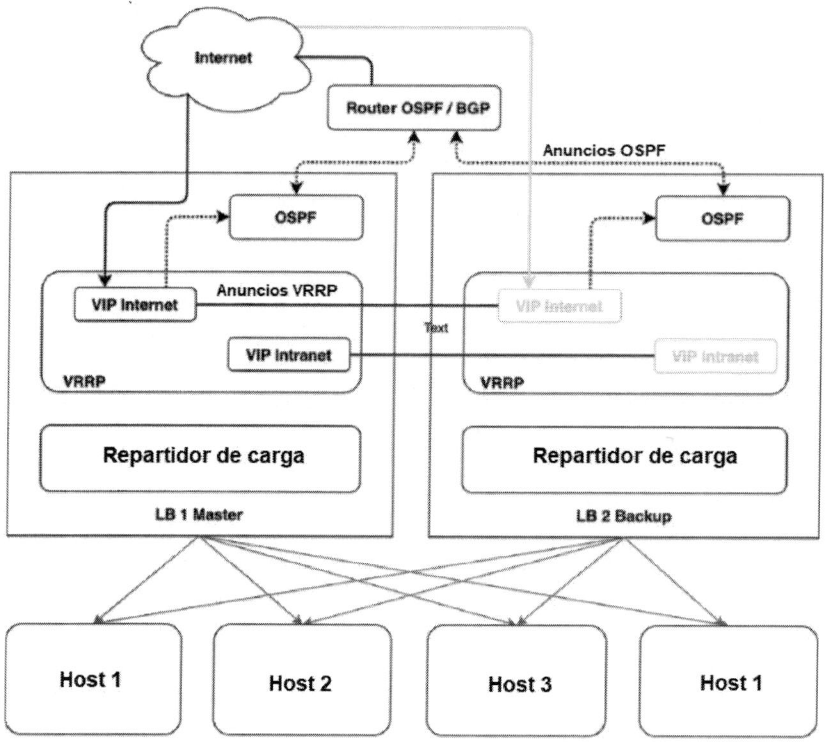

Figura 5: Repartidor de carga de alta disponibilidad

4. Solución de reparto de carga

4.1 Elección de productos

Se necesitan al menos tres productos para implementar esta arquitectura. El propio repartidor de carga debe gestionar la conexión de un cliente a un servicio y devolverla a un host (el host, a través de su reverse proxy, la devuelve a un contenedor). Como esto implica la gestión de varios tipos de protocolos y reglas basadas en estos protocolos (agrupación de direcciones y enrutamiento basado en nombres de host), esto descarta automáticamente una solución basada únicamente en las capas 3 y 4 del modelo OSI (*Open Systems Interconnection*). Esto significa que Keepalived no puede ser seleccionado para su papel de dispatcher (repartidor). Utilizaremos la mejor solución actual: **FRRouting**.

Las direcciones IP de servicio se pueden configurar manualmente en las interfaces correspondientes. Pero, ¿cómo cambiarlas de un dispatcher a otro? Aquí es donde el protocolo VRRP (*Virtual Router Redundancy Protocol*) realmente entra en acción. Utilizaremos el módulo asociado Keepalived, que se utilizará para gestionar un router virtual formado por, al menos, dos routers físicos y que se encargará de la alta disponibilidad de las direcciones IP.

Exponer una dirección IP en Internet es diferente de exponerla en una red privada. La dirección se debe anunciar a los distintos routeres a través de protocolos especializados como OSPF y BGP. Estos protocolos se pueden configurar utilizando **Quagga**.

4.2 HAProxy

4.2.1 Presentación

HAProxy es un paquete de software de código abierto desarrollado originalmente por Willy Tarreau. La primera versión se publicó en 2001 y proporciona un servicio de reparto de carga (*load balancing*) y de proxy de alta disponibilidad. Gestiona los protocolos HTTP (nivel 7) y TCP (nivel 4). Está escrito en C, es muy potente, requiere muy pocos recursos (memoria y procesador) y aguanta muy bien la carga. Lo utiliza un enorme número de sitios web, algunos de los cuales lo anuncian públicamente: GitHub, Reddit, Slack, Twitter, Tumblr, Bitbucket, GoDaddy, Amazon, etc. Y miles de otras empresas utilizan HAProxy para multitud de proyectos internos, (por ejemplo, OpenShift o Ingress Kubernetes), lo que lo convierte en el repartidor de carga más utilizado del mundo.

Sus prestaciones son impresionantes:

- reparto de carga HTTP y TCP,
- terminación SSL, soporte SNI, de OSCP, de Let's Encrypt,
- compatibilidad con el protocolo HTTP/2 et QUIC/HTTP/3,
- reescritura de URL (*URL rewriting*), manipulation du protocole PROXY,
- regulación y limitación de la tasa de las peticiones (*rate limit*),
- compresión GZIP,
- comprobación del estado de los servicios y backends (*health check*),
- distribución basada en múltiples criterios,
- ACL (*Access Control List*),
- API y consola,
- Soporte para scripts Lua,
- Modularidad,
- etc.

Una configuración básica de HAProxy puede tener unas pocas líneas, pero se puede complicar rápidamente. En un contexto profesional, los autores han tenido que gestionar configuraciones de HAProxy de varios miles de líneas, compuestas por cientos de frontends y backends. Y en todos esos años, HAProxy nunca ha fallado. Los únicos errores encontrados han sido humanos.

El apoyo de la comunidad se proporciona a través de una *mailing list*. Los desarrolladores de HAProxy proporcionan respuestas pertinentes, a veces directamente. Esto es muy de agradecer.

HAProxy se ha convertido en un producto imprescindible, sobre todo desde el lanzamiento de la versión 1.5 en 2014, con soporte completo para la terminación SSL: HAProxy gestiona de forma nativa las terminaciones SSL y, por tanto, el protocolo HTTPS (HTTP seguro). En el momento en el que se está escribiendo este capítulo, en marzo 2024, HAProxy está versión 3.0. Pero vamos a permanecer en la versión 2.8 LTS (*Long Time Support*) que ofrece la distribución.

4.2.2 Arquitectura

Cada servicio es accesible a través de una dirección IP privada (intranet) o pública (Internet). Como no se trata de la IP real del servidor, se denomina IP virtual (*Virtual IP* o VIP). En las especificaciones, esta dirección puede ser compartida. HAProxy escucha en esta VIP y en los puertos HTTP y HTTPS seleccionados, por ejemplo, 80 y 443. Para el protocolo HTTPS, HAProxy presenta los certificados correspondientes a los nombres de host asociados al servicio dado.

Al igual que con el reverse proxy Nginx, se toma una decisión de enrutamiento en función del nombre de host. Dado que la IP puede ser compartida, las ACL se configuran para reenviar las conexiones a un grupo determinado de servidores, en función del nombre de host.

La configuración de HAProxy se compone esencialmente de dos bloques:

- El **frontend**: indica las direcciones y puertos de escucha, la configuración de base, algunas opciones, los certificados a presentar, la configuración SSL (versiones, certificados, algoritmos de cifrado (*ciphers*)), los headers a añadir, modificar, transferir a los servidores, etc. Este bloque contiene también las ACL correspondientes a las reglas de encaminamiento hacia el grupo de servidores adecuado en función del nombre de host.
- El **backend**: es la lista o pool de servidores a los que HAProxy distribuye las conexiones. Este bloque contiene las reglas de distribución (round robin, por ejemplo), la gestión de la persistencia de la sesión (basada en la IP de origen, cookies, etc.) y los controles de estado del servicio remoto (*health check*).

Esto se puede resumir del siguiente modo:

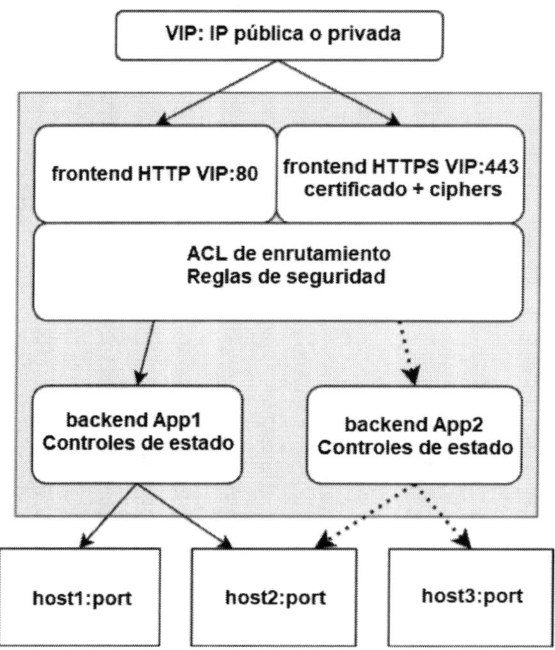

Figura 6: Arquitectura HAProxy

Para cada configuración, compartida o no, hay dos archivos de configuración de frontend, uno para HTTP y otro para HTTPS, lo que significa que hay dos templates (patrones) específicas, porque la información y los headers no son necesariamente los mismos. Con HTTPS, por ejemplo, se puede enviar información de certificados a los servidores, lo que por supuesto es innecesario con HTTP.

Las ACL para el enrutamiento basado en nombres de host siguen el mismo patrón.

Por último, sólo hay un archivo backend por aplicación desplegada.

4.2.3 Ejemplo

A continuación, se muestra un ejemplo muy simplificado de la configuración HAProxy que se generará para la aplicación eni-todo:

```
frontend frontend-mutualized-production-http
  mode http
  bind 192.168.1.110:80

# ACL
  acl is_todo.diehard.net hdr_reg(host) -i ^todo.diehard.net(|:80)$
  acl is_static-website hdr_reg(host) -i ^static-website(|:80)$

# Backends
  use_backend backend-todo.diehard.net if is_todo.diehard.net
  use_backend backend-static-website if is_static-website

backend backend-todo.diehard.net
  balance roundrobin
  option redispatch
  option tcp-check
  tcp-check send GET\ /\ HTTP/1.1\r\nHost:\ todo.diehard.net\r\n
  tcp-check send \r\n
  tcp-check expect rstring HTTP/1.1\ 200\ .*
  cookie JSESSIONID prefix nocache
  server node1 node1:8443  weight 1 check inter 2s fall 2 rise 2
ssl cookie node1
  server node2 node2:8443  weight 1 check inter 2s fall 2 rise 2
ssl cookie node2

backend backend-static-website
  balance roundrobin
```

```
option redispatch
option tcp-check
tcp-check send GET\ /\ HTTP/1.1\r\nHost:\ static-website \r\n
tcp-check send \r\n
tcp-check expect rstring HTTP/1.1\ 200\ .*

server node2 node2:8443 ssl
server node3 node3:8443 ssl
```

Aquí están las explicaciones para el frontend:

- `frontend`: el nombre del frontend, que es único. Aquí, es el nombre de una configuración que se definirá en un archivo YAML que puede ser utilizado por Ansible.
- `mode`: el tipo de frontend, en este caso HTTP, que determina las posibles acciones y opciones del dispatcher.
- `bind`: la IP (el VIP) y el puerto de escucha, con información SSL si es HTTPS.
- `acl`: la declaración de una ACL, con su nombre y las condiciones que rigen su existencia. Aquí, la ACL se define si el nombre de host con el que el cliente accede a la IP:Puerto es el especificado.
- `use_backend`: el backend a utilizar, según la ACL.

Y aquí están las explicaciones para los backends:

- `backend`: el nombre del backend que, por elección arbitraria, consiste en el nombre del host principal utilizado para acceder a la aplicación.
- `balance`: el método de equilibrio de carga, en este caso roundrobin (el primero, después el segundo y así sucesivamente). Otros métodos son posibles.
- `option redispatch`: en el caso de las sesiones de cookies, si el servidor en cuestión ya no es accesible, las sesiones se actualizan y se envían a otro host.
- `option` y `tcp-check`: configuración de un control de estado (*healthcheck*). Esta comprobación se realiza para cada tcp-check. Si hay un error, se considera que el host ha fallado.
- `server`: la lista de hosts a los que se dirigen las conexiones, con puerto y protocolo.

En concreto, si los registros DNS, o los valores en /etc/hosts, para todo.diehard.net y static-website apuntan al VIP 192.168.1.110, entonces:

- Una llamada a http://todo.diehard.net dirige las conexiones a uno de los dos hosts definidos en el backend backend-todo.diehard.net.
- Una llamada a http://static-website dirige las conexiones a uno de los dos hosts definidos en el backend backend-static-website.
- En cada caso, el nombre de host se transmite, por supuesto, al servidor al que se dirige la conexión y el reverse proxy Nginx lo transmite a los contenedores.
- Si un servidor backend deja de ser accesible, según lo determinado por el control de estado, pasa a estar inactivo y la carga se redirige a los servidores restantes.

4.3 VRRP con Keepalived

4.3.1 Presentación de Keepalived

Keepalived, desarrollado inicialmente por Alexandre Cassen, es también un repartidor de carga, pero limitado a protocolos de nivel 4 (TCP, UDP - *User Datagram Protocol*). Se basa en las capacidades de equilibrio de carga del núcleo Linux: LVS. LVS y Keepalived siguen siendo una excelente opción para situaciones que no requieren una configuración compleja, particularmente cuando un par IP:Puerto está siempre asociado a los mismos servidores backend.

Observación

Observe que no utilizamos Keepalived como repartidor de carga.

Para garantizar una alta disponibilidad, Keepalived utiliza el protocolo VRRP. Este es un punto esencial, ya que nos permitirá gestionar la disponibilidad de las direcciones IP asignadas a los frontends.

4.3.2 Presentación de VRRP

Se plantea la cuestión de la disponibilidad del propio repartidor de carga: ¿qué ocurre si falla? En este caso, sin una solución de reserva, todos los servicios se vuelven inaccesibles: no se puede acceder a ningún VIP y, por tanto, no se realiza ningún envío. El acceso directo a los servicios a través de sus hosts sigue siendo posible, a menos que su pasarela por defecto se encuentre en el repartidor/router y éste sea completamente inalcanzable. Los servicios que requieren alta disponibilidad ya no son accesibles.

Keepalived ofrece el uso del protocolo VRRP para superar este problema. Se soportan las versiones 2 y 3. VRRP implementa la noción de enrutador virtual a través de una dirección IP virtual asociada a una dirección MAC virtual. Cualquier router perteneciente al mismo grupo o instancia VRRP, puede ser elegible como router maestro. En un momento dado, los VIP (IP virtuales) de este grupo se configuran en las interfaces de red de este router maestro.

El router maestro se determina mediante un mecanismo de elección basado en las prioridades y la disponibilidad de todos los routers. El router maestro envía mensajes, o anuncios a intervalos regulares a los demás routers, denominados backups. Los mensajes se envían en *multicast* a la dirección 224.0.0.18. Cuando el maestro deja de enviar mensajes o no los envía en el tiempo previsto, uno de los backups, en función de su prioridad, ocupa su lugar y es elegido maestro. Todas las direcciones IP virtuales transportadas por el antiguo maestro pasan entonces al nuevo maestro.

El protocolo elige un router maestro que responderá a las solicitudes vinculadas a la IP virtual (resolución ARP) y uno o varios routeres de reserva (backup). Durante una conmutación, la VIP y la dirección MAC son teóricamente idénticas, por lo que el servicio sigue estando garantizado. Así, los distintos hosts de la subred pueden utilizar una IP virtual como pasarela por defecto. Por extensión, si los VIP configurados en HAProxy se configuran mediante VRRP, se conmutan de la misma forma de un router a otro. En efecto, cada repartidor de carga se convierte en un router por derecho propio.

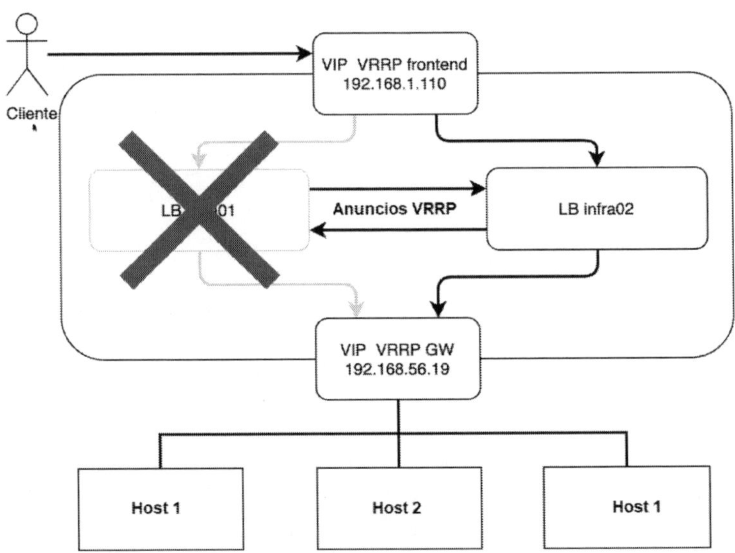

Principio de funcionamiento de VRRP

Aunque es posible cambiar las direcciones MAC en Linux, observará que las interfaces conservan sus direcciones originales. Para asegurar que los dispositivos de red se mantienen actualizados, Keepalived emite peticiones ARP especiales, llamadas **gratuitous ARP**, en el arranque y durante las conmutaciones por error. El propósito de estas peticiones es informar a los dispositivos del cambio para que puedan actualizar sus tablas.

Una elección y, por tanto, una sustitución, se puede provocar voluntariamente:

- parando el maestro (no más anuncios),
- poniendo deliberadamente su prioridad a cero.

Un vuelco también se puede producir accidentalmente:

- un fallo en la interfaz de red, el cableado o la red en cuestión,
- por un control de estado deficiente.

Este segundo punto es muy relevante. Keepalived comprueba regularmente la presencia del proceso HAProxy. Mientras esté presente, el repartidor de carga responde. Si deja de responder, los VIPs deben cambiar a otro repartidor de carga donde se esté ejecutando HAProxy.

Por lo tanto, necesita, al menos, dos repartidores de carga, cada uno parte de la misma instancia VRRP. HAProxy se ejecuta en cada uno y ambos tienen exactamente la misma configuración. Así, cuando uno de ellos falla (o necesita mantenimiento), el otro toma el relevo automáticamente, dentro de un plazo aceptable. La alta disponibilidad de los repartidores queda así garantizada por la redundancia.

4.3.3 Ejemplo

La configuración de Keepalived se encuentra en /etc/keepalived/keepalived.conf. A continuación, se muestra un ejemplo de configuración del módulo Keepalived VRRP tal y como se implementó en el servidor infra02:

```
global_defs {
        router_id infra02 #Unique name of this Load Balancer
        enable_script_security
    script_user root
}

vrrp_script check_haproxy {
        script "/usr/bin/killall -0 haproxy" #make sure haproxy
is running
        interval 1                  #check every 1 seconds
        fall 2
        rise 2
}

vrrp_sync_group VG1 {
        group {
                VI_intra
                VI_lan
        }
}

vrrp_instance VI_intra {
        state BACKUP
        interface enp0s3
```

```
        virtual_router_id 20
        priority 51
        advert_int 1
        nopreempt

        include /etc/keepalived/ip_intranet.conf

        track_script {
                check_haproxy
        }

        track_interface {
                enp0s8
        }
}

vrrp_instance VI_lan {
        state BACKUP
        interface enp0s8
        virtual_router_id 30
        priority 101
        advert_int 1
        nopreempt

        include /etc/keepalived/ip_lan.conf

        track_interface {
                enp0s3
        }
}
```

Esta configuración define dos instancias VRRP (una por interfaz de red: intranet y LAN), un grupo de instancias y una comprobación de estado. Cada instancia VRRP se define como sigue:

- `state`: estado inicial al arrancar el router (`MASTER` o `BACKUP`). En todos los routers es `BACKUP`. Como el primer router arrancado no recibe anuncios, su estado es necesariamente `MASTER`.
- `interface`: interfaz de red asociada a la instancia. Los VIP se configuran en esta interfaz.

- `virtual_router_id`: identificador único de la instancia VRRP. Los mensajes enviados en IP multicast 224.0.0.18 se envían con una dirección MAC de origen de 00-00-5E-00-01-XX, donde XX es el valor hexadecimal de este identificador.
- `priority`: prioridad inicial del router en el arranque. Esta prioridad se utiliza para calcular el *skew time* para determinar quién asumirá el papel de maestro en caso de que no haya anuncio.
- `advert_int`: intervalo de anuncios, en segundos.
- `nopreempt`: si un router es el maestro y lo seguirá siendo, aunque se inicie un backup de mayor prioridad, lo que evita el IP banding.
- `track_script`: control de estado a ejecutar.
- `track_interface`: interfaces de red adicionales a controlar (siempre se controla la interfaz por defecto).
- `include`: añade un archivo de configuración adicional.

Para saber qué router será elegido maestro en caso de elecciones, existen las siguientes fórmulas:

skew time = (255 - priority) / 255

wait time: (3 x advert_int) + skew time

Cuanto mayor es la prioridad, menor es el tiempo el skew time: como el tiempo de espera entre dos anuncios es menor cuando la prioridad es mayor, el router con mayor prioridad es elegido maestro.

Las direcciones IP están en los archivos adicionales:

```
virtual_ipaddress_ {
192.168.56.19 dev enp0s8
192.168.56.15 dev enp0s8
}
```

Un anuncio VRRP sólo puede contener un número limitado de direcciones IP: 20 direcciones. También podemos utilizar `virtual_ipaddress_excluded` para indicar. `excluded` indica que estas direcciones no serán incluidas en los anuncios, sino gestionadas directamente por Keepalived. En esta caso, su número está más limitado.

La control de estado de HAProxy es relativamente sencilla:

- `script`: un `killall -0 haproxy` siempre devuelve 0 si un proceso llamado `haproxy` está presente.
- `interval`: comprobación cada segundo.
- `fall`: número de errores necesarios para que la instancia pase al estado `OK` (instancia activa).
- `rise`: número de éxitos al pasar la instancia a estado `OK`.

Por defecto, las instancias VRRP son independientes. El bloque `vrrp_sync_group` permite agruparlas: en caso de `KO` (instancia en error) u `OK` en una de ellas, ambas cambian de estado.

4.4 Instalación manual

4.4.1 Instalación de los paquetes

Puede obtener lo comandos de instalación de HAProxy en el sitio web: https://haproxy.debian.net/

▶A continuación, instale los paquetes.

```
sudo apt install haproxy keepalived ipvsadm frr dsniff
```

HAProxy se configura en /etc/haproxy/haproxy.cfg.

Keepalived se configura en /etc/keepalived/keepalived.conf.

4.4.2 Fijar el núcleo y los límites

Instalamos los repartidores de carga en los servidores infra01 e infra02 y seguimos la arquitectura general y el plan de red definidos en el capítulo Infraestructura y servicios básicos. Lo ideal es que las empresas dispongan de servidores dedicados a este fin.

Un repartidor de carga con HAProxy es un router que opera en los niveles 7 y 4 para la parte HAProxy, y en los niveles 2 (dirección Mac) y 3 (IP) para la parte VRRP.

Si desea utilizar estas máquinas como enrutadores para los distintos hosts, deberá configurar también una VIP de *gateway* (VIP GW), que conmutará automáticamente en caso de problema. Esta VIP será la dirección de pasarela por defecto para los distintos servidores.

Es necesario cambiar muchos argumentos del núcleo y de la red.

Un socket de red se considera un . HAProxy debe poder abrir un gran número de ellos si tiene que gestionar muchas conexiones.

Para empezar, edite el archivo /etc/security/limits.conf:

```
haproxy soft nofile 1000000
haproxy hard nofile 1000000
```

Añada un archivo /etc/sysctl.d/haproxy.conf con el siguiente contenido, adaptado (y sobredimensionado) para su uso en una empresa si el repartidor está expuesto a Internet con un gran número de sitios web, para un tamaño de 8 GB de RAM:

```
net.netfilter.nf_conntrack_max=524288
net.netfilter.nf_conntrack_buckets=131072
net.ipv4.conf.all.rp_filter=2
net.ipv4.ip_nonlocal_bind=1
net.ipv4.ip_forward=1
fs.file-max=2000000
net.unix.max_dgram_qlen=100
```

- `net.netfilter.nf_conntrack_max`: número máximo de conexiones que puede gestionar Netfilter. Si la tabla es demasiado pequeña, las conexiones pueden ser descartadas (*drop*). El número máximo es cuatro veces el valor de `net.netfilter.nf_conntrack_buckets`.
- `net.netfilter.nf_conntrack_buckets`: el tamaño de la tabla hash.
- `net.ipv4.conf.all.rp_filter`: el valor 2 permite aceptar un paquete de red cuya dirección de origen no se corresponda con la IP primaria de una determinada interfaz y, por tanto, aceptar paquetes de otra IP configurada en el servidor.

- `net.ipv4.ip_nonlocal_bind`: HAProxy debe ser capaz de esperar conexiones en una dirección IP que aún no está configurada en la interfaz de red. Con VRRP y en un servidor de backup, HAProxy se inicia, pero las direcciones no están allí. El valor 1 autoriza a un proceso a crear un socket en una IP y un puerto que no están presentes.
- `net.ipv4.ip_forward`: el splitter es también un router, por lo que el reenvío (*forwarding*) de paquetes está autorizado.
- `fs.file-max`: Linux sólo permite abrir un número determinado de archivos. Este valor es fijo.
- `net.unix.max_dgram_qlen`: la cola de datagramas para un socket Unix es de 10 datagramas por defecto. Este valor se amplía a 100 para evitar la saturación.

4.4.3 Configuración del firewall

Como IPv6 no se utiliza en los ejemplos de este libro, puede desactivarlo y activar el forwarding por defecto, modificando el archivo /etc/default/ufw:

```
IPV6=no
DEFAULT_FORWARD_POLICY="ACCEPT"
```

En primer lugar, active UFW (*Uncomplicated Firewall*), el gestor de cortafuegos de Ubuntu y abra los puertos 22, 80 y 443, que le serán útiles más adelante. Autorice el puerto 9000, que permitirá el acceso a la consola HAProxy desde la red interna. En el mundo corporativo, sólo se permiten IPs autorizadas:

```
$ sudo ufw enable
$ sudo ufw allow ssh
$ sudo ufw 80
$ sudo ufw 443
$ sudo ufw allow from 192.168.56.0/24 to any port 9000
```

UFW no puede manejar configuraciones complejas. Usted tiene que pasar por archivos de configuración específicos y añadir reglas Netfilter manualmente.

En /etc/ufw/before.rules, coloque una regla de *masquerading* al principio y luego permita el multicast VRRP al final del archivo. Observe que debe adaptar estas reglas en función del nombre de sus interfaces de red (por ejemplo, ethX en las máquinas virtuales Hyper-V):

```
*nat
:POSTROUTING ACCEPT [0:0]
:PREROUTING ACCEPT [0:0]
-A POSTROUTING -s 192.168.56.0/24 -o enp0s3 -j MASQUERADE
COMMIT
...
-A ufw-before-input -i enp0s3 -d 224.0.0.18 -j ACCEPT
-A ufw-before-input -i enp0s8 -d 224.0.0.18 -j ACCEPT
COMMIT
```

Es necesario realizar un `ufw disable; ufw enable` o reiniciar para activar estas reglas. Para OSPF, se requieren algunas modificaciones más, que se explicarán al final de este capítulo.

4.5 Automatización

4.5.1 Instalación y configuración de componentes

Los autores proporcionan un playbook de Ansible que soporta la instalación de HAProxy y Keepalived, así como, opcionalmente, Quagga, que se presenta al final del capítulo.

Si es necesario, modifique el inventario etc/hosts de Ansible con los valores adecuados.

Por el momento, céntrese en los valores vinculados a las interfaces y subredes. Preste atención al nombre de las interfaces de red.

```
[lb]
infra01 vrrp_prio=101
infra02 vrrp_prio=51

[lb:vars]
vrrp_type=BACKUP
ospf
intranet_netmask=24
```

El prefijo `lan` se refiere a la subred del servidor, mientras que el prefijo `intranet` es el que se expone a los usuarios (en este caso una red interna). Establezca una prioridad más alta para infra01, que por defecto tiene la prioridad inicial de pasar a maestro.

Instale todos los componentes ejecutando el playbook install_haproxy.yml:

```
$ ansible-playbook playbooks/install_haproxy.yml
```

El playbook realiza las siguientes tareas:

- instala los repositorios y paquetes,
- establece los límites del sistema,
- modifica argumentos del kernel: reenvía, escucha en IPs no configuradas, etc.,
- crea la estructura de árbol HAProxy,
- crea la configuración inicial,
- modifica el syslog para gestionar las trazas,
- crea la configuración inicial de Keepalived,
- configura VIP GW,
- inicia los servicios.

Observación

¿Lo sabía? La primera versión del módulo Ansible pam_limits fue desarrollada por uno de los autores de este libro.

4.5.2 Comprobación de estructuras arborescentes

El árbol de configuración de HAProxy se define de la siguiente manera:

```
root@infra02:/etc/haproxy# tree
.
├── certs
├── client_certs
├── conf.d
│   ├── 00-haproxy.cfg
│   ├── 10-haproxy_stats.cfg
├── errors
│   ├── 400.http
│   ├── ...
├── haproxy.cfg
└── whitelists
```

- `certs`: contiene claves y certificados SSL para conexiones HTTPS.
- `client_certs`: puede contener certificados de cliente si los clientes se autentican mediante certificados SSL.
- `conf.d`: todos los archivos de este directorio se concatenan para crear el archivo haproxy.conf. Contiene los backends, ACLs y frontends.
- `errors`: páginas de error HTTP devueltas a los clientes por defecto.
- `whitelists`: pueden contener IP o archivos de red autorizados para acceder a un recurso determinado.

Aquí está el árbol Keepalived correspondiente al inventario de Ansible:

```
root@infra02:/etc/keepalived# tree
.
├── ip_intranet.conf
├── ip_lan.conf
└── keepalived.conf
```

Puede ver el archivo de configuración keepalived.conf, cuyo contenido no debería cambiar en el futuro. Los dos s ip_*conf contendrán las VIPs asociadas a las instancias VRRP en cuestión.

Tras la instalación, el archivo ip_lan.conf contiene el VIP GW GW (el nombre de la interfaz de red puede variar):

```
virtual_ipaddress_excluded {
192.168.56.19 dev enp0s8
}
```

4.5.3 Control de los servicios

Ahora que todo está instalado, puede comprobar que funciona correctamente. Ya puede probar la configuración de HAProxy en su sitio web:

```
# haproxy -c -V -f /etc/haproxy/haproxy.cfg
Configuration file is valid
```

Si la configuración es válida, HAProxy se debería haber iniciado:

```
# systemctl status haproxy
● haproxy.service - HAProxy Load Balancer
    Loaded: loaded (/lib/systemd/system/haproxy.service; enabled;
preset: enabled)
    Active: active (running) since Tue 2024-03-19 18:49:29 UTC; 2h
22min ago
      Docs: man:haproxy(1)
            file:/usr/share/doc/haproxy/configuration.txt.gz
   Process: 26683 ExecReload=/usr/sbin/haproxy -Ws -f $CONFIG -c
-q $EXTRAOPTS (code=exited, status=0/SUCCESS)
   Process: 26686 ExecReload=/bin/kill -USR2 $MAINPID (code=exited,
status=0/SUCCESS)
  Main PID: 965 (haproxy)
     Tasks: 3 (limit: 1005)
    Memory: 75.1M
       CPU: 1.739s
    CGroup: /system.slice/haproxy.service
            ├─ 965 /usr/sbin/haproxy -Ws -f /etc/haproxy/haproxy.cfg
-p /run/haproxy.pid -S /run/haproxy-master.sock
            └─26688 /usr/sbin/haproxy -sf 25046 -x sockpair@3 -Ws -f
/etc/haproxy/haproxy.cfg -p /run/haproxy.pid -S />
```

Si accede a la consola, HAProxy responde:

```
$ curl -I http://lbadmin:lbadmin@infra02:9000/lb/infra02/stats
HTTP/1.1 200 OK
cache-control: no-cache
content-type: text/html
```

Ahora es el turno de Keepalived. El mensaje "no VIP specified" es normal porque, a este nivel, solo se ha definido la VIP de la pasarela (GW). Solo es un mensaje de advertencia, Keepalived se ha vuelto más estricto en sus versiones recientes. Direcciones IP se añadirán a continuación en la instancia VRRP en cuestión:

```
# keepalived -t -f /etc/keepalived/keepalived.conf
(VI_lan) No VIP specified; at least one is sensible
# systemctl status keepalived




● keepalived.service - Keepalive Daemon (LVS and VRRP)
    Loaded: loaded (/lib/systemd/system/keepalived.service; enabled;
preset: enabled)
    Active: active (running) since Wed 2024-03-20 20:11:04 UTC; 4min
44s ago
      Docs: man:keepalived(8)
            man:keepalived.conf(5)
            man:genhash(1)
            https://keepalived.org
  Main PID: 2986 (keepalived)
     Tasks: 2 (limit: 1005)
    Memory: 2.1M
       CPU: 1.010s
    CGroup: /system.slice/keepalived.service
            ├─2986 /usr/sbin/keepalived --dont-fork
            └─2989 /usr/sbin/keepalived --dont-fork
```

La VIP GW está presente:

```
# ip a s dev enp0s8
    ...
    inet 192.168.56.19/32 scope global enp0s8
```

Por último, pruebe una petición ICMP (*Internet Control Message Protocol*) -un ping- desde otro servidor. Puede utilizarlo como pasarela:

```
$ sudo ip route delete default
$ sudo ip route add default via 192.168.56.19
$ ip r s default
default via 192.168.56.19 dev enp0s3 proto static
$ ping -4 linuxfr.org
PING linuxfr.org (213.36.253.103) 56(84) bytes of data.
```

```
64 bytes from zobe.linuxfr.org (213.36.253.103): icmp_seq=1 ttl=54
time=4.29 ms
```

4.5.4 Configuración de las VIP

Al desplegar los contenedores y establecer la configuración de los reverse proxies Nginx, se dejaron a un lado dos valores en el archivo YAML de configuración de la aplicación:

```
    deploy_lb_vhost: yes,
    lb_conf_name: 'mutualized-production',
```

Estos valores indican que este componente de la aplicación se debe exponer a través del repartidor de carga, utilizando una configuración específica: **mutualized-production**.

El archivo YAML playbooks/vars/lb_confs.yml describe todas las configuraciones que se deben aplicar.

```
default_ciphers_list: 'ECDHE-ECDSA-AES256-GCM-SHA384:
ECDHE-ECDSA-AES128-GCM-SHA256:...
...
lb_confs:
  'mutualized-production': {
    'lb_bind_ip':
[{'ip':'192.168.1.110','instance':'intranet'}],
    'lb_http_port': 80,
    'lb_https_port': 443,
    'lb_frontend_maxconn': 100,
    'healthcheck_uri': / ,
    'healthcheck_negate': no ,
    'healthcheck_type': status,
    'expected_result': 200,
    'lb_cookie_mode:': app
  }
```

El valor `default_ciphers_list` es la lista de ciphers por defecto (SSL) para cada configuración en la que no se especifique.

A continuación, cada configuración de frontend HAProxy se describe en `lb_confs`. El nombre `mutualized-production` es el de un frontend en la configuración de HAProxy con el formato:

```
frontend-<nombre del frontend>-<[http|https]>
```

En el archivo de configuración HAProxy generado, esto da:

```
frontend frontend-mutualized-production-https
```

A continuación, vienen los argumentos de configuración. Aquí solo se describen los más clásicos, los demás están en el README.md del repositorio de GitHub:

- `lb_bind_ip`: la VIP o VIPs en las que HAProxy está escuchando y las instancias VRRP en las que se van a gestionar.
- `lb_http_port`, `lb_https_port`: puertos de escucha HTTP y HTTPS.
- `lb_frontend_maxconn`: número máximo de conexiones simultáneas que aceptará el frontend antes de rechazarlas. El valor 100 es un valor de prueba. Tenga en cuenta que este valor afecta al consumo de memoria, la latencia y el número de descriptores de archivo utilizados.
- `healthcheck_*`, `expected_result`: define el control de estado del backend. En este ejemplo, una URI de prueba y la expectativa del estado HTTP 200 a cambio de la llamada a la URI. `negate` invierte la condición de resultado (por ejemplo, el resultado no debe ser del estado indicado).
- `lb_cookie_mode`: usado para la persistencia de sesión usando cookies. HAProxy puede crear una cookie de sesión o añadirla a una existente, por ejemplo, la cookie `JSESSIONID` (por defecto).

Modifique la URL de control de estado predeterminada anulando su valor en el archivo production-eni-todo.yml:

```
project_components:
- component: tomcat
  ...
  healthcheck_uri: /eni-todo/
  ...
```

Por último, se puede utilizar el playbook deploy_lb_vhost.yml para establecer la configuración completa:

```
$ ansible-playbook playbooks/deploy_lb_vhost.yml -e \
   "component=tomcat \
    env=production \
    application=eni-todo \
    reload=yes"
```

Reconocerá la lista habitual de valores, a la que añadimos reload: recargamos las configuraciones HAProxy y/o VRRP, dependiendo del valor: `yes/all`, `haproxy`, `vrrp`.

En este playbook, las tareas asociadas y las plantillas son muy avanzados y bastante imponentes:

- comprobación de que los archivos frontend están presentes en el directorio conf.d, y creación a partir de plantillas si es necesario,
- comprobación de que los archivos de enlace están presentes, creación si es necesario,
- adición dinámica de ACL y enlaces a archivos de enlace, lo que permite compartir un frontend entre varias aplicaciones,
- creación del archivo backend,
- concatenación de todos los archivos en conf.d para crear el archivo haproxy.cfg,
- comprobación, copia y creación de cadenas de todos los certificados y claves en el directorio certs/<lb_conf_name>,
- adición de direcciones IP (VIPs) en las configuraciones de las instancias VRRP correspondientes,
- apertura de cortafuegos a VIPs y puertos,
- recarga de las configuraciones para aplicar nuevos argumentos, si es necesario.

Si todo ha ido bien, la VIP es inmediatamente funcional después del despliegue. Los archivos creados por el playbook se encuentran en el directorio /etc/haproxy/conf.d:

- backend-todo.diehard.net.cfg
- frontend-mutualized-production-http-base.cfg
- frontend-mutualized-production-http-bindings.cfg
- frontend-mutualized-production-https-base.cfg
- frontend-mutualized-production-https-bindings.cfg

Durante la concatenación, se respeta el orden alfanumérico y los s se concatenan en este orden. Esto es importante porque los enlaces forman parte del frontend.

Si desplegara static-website utilizando la misma configuración de producción mutualizada, obtendría un nuevo archivo backend, pero sólo los archivos de enlace se actualizarían para apuntar a los nuevos nombres de host.

4.5.5 Prueba final

Las trazas de HAProxy son bastante explícitas e indican si los backends están activos o no:

```
$ sudo journalctl -u haproxy
...
Mar 21 17:35:41 infra01 haproxy[948]: [WARNING]  (948) : Server
backend-todo.diehard.net/node2 is UP, reason: Layer7 ch>
Mar 21 17:35:41 infra01 haproxy[948]: Server backend-
todo.diehard.net/node2 is UP, reason: Layer7 check passed, code: 0>
Mar 21 17:35:41 infra01 haproxy[948]: Server backend-
todo.diehard.net/node2 is UP, reason: Layer7 check passed, code: 0>
Mar 21 17:36:07 infra01 haproxy[948]: [WARNING]  (948) :
Server backend-todo.diehard.net/node1 is UP, reason: Layer7 ch>
Mar 21 17:36:07 infra01 haproxy[948]: Server backend-
todo.diehard.net/node1 is UP, reason: Layer7 check passed, code: 0>
Mar 21 17:36:07 infra01 haproxy[948]: Server backend-
todo.diehard.net/node1 is UP, reason: Layer7 check passed, code: 0>
...
```

Si todo es correcto, acceder a la IP 192.168.1.110 con el nombre todo.diehard.net debería permitir el acceso a la aplicación. Además, la IP está presente en la interfaz de red asociada, en infra01 (el número de interfaces de red puede ser diferente):

```
eni@infra01:~$ ip a s dev enp0s3
2: enp0s3: <BROADCAST,MULTICAST,UP,LOWER_UP> mtu 1500 qdisc
fq_codel state UP group default qlen 1000
    link/ether 08:00:27:b5:c0:57 brd ff:ff:ff:ff:ff:ff
    inet 192.168.1.110/32 scope global enp0s3
```

Desde otra máquina que pueda acceder a la IP, esto funciona. Observe un dato muy interesante: HAProxy ha antepuesto a la cookie `JSESSIONID` el nombre del servidor al que ha encaminado la conexión. Desde un navegador, con la misma cookie de sesión, sería sistemáticamente reenviado a este servidor, lo que garantizaría la persistencia de la sesión:

```
$ curl -I http://192.168.1.110/eni-todo/ -H "Host: todo.diehard.net"
HTTP/1.1 200
server: nginx
date: Thu, 21 Mar 2024 17:45:06 GMT
content-type: text/html;charset=UTF-8
content-length: 3333
set-cookie: JSESSIONID=node2~84C0B47AADB89652CAA908F6F3054F5B;
Path=/eni-todo; HttpOnly
content-language: en
strict-transport-security: max-age=31536000; includeSubdomains;
x-frame-options: SAMEORIGIN
x-content-type-options: nosniff
x-xss-protection: 1; mode=block
```

Si se detiene HAProxy en infra01, se activa una conmutación por error:

```
seb@infra01:~ $ sudo systemctl stop haproxy
seb@infra01:~ $ sudo journalctl -f -u keepalived
Mar 21 17:46:09 infra01 Keepalived_vrrp[923]: VRRP_Script(check_haproxy)
failed (exited with status 1)
Mar 21 17:46:09 infra01 Keepalived_vrrp[923]: (VI_intra) Entering FAULT
STATE
Mar 21 17:46:09 infra01 Keepalived_vrrp[923]: VRRP_Group(VI_lb1) Syncing
instances to FAULT state
Mar 21 17:46:09 infra01 Keepalived_vrrp[923]: (VI_lan) Entering FAULT STATE
```

En infra02, Keepalived reaccionó:

```
Mar 21 17:46:09 infra02 Keepalived_vrrp[930]: (VI_lan) Entering MASTER
STATE
Mar 21 17:46:09 infra02 Keepalived_vrrp[930]: VRRP_Group(VI_lb1) Syncing
instances to MASTER state
Mar 21 17:46:09 infra02 Keepalived_vrrp[930]: (VI_intra) Entering MASTER
STATE
```

Y las VIP conmutaron:

```
seb@infra02:~$ ip a s dev enp0s3
2: enp0s3: <BROADCAST,MULTICAST,UP,LOWER_UP> mtu 1500 qdisc
fq_codel state UP group default qlen 1000
    link/ether 08:00:27:dd:75:f7 brd ff:ff:ff:ff:ff:ff
    inet 192.168.1.110/32 scope global enp0s3
```

Una nueva petición `curl` muestra que el sitio es accesible y como `curl` no mantiene una sesión por defecto, debido al round robin, se cambia sesión y, eventualmente, de servidor:

```
$ curl -I http://192.168.1.110/eni-todo/ -H "Host: todo.diehard.net"
HTTP/1.1 200
server: nginx
date: Thu, 21 Mar 2024 17:48:29 GMT
content-type: text/html;charset=UTF-8
content-length: 3333
set-cookie: JSESSIONID=node1~9E68C4022FD7612501A243F6DFCAA2AA;
Path=/eni-todo; HttpOnly
content-language: en
strict-transport-security: max-age=31536000; includeSubdomains;
x-frame-options: SAMEORIGIN
x-content-type-options: nosniff
x-xss-protection: 1; mode=block
```

4.6 Conclusión

La arquitectura implantada alcanza sus objetivos iniciales y la aplicación es totalmente redundante:

- La aplicación se aísla en contenedores.
- La aplicación se despliega en, al menos, dos hosts.
- La aplicación se puede utilizar junto con otras aplicaciones.
- La aplicación se expone por el host a través de un reverse proxy.
- Hay dos repartidores de carga de alta disponibilidad.
- Los playbooks YAML, las plantillas y la configuración son reutilizables.
- Y sobre todo: se puede perder un dispatcher, un host o ambos a la vez, pero el servicio sigue siendo accesible.

La configuración de los dispatchers es universal. Tendremos oportunidad de volver a verlos en futuros capítulos, en particular cuando hablemos de la exposición de rutas de Kubernetes.

5. Exposición en Internet

Mientras que todo es relativamente sencillo en una red interna, donde una dirección IP es única en una subred determinada, las cosas son totalmente distintas cuando se trata de una IP expuesta en Internet: es una IP pública.

En una red privada, suele haber tres bloques de direcciones que se pueden utilizar a voluntad y como mejor nos convenga, pero que no son enrutables en Internet. Por ejemplo, en IPv4, los bloques más conocidos son los de las clases antiguas:

- 10.0.0.0/8
- 172.16.0.0/12
- 192.168.0.0/16

También existen otros bloques para usos específicos (loop/loopback, multicast, broadcast, tests, 6to4, etc.). Encontrará la lista de estos bloques de direcciones reservadas en el RFC 6890 en https://www.rfc-editor.org/info/rfc6890.

Aparte de estos bloques reservados, todas las direcciones son públicas y se pueden utilizar en Internet. Esto no significa que podamos coger una IP al azar si parece libre y utilizarla. Las direcciones hay que pagarlas y las organizaciones son responsables de gestionar su uso. **IANA** (*Internet Assigned Numbers Authority*) distribuye bloques a los **RIR** (registros regionales de internet): **RIPE-NCC** para Europa, **APNIC** para Asia-Pacífico, **ARIN** para Norteamérica, **LACNIC** para Centroamérica y Sudamérica y **AfriNIC** para África.

Cada RIR vende bloques de direcciones a quien desee comprarlas y los compradores son libres de utilizarlas como deseen. Nuestro ISP, por ejemplo, puede proporcionarnos una IP fija, IPv4 o IPv6 (en cuyo caso generalmente obtenemos un bloque completo), visible y accesible desde Internet. Los proveedores de soluciones en la nube disponen de un gran número de ellas, al igual que las grandes empresas (industria, bancos, aseguradoras) que tienen centros de datos y exponen sus propios servicios en Internet. No entraremos en la desaparición de las direcciones IPv4 públicas ni en la puja por ellas.

Cualquier sitio o equipo accesible desde Internet lo es a través de una dirección IP pública.

Sin embargo, Internet no está dividida en subredes claramente segmentadas y enrutadas entre sí. Se puede asignar una dirección IP pública a cualquier equipo, en cualquier parte del mundo. Si poseemos la dirección IPv4 1.2.3.4, podemos utilizarla en España en nuestro propio servidor y luego reutilizarla en Japón de la noche a la mañana. Y (con la configuración adecuada) será accesible.

Mejor aún: en Internet, una misma dirección se puede reutilizar varias veces simultáneamente en varios equipos. Tanto nuestro servidor en España como nuestro servidor en Japón pueden tener la dirección 1.2.3.4. Y según el caso, con la misma dirección, llegaremos a uno u otro. Es muy práctico, principalmente para ofrecer el mismo servicio en la misma dirección en zonas geográficas remotas y evitar los problemas de latencia. ¿Cómo es esto posible?

Como en una red privada, las distintas redes están interconectadas por enrutadores. Cada paquete enviado por un equipo a otro pasa por un enrutador. Los bloques son bien conocidos y, aunque pueden complicarse rápidamente, se dominan. En Internet, como una IP puede estar en cualquier parte del mundo, se utiliza principalmente el protocolo de enrutamiento BGP (*Border Gateway Protocol*). BGP es el protocolo de enrutamiento que hace funcionar Internet, garantizando que siempre se encuentre la dirección deseada, esté donde esté. Pero también existen OSPF (*Open Shortest Path First*) o IS-IS (*Intermediate System to Intermediate System*).

BGP se utiliza como protocolo de enrutamiento externo, es decir, para intercambiar rutas de Internet entre, por ejemplo, proveedores de servicios de Internet, operadores de telecomunicaciones, operadores de servicios en la nube, etc.

OSPF o IS-IS se utilizan como protocolos de enrutamiento interno, intercambiando direcciones y rutas públicas de forma más fácil, rápida y sin restricciones dentro del mismo operador, incluso hacia sus propios routeres BGP.

Por ejemplo, OSPF busca la ruta más corta de una IP a otra. Se preguntará por qué este protocolo no se utiliza en todas partes. No es posible, porque en Internet interconectamos equipos que pertenecen a diferentes empresas que tienen sus propias limitaciones de seguridad y han (o no) llegado a acuerdos comerciales (peering, por ejemplo) entre sí. OSPF no está adaptado a este uso; BGP sí, y podemos autorizar o no la compartición de tal o cual tabla de enrutamiento con tal o cual otro enrutador.

Un ejemplo es lo que ocurrió en Francia entre Free y YouTube hace unos años. A falta de peering entre los routeres de Free y Google, los paquetes se enrutaban por rutas tortuosas y "pipes" más pequeñas: "iba lento". Como los equipos y los enlaces de fibra son caros, se llegó a un acuerdo comercial entre el operador y el proveedor y, una vez instalada la infraestructura de hardware, los routeres pudieron intercambiar sus tablas mediante el protocolo BGP.

Como BGP es muy complejo de configurar, sólo se despliega en equipos donde es necesario: peering, puntos de intercambio, red core y routers front-end de cliente. Los enrutadores BGP están vinculados al enrutamiento interno, donde los dispositivos con una IP pública se comunican entre sí y con los enrutadores BGP mediante OSPF, de la siguiente manera:

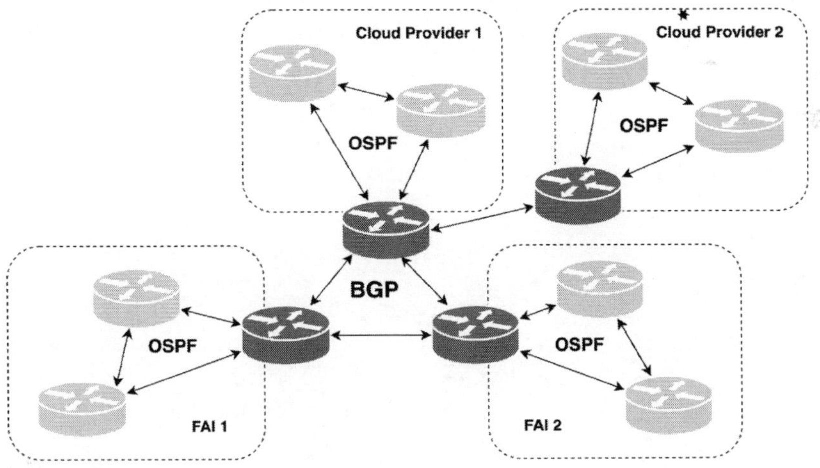

Ejemplo de enrutamiento BGP y OSPF

Sin embargo, no hay nada que impida el enrutamiento BGP en una red core. En el diagrama anterior, el Proveedor de la nube 2 no tiene intercambio BGP con el FAI 2, por lo que tiene que pasar por los demás, si lo permiten, con posibles restricciones.

Este libro no pretende explicar el funcionamiento detallado de BGP u OSPF. Todo lo que necesita saber son algunos principios básicos. Un router BGP realiza las siguientes tareas:

- Anuncia sus redes (locales o públicas, incluido /32).
- Define a sus vecinos y la forma en que interactúa con ellos (protocolos, versiones, etc.).
- Crea listas de distribución.
- Filtra los anuncios hacia y desde otros routeres.
- Redistribuye sus rutas (estáticas, RIP, OSPF) a BGP.

Por ejemplo, si configuramos rutas estáticas en nuestro servidor (con el comando `route` o `ip route add`) o IPs estáticas (con `ip addr add` o `ifconfig`) en las redes que anunciamos y si permitimos que se distribuyan, los routeres vecinos las conocerán, ajustarán sus tablas en consecuencia y, a su vez, anunciarán cómo llegar a nuestras rutas o direcciones. Y así sucesivamente, de router en router.

En una configuración muy simple, BGP y OSPF son similares y se pueden configurar utilizando el mismo principio.

6. Solución de exposición en Internet con FRRouting

El papel de Ops o DevOps no es (al menos en teoría) configurar todo el enrutamiento BGP u OSPF por sí mismo, sino que se encarga de anunciar sus rutas e IPs (públicas en este caso) a los demás routeres de la infraestructura que, en principio, ya están instalados. En cambio, sí necesita conocer los equipos a los que debe anunciar sus rutas.

Aquí elegiremos anunciar nuestras direcciones IP públicas a través del protocolo OSPF. Los routeres con los que nos comuniquemos tendrán que ponerse de acuerdo para exponer la información recibida en Internet a través del protocolo BGP.

Es posible configurar Linux como un enrutador que acepte todos estos protocolos. El paquete de software de enrutamiento FRRouting implementa OSPF, RIP, BGP e IS-IS y otras, incluso en IPv4 y IPv6. Lo que nos interesa aquí es OSPF.

6.1 Implementación

En este apartado, la simplicidad es la clave para una mejor comprensión.

Los repartidores de carga se basan en VRRP (Keepalived). Portarán direcciones IP públicas a una interfaz de red dedicada que está directamente expuesta y, por tanto, accesible en Internet. Esto significa que configuraremos directamente una o más IPs públicas en esta interfaz, como si fueran cualquier otra IP y, de esta manera, estas direcciones serán visibles con un comando `ip addr show`.

Otros métodos incluyen la configuración de direcciones en la interfaz *loopback*, la modificación de las tablas ARP y la configuración dinámica del kernel para aceptar paquetes IP no configurados en las interfaces. FRRoutingt ambién se puede utilizar para configurar interfaces.

Pero como hemos utilizado la configuración VRRP para la alta disponibilidad de nuestras VIPs, vamos a hacer lo mismo para configurar nuestras direcciones IP públicas. El papel de FRRouting es anunciar estas direcciones a los otros routeres, dándoles la ruta para acceder a ellas desde Internet.

Por tanto, nuestros balanceadores de carga tienen una tercera capa añadida, OSPF, para anunciar las IPs públicas que llevan en Internet, aquellas que han sido configuradas como VIPs en los routeres maestros VRRP.

6.2 Instalación y configuración

El paquete FRRouting instala todos los componentes necesarios.

```
$ sudo apt install frr
```

La configuración se encuentra en /etc/frr. Se necesitan dos archivos de configuración, por cada componente utilizado:

- daemons: configuración de los servicios arrancados por FRRouting, aquí solo ospf se activará,
- frr.conf: configuración del conjunto de servicios, entre ellos ospf (zonas/ *áreas*, IP y rutas anunciadas, etc).

Aquí hay un ejemplo de configuración frr.conf. La interfaz enp0s3 (la suya puede ser diferente) está expuesta en Internet, con una IP estática. Tenga en cuenta que, si la IP se declara aquí, no hay necesidad de configurarla en el lado de Ubuntu con Netplan: el servicio ospf se encarga de eso.

```
hostname infra01
!
interface lo
interface enp0s2
ipv6 nd suppress-ra
!
interface enp0s3
ip address 171.18.94.56/25
ipv6 nd suppress-ra
!
interface lo
!
router ospf
ospf router-id 171.18.94.56
redistribute kernel route-map Filter-Private
redistribute connected route-map Filter-Private
!
! Configure areas based on exposed networks,
! areas must be set based on other routers
!
network 171.18.94.0/25 area 0.0.0.1
network 192.168.56.13/32 area 0.0.0.0
!
! Put here list of public IPs and subnets
```

```
!
ip prefix-list Public-Net seq 5 permit 171.18.94.0/25 ge 32
ip prefix-list Public-Net seq 10 permit 171.56.18.0/24 ge 32
!
route-map Filter-Private permit 10
match ip address prefix-list Public-Net
!
route-map Default_Adv permit 10
match ip address prefix-list RHI-host
```

Declare aquí dos zonas (*áreas*) usando `red`, que se correspondan con las áreas OSPF afectadas por las subredes dadas. Los datos asociados se anunciarán a los routeres que declaren las mismas áreas.

Las listas de subredes e IPs a anunciar son las `ip prefix-list`. Aquí se declara un prefijo `Public-Net` que contiene un rango de IPs públicas. Las IPs configuradas en la interfaz e incluidas en este rango serán anunciadas.

Las líneas `Route-map` definen un conjunto de rutas que contienen uno o más prefijos.

Las líneas de `redistribute` indican qué conjuntos de rutas se deben redistribuir a otros routeres OSPF.

Aquí, todas las IPs presentes en los servidores e incluidas en el rango 1.2.3.0/25 serán anunciadas a los routeres del área 0.0.0.1. A ellos les corresponde anunciarlas a los demás, utilizando OSPF o BGP. Así, si se pide a estos routeres que accedan a una de estas IPs, apuntarán a infra01 o infra02.

Nos conectamos a una consola interactiva llamada vtysh. Indicamos un nombre de host, así como el método de conexión: solo root se puede conectar.

```
hostname infra01
username root nopassword
```

Los servicios se inician mediante systemd. FRRouting arranca automáticamente los servicios seleccionados:

```
$ sudo systemctl start zebra
$ sudo systemctl start ffr
```

Finalmente, no olvide que los anuncios OSPF se hacen en la IP multicast 224.0.0.5. Por lo tanto, al igual que con VRRP, es necesario abrir los flujos de firewall en consecuencia.

- Añada estas líneas a /etc/ufw/before.rules, antes o después de las líneas VRRP (una línea por interfaz en la que hablen los routeres):

```
-A ufw-before-input -i enp0s9 -d 224.0.0.5 -j ACCEPT
-A ufw-before-input -i enp0s3 -d 224.0.0.5 -j ACCEPT
-A ufw-before-input -i enp0s8 -d 224.0.0.5 -j ACCEPT
```

Observación

Nótese que hemos tenido que "hacer trampas" para que parezca que nuestras VMs (Virtual Machine) utilizan una IP pública, añadiendo una nueva interfaz de tipo intnet en las máquinas virtuales Virtualbox (o interna en Hyper-V), la tercera interfaz de los dos servidores infra01 e infra02, que no están, por supuesto, expuestas en Internet. Esto da la impresión de que las máquinas virtuales se "ven" a través de una IP pública, lo que no es cierto. Este habría sido el caso si las interfaces en cuestión hubieran estado realmente expuestas en Internet.

La consola **vtysh** se utiliza para configurar Quagga y también para comprobar que todo funciona:

```
$ sudo vtysh
infra01# show ip ospf
 OSPF Routing Process, Router ID: 171.18.94.56
 Supports only single TOS (TOS0) routes
 This implementation conforms to RFC2328
 RFC1583Compatibility flag is disabled
...
 Refresh timer 10 secs
This router is an ABR, ABR type is: Alternative Cisco
...
Number of areas attached to this router: 2
...
Area ID: 0.0.0.0 (Backbone)
   Number of interfaces in this area: Total: 1, Active: 1
   Number of fully adjacent neighbors in this area: 1
...
Area ID: 0.0.0.1
   Number of interfaces in this area: Total: 1, Active: 1
   Number of fully adjacent neighbors in this area: 1
...
```

El router vecino infra02 es visible y se anuncia a través de dos interfaces:

```
infra01# show ip ospf neighbor

Neighbor ID      Pri State          Dead Time Address
171.18.94.60 1 Full/DR  23m11s  38.508s 171.18.94.60
enp0s3:171.18.94.56                 0     0     0
171.18.94.60       1 Full/DR       23m11s          38.508s 192.168.56.14
enp0s2:192.168.56.13                0     0     0
```

6.3 Prueba

Si visualiza la tabla de enrutamiento OSPF en su estado actual, obtiene esto: todas las rutas e IPs adicionales en /32 añadidas en las interfaces seleccionadas. También puede ver que la VIP GW es anunciada por otro router OSPF, en este caso infra02:

```
infra01# show ip route ospf
...
O   171.18.94.0/25 [110/1] is directly connected, enp0s3, weight 1,
00:12:23
O   192.168.56.0/24 [110/1] is directly connected, enp0s2, weight 1,
00:12:23
```

En infra02, añada manualmente una o dos IP en uno de los rangos de prefijos:

```
eni@infra02:~$ sudo ip addr add 171.56.18.2/32 dev enp0s3
eni@infra02:~$ sudo ip addr add 171.56.18.5/32 dev enp0s3
```

Si comprueba la tabla de enrutamiento OSPF En infra01 a través de vtysh, esto es lo que obtiene:

```
infra01# show ip route ospf
...
O   171.18.94.0/25 [110/1] is directly connected, enp0s3, weight 1, 00:21:23
O>* 171.56.18.2/32 [110/20] via 171.18.94.60, enp0s3, weight 1, 00:00:29
O>* 171.56.18.5/32 [110/20] via 171.18.94.60, enp0s3, weight 1, 00:00:05
O   192.168.56.0/24 [110/1] is directly connected, enp0s2, weight 1, 00:21:23
```

La dirección IP apareció. OSPF en infra01 recogió el anuncio de infra02 y actualizó su tabla de enrutamiento en consecuencia, como se puede ver fuera de vtysh:

```
eni@infra01:~$ netstat -rn
Kernel IP routing table
Destination     Gateway         Genmask         Flags   MSS Window  irtt Iface
0.0.0.0         192.168.1.1     0.0.0.0         UG        0 0          0 enp0s1
171.18.94.0     0.0.0.0         255.255.255.128 U         0 0          0 enp0s3
172.17.0.0      0.0.0.0         255.255.0.0     U         0 0          0 docker0
192.168.1.0     0.0.0.0         255.255.255.0   U         0 0          0 enp0s1
192.168.56.0    0.0.0.0         255.255.255.0   U         0 0          0 enp0s2
192.168.56.0    192.168.56.1    255.255.255.0   UG        0 0          0 enp0s2
```

La ruta indica que al VIP 171.56.18.2 es accesible a través de la pasarela 1.2.3.5, que es infra02.

Y, por supuesto, como la ruta es conocida y los servidores están configurados para responder a una petición de cualquier dirección IP adicional en una interfaz de red, podemos acceder a ella:

```
eni@infra01:~$ ping 171.56.18.2
PING 171.56.18.2 (171.56.18.2) 56(84) bytes of data.
64 bytes from 171.56.18.2: icmp_seq=1 ttl=64 time=0.400 ms
64 bytes from 171.56.18.2: icmp_seq=2 ttl=64 time=0.457 ms
```

Un router BGP que reciba estos anuncios puede entonces anunciarlos al resto del mundo. Si lo desea, puede añadir una nueva instancia VRRP a los repartidores de carga y añadirle todas las direcciones públicas. Se anunciarán automáticamente incluso en caso de switchover.

6.4 Automatización

El playbook Ansible install_haproxy.yml puede instalar FRRouting automáticamente. Sin embargo, si tiene varios rangos que presentar, necesita modificar la plantilla frr_frr.conf.j2. A diferencia de una subred donde todo se puede probar fácilmente, no es posible por defecto hacer esto en casa con máquinas virtuales. Adapte los valores en función de sus direcciones e interfaces.

El inventario de Ansible se debe modificar en consecuencia:

```
[lb]
infra01 vrrp_prio=101
internet_ip=171.18.94.56 internal_ip=192.168.56.13
infra02 vrrp_prio=51
internet_ip=171.18.94.60  internal_ip=192.168.56.13

[lb:vars]
...
quagga=true
...
internet_iface=enp0s3
internet_network=171.18.94.0
internet_netmask=25
```

Sólo queda ejecutar el playbook, utilizando únicamente la etiqueta `ospf`:

```
$ ansible-playbook playbooks/install_haproxy.yml
-e"datacenter=home" -t ospf
```

También es necesario actualizar las direcciones de los servidores DNS para utilizar la VIP que acabamos de establecer:

```
$ ansible-playbook playbooks/install_bind.yml -e "use_vip=yes"
```

Capítulo 5
Orquestración

1. Introducción

Como hemos visto antes, tenemos un conjunto de servidores que pueden alojar nuestras aplicaciones y ahora podemos elegir el servidor o servidores en los que desplegarlas o redesplegarlas.

Sin embargo, todavía tenemos que elegir el servidor físico disponible en el que desplegar eni-todo y comprobar que dispone de recursos suficientes. Debemos comprobar el espacio en disco, los puertos a configurar, la actualización del DNS interno, etc.

Si tenemos que realizar una operación de mantenimiento, necesitamos cambiar la carga, es decir, las aplicaciones existentes, del servidor que se va a actualizar a uno o varios servidores que seguirán disponibles y podrán alojar nuestras aplicaciones mientras dure la operación de mantenimiento, todo ello, por supuesto, sin detener el servicio.

Este recorrido por los servidores disponibles para elegir el candidato en el que desplegar nuestra aplicación se realiza de forma manual o semimanual, con comandos de Ansible a los servidores candidatos.

Automatizar este tipo de tareas es la función de un orquestador.

En este capítulo veremos qué es un orquestador, cómo funciona y nos introduciremos en el más conocido y potente de todos ellos: Kubernetes.

2. Abstracciones de orquestación

El principio de un orquestador de sistemas de información es crear abstracciones que permitan manipular, distribuir y prestar servicios informáticos a través de redes informáticas, muy a menudo mediante HTTP, pero no exclusivamente. A menudo se habla de la complejidad de mantener una máquina de estados de forma distribuida.

Una de las ideas que subyacen a la utilización de un orquestador es la posibilidad de hacer un uso óptimo de los recursos disponibles. El objetivo es, a través de diversas restricciones, permitir un mecanismo de toma de decisiones que responda de forma óptima al contexto. Estos elementos se detallarán en la sección Scheduler.

Existen dos categorías principales de herramientas de orquestación:

- Herramientas de acceso remoto (como Ansible), que acceden a servidores remotos para realizar operaciones específicas (playbooks).
- Herramientas (como Puppet), que utilizan un agente local para garantizar la "coherencia" del servidor ante estados definidos.

Como la arquitectura física, técnica y de software puede ser variada (PowerPC, AMD y otros, tipo de procesador - x86, ARM, etc. -), es necesario sin embargo utilizar ciertas abstracciones, cuyo objetivo es, a la vez, simplificar y garantizar que las abstracciones comunes se puedan tratar por lotes.

2.1 Abstracción del servidor

La primera abstracción es la propia máquina, que puede ser una VM, una máquina física o parte de una máquina física (contenedor).

En la mayoría de las herramientas de orquestación, el soporte físico sigue estando presente en forma de host, nodo o máquina.

En particular, es prácticamente indispensable volver a la máquina cuando es necesario realizar operaciones de depuración importantes.

2.2 Abstracción de aplicaciones

Independientemente de las herramientas que utilicemos, existe un núcleo de ejecución atómica que se instancia en una de las máquinas utilizadas para realizar el cálculo o producir el servicio deseado.

El paso a la contenedorización ha supuesto un gran avance hacia la estandarización para muchas herramientas. La contenedorización se utiliza ahora casi como norma para encapsular y distribuir núcleos de aplicaciones en herramientas de computación distribuida como Apache Spark, Apache Mesos o servicios *serverless* como Azure Function o Amazon Lambda.

El contenedor se ha convertido en la envoltura de los componentes de las aplicaciones, del mismo modo que los archivos WAR o EAR se desplegaban en los servidores de aplicaciones JEE. Pero la imagen Docker es mucho más flexible de usar: es agnóstica al programa que se quiera ejecutar, sea cual sea su lenguaje.

2.3 Abstracción de la red

No puede haber gestión de sistemas distribuidos sin una red. Sin embargo, la red no siempre es abstracta. Ansible y Puppet, por ejemplo, hacen un uso directo de los servicios existentes (DHCP, DNS, etc.), mientras que Kubernetes y Swarm producen diferentes capas de red (a través de mecanismos de enrutamiento, subredes, bridges, encapsulaciones, etc.) para permitir diferentes niveles de aislamiento (pod, namespace, resto del mundo).

Observación

El coste del ***service-mesh****: la comunicación en red siempre acaba siendo un conjunto más o menos grande de datagramas. Cada capa de virtualización de red influye en el tamaño y, por tanto, en el tiempo de transmisión y el consumo de ancho de banda. El coste no es el mismo según se utilice un sobre HTTPS, Istio o las superposiciones VXLAN de un flannel.*

2.4 Abstracción del almacenamiento

El almacenamiento suele ser el pariente pobre de las abstracciones de orquestación, probablemente porque es el más complejo de abstraer. De hecho, a menudo es un elemento clave, ya que el rendimiento de E/S tiene un impacto directo en el rendimiento de una aplicación. Sin embargo, al igual que puede haber un factor de 10 a 100 entre la caché de la CPU y la RAM o entre la RAM y el disco, también puede haber un factor de 10 a 100 entre el disco del nodo y el disco de red utilizado por una aplicación.

El uso de un sistema de persistencia basado en objetos como S3 (Minio, Trident, OCS...) es, sin duda, una muy buena manera de fragmentar las cosas, pero tiene un coste que puede tener un impacto significativo en la arquitectura de la aplicación. El almacenamiento es un componente esencial de las arquitecturas.

De hecho, la mayoría de los proyectos de arquitectura distribuida pretenden implementar aplicaciones sin estado (*stateless*), que a menudo son más fáciles de nombrar que de implementar.

2.5 Una mirada a la realidad

Aunque estas abstracciones son necesarias para facilitar la comprensión y manipulación (orquestación) del conjunto de entidades que representan, no eliminan la realidad física. Por ejemplo, las distancias, y por tanto la latencia, entre dos centros de datos, dos "regiones" de la misma nube o entre dos proveedores de nube diferentes, son limitaciones no negociables. Y cuando para garantizar una alta disponibilidad es necesario establecer un clúster entre varios centros de datos, la latencia es un factor físico muy importante que no se puede adaptar fácilmente. El ancho de banda también desempeña un papel importante.

Observación

La noción de CPU en un contenedor es, en realidad, un porcentaje de tiempo de CPU o tiempo de cálculo. Por lo tanto, no se garantiza que todos los cálculos se realicen en la misma CPU/vCPU (CPU virtual). Tampoco está garantizado que un programa que se ejecute correctamente con el 50% de una CPU determinada se ejecute de la misma manera en otra CPU.

Una herramienta como Kubernetes es inicialmente una abstracción para permitir que los contenedores se ejecuten independientemente de la ubicación física en la que se encuentren.

3. ¿Automatización u orquestación?

La distinción entre la automatización de los procesos de instalación, actualización, distribución, etc. y un sistema de orquestación, reside principalmente en la voluntad o capacidad de formalizar las reglas de gestión que permiten tomar decisiones sobre la asignación de recursos.

Una de las dificultades de la informática de empresa es la previsibilidad de las decisiones. Por ello, a menudo es más fácil contar con procesos automatizados, pero en los que la toma de decisiones sigue estando en manos de los operadores (como ocurre en el capítulo Exposición y reparto). Este método de funcionamiento tiende a mantener una sensación de control. Es una sensación que no hay que descuidar, porque la confianza que tenga en sus herramientas es, sin duda, el factor principal de su usabilidad. Sin embargo, los ordenadores tienen una capacidad de procesamiento mucho mayor y, a veces, las limitaciones humanas obligan a pasar a la orquestación. El límite es impreciso, depende de la experiencia y de los niveles de armonización entre aplicaciones, pero el umbral está ahí.

Fuerza

La fuerza de un orquestador reside, por supuesto, en su facilidad de uso y su capacidad para distribuir correctamente las cargas informáticas en todo un clúster. Es una herramienta muy fácil de usar que realiza un gran número de operaciones de análisis y asignación por nosotros.

Oportunidades

El orquestador facilita el uso óptimo de los recursos, respetando las normas y restricciones de distribución definidas.

Debido a su naturaleza, el orquestador puede realizar fácilmente la reparación automática de servicios, ya que reasigna los servicios que identifica como no operativos.

El orquestador puede realizar fácilmente el equilibrio de carga entre los recursos de que dispone dentro del clúster.

Debilidad

Como el orquestador es el gestor del clúster, es probable que tome decisiones de asignación que no se correspondan con nuestras expectativas o, más exactamente, con lo que esperábamos. A veces es posible forzar la asignación o la decisión, pero entonces se corre el riesgo bien de que el recurso quede fuera del perímetro de gestión del orquestador, bien de que interfiera en el proceso de decisión de asignación del orquestador.

Amenazas

La principal "amenaza" de un orquestador es la pérdida o sensación de pérdida de control, si el orquestador empieza a tomar decisiones que no somos capaces de entender o anticipar. Esta pérdida de control es un riesgo que hay que reducir mediante el análisis, la reflexión y la supervisión de la herramienta. Hay que luchar contra el impulso de dejar que una herramienta haga su trabajo sin entenderla.

4. Batalla de orquestadores

De 2011 a 2014, Docker cobró cada vez más importancia como herramienta para encapsular aplicaciones en la nube, con soluciones como Amazon ECS. Las ofertas de alojamiento de Docker empiezan a florecer en Microsoft e IBM.

De 2015 a 2018, comenzó la guerra de los orquestadores. Hay un gran número de soluciones de orquestación que compiten entre sí en términos de funcionalidad. Dado que Docker se puede manipular fácilmente a través de sus API, la implementación de un orquestador se convierte en una necesidad. Docker se diseñó específicamente para facilitar el despliegue y la hiperdensificación de aplicaciones. Entre los principales candidatos para la orquestación se encuentran:

- **CoreOS**, creador de etcd, de la versión Tectonic y del motor de contenedores rkt, creador de la versión inmutable de CoreOS, posteriormente de los operadores (*operators*) dentro de Kubernetes.
- **Rancher** con Gattle, que está notablemente detrás de la democratización de la expresión metafórica "*think cattle not pets*" (piensa en ganado, no en mascotas) para definir el nuevo paradigma de las relaciones entre los operadores y sus servidores. Este orquestador está muy orientado a la supervisión y es uno de los primeros en ofrecer una supervisión totalmente integrada y herramientas centralizadas de gestión de registros (ELK - *Elasticsearch Logstash Kibana*).
- **OpenShift** de Red Hat, cuya versión 2 utiliza cgroups directamente para sus componentes *gears*. Las versiones 3 y 4 son un *fork* (derivado) del código de Kubernetes, originalmente muy enriquecido con funciones PaaS.
- **Mesos** de Apache, que utiliza un mecanismo llamado Mesos Containerizer para distribuir sus cargas por todo su clúster, siendo Marathon la parte de orquestación de Docker.
- **Swarm**, el motor de orquestación integrado directamente en Docker (posteriormente sustituido por Kubernetes).

Podríamos seguir hablando de otras soluciones (CloudFoundry, IBM Bluemix, etc.), pero todas se centran en la orquestación de servidores para las empresas, con el fin de facilitarles la gestión de sus recursos de servidores. Elegir la solución adecuada es complejo y cada una tiene sus ventajas e inconvenientes: Docker Swarm y su simplicidad, Tectonic y su inmutabilidad, OpenShift y su sistema de construcción integrado (image build), Cattle y su simplicidad de supervisión.

En la Dockercon 2017 de Copenhague, fue Docker quien puso fin a las hostilidades al anunciar la compatibilidad con Kubernetes en Docker Enterprise. En los tres meses siguientes, muchas empresas anunciaron sus propias herramientas basadas en Kubernetes, revelando que cada una llevaba tiempo preparándose en secreto. A falta de un consenso comercial, existe un consenso técnico sobre el orquestador de Google.

Desde entonces, Kubernetes se ha ganado la aprobación unánime como solución de orquestación de los proveedores de la nube (EKS de Amazon Web Services, AKS de Microsoft Azure e incluso, de nuestro proveedor nacional de alojamiento OVH). La llegada de EKS a la oferta de AWS y la pertenencia de Amazon a la CNCF (*Cloud Native Computing Foundation*) también ha establecido Kubernetes como un estándar para la interoperabilidad potencial entre proveedores de soluciones en la nube.

5. Mecanismos de entornos distribuidos

5.1 Consenso

En un sistema distribuido, mantener la coherencia del estado del sistema es un proceso complejo que debe tener en cuenta la latencia potencial de algunos de los miembros y los posibles problemas de fallos. Históricamente, se han utilizado herramientas hash (MD5, shasum) y de paridad, para comprobar que los archivos no se han corrompido en una red reconocida como poco fiable (TCP/IP).

El mecanismo que garantiza esta coherencia se denomina **consenso**. Existen varios mecanismos técnicos para mantener el consenso. Vamos a presentar Paxos y Raft.

5.2 Paxos

Paxos es un mecanismo de consenso en un sistema distribuido, definido en 1989 y perfeccionado en 1998 (The Part-Time Parliament - Leslie Lamport. Este artículo apareció en ACM Transactions on Computer Systems 16, 2 (mayo de 1998), 133-169. Se hicieron correcciones menores el 29 de agosto de 2000).

Paxos requiere varias funciones:

- El **Proposer** crea el mensaje generado por una solicitud de escritura de un cliente del sistema.
- Varios **Acceptors** juntos constituyen uno o varios **quorums**. Si hay varios quórums, al menos un Acceptor por quórum debe pertenecer a varios quórums.
- Los **Learners** son los servidores encargados de la escritura solicitada.

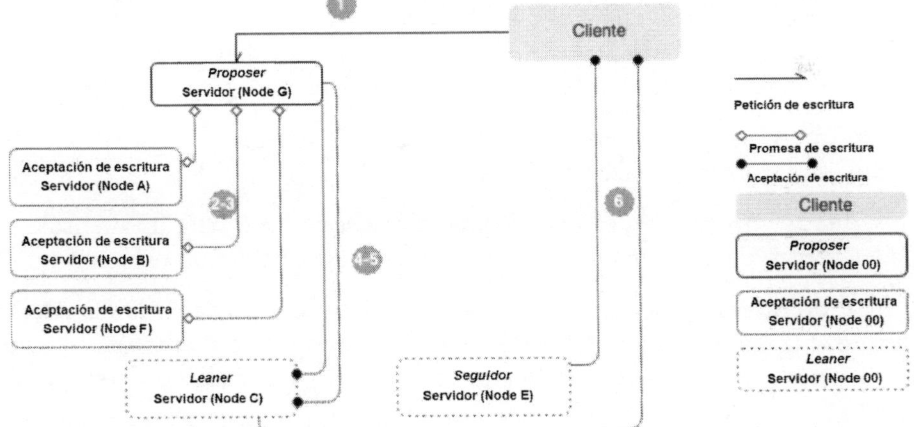

Figura 1: Llegar a un consenso con Paxos

Cuando un cliente pide a un miembro que escriba un mensaje, la persona que se hace cargo de esta petición se convierte en el Proposer (1) y también en el Leader de este mensaje. Envía esta solicitud a todos los Acceptors de un quórum, que responden o no, con una promesa de escribir (2). Si el Proposer recibe promesas de suficientes Acceptors en el quórum, envía la solicitud de escritura a los Learners (3), que validan la escritura con el cliente (4).

Paxos prevé la validación de la escritura en caso de fallo de uno o varios Acceptors o Learners, si el número de servidores fallidos es inferior al quórum medio. También prevé mecanismos de recuperación con el nombramiento de un nuevo Leader en caso de fallo del Proposer.

Para más información, visite https://www.cs.rutgers.edu/~pxk/417/notes/paxos.html.

5.3 Raft

Raft es un mecanismo de consenso en un sistema distribuido, desarrollado en 2013-2014 siempre en reacción con Paxos es demasiado complejo de implementar y, por lo tanto, a conlleva implementaciones incorrectas (In Search of an Understandable Consensus Algorithm (Extended Version) - Diego Ongaro and John Ousterhout Stanford University).

La base de datos de claves-valor etcd y por extensión Kubernetes, utilizan Raft así como por el orquestador Consul de HashiCorp.

En este mecanismo, un servidor es **Leader** o **Follower**. También puede ser candidato durante una elección.

Un servidor comienza en estado *follower*. Cada servidor espera un mensaje del Leader dentro de un *election timeout* aleatorio de entre 150 ms y 300 ms.

Al final de este periodo, si no ha habido noticias del Leader, éste se declara **Candidat**, incrementa un valor de referencia de elección y envía a sus pares una petición de voto. A continuación, vota por él y les pide que voten por él.

Cuando los demás servidores reciben el voto, si son **Seguidores** y aún no han votado, votan a ese candidato y vuelven a iniciar la cuenta atrás (*heartbeat*). Si son candidatos y reciben una petición de elección con un valor de referencia de elección superior al suyo, vuelven a ser Followers, votan al nuevo candidato y esperan el resultado de esta nueva elección. El candidato con más votos se convierte en Leader e informa a los demás (entre el inicio y el final del heartbeat).

A partir de entonces, todas las modificaciones del sistema correrán a cargo del Leader.

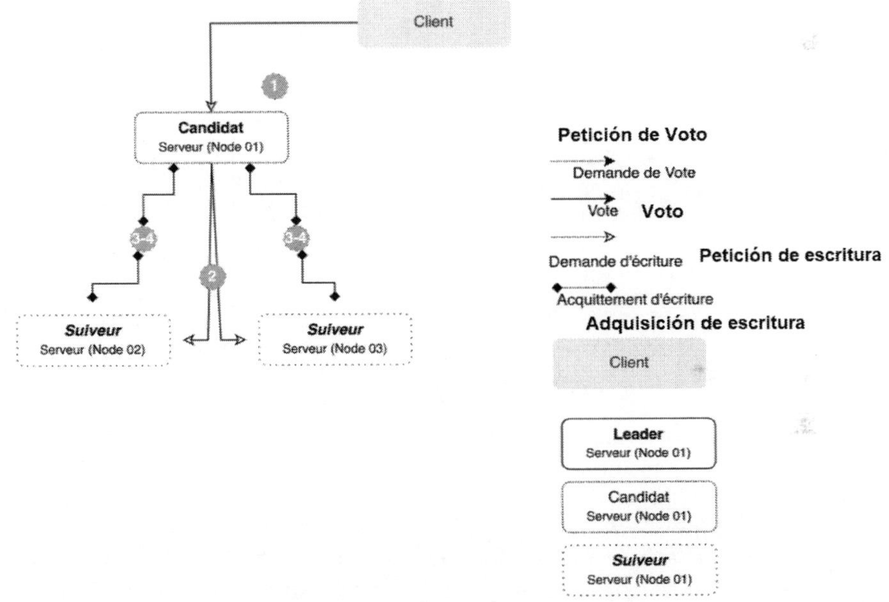

Figura 2: Elección del leader con Raft

En el improbable caso de que dos candidatos se anunciasen al mismo tiempo, ninguno podría obtener la mayoría absoluta (es decir, N/2+1 votos, siendo N el número de servidores y un número impar). Ningún servidor podría declararse **Leader** dentro del plazo de elección y otro servidor se convertiría en **Candidat** desencadenando una elección con un valor de referencia de elección superior al de los otros dos candidatos.

Si un cliente envía una solicitud de escritura al sistema (1), cada modificación se registra en el registro del **Leader**, que se replica a sus **Followers** (2). Éste espera el acuse de recibo (la devolución de validación o *hack*) de, al menos, N/2+1 servidores del sistema antes de validar el registro e informar a sus followers (3 y 4).

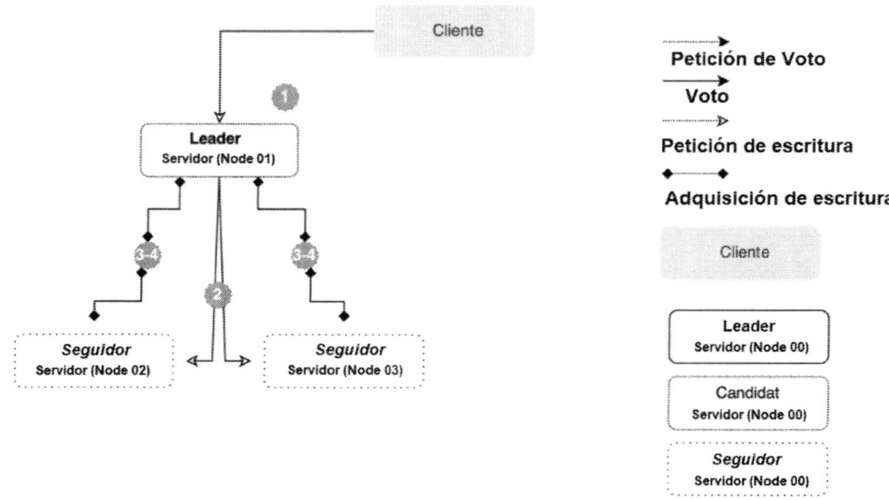

Figura 3: Validación de un cambio con Raft

Raft funciona con mayoría absoluta (N/2+1), por eso es tan importante tener un número impar de servidores.

El tiempo es esencial para Raft. Es imperativo que el tiempo entre dos incidentes de infraestructura sea superior al retardo de elección (entre 150 ms y 300 ms), a su vez superior al retardo de intercambio entre Leader y Follower. Por tanto, la sincronización temporal de los servidores es esencial.

Este es el mecanismo utilizado dentro de etcd para mantener la consistencia de los estados de Kubernetes.

Para más información, visite https://raft.github.io/.

6. Scheduler

El papel del planificador o scheduler es encontrar el recurso que necesita para instanciar la carga de cálculo entre los recursos disponibles. Para ello, es necesario formalizar un proceso de toma de decisiones dentro de Kubernetes. Este proceso dentro de Kubernetes se denomina **policy**.

Dentro de un clúster Kubernetes, el planificador busca el nodo en el que puede desplegar sus pods (conjunto atómico de 1 a n contenedores). Realiza una acción de filtrado y una acción de cálculo de **pouds** para elegir el nodo adecuado. Para ello, utiliza predicados y criterios de priorización. Filtra todos los nodos disponibles en función de estos predicados (por ejemplo, si un nodo tiene recursos suficientes). A continuación, asigna una puntuación a los nodos candidatos en función de los criterios de priorización y sus pesos, para elegir el mejor candidato.

He aquí un ejemplo de archivo de política:

```
{
"kind" : "Policy",
"apiVersion" : "v1",
"predicates" : [
        {"name" : " PodFitsHostPorts"},
        {"name" : " PodFitsResources"},
        {"name" : " MaxCSIVolumeCount"},
        {"name" : " CheckNodePIDPressure"}
        ],
"priorities" : [
        {"name" : " SelectorSpreadPriority", "weight" : 1},
        {"name" : " LeastRequestedPriority", "weight" : 1},
        {"name" : " BalancedResourceAllocation", "weight" : 1},
        {"name" : " ImageLocalityPriority", "weight" : 1},
        {"name" : " EvenPodsSpreadPriority", "weight" : 1}
        ]
}
```

Los predicados son, por ejemplo:

- `PodFitsResources`: valida que los recursos disponibles coincidan con los recursos solicitados.
- `MatchNodeSelector`: valida la conformidad con el valor del atributo `spec.nodeSelector` de un objeto pod.
- `CheckNodeCondition`: comprueba que el nodo está operativo y no tiene ningún estado problemático.
- `CheckVolumeBinding`: valida el espacio libre frente al tamaño de volumen solicitado.

Los criterios de priorización incluyen

- `MostRequestedPriority`: prefiere los nodos más utilizados (para mantener el número de nodos lo más bajo posible).
- `ImageLocalityPriority`: prefiere los nodos en los que ya se encuentra la imagen del contenedor.
- `EvenPodsSpreadPriority`: prefiere respetar las restricciones de *dispersión*.

Para más información, visite https://kubernetes.io/docs/reference/scheduling/policies/.

7. Introducción a Kubernetes

Una herramienta como Kubernetes comenzó como una abstracción para permitir que los contenedores se ejecuten independientemente de la ubicación física en la que se encuentran.

Es una herramienta creada inicialmente por Google y ofrecida como código abierto. Se inspiró en Borg (una referencia a la serie *Star Trek TNG*), el orquestador interno de Google.

7.1 Arquitectura

Por lo tanto, Kubernetes es inicialmente un orquestador de contenedores. En Kubernetes, todos los servidores son **nodos** (nodes).

Los **controladores** (*control-plane nodes*) son responsables del funcionamiento de los componentes principales:

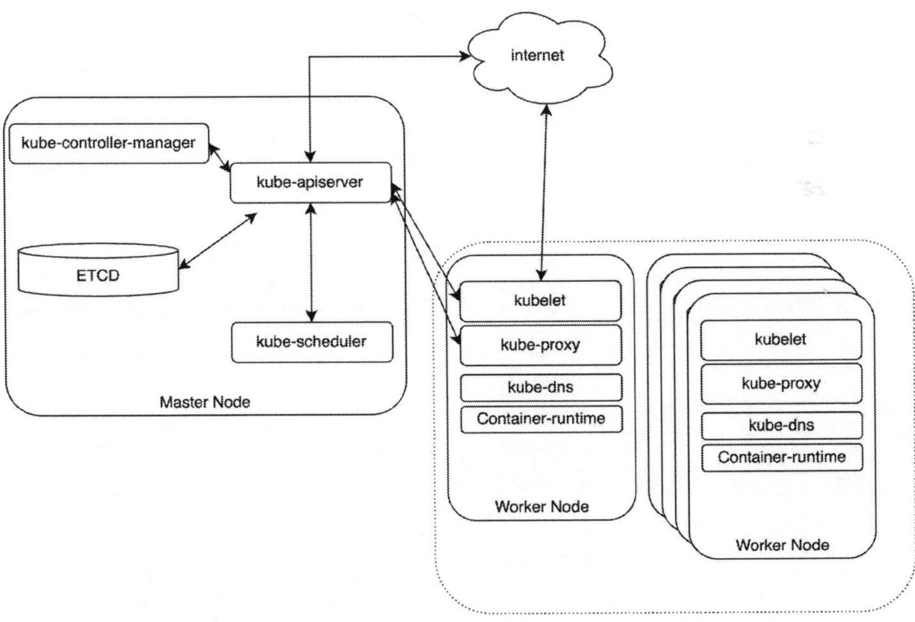

Figura 4: Arquitectura de Kubernetes

- **El kube-apiserver** es el puerto de comunicación entre los distintos componentes. Actúa como intermediario entre el kube-controller, el kube-scheduler y el etcd, por un lado, y el kubelet y el kube-proxy, por otro; estos dos últimos se encuentran en nodos workers y son responsables de los intercambios con otros nodos.
- **El kube-controller** es el "garante" de los estados del clúster. Mediante un bucle infinito, comprueba y mantiene la coherencia de los objetos del clúster.
- **El kube-scheduler** es responsable de asignar los pods a los nodos, de acuerdo con las restricciones y políticas de programación.
- La base de datos **etcd** (individual o clúster) es la base de datos clave-valor que contiene el estado del clúster.

Los *workers*, normalmente llamados nodos de trabajo, se encargan de instanciar los pods según las peticiones del controlador.

- **El kubelet** instanciará los pods a través de su motor de contenedores y basándose en las descripciones que le envíe el "controlador" (*control-plane*). También instancia los pods "estáticos" definidos localmente en su carpeta dedicada (/etc/kubernetes/manifest).
- **El kube-proxy** es el componente responsable de conectar los nodos al API y configurar los elementos internos de enrutamiento y del *port-mapping*.
- El **pod** (que se puede traducir como "cápsula") es la unidad atómica de ejecución dentro de Kubernetes. Con el tiempo, se ha enriquecido, pero en el nivel más simple, es una descripción de los recursos que se pueden utilizar por uno o más contenedores.

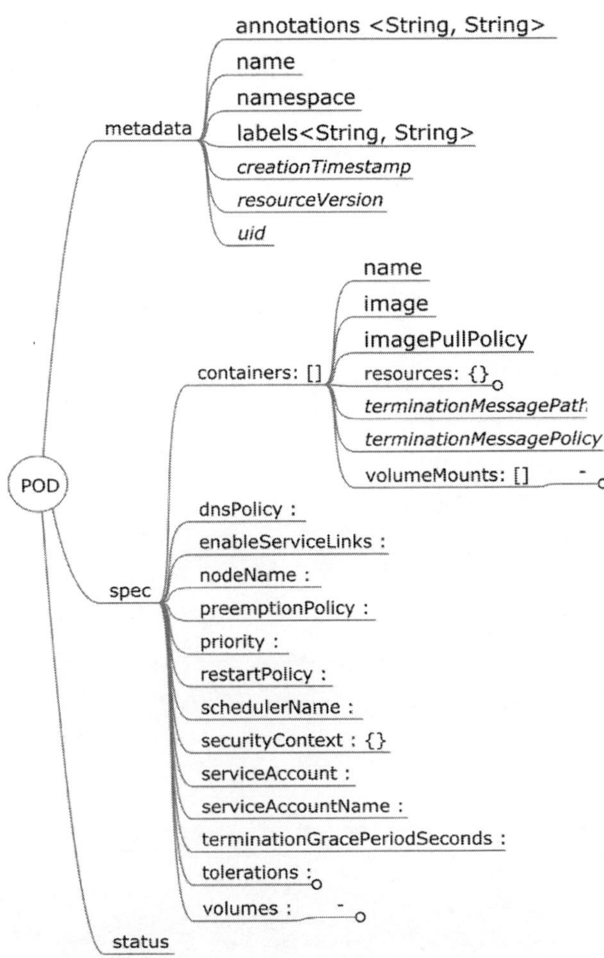

Figura 5: Especificación de un pod

Los recursos de un POD son la CPU, la memoria, el punto de montaje y, por supuesto, el nodo y la cuenta de servicio (*service account*) utilizados por el pod.

Con el comando `kubectl run`, podemos pedir a Kubernetes que instancie una imagen directamente en nuestro clúster, como si estuviéramos arrancando un contenedor localmente con Docker. Por ejemplo:

```
$ kubectl run eni --image=registry.diehard.net:5000/
tomcat-eni-todo-h2-env:v24.04
pod/eni created
```

Entonces podemos acceder a la descripción del pod usando el comando `kubectl get`, con el nombre del pod seguido del flag `-o yaml`, para obtenerlo en formato YAML (un formato más legible que JSON).

```
$ kubectl get pod/eni -o yaml
apiVersion: v1
kind: Pod
metadata:
  creationTimestamp: "2024-04-17T21:32:53Z"
  labels:
    run: eni
...
    manager: kubectl-run
    operation: Update
    time: "2024-04-17T21:32:53Z"
...
  name: eni
  namespace: default
...
spec:
  containers:
  - image: registry.diehard.net:5000/tomcat-eni-todo-h2-env:v24.04
    imagePullPolicy: IfNotPresent
    name: eni
    resources: {}
...
status:
  conditions:
...
  - lastProbeTime: null
    lastTransitionTime: "2024-04-17T21:32:55Z"
    status: "True"
    type: Ready
...
  containerStatuses:
  - containerID: docker://
28b4d33a5d5e7baf7da7e27d24896ab482c32db9e0a79f8234d3e4f032182b89
```

```
      image: registry.diehard.net:5000/tomcat-eni-todo-h2-env:v24.04
      imageID
      state:
        running:
          startedAt: "2024-04-17T21:32:
    hostIP
    phase:
    podIP
  ...
```

Pero no nos adelantemos.

Hoy en día, hay muchas ofertas de Kubernetes autogestionados (de Google, Microsoft, Amazon, etc.) que proporcionan un clúster llave en mano, en menos de diez minutos. Estas ofertas pueden parecer un poco caras y sobredimensionadas si solo quiere probar cómo funcionan. Para ello, existen varias ofertas locales en una estación de trabajo, como Docker Desktop, microk8s y Minikube. En nuestro caso, para facilitar la curva de aprendizaje, vamos a utilizar Minikube.

7.2 Versión más ligera: Minikube

Minikube es una versión de Kubernetes que pretende ser "la mejor solución para trabajar en local". Se trata de una versión todo en uno, capaz de ejecutarse en un ordenador "estándar" que no esté demasiado limitado en recursos. Para conseguirlo, Minikube permite activar o desactivar ciertas funcionalidades (add-ons) según las necesidades. El objetivo, por supuesto, es evitar activar funciones que consuman demasiados recursos, para que pueda funcionar en una estación de trabajo sin ocupar todos los recursos.

7.2.1 Instalación

Observación

Minikube requiere al menos dos CPUs (o vCPUs) y 2 GB (además de los requeridos por la máquina) para funcionar. Como no vamos a utilizar el nodo1 y el nodo2, podemos llevar a cabo nuestras pruebas en el nodo1, por ejemplo, ajustando la configuración de la máquina virtual en VirtualBox a 2 vCPUs y 4 GB de RAM.

Visite https://minikube.sigs.k8s.io/docs/start/ para saber cómo instalar Minikube en diferentes sistemas operativos. Minikube funciona en Linux, macOS y Windows.

Observación

Minikube adapta automáticamente el tipo de instalación en función del sistema operativo y del entorno. En macOS, por ejemplo, se ejecuta dentro de una máquina VirtualBox. Así que la suite probada en node1 y Ubuntu 20.04 no es necesariamente idéntica en tu máquina.

El comando de instalación es:

```
$ curl -LO
https://storage.googleapis.com/minikube/releases/latest/
minikube-linux-amd64
$ sudo install minikube-linux-amd64 /usr/local/bin/minikube
```

– En MacOS, instálelo a través de brew:

```
$ brew install minikube
```

A continuación, inicie una instancia de Minikube (por ejemplo, aquí en un MacBook M3 pero el princio es el mismo en Linux) con el comando `start`:

```
$ minikube start
😄  [eni-todo-docker] minikube v1.32.0 on Darwin 14.4.1 (arm64)
✨  Automatically selected the qemu2 driver
🌐  Automatically selected the builtin network
❗  You are using the QEMU driver without a dedicated network, which
doesn't support `minikube service` & `minikube tunnel` commands.
To try the dedicated network see: https://minikube.sigs.k8s.io/docs/
drivers/qemu/#networking
👍  Starting control plane node eni-todo-docker in cluster eni-todo-docker
🔥  Creating qemu2 VM (CPUs=4, Memory=16384MB, Disk=61440MB) ...
```

```
🏂 Preparing Kubernetes v1.28.3 on Docker 24.0.7 ...
    ▪ Generating certificates and keys ...
    ▪ Booting up control plane ...
    ▪ Configuring RBAC rules ...
🔗 Configuring bridge CNI (Container Networking Interface) ...
    ▪ Using image gcr.io/k8s-minikube/storage-provisioner:v5
🔎 Verifying Kubernetes components...
🌟 Enabled addons: default-storageclass, storage-provisioner
🏄 Done! kubectl is now configured to use "eni-todo-docker" cluster
and "default" namespace by default
```

Necesitamos el comando `kubectl`, que instalamos de la siguiente manera:

```
$ curl -LO https://storage.googleapis.com/kubernetes-release/
release/$(curl -s
https://storage.googleapis.com/kubernetes-release/release/
stable.txt)/bin/linux/amd64/kubectl
$ chmod +x ./kubectl
$ sudo mv ./kubectl /usr/local/bin/kubectl
$ kubectl get ns
NAME              STATUS   AGE
default           Active   3m45s
kube-node-lease   Active   3m46s
kube-public       Active   3m46s
kube-system       Active   3m46s
```

Como Docker está presente en nuestras máquinas (nodos, por ejemplo), se utiliza el controlador Docker. Puede configurar la(s) instancia(s) de Minikube con ciertos parámetros:

- `--kubernetes-version`: la versión de Kubernetes a instalar. Esto es útil para probar diferentes versiones.
- `--cpus`: el número de CPUs (2 vCPUs por defecto).
- `--memory`: la memoria asignada (unos 2 GB por defecto).
- `--driver`: para utilizar un controlador distinto de Docker (kvm, virtualbox, ninguno, etc.).
- `--addons`: complementos que se iniciarán con esta instancia de Minikube.
- `--node` (o `-n`): el número de nodos a instanciar. Tenga cuidado, esto consume muchos recursos.
- `--profile` (o `-p`): para nombrar la instancia de Minikube iniciada si se utilizan diferentes instancias (dependiendo del proyecto, por ejemplo).

`minikube config view` muestra la configuración de nuestra instancia.

`minikube profile list` muestra la lista de perfiles que hemos creado en nuestra máquina.

Ejemplo

```
minikube profile list
|----------|------|----|---------|------|---------|---------|---|
| Profile  | VM Dr| Re |   IP    | Port | Version | Status  | N |
|----------|------|----|---------|------|---------|---------|---|
| clean    | vir. | d. | x.y.z.t | 8443 | v1.20.2 | Running | 1 |
| eni      | vir. | d. | x.y.z.t | 8443 | v1.20.0 | Stopped | 1 |
| top      | vir. | d. | x.y.z.t | 8443 | v1.18.2 | Stopped | 1 |
| jkube    | vir. | d. | x.y.z.t | 8443 | v1.19.2 | Running | 1 |
| sparks   | vir. | d. | x.y.z.t | 8443 | v1.20.0 | Stopped | 3 |
| tektoncd | vir. | d. | x.y.z.t | 8443 | v1.18.2 | Stopped | 1 |
|----------|------|----|---------|------|---------|---------|---|
```

7.2.2 Add-ons

Como hemos explicado antes, Minikube es un Kubernetes 'ligero' para que podamos trabajar en local. Para lograr esto, muchas características de Kubernetes están deshabilitadas en Minikube. Por lo tanto, es posible activar o desactivar algunas de estas características de Kubernetes a través de complementos o add-ons.

El comando `minikube addons list` da la lista. El estado habilitado indica qué funciones están activas en nuestro Minikube.

```
minikube addons list
|-----------------------------|----------|--------------|
|         ADDON NAME          | PROFILE  |    STATUS    |
|-----------------------------|----------|--------------|
| ambassador                  | minikube | disabled     |
| csi-hostpath-driver         | minikube | disabled     |
| dashboard                   | minikube | disabled     |
| default-storageclass        | minikube | enabled ✅   |
| efk                         | minikube | disabled     |
| freshpod                    | minikube | disabled     |
| gcp-auth                    | minikube | disabled     |
| gvisor                      | minikube | disabled     |
| helm-tiller                 | minikube | disabled     |
| ingress                     | minikube | disabled     |
```

```
| ingress-dns                 | minikube | disabled     |
| istio                       | minikube | disabled     |
| istio-provisioner           | minikube | disabled     |
| kubevirt                    | minikube | disabled     |
| logviewer                   | minikube | disabled     |
| metallb                     | minikube | disabled     |
| metrics-server              | minikube | disabled     |
| nvidia-driver-installer     | minikube | disabled     |
| nvidia-gpu-device-plugin    | minikube | disabled     |
| olm                         | minikube | disabled     |
| pod-security-policy         | minikube | disabled     |
| registry                    | minikube | disabled     |
| registry-aliases            | minikube | disabled     |
| registry-creds              | minikube | disabled     |
| storage-provisioner         | minikube | enabled ✅   |
| storage-provisioner-gluster | minikube | disabled     |
| volumesnapshots             | minikube | disabled     |
|-----------------------------|----------|--------------|
```

Los comandos son `minikube addons enable <nomduaddon>` para habilitar un complemento y `minikube addons disable <nomduaddon>` para deshabilitarlo. Es aconsejable utilizar diferentes perfiles para probar estos complementos en función de sus necesidades.

7.2.3 minikube dashboard

El comando `minikube dashboard` abre una interfaz web de administración de Kubernetes en el navegador. Esta interfaz web le permite ver el estado del clúster y realizar cambios visualmente (web). Es bastante práctico.

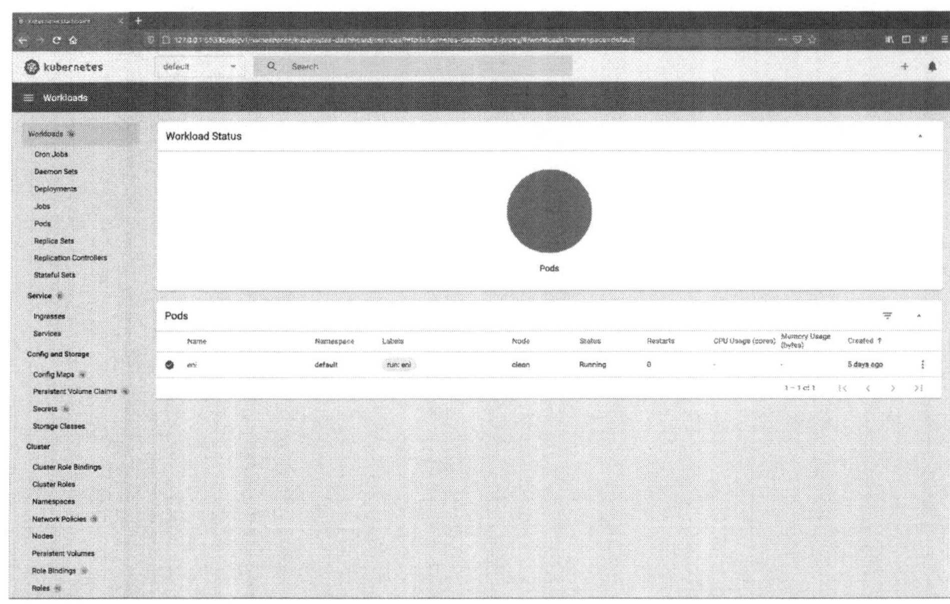

Figura 6: Panel de control de Kubernetes

7.2.4 minikube docker-env

El comando `minikube docker-env` muestra las variables de entorno utilizadas para configurar un cliente Docker para utilizar Minikube como *host* Docker en lugar de nuestra máquina local.

```
$ minikube docker-env
export DOCKER_TLS_VERIFY="1"
export DOCKER_HOST="tcp://192.168.49.2:2376"
export DOCKER_CERT_PATH="/home/eni/.minikube/certs"
export MINIKUBE_ACTIVE_DOCKERD="minikube"

# To point your shell to minikube's docker-daemon, run:
# eval $(minikube -p minikube docker-env)eni/
```

El comando `eval $(minikube docker-env)` se utiliza para configurar nuestro entorno actual directamente. Algunos argumentos son útiles:

- `--shell='' [fish, cmd, powershell, tcsh, bash, zsh]`: proporciona la configuración para un shell concreto.

- `--ssh-add`: añade la clave SSH de la máquina o entorno Minikube a nuestro agente SSH.
- `--no-proxy=false`: permite poner la IP de nuestra VM en la variable NO_PROXY y, por tanto, no pasar por el proxy si tenemos uno para comunicarnos. En las empresas es muy frecuente la presencia de proxies.

La variable `DOCKER_CERT_PATH` da la ruta al directorio que se copiará en la ruta /etc/docker del servicio Docker, proporcionado por Minikube. Si queremos que Minikube utilice nuestro registro desplegado en el capítulo Los contenedores, necesitamos añadir el certificado que hemos creado:

```
$ sudo cp -a /etc/docker/certs.d $HOME/.minikube/certs/
```

7.2.5 minikube logs

El comando `minikube logs` muestra las trazas de ejecución de Kubernetes. El argumento `--problems` permite mostrar únicamente las trazas identificadas como problemas. Esto es muy útil para ir directamente al grano. Dicho esto, navegar por las trazas "normales" no carece de interés si desea familiarizarse con los distintos componentes, sus principios de inicialización o su comportamiento normal.

Kubernetes es muy explicativo. Desde que se lanzó Minikube, se han producido varios cientos de trazas.

```
$ minikube logs | wc -l
546
```

7.2.6 minikube IP

El comando `minikube ip` muestra la dirección IP asignada a Kubernetes (máquina virtual, Docker, etc.). Esto es muy útil para crear scripts de prueba.

```
$ minikube ip
192.168.49.2
```

7.2.7 minikube service

El comando `minikube service list` muestra la lista de servicios. Volveremos a esto en un momento.

```
$ minikube service list
|----------------|---------------------------|--------------|-----|
| NAMESPACE      |       NAME                | TARGET PORT  | URL |
|----------------|---------------------------|--------------|-----|
| default        | kubernetes                | No node port |     |
| kube-system    | kube-dns                  | No node port |     |
| kubernetes-d   | dashboard-metrics-scraper | No node port |     |
| kubernetes-d   | kubernetes-dashboard      | No node port |     |
|----------------|------ --------------------|--------------|-----|
```

Observación

Esto equivale a `kubectl get service -A`, pero la presentación está simplificada.

El comando `minikube service <miservicio>` muestra el servicio, pero también abre el navegador web directamente a este servicio, si está expuesto, por supuesto.

7.2.8 minikube update-context

El comando `minikube update-context` actualiza el archivo kubeconfig con la información de configuración que permite al cliente kubectl comunicarse con el clúster. Como regla general, el archivo se encuentra en la carpeta personal $HOME ~/.kube/config. Es posible utilizar un archivo diferente utilizando la variable de entorno `KUBECONFIG`.

8. Introducción a Kubernetes

8.1 kubectl

Kubectl, la herramienta cliente de Kubernetes, es una herramienta de línea de comandos para gestionar la interacción con nuestro clúster. Aunque creemos que es preferible tener el cliente en nuestro entorno, es posible utilizar este cliente desde nuestro Minikube con el comando `minikube kubectl --`, sin necesidad de instalarlo.

Esta función también es útil cuando necesitamos utilizar diferentes versiones del cliente.

```
$ minikube kubectl -- get nodes
NAME       STATUS   ROLES                  AGE   VERSION
minikube   Ready    control-plane,master   65m   v1.20.2
```

El cliente kubectl realiza las llamadas al API de Kubernetes por nosotros, de una forma mucho más sencilla. Todo lo que hace kubectl se puede hacer con llamadas directas (vía curl, wget o programáticamente) al API.

8.2 Llamadas al API

Kubernetes dispone de una API REST que permite a los usuarios interactuar con el clúster. Este API permite leer, crear o modificar los *object resources* del clúster: todos los recursos (objetos) que Kubernetes puede manipular. Puede obtener una lista de los tipos de recursos de objetos del clúster mediante el comando `kubectl api-resources`:

```
NAME                SHORTNAMES  APIVERSION    NAMESPACED  KIND
bindings                        v1            true        Binding
componentstatuses   cs          v1            false       ComponentStatus
configmaps          cm          v1            true        ConfigMap
endpoints           ep          v1            true        Endpoints
events              ev          v1            true        Event
limitranges         limits      v1            true        LimitRange
namespaces          ns          v1            false       Namespace
nodes               no          v1            false       Node
...
secrets                         v1            true        Secret
```

```
serviceaccounts    sa        v1            true
...
daemonsets         ds        apps/v1       true        DaemonSet
deployments        deploy    apps/v1       true        Deployment
replicasets        rs        apps/v1       true        ReplicaSet
statefulsets       sts       apps/v1       true        StatefulSet
ingresses          ing       extensions/
                             v1beta1       true        Ingress
...
```

Hay 59 en la versión v1.30.0 (server v1.30.0). Esta lista se puede ampliar. Todos estos objetos tienen atributos y propiedades que corresponden a la definición del objeto. Estos objetos se pueden explorar en una estructura de árbol.

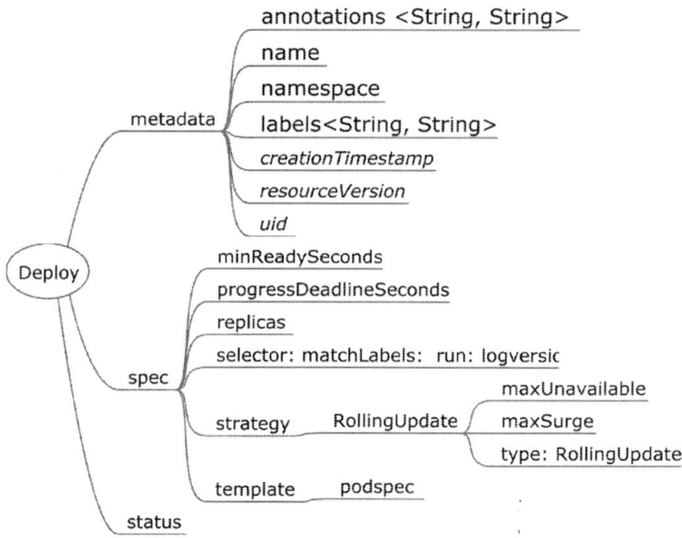

Figura 7: Descripción de un objeto, en este caso un despliegue

Kubernetes dispone de un manual integrado. Puede obtener una descripción completa de los objetos y sus atributos mediante el comando:

```
kubectl explain <nombredelobjeto>
```

También puede examinar un objeto designando los atributos que se deben explicar del siguiente modo:

```
<nombreobjeto>.<atributoX>.<atributoY>.<atributoZ>
```

Por ejemplo, para un objeto de tipo despliegue:

```
$ kubectl explain deploy

KIND:     Deployment
VERSION:  apps/v1

DESCRIPTION:
     Deployment enables declarative updates for Pods and ReplicaSets.

FIELDS:
   apiVersion    <string>
     APIVersion defines the versioned schema of this representation
of an object. Servers should convert recognized schemas to the latest
internal
     value, and may reject unrecognized values. More info:
     https://git.k8s.io/community/contributors/devel/
sig-architecture/api-conventions.md#resources

   kind    <string>
     Kind is a string value representing the REST resource this object
     represents. Servers may infer this from the endpoint the
client submits
     requests to. Cannot be updated. In CamelCase. More info:
     https://git.k8s.io/community/contributors/devel/
sig-architecture/api-conventions.md#types-kinds

   metadata    <Object>
     Standard object metadata.

   spec    <Object>
     Specification of the desired behavior of the Deployment.

   status    <Object>
     Most recently observed status of the Deployment.
```

¿Desea detalles sobre la estrategia de despliegue?

```
$ kubectl explain deploy.spec.strategy

KIND:     Deployment
VERSION:  apps/v1

RESOURCE: strategy <Object>

DESCRIPTION:
     The deployment strategy to use to replace existing pods
with new ones.

     DeploymentStrategy describes how to replace existing pods
with new ones.

FIELDS:
   rollingUpdate    <Object>
     Rolling update config params. Present only if
DeploymentStrategyType =
     RollingUpdate.

   type    <string>
     Type of deployment. Can be "Recreate" or "RollingUpdate".
Default is
     RollingUpdate.
```

Estos objetos de Kubernetes pertenecen a un grupo, tienen una versión y pueden o no ser del tipo namespace, lo que significa que pueden o no estar vinculados a un namespace.

En Kubernetes, un espacio de nombres es una construcción que agrupa y aísla los recursos en varios conjuntos lógicos (que se pueden considerar proyectos).

▶ Utilice el cliente kubectl para mostrar los espacios de nombres del clúster mediante el comando `kubectl get namespace`:

```
$ kubectl get namespace
NAME                   STATUS   AGE
default                Active   11d
kube-node-lease        Active   11d
kube-public            Active   11d
kube-system            Active   11d
kubernetes-dashboard   Active   9d
```

Si utiliza el argumento -v, puede mostrar más detalles sobre las peticiones realizadas. Aquí, por ejemplo, puede ver el archivo de configuración utilizado, así como la llamada al API a través del puerto expuesto por kube-apiserver:

```
$ $ kubectl get namespace default --v=7
I0221 21:33:48.695838   41877 loader.go:379] Config loaded from
file:  /home/eni/.kube/config
I0221 21:33:48.697018   41877 cert_rotation.go:137] Starting
client certificate rotation controller
I0221 21:33:48.703197   41877 round_trippers.go:422] GET
https://192.168.49.2:8443/api/v1/namespaces/default
I0221 21:33:48.703282   41877 round_trippers.go:429] Request
Headers:
I0221 21:33:48.703619   41877 round_trippers.go:433]     Accept:
application/json;as=Table;v=v1;g=meta.k8s.io,application/
json;as=
Table;v=v1beta1;g=meta.k8s.io,application/json
I0221 21:33:48.703958   41877 round_trippers.go:433]     User-
Agent: kubectl/v1.30.0 (linux/amd64) kubernetes/e87da0b
I0221 21:33:48.712757   41877 round_trippers.go:448] Response
Status: 200 OK in 8 milliseconds
NAME      STATUS   AGE
default   Active   161meni/
```

8.3 Configuración del cliente

El archivo de configuración, ubicado por defecto en la carpeta ${HOME}/.kube/config, contiene información que permite al cliente comunicarse con el servidor. Esta información contiene uno o más de los siguientes tipos:

- `clusters`: un clúster se identifica por un nombre, un servidor (la URL API del servidor) y un certificado.
- `users`: un usuario se identifica por un nombre y unos datos de autenticación. En Minikube, esto es un certificado y una clave, un comando ejecutado en su máquina o cualquier otro mecanismo de autenticación.
- `contexts`: un contexto es una tripleta de información sobre el clúster, el usuario y el espacio de nombres.

Por último, el archivo de configuración contiene un atributo `current-context` que contiene el nombre del contexto utilizado.

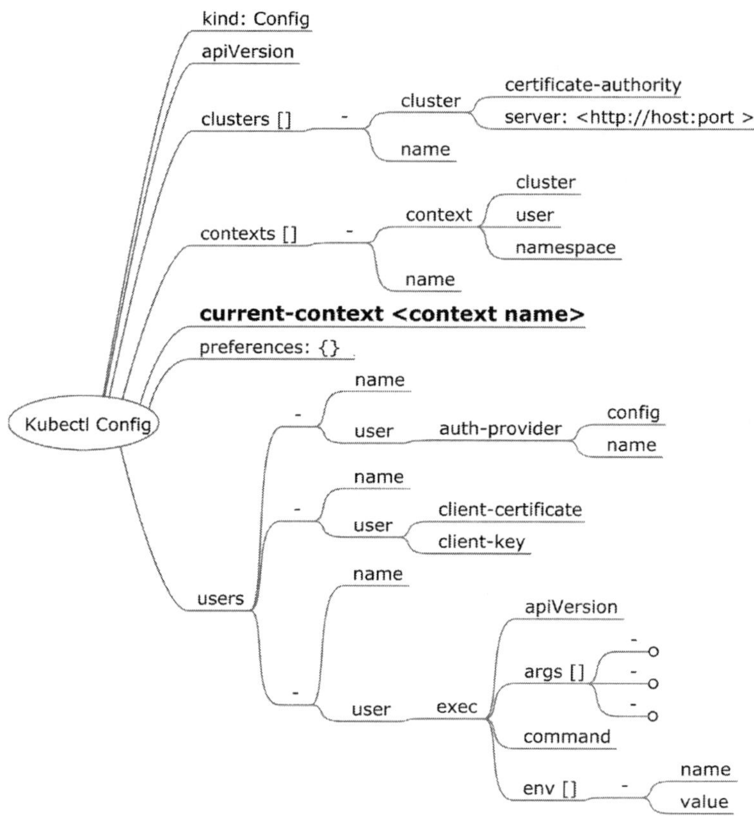

Figura 8: Estructura de configuración del cliente Kubernetes

Ejemplo (acceso directo)

```
apiVersion: v1
clusters:
- cluster:
      name: cluster_info
    server: https://192.168.49.2:8443
  name: minikube
contexts:
- context:
    cluster: minikube
    namespace: default
    user: minikube
  name: minikube
```

```
current-context: minikube
users:
- name: minikube
  user:
    client-certificate: /home/eni/.minikube/profiles/minikube/client.crt
    client-key: /home/eni/.minikube/profiles/minikube/client.keyeni/eni/
```

A partir de este archivo de configuración, podemos deducir la sintaxis que se utilizará para autenticarse con Kubernetes al llamar al API. Por ejemplo, para recuperar información de un archivo:

```
$ curl \
    --cert /home/eni/.minikube/profiles/minikube/client.crt \
    --key /home/eni/.minikube/profiles/minikube/client.key \
    -k \
    https://192.168.49.2:8443/api/v1/namespaces/default
{
  "kind": "Namespace",
  "apiVersion": "v1",
  "metadata": {
    "name": "default",
    "uid": "9e67a83c-bc38-4462-a697-cbcc5b1a9458",
    "resourceVersion": "197",
    "creationTimestamp": "2024-04-17T17:52:41Z",
    "managedFields": [
      {
        "manager": "kube-apiserver",
        "operation": "Update",
        "apiVersion": "v1",
        "time": "2024-04-17T17:52:41Z",
        "fieldsType": "FieldsV1",
        "fieldsV1": {"f:status":{"f:phase":{}}}
      }
    ]
  },
  "spec": {
    "finalizers": [
      "kubernetes"
    ]
  },
  "status": {
    "phase": "Active"
  }
}
```

Puede cambiar la ubicación de este archivo utilizando el argumento `--kubeconfig="<ruta de mi archivo>"` o la variable de entorno `KUBECONFIG="<ruta de mi archivo>"`.

8.4 Gestión de recursos

El cliente Kubernetes permite crear recursos utilizando:

- `create`
- `run`
- `apply`

Por ejemplo, podría crear un espacio de nombres como este:

```
$ kubectl create namespace example
namespace/example created

$ kubectl get namespace
NAME                   STATUS   AGE
default                Active   11d
example                Active   10s
kube-node-lease        Active   11d
kube-public            Active   11d
kube-system            Active   11d
kubernetes-dashboard   Active   2d3h
```

Los argumentos del comando dependen del objeto que quiera crear. Afortunadamente, puede obtener ayuda fácilmente añadiendo `--help` al final del comando:

```
$ kubectl run --help
Create and run a particular image in a pod.

Examples:
  # Start a nginx pod.
  kubectl run nginx --image=nginx
...
```

También es posible crear un objeto a partir de su definición YAML o JSON.

▶ Por ejemplo, para el pod que ejecuta la imagen eni-todo:tomcat-h2-env, cree el siguiente archivo eni-todo.pod.yaml:

```
apiVersion: v1
kind: Pod
metadata:
 name: eni
spec:
  containers:
  - image: registry.diehard.net:5000/tomcat-eni-todo-h2-env:v24.04
    imagePullPolicy: IfNotPresent
    name: eni
    resources: {}
```

A continuación, cree el objeto a partir de este archivo:

```
$ kubectl create -f eni-todo.pod.yaml
pod/eni creado
```

Elimine estos objetos con delete:

```
$ kubectl delete pod/eni
```

o

```
$ kubectl delete -f eni-todo.pod.yaml
```

Observación

El borrado puede tardar mucho tiempo. Puede acelerarlo con el parámetro `--grace-period=1`. Este es el periodo de gracia concedido durante un borrado. También se puede definir en las especificaciones del pod.

De forma predeterminada, el pod se encuentra en el namespace `default`. Para crear una instancia en el namespace example, debe agregar `-n example` a la línea de comandos o agregar `namespace: example` en metadatos en la definición del pod YAML.

A continuación, es posible mostrar los tipos de recursos utilizando `kubectl get <tipo_de_recurso>`:

```
$ kubectl get po -n example
NAME                   READY   STATUS    RESTARTS   AGE
eni                    1/1     Running   0          10m
eni-7978b4f9fc-bb4j2   1/1     Running   0          4s
```

Puede obtener los detalles de un objeto con `describe` o solicitando una descripción con salida YAML:

```
$ kubectl get po -n example eni -o yaml
apiVersion: v1
kind: Pod
metadata:
  creationTimestamp: "2024-04-17T22:30:18Z"
...
  name: eni
  namespace: example
  resourceVersion: "129735"
  uid: 600fb6fc-8c6d-4a79-844b-2425a646f127
spec:
  containers:
  - image: registry.diehard.net:5000/tomcat-eni-todo-h2-env:dev
    imagePullPolicy: IfNotPresent
    name: eni
    resources: {}
    terminationMessagePath: /dev/termination-log
    terminationMessagePolicy: File
    volumeMounts:
    - mountPath: /var/run/secrets/kubernetes.io/serviceaccount
      name: default-token-4jmdd
      readOnly: true
  dnsPolicy: ClusterFirst
  enableServiceLinks: true
  nodeName: clean
  preemptionPolicy: PreemptLowerPriority
  priority: 0
  restartPolicy: Always
  schedulerName: default-scheduler
  securityContext: {}
  serviceAccount: default
  serviceAccountName: default
  terminationGracePeriodSeconds: 30
...
status:
  conditions:
  - lastProbeTime: null
    lastTransitionTime: "2024-04-17T22:30:20Z"
    status: "True"
    type: ContainersReady
...
  containerStatuses:
  - containerID:
docker://4cc6c16086d90c53b15a321294e5f0c2782ee5ef4fd12f1fd689062
d4de09163
```

```
    image: registry.diehard.net:5000/eni-todo:v24.04-tomcat-mariadb-env
    imageID: docker://sha256:a34ffe3d2776b92ede3476d7b1879d2ea
35b963377904694990l177c2b4fe078
    lastState: {}
    name: eni
    ready: true
    restartCount: 0
    started: true
    state:
      running:
        startedAt: "2024-04-17T22:30:19Z"
  hostIP: 192.168.99.144
  phase: Running
  podIP: 172.17.0.3
  podIPs:
  - ip: 172.17.0.3
  qosClass: BestEffort
  startTime: "2024-04-17T22:30:18Z"
```

Observación

Si no se especifica el nombre del objeto, se obtiene una lista (`kind: List`).

El comando `kubectl edit` se utiliza para modificar el objeto editando un archivo YAML temporal. Tenga en cuenta que algunos campos de ciertos objetos son inmutables (no se pueden modificar). Esto es particularmente cierto en el caso del pod. Si intenta modificar el nombre del pod, obtendrá el siguiente mensaje de error:

```
$ kubectl edit po -n example  eni
A copy of your changes has been stored to
"/var/folders/6h/rgbn_4j12dx0lhmzqswhq50h0000gp/T/
kubectl-edit-owuqw.yaml"
error: At least one of apiVersion, kind and name was changed
```

Por defecto, los pods están aislados en su propia subred (`podIP`).

El comando `kubectl expose` permite exponer su pod dentro o fuera de su clúster con los parámetros correctos. Sin embargo, se requiere cierta información. Si intenta exponer el pod que acaba de crear (y editar sin éxito), obtendrá un mensaje de error.

```
$ kubectl -n example expose po eni
error: couldn't retrieve selectors via --selector flag or
introspection: the pod has no labels and cannot be exposed
See 'kubectl expose -h' for help and examples
```

Este problema se debe a la falta de etiquetas. Hablaremos de esto en el capítulo Despliegue con Kubernetes. Por ahora, basta con añadir una etiqueta mediante el siguiente comando:

```
$ kubectl label po -n example  eni expose=ok
pod/eni labeled
```

También debe especificar el puerto utilizado por el contenedor de nuestro pod:

```
$ kubectl -n example expose po eni --port 8080
service/eni exposed
```

Se ha creado un servicio. Puede verlo directamente con el comando `minikube service`. Pero minikube se niega a abrir un navegador:

```
$ minikube service eni
|-----------|------|-------------|--------------|
| NAMESPACE | NAME | TARGET PORT |     URL      |
|-----------|------|-------------|--------------|
| default   | eni  |             | No node port |
|-----------|------|-------------|--------------|
😿    el servicio default/eni no tiene puerto de nodo
```

😿 El emoji le informa de que su servicio no tiene un puerto de nodo (`NodePort`): aún no puede acceder a él directamente.

▶ Destruya el servicio, luego vuelva a crearlo, pero esta vez le pediremos que asocie un puerto del clúster con el puerto 8080 de nuestro pod

```
$ minikube service eni
|-----------|------|-------------|---------------------------|
| NAMESPACE | NAME | TARGET PORT |            URL            |
|-----------|------|-------------|---------------------------|
| default   | eni  |        8080 | http://192.168.49.2:30256 |
|-----------|------|-------------|---------------------------|
  Opening service default/eni in default browser...
  http://192.168.49.2:30256
```

Obtendrá un error 404. Pruebe con una solicitud `curl` en la URL correcta, como en el capítulo Exposición y reparto:

```
$ curl -I http://192.168.49.2:30256/eni-todo/
HTTP/1.1 200
Set-Cookie: JSESSIONID=2DE0D5752AF30CF8273D07055AF636C7;
Path=/eni-todo; HttpOnly
Content-Type: text/html;charset=UTF-8
Content-Language: en
Content-Length: 5572
Date: Wen, 17 Apr 2024 21:06:24 GMT
```

También es posible:

- modificar las características de nuestro servicio con el comando `kubectl -n example edit svc eni`,
- o utilizar el comando `kubectl -n example port-forward service/eni 8888:8080` y abrir el navegador en http://127.0.0.1:8888/eni-todo.

8.5 Trazas del pod

Por último, también puede consultar las trazas del pod con el comando `kubectl logs`:

```
$ kubectl -n example logs eni -f
NOTE: Picked up JDK_JAVA_OPTIONS:  --add-
opens=java.base/java.lang=ALL-UNNAMED -add-
opens=java.base/java.io=ALL-UNNAMED -add-
opens=java.base/java.util=ALL-UNNAMED --add-
opens=java.base/java.util.concurrent=ALL-UNNAMED -add-
opens=java.rmi/sun.rmi.transport=ALL-UNNAMED
VM settings:
    Max. Heap Size (Estimated): 953.19M
    Using VM: OpenJDK 64-Bit Server VM
...
17-Apr-2024 22:30:19.774 INFO [main]
org.apache.catalina.startup.Catalina.load Server initialization
in [534] milliseconds
17-Apr-2024 22:30:19.834 INFO [main]
org.apache.catalina.core.StandardService.startInternal Starting
service [Catalina]
```

```
17-Apr-2024 22:30:19.835 INFO [main]
org.apache.catalina.core.StandardEngine.startInternal Starting
Servlet engine: [Apache Tomcat/9.0.43]
17-Apr-2024 22:30:19.857 INFO [main]
org.apache.catalina.startup.HostConfig.deployWAR Deploying web
application archive [/usr/local/tomcat/webapps/eni-todo.war]
...
2021-02-18 22:35:26.001  INFO 1 --- [           main]
n.d.sample.todowebsite.Application       : Started Application in
257.146 seconds (JVM running for 306.965)
17-Apr-2024 22:35:26.109 INFO [main]
org.apache.catalina.startup.HostConfig.deployWAR Deployment of
web application archive [/usr/local/tomcat/webapps/eni-todo.war]
has finished in [306,251] ms
17-Apr-2024 22:35:26.112 INFO [main]
org.apache.coyote.AbstractProtocol.start Starting ProtocolHandler
["http-nio-8080"]
17-Apr-2024 22:35:26.121 INFO [main]
org.apache.catalina.startup.Catalina.start Server startup in
[306346] milliseconds
17-Apr-2024 23:35:26.12 INFO [http-nio-8080-exec-9]
net.diehard.sample.todowebsite.TodoController.index / called :
```

Capítulo 6
Despliegue con Kubernetes

1. Introducción

En los capítulos anteriores, vimos cómo construir imágenes Docker de nuestra aplicación y cómo desplegarlas de forma semiautomática en nuestros servidores utilizando scripts de Ansible. Con un orquestador como Kubernetes, ahora sabemos cómo liberarnos de las limitaciones de un entorno estático, dejando que elija dónde desplegar por nosotros. Ahora vamos a ver cómo desplegar eni-todo utilizando este orquestador. Para ello, tenemos que aprender a utilizar ciertos recursos.

Todos los ejemplos de Kubernetes presentados en este capítulo y en los siguientes están disponibles en el repositorio de github k8s_manifests.

2. Del pod al despliegue

2.1 Pod

Hemos visto que es posible crear un pod utilizando un contenedor tomcat-eni-todo :v24.04-tomcat-h2-env:dev. Usaremos esta versión primero, añadiendo la externalización de la base de datos más tarde.

Así que lanzamos un pod eni-todo-h2 con el contenedor usando esta imagen. Tenemos que asegurarnos de que el contenedor ha arrancado y funciona correctamente.

```
$ kubectl run eni-todo-h2 \
   --image=registry.diehard.net:5000/tomcat-eni-todo:v24.04-
tomcat-h2-env \
   --env="
DB_DTB_JDBC_URL="jdbc:mysql://mariadb.diehard.net:3306/db_todo" \
   --env="DB_DTB_USERNAME=springuser" ...
pod/eni-todo-h2 created
```

También puede lanzar el contenedor con un archivo YAML y el siguiente comando:

```
$ kubectl apply -f eni-todo-h2.000.pod.yaml
pod/eni-todo-h2 created
```

Los archivos YAML utilizados en este capítulo se encuentran en la carpeta src/main/kubernetes del repositorio git de la aplicación eni-todo (https://github.com/halnx-todo/k8s-manifests).

2.1.1 Sensores y control de estado

Kubernetes ofrece un sistema de sondas para comprobar el estado (*healthcheck*) de un pod. Hay tres tipos de sonda:

- `livenessprobe`
- `readinessprobe`
- `startupprobe`

Las tres se configuran de la misma manera, utilizando objetos en la definición del contenedor.

Existen tres posibles mecanismos de sondeo:

- `tcpSocket`: el kubelet en el nodo comprueba que el contenedor ha abierto el puerto definido en los parámetros para esta sonda.
- `Exec`: el kubelet presente en el nodo comprueba que el script definido en los parámetros de esta sonda se ejecuta correctamente (código de retorno 0) en el contenedor observado.

- `httpGet`: el kubelet presente en el nodo comprueba que la llamada HTTP definida en los parámetros de esta sonda, devuelve un código de retorno como el definido (200 por defecto).

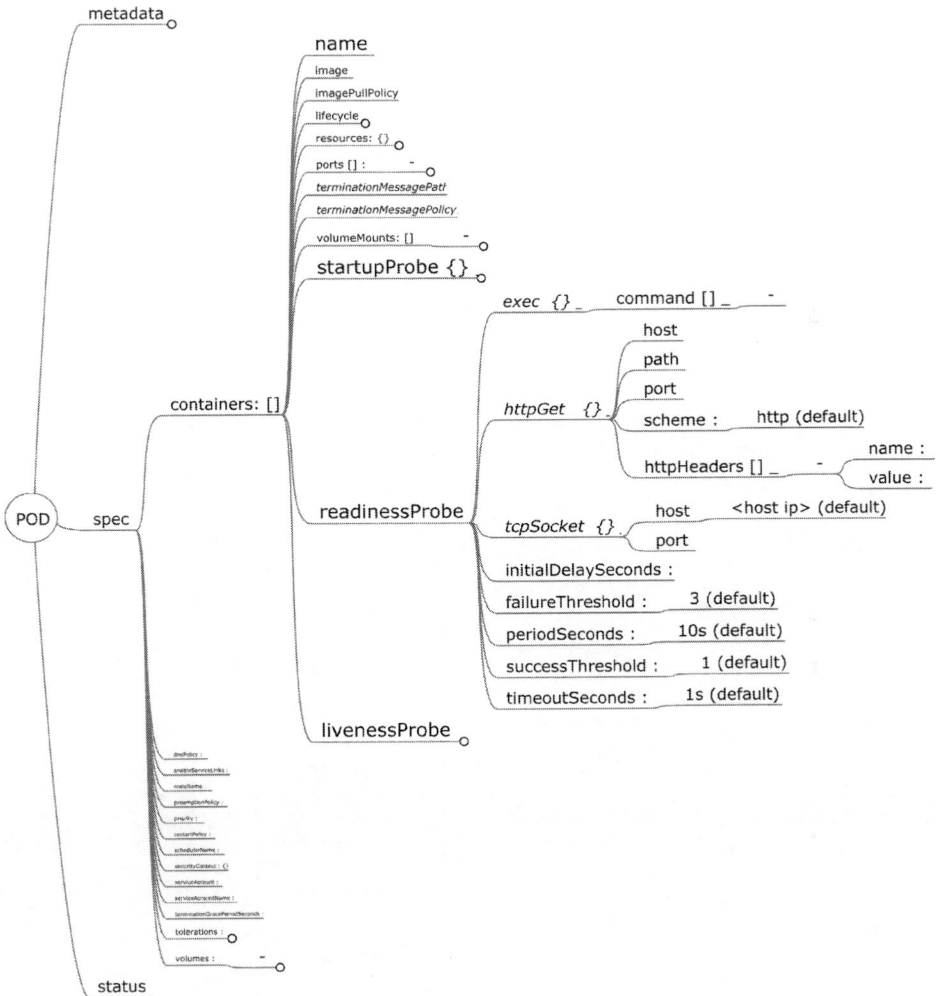

Figura 1: Especificaciones de la sonda de un pod

Las sondas tienen:

- un retardo antes de activarse (`initialDelaySeconds`),
- una frecuencia de ejecución (`periodSeconds`),
- un umbral o número de errores (`failureThreshold`),
- un tiempo máximo de espera (`timeoutSeconds`).

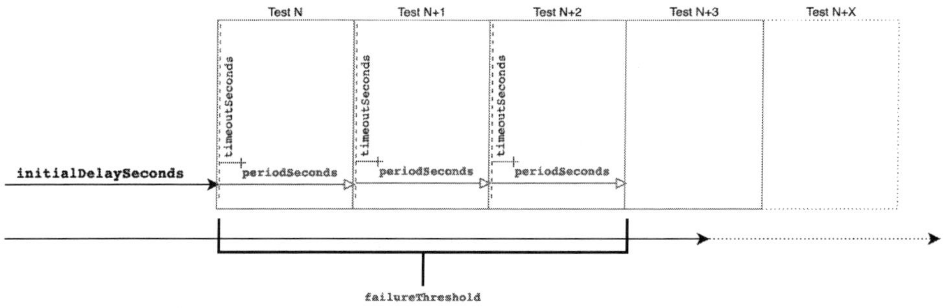

Figura 2: Calendario y frecuencia de los controles de estado

Los tres tipos de sonda tienen mecanismos de análisis idénticos: esperan el retardo inicial antes de realizar la primera prueba y, a continuación, realizan una prueba cada periodo definido (`periodSeconds`). Si el número de fallos de prueba supera el umbral (`failureThreshold`), se activa el comportamiento de la sonda, tal y como se describe a continuación.

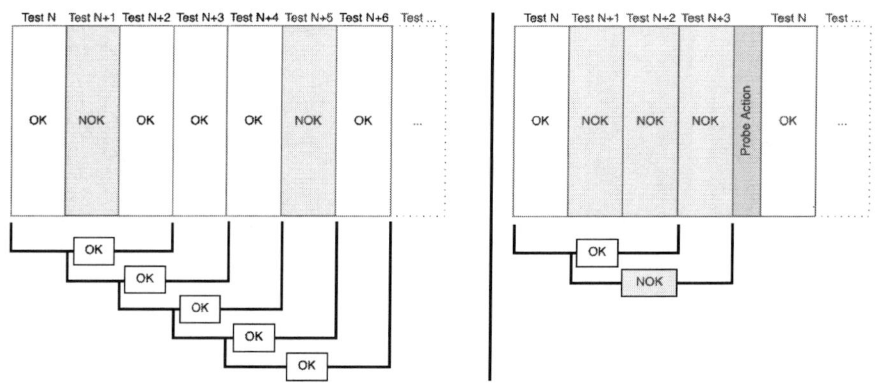

Figura 3: Los controles de estado determinan el estado del pod

Las sondas `livenessprobe` y `startupprobe` reinician el contenedor. La `readinessprobe`, por otro lado, retira el pod de los servicios que lo sirven (corta las llamadas de red al pod) hasta que se devuelve un cierto número de pruebas positivas (`successThreshold`). Este es un mecanismo de protección para las llamadas que probablemente generen una carga significativa pero que no desea detener.

Si instancia el pod con el archivo eni-todo-h2.000.pod.yaml, `kubectl describe po eni-todo-h2` muestra los diferentes estados del pod.

```
$ kubectl describe po eni-todo-h2
...
Conditions:
  Type              Status
  Initialized       True
  Ready             False
  ContainersReady   False
  PodScheduled      True
...
```

2.1.2 Clases de calidad de servicio, límites y peticiones

Hemos configurado sondas en nuestro pod para asegurarnos de que nuestros contenedores están funcionando. Como recordatorio, Kubernetes es un clúster que permite que varios proyectos se ejecuten en el mismo clúster. Todos estos proyectos consumirán los recursos de los nodos. Existe una noción de clase de calidad de servicio (QoS, *Quality of Service class*), como se muestra en la descripción del pod:

```
k describe po eni-todo-h2
...
QoS Class:        BestEffort
...
```

Kubernetes ofrece tres clases de calidad de servicio en función de la descripción de los recursos solicitados por el pod. En el atributo `resources`, hay dos terminales:

- `requests` define los límites inferiores como porcentaje de CPU y memoria, es decir, los recursos mínimos disponibles en el nodo en el que se instancia el pod.
- `limits` define los límites superiores como porcentaje de CPU y memoria, es decir, los recursos máximos que el pod puede consumir en el nodo. No excederá la cantidad de CPU solicitada; se matará (OOMkiller) si quiere exceder el límite de consumo de memoria.

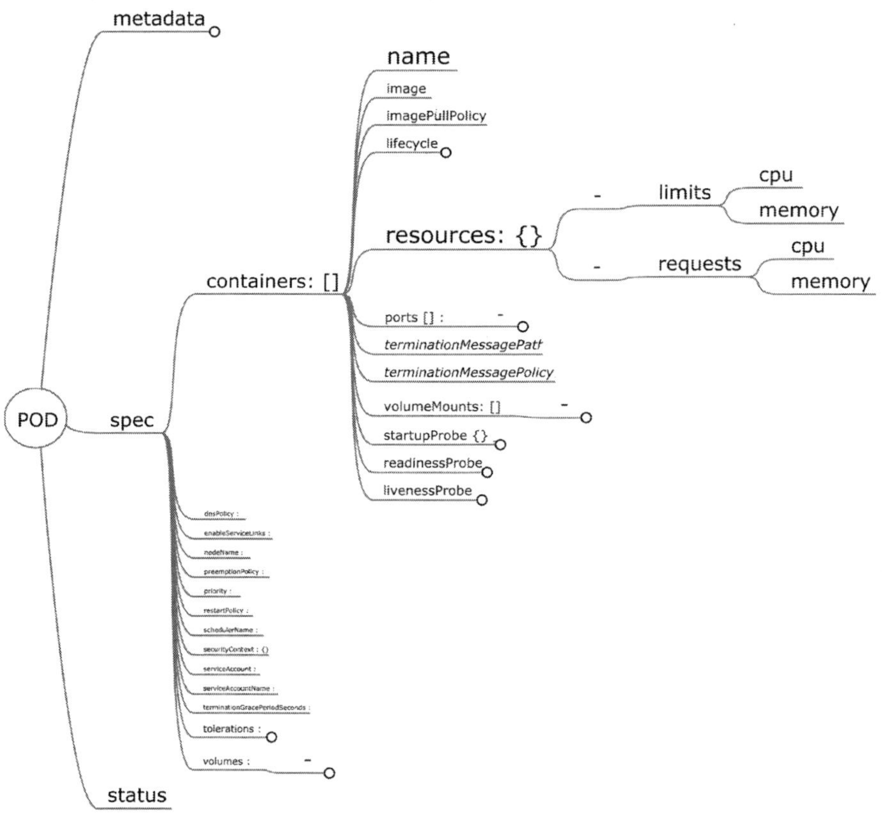

Figura 4: Especificaciones de los recursos de un pod

`BestEffort` es la clase utilizada si no se han definido estos límites. Esto significa que el pod se beneficia de los recursos disponibles en el nodo, pero no hay ninguna garantía. Si es necesario, es el primer pod en ser reasignado (`evicted`).

`Burstable` es la clase utilizada si hay una diferencia entre los valores definidos en `requests` y `limits` o si sólo se ha definido `request`. El contenedor se puede reiniciar si consume demasiados recursos.

`Garanteed` es la clase utilizada si los valores definidos en `request` y `limits` son idénticos. El contenedor se puede reiniciar si consume demasiados recursos.

Observación

`LimitRange` y `ResourceQuota` son objetos utilizados para definir los recursos del clúster a nivel de namespace.

Pero estos mecanismos son a nivel de pods. Existen otros mecanismos para definir y garantizar la presencia de pods en el clúster: el replicaset.

2.2 ReplicaSet

El ReplicatSet es un objeto de Kubernetes que mantiene la presencia de un determinado número de pods, en función de las reglas definidas en él.

Las etiquetas definidas en `matchLabels` deben ser idénticas a las de `spec.template.metadata.labels`. Aquí indicamos que queremos dos pods eni-todo.

```
apiVersion: apps/v1
kind: ReplicaSet
metadata:
  labels:
    app: eni-todo
  name: eni-todo
spec:
  replicas: 2
  selector:
    matchLabels:
      app: eni-todo
```

```
  template:
    metadata:
      creationTimestamp: null
      labels:
        app: eni-todo
    spec:
      containers:
      - image: registry.diehard.net:5000/...
       ...
```

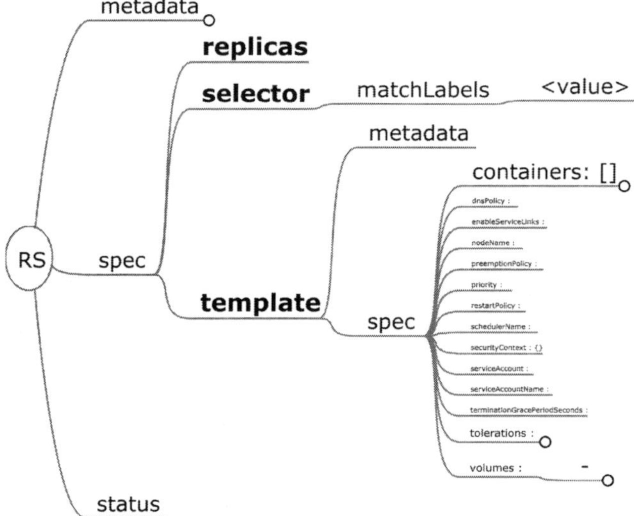

Figura 5: Especificaciones de ReplicaSet

Observación

Los pods creados a partir de ReplicaSets tienen la forma `<nombre-rs>-<valormasde6caracteres>`.

```
$ kubectl apply -f eni-todo-h2.010.rs.yaml
replicaset.apps/eni-todo  created
```

El estado del replicaset indica el estado actual de la réplica:

```
$ kubectl get rs,po
NAME                        DESIRED   CURRENT   READY   AGE
replicaset.apps/eni-todo    2         2         0       2m10s

NAME                    READY   STATUS    RESTARTS   AGE
pod/eni-todo-vm77w      0/1     Running   0          2m10s
pod/eni-todo-xrjrt      0/1     Running   0          2m10s
```

Si elimina un pod (`kubectl delete`) o detiene un nodo, se inicia un pod idéntico en otro nodo. Este mecanismo es bastante rudimentario y no tiene en cuenta la noción de actualizaciones continuas (*seamless*). Este es el papel del recurso `Deployment`.

2.3 Despliegue

Acabamos de ver que un objeto Kubernetes mantiene el número deseado de pods. Pero otra de las dificultades que vimos antes es la interrupción del servicio que se produce durante las actualizaciones: un cambio en el replicaset destruye de repente todos los pods para volver a crearlos. `Deployment` resuelve este problema. Principalmente, define una estrategia (`strategy`) de despliegue para establecer el tiempo máximo de despliegue y el número de pods que deben ser dados de baja para el rollover en caso de redespliegue.

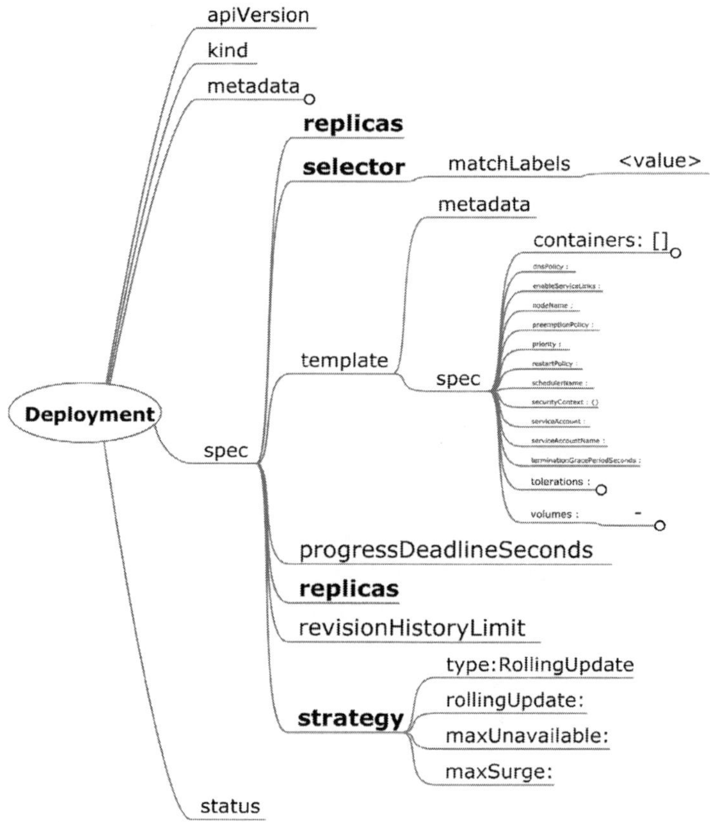

Figura 6: Especificaciones de un objeto Deployment

La estrategia de rollover (`RollingUpdate`) consiste en poner en marcha gradualmente nuevos pods y detener los de la versión anterior, a un ritmo definido por el número máximo de pods de la versión original que se pueden eliminar (`maxUnavailable`) y el número de pods nuevos que se pueden añadir en un momento dado (`maxSurge`).

También existe otra estrategia de despliegue: `Recreate`. Esta estrategia detiene todos los pods de la versión actual e inicia los de la nueva versión. Se utiliza principalmente cuando ciertos recursos no pueden ser compartidos por varios pods al mismo tiempo.

Observación

Los objetos creados por separado por otros objetos kubernetes tienen una referencia a los objetos de los que proceden en metadata.ownerReferences.

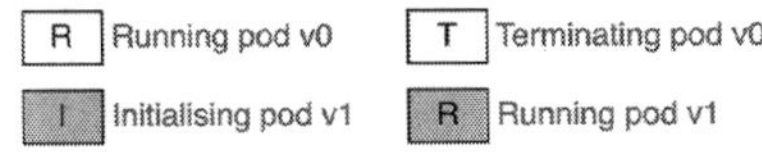

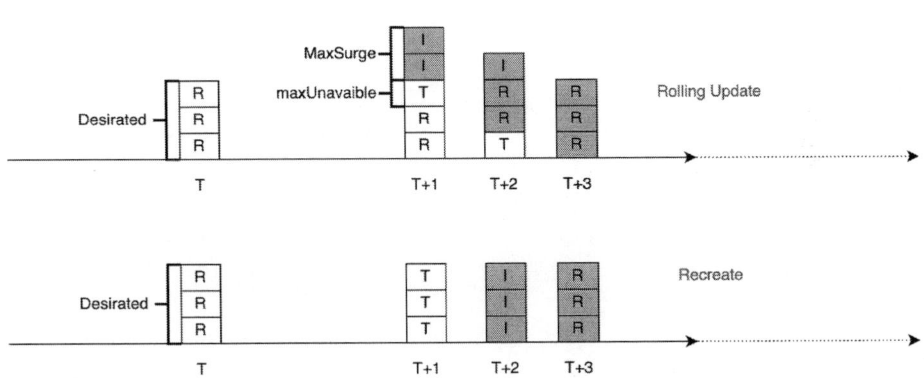

Figura 7: Funcionamiento de las estrategias RollingUpdate y Recreate

3. Servicios y Endpoints

Hemos repasado rápidamente la necesidad de tener varios pods para mantener el servicio, pero es precisamente esta redundancia la que permite mantener esta alta disponibilidad.

Así que necesitamos un mecanismo para distribuir el flujo de peticiones a los pods. Esta es la función de los objetos **Service**. Esta abstracción se utiliza para proporcionar al clúster la información que necesita para configurar la red para la comunicación dentro del clúster y con el mundo exterior.

Como se ha mencionado en los capítulos anteriores, las etiquetas se utilizan para seleccionar objetos en Kubernetes. El mecanismo de etiquetas es omnipresente en un clúster. Las etiquetas también se utilizan para asociar (*mapping*) pods a un servicio mediante un selector.

3.1 Servicio de tipo ClusterIP

Por tanto, un servicio es una abstracción de Kubernetes para permitir la resolución de red y la exposición de pods. El DNS de un servicio es de la forma:

`<service>.<namespace>.svc.cluster.local`

También se puede utilizar un `Service` para exponer la aplicación en un puerto diferente al expuesto por el pod, si es necesario.

```
apiVersion: v1
kind: Service
metadata:
  labels:
    app: eni-todo
  name: eni-todo
spec:
  ports:
  - port: 80
    name: http8080
    protocol: TCP
    targetPort: 8080
  selector:
    app: eni-todo
  sessionAffinity: ClientIP
  type: ClusterIP
```

A continuación, puede buscar los pods identificados por las etiquetas.

```
$ kubectl get po -l app=eni-todo
NAME                        READY   STATUS    RESTARTS   AGE
eni-todo-95755d699-gldr6    1/1     Running   0          55m
eni-todo-95755d699-jrzrg    1/1     Running   0          55m
```

Puede introducir un pod para probar la resolución DNS:

```
$ kubectl exec -it eni-todo-95755d699-jrzrg -- bash
```

Como el pod no tiene la utilidad curl, la instalamos:

```
# apt-get update && apt-get install curl -y
```

Observación

El contenedor Tomcat se ejecuta con UID 0 (root) para este ejercicio, pero es mejor evitar que el contenedor se ejecute como root. Una persona malintencionada que consiguiera conectarse a este pod, podría instalar fácilmente lo que quisiera. El capítulo "Ir más allá" tratará sobre la seguridad del clúster y del contenedor.

```
$ curl -Il http://eni-todo:80/eni-todo/
HTTP/1.1 200
Set-Cookie: JSESSIONID=1A85BE0B42C77071D2D823B61E8A055A;
Path=/eni-todo; HttpOnly
Content-Type: text/html;charset=UTF-8
Content-Language: en
Content-Length: 3345
Date: Thu, 04 Mar 2024 20:27:37 GMT

$ curl -sl http://eni-todo.example.svc.cluster.local:80/eni-todo/
| grep hostname
    <p>This app hostname is: <b><span>eni-todo-95755d699-gldr6
</span></b></p>
```

Puede ver que los nombres DNS se resuelven en forma corta - eni-todo - dentro del mismo espacio de nombres, y en forma larga - eni-todo.ejemplo.svc.cluster.local - si quiere llamar al servicio desde otro espacio de nombres.

3.2 Servicio NodePort

Para exponer el servicio al mundo exterior, es posible crear un servicio **NodePort**. Si no se especifica un valor para el atributo `NodePort`, Kubernetes asigna un puerto dentro de un rango definido cuando se instaló el clúster (30000-32767 por defecto).

```
apiVersion: v1
kind: Service
metadata:
  labels:
    app: eni-todo
  name: eni-todo
```

```
spec:
  ports:
  - port: 80
    name: http8080
    protocol: TCP
    targetPort: 8080
  selector:
    app: eni-todo
  sessionAffinity: ClientIP
  type: ClusterIP
```

Puede averiguar el NodePort con un simple `get`.

```
$ kubectl get svc
NAME      TYPE     CLUSTER-IP       EXTERNAL-IP PORT(S)       AGE
eni-todo  NodePort 10.104.132.134   <none>      80:32082/TCP  50m
```

Ahora puede acceder a cualquier nodo en el puerto 32082 y acceder a su servicio y, por lo tanto, a sus pods y a su software, incluso si ese nodo no tiene un pod de su aplicación.

Observación

El load balancer está actualmente dedicado a las versiones en nube de Kubernetes. Si se crea un servicio `LoadBalancer` en una nube Kubernetes (GKE, AKS, EKS, etc.), se crea un objeto `LoadBalancer` en la nube que lo aloja, por ejemplo, un ELB o NLB en Amazon Web Services, y este realiza el enrutamiento para exponer el servicio. Para añadir determinadas funciones (restricción de acceso, pruebas A/B, etc.), se ha creado el recurso de tipo `Ingress`. Esto también ayuda a reducir costes al integrar la carga de sus repartidores de carga en su clúster.

3.3 Endpoints

Los **endpoints** son las implementaciones de red de los servicios. Cuando se crea y durante su vida útil, el servicio crea endpoints hacia los pods. En la práctica, se trata más bien de una operación del planificador o scheduler, que registra el pod en los endpoints correspondientes si tiene las etiquetas (labels) correspondientes al selector (`selector`) del servicio. La anotación endpoints.kubernetes.io/last-change-trigger-time se puede ver en el endpoint eni-todo.

El endpoint enumera todos los pods asociados al servicio que tienen la etiqueta especificada como selector y se actualiza dinámicamente a medida que se añaden o eliminan pods, lo que garantiza que el servicio esté siempre actualizado.

```
$ kubectl describe ep eni-todo
Name:         eni-todo
Namespace:    example
Labels:       app=eni-todo
Annotations:  endpoints.kubernetes.io/last-change-trigger-time:
2021-03-04T20:52:09Z
Subsets:
  Addresses:          172.17.0.3,172.17.0.5
  NotReadyAddresses:  <none>
  Ports:
    Name      Port  Protocol
    ----      ----  --------
    http8080  8080  TCP

Events:  <none>
```

Aunque se crea mediante los mecanismos de Kubernetes, es posible modificar el endpoint para añadir una dirección IP si los pods no están disponibles.

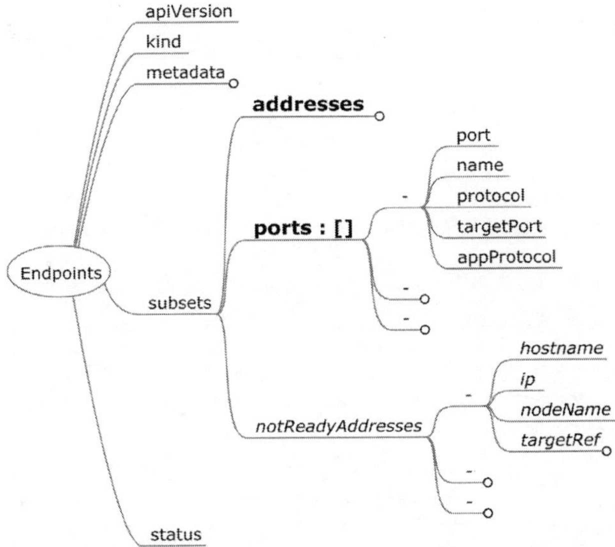

Figura 8: Especificaciones de un endpoint

También es posible crear un servicio sin selector (y por tanto sin pods detrás) y crear un endpoint a una IP fuera del clúster.

Al principio del capítulo, creamos un pod tomcat-eni-todo:v24.04-tomcat-h2-env:dev para liberarnos de la base de datos, pero también podríamos haber definido una variable de entorno `DB_DTB_JDBC_URL` en nuestro pod, para llegar a nuestra base de datos externa.

```
apiVersion: v1
kind: Pod
metadata:
  labels:
    run: eni-todo
  name: eni-todo-mariadb
spec:
  containers:
  - image: registry.diehard.net:5000/tomcat-eni-todo:v24.04-
tomcat-mariadb-env
    imagePullPolicy: IfNotPresent
    name: eni-todo-h2
    env:
    - name: SPRING_PROFILES_ACTIVE
      value: "tomcat-mariadb-env"
    - name: DB_DTB_USERNAME
      value: "springuser"
    - name: DB_DTB_PASSWORD
      value: "mypassword-quoor-uHoe7z"
    - name: DB_DTB_JDBC_URL
      value: "jdbc: mariadb://192.168.56.30:3306/db_todo"
    - name: MULTIPART_LOCATION
      value: "/usr/local/tomcat/files"
    ports:
      - name: http8080
        containerPort: 8080
        protocol: TCP
    resources: {}
    terminationMessagePath: /dev/termination-log
    terminationMessagePolicy: File
```

Con el endpoint, podemos definir un servicio y apuntar ese servicio no a un pod, sino a nuestra base de datos externa.

```
apiVersion: v1
kind: Service
metadata:
  labels:
    app: ext-mariadb
  name: mariadb
spec:
  ports:
  - port: 3306
    name: mariadb
    protocol: TCP
    targetPort: 3306
  type: ClusterIP

---
apiVersion: v1
kind: Endpoints
metadata:
  name: mariadb
  namespace: example
subsets:
- addresses:
  - ip: 192.168.56.30
  ports:
  - name: mariadb
    port: 3306
    protocol: TCP
---
kind: Deployment
metadata:
  labels:
    run: eni-todo
  name: eni-todo-mariadb
spec:
...
  template:
...
    spec:
      containers:
      - image: registry.diehard.net:5000/...
...
```

```
          env:
...
          - name: DB_DTB_JDBC_URL
            value: "jdbc:mariadb://mariadb:3306/db_todo"
...
```

4. Secret y ConfigMap

Hemos visto que escribimos variables de entorno directamente en la definición del pod (pod template). Siempre es mejor externalizar los archivos de configuración, que para eso están **ConfigMap** y **Secret**.

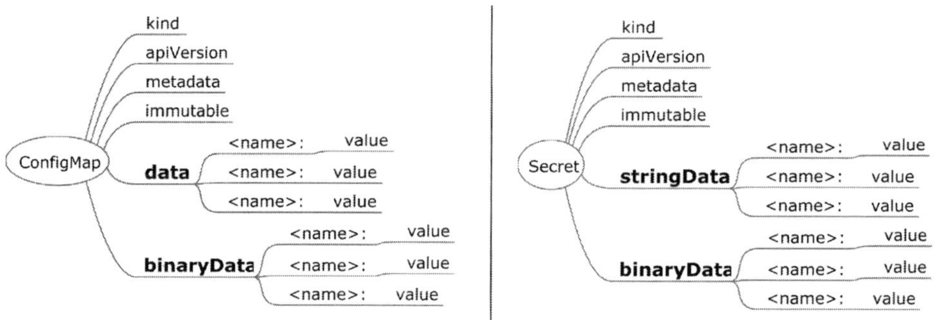

Figura 9: ConfigMaps y Secret

Es posible almacenar pares variable/valor en objetos ConfigMap y Secret. Pero mientras que un ConfigMap almacena información directamente en formato de texto plano, un Secret requiere un valor codificado en formato base64, por ejemplo:

```
mysql_root_password: cjAwdC1hZWtpZThhaHdhaV8=
```

El almacenamiento en la base de datos etcd también es diferente, ya que los secretos se cifran en la base de datos si la opción está activada en kube-apiserver (`--encryption-provider-config`).

Observación

La codificación en base64 no es un cifrado seguro. Es un cambio del marco de referencia de codificación de la información. La información binaria, que antes era de 8 bits, ahora es de 7. Esta codificación está diseñada para evitar problemas con caracteres especiales que podrían malinterpretarse durante las transferencias de red.

También es posible almacenar archivos en ambos tipos de objetos.

En un ConfigMap:

```
apiVersion: v1
kind: ConfigMap
metadata:
  name: mariadb-init
data:
  init.sh: |
    #!/bin/sh

    if [[ true ]]; then
      echo "[mysqld]" >> /etc/mysql/conf.d/docker.cnf;
      echo "skip-host-cache" >> /etc/mysql/conf.d/docker.cnf;
      echo "skip-name-resolve" >> /etc/mysql/conf.d/docker.cnf;
      echo "" >> /etc/mysql/conf.d/docker.cnf;
      echo "docker.cnf OK";
    fi
```

Observación

Tenga en cuenta que en YAML es posible definir el valor de un atributo utilizando los caracteres :, | o >. | y > que permiten introducir el atributo en varias líneas del archivo YAML. El carácter | restaura los saltos de línea, el carácter > los borra.

En un Secret (en base64):

```
apiVersion: v1
kind: Secret
metadata:
  name: my-ca
type: Opaque
data:
  secret-file: LS0tLS1CRUdJTiBDRVJU.......TJkVnZVUzRR
```

4.1 Montaje de los ConfigMaps y secretos

Es posible montar el contenido en el ConfigMap de `mariadb-init` en un pod, primero declarándolo como uno de los volúmenes del pod o de la plantilla del pod y después, declarando su punto de montaje en el pod de la siguiente manera:

```
...  template:
    spec:
      volumes:
      - name: config
        configMap:
          name: "mariadb-init"
      containers:
        - name:  init-0
...
          volumeMounts:
          - name: config
            mountPath: /config
```

El archivo init.sh se puede acceder desde la carpeta /config del pod.

De la misma manera, el secreto se puede montar en el pod de la siguiente manera:

```
...  template:
    spec:
      volumes:
      - name: my-ca
        secret:
          secretName: secret-file
      containers:
        - name:  init-0
...
          volumeMounts:
          - name: my-ca
            mountPath: /etc/ssl/certs/
```

4.2 Uso de ConfigMap y Secret en las variables de entorno

Puede utilizar Secrets y ConfigMaps directamente para rellenar variables de entorno definiendo el nombre (`name`) y la clave (`key`) de la siguiente manera:

```
...  template:
    spec:
...    containers:
       env:
       - name: MYSQL_USER
         valueFrom:
           configMapKeyRef:
             name: mariadb-config
             key: mysql-user
```

Para los secretos, es casi idéntico:

```
...  template:
    spec:
...    containers:
       env:
       - name: MYSQL-PASSWORD
         valueFrom:
           secretKeyRef:
             name: mariadb-secret
             key: mysql-password
```

Observación

Las variables de entorno se pueden rellenar con información de Kubernetes, como el namespace con `valueFrom: fieldRef`.

Puntualización sobre los secretos

Hay tres tipos de secretos:

- `opaque` o `generic` es la versión "estándar" de un secreto, la más parecida a un ConfigMap. No tiene restricciones particulares.

```
kubectl create secret generic my-secret -from-file=ssh-
privatekey=id_rsa --from-literal=passphrase=SeDr$5T
```

- `tls` está pensado para el cifrado TLS y espera una clave y un certificado. Tendremos que utilizarlo.

```
kubectl create secret tls mi-tls --cert=tls-eni-todo.cert
--key=tls-eni-todo.key
```

- `docker-registry` está pensado para ser utilizado como fuente de referencia para acceder a un registro Docker. Por lo tanto, espera la dirección de un servidor, un nombre de usuario, una contraseña y, posiblemente, una dirección de correo electrónico.

```
kubectl create secret docker-registry acces-registry -docker-
server=registry.diehard.net --docker-username=user01
--docker-password=SeDr$5T
```

5. StatefulSet

Habiendo visto cómo acceder a una base de datos externa, ahora veremos cómo poner una base de datos en nuestro clúster.

Un pod se puede instanciar en cualquier nodo en función de los recursos disponibles. Si bien esto funciona muy bien para los servicios sin conservación de estado (*stateless*), no es el caso de las bases de datos, cuya función misma es conservar los datos.

Al inicio de Kubernetes, un truco era forzar la ejecución de un pod en un nodo específico, a través de una selección utilizando el atributo `nodeName`, o utilizar los mecanismos `nodeAffinity` o `nodeSelector` para asegurarse de que un pod se instanciaba en un nodo con directorios dedicados a almacenar los datos del pod, que el pod podía montar directamente utilizando `hostpath`.

```
apiVersion: v1
kind: Pod
metadata:
  labels:
    app: mariadb
  name: mariadb
spec:
  volumes:
  - name: test-volume
    hostPath:
      path: /data/mariadb
      type: DirectoryOrCreate
  containers:
  - image: mariadb:10.5.8
    name: mariadb
    nodeName: k8s-worker01
    env:
    - name: MYSQL_USER
      value: "springuser"
    - name: MYSQL_PASSWORD
      value: "mypassword-quoor-uHoe7z"
    - name: MYSQL_DATABASE
      value: "db_todo"
    - name: MYSQL_ROOT_PASSWORD
      value: "r00t-aeKie8ahWai_"
    volumeMounts:
    - mountPath: /var/lib/mysql
      name: test-volume
    ports:
      - name: mariadb
        containerPort: 3306
        protocol: TCP
```

No es un truco muy bueno, de hecho, es un hack infame. Pero durante mucho tiempo se utilizó para satisfacer las demandas de los gerentes que, sin entender nada, pedían migrar todos los servicios a Kubernetes para poder lucirse durante las presentaciones de PowerPoint. Eso siempre era una ventaja. Pobres de aquellos (al principio) que se lo hicieron creer o que se lo creyeron.

Afortunadamente, los equipos de desarrollo de Kubernetes han escuchado las quejas de los desarrolladores y de Ops que han estado tratando de ejecutar aplicaciones *stateful* en un clúster diseñado como stateless y aquí está el **StatefulSet**.

Un **StatefulSet** permite crear pods de forma ordenada detrás de un servicio. En otras palabras, a diferencia del despliegue, que crea réplicas y pods con nombres generados aleatoriamente que no son predictivos, el StatefulSet ordena los pods asignándoles un número que adjunta a su nombre: obtenemos así:

- `<podname>-0`,
- `<podname>-1`
- etc.

con direcciones DNS:

- `<podname>-0.<servicename>`
- `<podname>-1.<servicename>`
- etc.

Por último, arrancan y paran en el orden correcto.

Por lo tanto, es posible crear pods que implementen mecanismos clásicos de alta disponibilidad utilizando unos pocos scripts de inicialización.

He aquí un ejemplo con una base de datos MariaDB y una réplica:

```
apiVersion: v1
kind: Service
metadata:
  name: mariadb
  labels:
    app: mariadb
spec:
  ports:
  - port: 3306
    name: mariadb
  selector:
    app: mariadb
---
apiVersion: v1
kind: ConfigMap
metadata:
  name: mariadb-init
data:
  init.sh: |
    #!/bin/sh
```

```
    if [[ true ]]; then
      echo "[mysqld]" >> /etc/mysql/conf.d/docker.cnf;
      echo "skip-host-cache" >> /etc/mysql/conf.d/docker.cnf;
      echo "skip-name-resolve" >> /etc/mysql/conf.d/docker.cnf;
      echo "" >> /etc/mysql/conf.d/docker.cnf;
      echo "docker.cnf OK";
    fi

    if [[ "${HOSTNAME}" == 'mariadb-0' ]] ; then
      echo "[mariadb]" >> /etc/mysql/conf.d/master.cnf;
      echo "log-bin" >> /etc/mysql/conf.d/master.cnf;
      echo "server_id=12340" >> /etc/mysql/conf.d/master.cnf;
      echo "log-basename=master1" >> /etc/mysql/conf.d/master.cnf;
      echo "binlog-format=mixed" >> /etc/mysql/conf.d/master.cnf;
      echo "" >> /etc/mysql/conf.d/master.cnf;
      echo "master.cnf OK";
    fi

    if [[ "${HOSTNAME}" != 'mariadb-0' ]] ; then
      echo "[mysqld]" >> /etc/mysql/conf.d/replicat.cnf;
      echo "log-bin" >> /etc/mysql/conf.d/replicat.cnf;
      echo "server_id=1234${HOSTNAME:(-1)}" >>
/etc/mysql/conf.d/replicat.cnf;
      echo "" >> /etc/mysql/conf.d/replicat.cnf;
      echo "replicat.cnf OK";
    fi
  initRepl.sh: |
    #!/bin/bash

    if [[ "${HOSTNAME}" == 'mariadb-0' ]] ; then
      mysql --skip-column-names -user=root --password=
$MYSQL_ROOT_PASSWORD --database=mysql --execute="CREATE
USER '${MYSQL_REPLICA_USER}'@'%' IDENTIFIED BY
'${MYSQL_REPLICA_PASSWORD}'";
      mysql --skip-column-names --user=root --password=
$MYSQL_ROOT_PASSWORD --database=mysql --execute="GRANT
REPLICATION SLAVE ON *.* TO '${MYSQL_REPLICA_USER}'@'%'";
      mysql --skip-column-names --user=root --
password=$MYSQL_ROOT_PASSWORD --database=mysql --execute="SHOW
MASTER STATUS";
    fi

---
apiVersion: apps/v1
kind: StatefulSet
metadata:
```

```
  labels:
    app: mariadb
  name: mariadb
spec:
  selector:
    matchLabels:
      app: mariadb
  serviceName: "mariadb"
  replicas: 2
  template:
    metadata:
      labels:
        app: mariadb
    spec:
      volumes:
      - name: data-volume
        emptyDir: {}
      - name: config-volume
        emptyDir: {}
      - name: config
        configMap:
          name: "mariadb-init"
      initContainers:
        - name:  init-0
          image: busybox:stable
          command:
          - sh
          - /config/init.sh
          volumeMounts:
          - name: config
            mountPath: /config
          - mountPath: /etc/mysql/conf.d/
            name: config-volume
      terminationGracePeriodSeconds: 5
      containers:
      - image: mariadb:10.5.8
        name: mariadb
        resources:
          requests:
            cpu : "50m"
            memory: "512Mi"
          limits:
            cpu : "2000m"
            memory: "1024Mi"
        env:
        - name: MYSQL_USER
```

```
            value: "springuser"
          - name: MYSQL_PASSWORD
            value: "mypassword-quoor-uHoe7z"
          - name: MYSQL_DATABASE
            value: "db_todo"
          - name: MYSQL_ROOT_PASSWORD
            value: "r00t-aeKie8ahWai_"
          - name: MYSQL_REPLICA_USER
            value: "replication_user"
          - name: MYSQL_REPLICA_PASSWORD
            value: "muc0YiteJahp"
          volumeMounts:
          - mountPath: /var/lib/mysql
            name: data-volume
          - mountPath: /etc/mysql/conf.d/
            name: config-volume
          livenessProbe:
            tcpSocket:
              port: 3306
            initialDelaySeconds: 15
            periodSeconds: 20
          ports:
            - name: mariadb
              containerPort: 3306
              protocol: TCP...
```

Este YAML bastante largo crea:

- un servicio mariadb,
- un ConfigMap con nuestro script,
- un StatefulSet cuyos `initContainers` cambiarán la configuración en función del nombre del host (master para mariadb-0 y replica/slave para los demás).

Observación

Por el momento, todas las bases de datos escriben en volúmenes `emptyDir`, que no necesariamente persisten cuando se redistribuyen los pods y son locales a los nodos.

A continuación, puede configurar el mecanismo de replicación de la forma habitual.

En el maestro, autorice la replicación. entre en el pod mariadb-0 con el siguiente comando:

```
$ kubectl exec -it mariadb-0 -- bash
```

Y ejecute:

```
$ mysql -names \
   --user=root \
   --password=$MYSQL_ROOT_PASSWORD \
   --database=mysql \
   --execute="CREATE USER '${MYSQL_REPLICA_USER}'@'%' IDENTIFIED
BY '${MYSQL_REPLICA_PASSWORD}'";

$ mysql \
   --user=root \
   --password=$MYSQL_ROOT_PASSWORD \
   --database=mysql \
   --execute="GRANT REPLICATION SLAVE ON *.* TO
'${MYSQL_REPLICA_USER}'@'%'";

$ mysql \
   --skip-column-names \
   --user=root \
   --password=$MYSQL_ROOT_PASSWORD \
   --database=mysql \
   --execute="SHOW MASTER STATUS";
+--------------------+-----+--+--+
| master1-bin.000003 | 699 |  |  |
+--------------------+-----+--+--+
```

Estos dos valores, `${MYSQL_REPLICA_USER}` y `${MYSQL_REPLICA_PASSWORD}` se utilizan en la réplica.

▶ Introduzca el pod mariadb-1:

```
$ kubectl exec -it mariadb-1 -- bash
```

▶ Con los valores obtenidos anteriormente, ejecute la configuración de mariadb-1 como réplica.

```
$ RMASTER_HOST="mariadb-0.mariadb"
$ RMASTER_LOG_FILE="master1-bin.000003";
$ RMASTER_LOG_POS="669"
$ mysql --user=root --password=$MYSQL_ROOT_PASSWORD \
      --database=$MYSQL_DATABASE --execute="STOP SLAVE";
```

```
$ mysql --user=root --password=$MYSQL_ROOT_PASSWORD \
      --database=$MYSQL_DATABASE --execute="RESET MASTER";
$ mysql --user=root --password=$MYSQL_ROOT_PASSWORD \
      --database=$MYSQL_DATABASE \
--execute="CHANGE MASTER TO MASTER_HOST='${RMASTER_HOST}',
MASTER_USER='${MYSQL_REPLICA_USER}',
MASTER_PASSWORD='${MYSQL_REPLICA_PASSWORD}', MASTER_PORT=3306,
MASTER_LOG_FILE='${MASTER_LOG_FILE}', MASTER_LOG_POS=699,
MASTER_CONNECT_RETRY=10;"
$ mysql --skip-column-names --user=root --
password=$MYSQL_ROOT_PASSWORD --database=$MYSQL_DATABASE --
execute="START SLAVE";
$ mysql --skip-column-names --user=root --
password=$MYSQL_ROOT_PASSWORD --database=$MYSQL_DATABASE --
execute="SHOW SLAVE STATUS";
```

El resultado es:

```
+----------------------------------+-------------------+--------
---------+------+----+--------------------+-----+---------------
---------+-----+--------------------+-----+-----+--+--+--+--+--+-
-+---+--+---+-----+-----+------+--+---+----+--+--+--+--+--+---+--
--+---+--+---+--+--+-------+--+--+----+--+--+--+------------+---
+--+-------------------------------------------------------+---
+---+---+
| Waiting for master to send event | mariadb-0.mariadb |
replication_user | 3306 | 10 | master1-bin.000003 | 699 | mysqld-
relay-bin.000002 | 557 | master1-bin.000003 | Yes | Yes |  |  |
|  |  |  | 0 |  | 0 | 699 | 867 | None |  | 0 | No |  |  |  |  |
| 0 | No | 0 |  | 0 |  |  | 12340 |  |  | No |  |  |  |
optimistic | 0 | NULL | Slave has read all relay log; waiting for
more updates | 0 | 0 | 0 |
+----------------------------------+-------------------+--------
---------+------+----+--------------------+-----+---------------
---------+-----+--------------------+-----+-----+--+--+--+--+--+-
-+---+--+---+-----+-----+------+--+---+----+--+--+--+--+--+---+--
--+---+--+---+--+--+-------+--+--+----+--+--+--+------------+---
+--+-------------------------------------------------------+---
+---+---+
```

- Para utilizar el master mariadb-0, lance un despliegue de la aplicación enitodo con el valor:

```
        - name: DB_DTB_JDBC_URL
          value: "jdbc:mysql://mariadb-0.mariadb:3306/db_todo"
```

Si creamos entradas en la aplicación eni-todo, entonces podremos ver en las trazas de la réplica mariadb-1, el log avanzando.

El StatefulSet también tiene un atributo `volumeClaimTemplates` que se puede utilizar para crear objetos `PersistentVolumeClaim` para asignar un volumen de almacenamiento a un pod. Veremos esto con más detalle más adelante en este capítulo. Ahora veremos los recursos utilizados para implementar mecanismos de persistencia.

6. PersistentVolume

Como hemos mencionado varias veces, Kubernetes es un orquestador que selecciona el nodo en el que instanciar el pod de su pool de nodos, según los criterios que le hayamos dado. Esto significa que, para proporcionar persistencia de datos, éstos deben poder ser utilizados por el pod en cualquier nodo. Los contenedores que componen los pods tendrán que montar los volúmenes presentes en su nodo. El propio nodo probablemente tendrá que montar un sistema de s adicional (NFS, Gluster FS, etc.). Los objetos PersistentVolume y PersistentVolumeClaim proporcionan a los clústeres (nodo, kubelet, etc.) la información que necesitan para montar estos diferentes sistemas de s.

Observación

Este mecanismo está intrínsecamente ligado a las tecnologías y herramientas subyacentes fuera del clúster. Dicho esto, existen soluciones de almacenamiento que utilizan un clúster Kubernetes, como Rook, GlusterFS u OpenEBS, que dedican espacios de almacenamiento en los nodos del clúster al servicio de almacenamiento, para garantizar la persistencia de los volúmenes de datos que ofrecen y asegurar su coherencia.

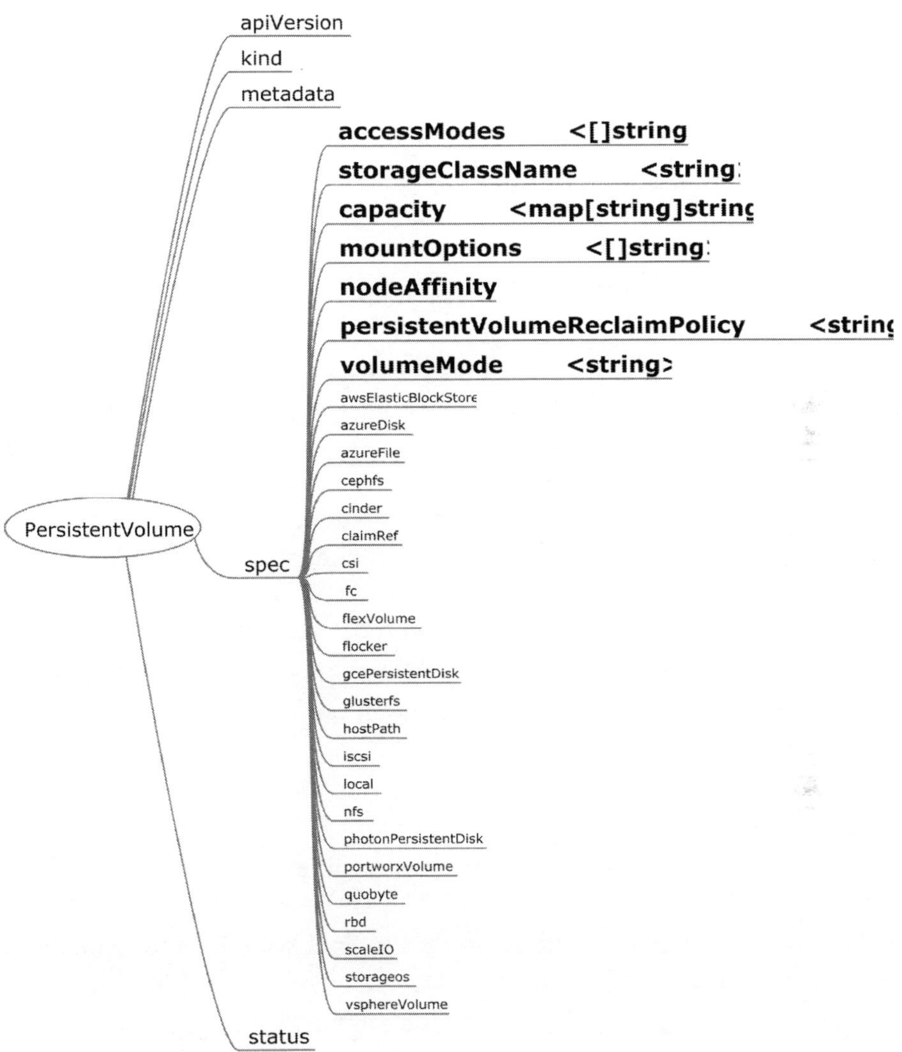

Figura 10: Especificaciones de un volumen persistente

Un volumen persistente (*Persistent Volume* o **PV**) tiene varios atributos:

- `accessModes`: define el tipo de acceso del pod al volumen, con tres modos posibles. Sus modos son:
  - `ReadWriteOnce` (RWO): el volumen sólo puede ser leído-escrito por un único nodo (es decir, un único pod).
  - `ReadOnlyMany` (ROX): el volumen puede ser montado como sólo lectura por varios nodos.
  - `ReadWriteMany` (RWX): el volumen puede ser leído-escrito por varios nodos.
- `capacity`: contiene el tipo de recurso (*storage*) y su valor y unidad (ejemplo: 10Gi, 5M, 1024m, etc.).
- `persistentVolumeReclaimPolicy`: define el ciclo de vida del PV, principalmente lo que ocurre con él una vez que se libera del enlace (PVC) que lo conecta a un espacio de nombres. Existen tres posibilidades:
  - `Delete`: se eliminan el PV y el recurso subyacente (EBS, Azure Disk, etc.).
  - `Retain`: el VP y su recurso se conservan para su eliminación manual.
  - `Recycle`: el PV se elimina (`rm -rf`) y se devuelve al grupo de PV.
- `mountOptions`: son las opciones que pasan por el nodo al montar el sistema de s.
- `volumeMode`: designa el modo en que se debe montar el volumen (`Filesystem` o `Block`).
- `nodeAffinity`: son parámetros para restringir el uso del volumen a determinados nodos.
- `storageClassName`: es la referencia a la clase de almacenamiento (*StorageClass*) si el PV se ha creado dinámicamente a partir de ella.
- `claimRef`: es la referencia al PVC al que está vinculado el PV.

Para más detalles, en particular sobre las matrices de compatibilidad de las distintas tecnologías de almacenamiento, consulte la documentación oficial de Kubernetes:
https://kubernetes.io/docs/concepts/storage/persistent-volumes/#access-modes

7. PersistentVolumeClaim

Una solicitud de volumen persistente (*Persistent Volume Claim* o **PVC**) es un tipo de contrato que vincula un volumen persistente a un namespace. Cuando se crea, el clúster Kubernetes busca proporcionar un volumen persistente que se corresponda con las necesidades definidas en la PVC. Si por casualidad dispone de la clase de almacenamiento solicitada, la utiliza para crear un nuevo PVC conforme a la definición de la clase solicitada y a los requisitos definidos en el PVC inicial. En caso contrario, busca en su reserva de volúmenes persistentes el que mejor corresponda a la solicitud.

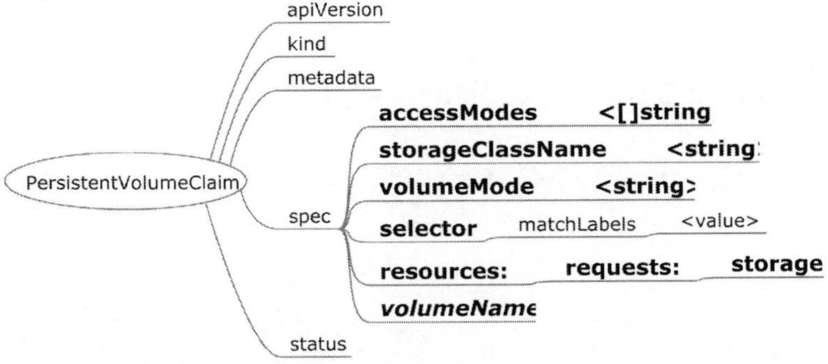

Figura 11: Especificaciones del PVC

Cuando el PV se asigna al PVC, el atributo `claimRef` del PV se rellena con las referencias del PVC (`name`).

8. StorageClass

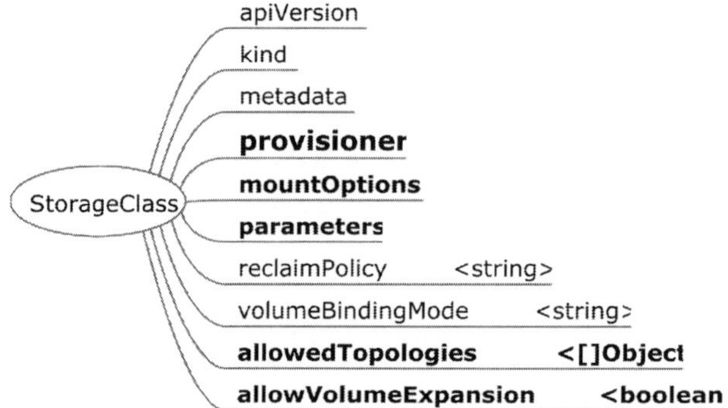

Figura 12: Especificaciones de la clase de almacenamiento

La clase de almacenamiento (**StorageClass**) es el recurso utilizado para abastecer dinámicamente de los PVC (y los PV detrás de ellos).

Tiene varios atributos:

- `provisioner`: el provisioner corresponde al CSI (*Container Storage Interface*), el controlador utilizado para comunicarse con el servidor de almacenamiento.
- `mountOptions`: son las opciones que pasan por el nodo al montar el sistema de s.
- `parameters`: son los parámetros requeridos por el controlador.
- `reclaimPolicy`: es la definición del ciclo de vida del PV asignado al PV creado con esta clase de almacenamiento (`Delete`, `Retain` o `Recycle`).
- `volumeBindingMode`: es la política utilizada para trazar la vinculación del volumen entre el PVC que llama a la clase de almacenamiento y el PV creado por ella.
  - `Inmediate`: la información que vincula el PV con el PVC se crea antes de que se utilice el PVC.
  - `WaitForFirstConsumer`: la información que vincula el PV con el PVC la proporciona un nodo cuando se ensambla el volumen.

– `allowedTopologies`: son las etiquetas autorizadas para los PV que se van a crear. Este atributo se utiliza principalmente (para los CSI que lo permiten) para garantizar que el volumen se crea en la misma zona o región que el nodo que lo va a montar.

En la nube, por ejemplo, la creación de un PVC con una clase de almacenamiento específica del proveedor crea automática y dinámicamente un volumen de almacenamiento (por ejemplo, un EBS en Amazon Web Services) y lo asocia al PVC. Puede definir sus propias clases, en cuyo caso se debe proporcionar un controlador para gestionarlas. No las utilizaremos aquí.

9. Rutas ingress

9.1 El controlador del flujo entrante

Como hemos visto antes, los servicios no se adaptan perfectamente a los servidores web y al concepto de alojamiento compartido de servicios web (*virtual hostname*). Los servicios web se prestan generalmente, por convención, en los puertos 80 y 443. Además, muchos sistemas de seguridad bloquean las llamadas a puertos no estándar.

Para los clústeres Kubernetes alojados por proveedores de servicios en la nube, es posible utilizar servicios de repartidor de carga, pero cada servicio abierto cuesta el precio de un repartidor de carga del proveedor.

El controlador de los flujos de entrada (*ingress controller*) es un controlador en el sentido de Kubernetes, es decir, escucha los eventos y reacciona a los cambios en determinados tipos de recursos, en nuestro caso, los recursos ingress.

El ingress controller instancia uno o varios pods de reverse proxies con permisos elevados (`hostPort`, `NET_BIND_SERVICE`) que pueden, si están configurados para ello, escuchar en los puertos 80 y 443 de los nodos en los que se ejecutan. Estos reverse proxies enrutarán las peticiones HTTP a los servicios apropiados definidos en los recursos de tipo ingress.

Hay muchas instanciaciones posibles de controladores ingress, dependiendo de la tecnología subyacente (Traefik, Nginx, Kong, HAProxy, etc.).

Es posible tener varios controladores ingress y distinguirlos mediante clases (`ingressClass`) que definen un controlador y parámetros para tener, por ejemplo, controladores por entorno (producción, desarrollo, etc.), por entidad, por proyecto, etc.

9.2 Objeto ingress

Por tanto, un **ingress** es la definición de las configuraciones del reverse proxy. Contiene reglas de enrutamiento (`spec.rules`) y, potencialmente, un servicio predeterminado (`spec.defaultBackend`), un secreto TLS (`spec.tls`) y un enrutador (`spec.ingressClassName`).

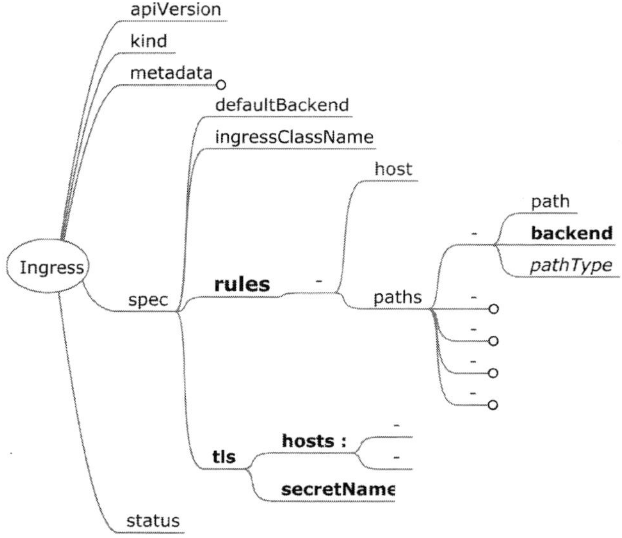

Figura 13: Especificaciones de un ingress

En las anotaciones se define un gran número de opciones de configuración específicas del motor controlador (*backend*). Por ejemplo, `nginx.ingress.kubernetes.io/app-root: /eni-todo` tiene el efecto de redirigir automáticamente `http://eni-todo.diehard.net` a `http://eni-todo.diehard.net/eni-todo`.

```
apiVersion: networking.k8s.io/v1
kind: Ingress
metadata:
  name: eni-todo
  annotations:
    nginx.ingress.kubernetes.io/app-root: /eni-todo
spec:
  rules:
  - host: eni-todo.diehard.net
    http:
      paths:
      - path: /
        pathType: Prefix
        backend:
          service:
            name: eni-todo
            port:
              number: 8080
```

Las anotaciones también se pueden utilizar para controlar aspectos relacionados con la seguridad o las sesiones, como en el caso de un controlador ingress Nginx:

- `nginx.ingress.kubernetes.io/limit-connections`: para limitar el número de conexiones y proteger contra ataques DDoS (*Distributed Denial-of-Service*).
- `nginx.ingress.kubernetes.io/whitelist-source-range`: para limitar el acceso a determinados rangos de direcciones IP (CDIR - *Classless Inter-Domain Routing*).
- `nginx.ingress.kubernetes.io/affinity: "cookie"`: para mantener las peticiones de los clientes en el mismo pod, este es el mecanismo de afinidad de sesiones.

10. Job y CronJob

Es posible lanzar tareas (**jobs**) en Kubernetes. Los jobs son únicos: solo se ejecutan una vez.

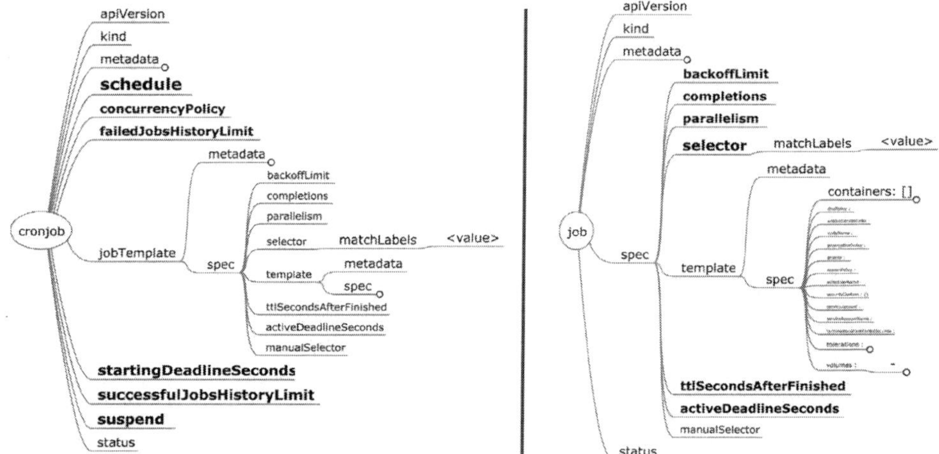

Figura 14: Especificaciones de un Job y CronJob

Los atributos del job son los siguientes:

- `backoffLimit` es el número de intentos fallidos (`exit !=0`) antes de que se considere que el trabajo ha fallado (`fail`).
- `completions` es el número de pods que deben tener éxito (`exit == 0`) para considerar que el job ha tenido éxito.
- `parallelism` es el número de pods que se pueden ejecutar al mismo tiempo.
- `ttlSecondsAfterFinished` es el tiempo que hay que esperar antes de dejar que los mecanismos de limpieza eliminen los pods finalizados. Si no se establece el atributo, el job no se eliminará automáticamente.
- `activeDeadlineSeconds` define el tiempo que se debe esperar antes de intentar eliminar el trabajo.

También es posible programar tareas recurrentes para determinadas fechas: **cronjobs**.

Los atributos más importantes de un cronjob son:

- `schedule` define en formato cron la periodicidad de ejecución de los jobs.
- `concurrencyPolicy` define la política a seguir si la periodicidad solicita el lanzamiento de un nuevo job mientras el job anterior no ha finalizado.
  - `Allow` permite las ejecuciones al mismo tiempo.
  - `Forbid` bloquea el nuevo job.
  - `Replace` cancela el job anterior e inicia el nuevo.
- `suspend` define si el cronjob está suspendido (`true`) o activo (`false`).

Para eni-todo, por ejemplo, puede usar un cronjob para hacer copias de seguridad de la base de datos:

```
---
apiVersion: batch/v1
kind: CronJob
metadata:
  name: mariadump
spec:
  schedule: "15 23 * * *"
  suspend: true
  jobTemplate:
    spec:
      template:
        spec:
          containers:
          - name: mariashowitems
            image: mariadb:10.5.8
            env:
            - name: MYSQL_USER
              valueFrom:
                configMapKeyRef:
                  name: mariadb-config
                  key: mysql-user
            - name: MYSQL_PASSWORD
              valueFrom:
                secretKeyRef:
                  name: mariadb-secret
                  key: mysql-password
            - name: MYSQL_DATABASE
              valueFrom:
                configMapKeyRef:
```

```
                name: mariadb-config
                key: mysql-database
          - name: MYSQL_ROOT_PASSWORD
            valueFrom:
              secretKeyRef:
                name: mariadb-secret
                key: mysql-root-password
          imagePullPolicy: IfNotPresent
          command:
          - /bin/sh
          - -c
          #- 'tail -f /dev/null'
          - 'mysqldump -h "mariadb" -P"3306" -u${MYSQL_USER}
-p"${MYSQL_PASSWORD}" --database db_todo'
        restartPolicy: OnFailure
```

Una vez definido el cronjob, puede ejecutarlo manualmente con el siguiente comando:

```
$ kubectl create job --from=cronjob.batch/<microbjob> <nombrejob>
```

Puede crear el cronjob:

```
$ kubectl apply -f eni-todo-mariadb.063.cronjob.yaml
configmap/mariadb-config unchanged
secret/mariadb-secret unchanged
cronjob.batch/mariadump created
```

A continuación, inicie manualmente el job asociado al cronjob:

```
$ kubectl create job --from=cronjob.batch/mariadump test
```

Por último, consulte los resultados utilizando las etiquetas:

```
$ kubectl logs -l job-name=test -f
```

Es un cronjob limitado. Podría ser mejorado para configurar una copia de seguridad real, en particular mediante la adición de un volumen persistente para almacenar los *dumps* MySQL, pero todavía tendría que hacer una copia de seguridad del PV, por supuesto.

Observación

Un truco para depurar los batchs es sustituir el comando por `tail -f /dev/null` para bloquear el pod e introducirlo con `kubectl exec -it`.

11. DaemonSet

El DaemonSet es un recurso que lanza una única instancia de pod en cada uno de los nodos del cluster correspondientes a su objetivo de `selector`.

Sus atributos clave son los siguientes:

- `minReadySeconds` es el retardo antes de que el conjunto de demonios cuyo pod está `ready`, se considere `ready`.
- `revisionHistoryLimit` designa el número de versiones de daemonset conservadas.
- `updateStrategy` define la estrategia de actualización, como para los `Deployment`.

Se trata de un componente muy importante en el clúster Kubernetes. Se utiliza para desplegar CNIs (*Container Network Interface*) o CSIs (*Container Storage Interface*), por ejemplo. Volveremos a verlo en capítulos posteriores.

Capítulo 7
Almacenamiento y alta disponibilidad

1. Disponibilidad del almacenamiento

1.1 Problemática

Hasta ahora, cuando se hablaba de almacenamiento, se trataba de volúmenes locales o montajes, con una nota sobre el posible uso de un recurso compartido de red NFS para compartir datos entre aplicaciones.

Desde el principio, un problema ha quedado sin resolver: sabemos cómo hacer que los servidores, las direcciones IP y los servicios sean resistentes a los fallos, pero para el almacenamiento, hemos confiado esencialmente en expedientes que sólo han retrasado la llegada de un problema futuro. ¿Compartir NFS? Claro, pero ¿quién comparte? ¿Un único servidor? En ese caso, el almacenamiento se pierde (al menos temporalmente) en caso de fallo. ¿Un NAS? Si es así y si los discos son RAID, ya es mejor, pero ¿qué pasa si se desconecta el NAS? ¿Estamos seguros de que la compartición que le ofrecen es redundante?

Por tanto, existe el riesgo de que se produzca un punto único de fallo (*Single Point of Failure*, SPOF). La aplicación y las bases de datos pueden depender de una solución de almacenamiento para la que no esté garantizada la disponibilidad y la redundancia.

Cuando esto es posible, las empresas utilizan infraestructuras de almacenamiento dedicadas, conocidas como SAN (*Storage Area Networks*). Pero no todo el mundo tiene acceso a una SAN, que requiere una infraestructura dedicada.

Las NAS, *Network-Attached Storage*, son una solución que presenta volúmenes de datos a un cliente a través de la red, utilizando un protocolo soportado por el sistema operativo. Por lo general, estos son los protocolos NFS (*Network File System*) para Unix et CIFS (*Common Internet File System*, un dialecto de SMB) para Windows. También pueden ofrecer otros protocolos como iSCSI. Existen soluciones NAS redundantes, como las que ofrece NetApp, pero son caras. Esto está más allá del alcance de este libro.

También puede utilizar servicios de almacenamiento externos, en la nube, por ejemplo. Es una muy buena idea colocar elementos o páginas estáticas en S3, ofrecido por AWS, por ejemplo, o de Azure Blob Storage, aunque eso signifique colocarlos detrás de proxies para ocultar su presencia al público.

Desde el comienzo de este libro, los recursos de hardware utilizados no han sido excesivos e incluso se podría decir que son económicos. Entonces, ¿por qué no continuar y ofrecer una solución que se pueda utilizar fácilmente en servidores o máquinas virtuales de bajo consumo, pero con almacenamiento disponible? Al fin y al cabo, el almacenamiento no es tan caro.

Linux y el software de código abierto tienen todo lo necesario para construir una infraestructura de almacenamiento de alta disponibilidad que puede ser totalmente reutilizada por Kubernetes o cualquier otro servidor.

1.2 Especificaciones

Vamos a configurar un gestor de volúmenes NFS de alta disponibilidad: **NFS-HA**. Necesitamos volúmenes de almacenamiento que cumplan los siguientes criterios:

- Se deben poder utilizar por cualquier servidor o servicio.
- Se deben poder compartir entre varios servidores o pods.
- Deben ser independientes entre sí.
- Deben tener un tamaño determinado.
- Debe ser posible cambiar su tamaño.
- La solución debe ser tolerante a fallos.
- El tiempo de inactividad se debe reducir al mínimo.
- Si es posible, la gestión del volumen se debe automatizar.

1.3 Solución

La alta disponibilidad requiere al menos dos servidores, excluyendo los sistemas que utilizan un quórum de tres. Así que hay que encontrar una solución que permita replicar el almacenamiento en tiempo real en dos máquinas, a través de la red. Con un servidor primario, que se utilizará para lecturas y escrituras en un momento dado, se puede tener una réplica que se activará automáticamente si el servidor primario falla. Linux dispone de **DRBD** (*Distributed Replicated Block Device*), que permite replicar en tiempo real dispositivos de bloques entre varios servidores.

Un sistema de sincronización entre los dos servidores determinará su estado en tiempo real y cambiará automáticamente al primario en caso de fallo. Un heartbeat, como **Corosync**, puede hacerlo.

Si desea compartir un volumen de datos entre varios servidores o varios pods, necesita una solución basada en recursos compartidos de red. **NFS** es un candidato excelente. Para satisfacer la necesidad de independencia o bien necesita múltiples recursos compartidos NFS –uno por volumen– o puede explotar la solución ofrecida por NFSv4, exportando la raíz NFS y montando después sólo los subdirectorios de esta raíz.

Si tiene dos servidores de almacenamiento, uno de los cuales es el primario en un momento dado, necesita poder acceder a él con una dirección IP que cambie al secundario cuando se active. En este caso necesita una dirección **IP flotante** o un Virtual IP (VIP).

Si queremos que cada volumen tenga su propio tamaño, entonces tenemos que encontrar un método para que el tamaño de montaje visible en el lado del cliente no sea el del volumen NFS global, sino el asociado al directorio al que se está accediendo. Resulta que el sistema de s **XFS** permite crear proyectos que, en realidad son directorios, cada uno con su propia cuota. Por tanto, puede crear directorios en el nivel raíz de la exportación NFS, cada uno con una cuota de almacenamiento.

Para los dispositivos de tipo bloque, se pueden utilizar discos **RAID**, con **LVM** para ampliar la capacidad.

Por último, para gestionar todos los recursos (NFS, XFS, BRBD, etc.), se necesita un producto capaz de gestionar por sí solo la puesta en marcha, el apagado y la conmutación por error de los distintos componentes. Se necesita un gestor de clústeres de alta disponibilidad, **Pacemaker**. Lo usaremos de una forma relativamente sencilla, pero Pacemaker es un producto muy potente, utilizado, por ejemplo, por Proxmox, la famosa plataforma de virtualización de código abierto que compite con VMWare ESX.

1.4 Arquitectura

1.4.1 DRBD y clúster

DRBD se puede utilizar para configurar una arquitectura de almacenamiento distribuido, replicando dispositivos de tipo bloque entre varios servidores. Es posible tener varios nodos primarios si el sistema de archivos anterior lo permite (por ejemplo, OCFS) o más sencillamente, un servidor primario y uno o varios secundarios. En este caso, sólo el primario permite el acceso. DRBD puede funcionar en modo síncrono: los datos se consideran validados cuando todos los miembros los han escrito realmente. Hay dos componentes:

- Un módulo del kernel, que añade un dispositivo de bloque sobre los especificados en su configuración. De este modo, DRBD intercepta las escrituras, las reenvía a los demás nodos secundarios y, a continuación, las escribe localmente.
- Un proceso en el espacio de usuario para gestionar la configuración y el estado del nodo, incluida la transición de primario a secundario y viceversa, así como las sincronizaciones y la recuperación de incidentes.

DRBD está configurado sobre un volumen LVM lógico, por lo que puede cambiar de tamaño en el futuro si es necesario. El sistema de archivos XFS se crea en el dispositivo DRBD, normalmente /dev/drbdX.

El clúster es de tipo primario/secundario. En un momento dado, sólo uno de los nodos está activo y dispone, en este orden:

- de DRBD activos en modo primario,
- del sistema de archivos montado localmente,
- del servicio NFS iniciado,
- exportación NFS funcionando,
- la dirección IP flotante configurada en la interfaz de red.

El nodo secundario sólo tiene activos los servicios DRBD, para permanecer sincronizado en tiempo real con el nodo primario.

Todos estos elementos los debe gestionar un **CRM** (*Cluster Resource Manager*): Pacemaker. Para conocer el estado de los nodos, se basa en un heartbeat, que escucha literalmente el "latido" de una máquina, por ejemplo, una respuesta en un tiempo determinado de un servidor a través de uno o varios enlaces de red o líneas dedicadas (enlace en serie, por ejemplo). Esta es la función de Corosync. El resultado es el siguiente diagrama:

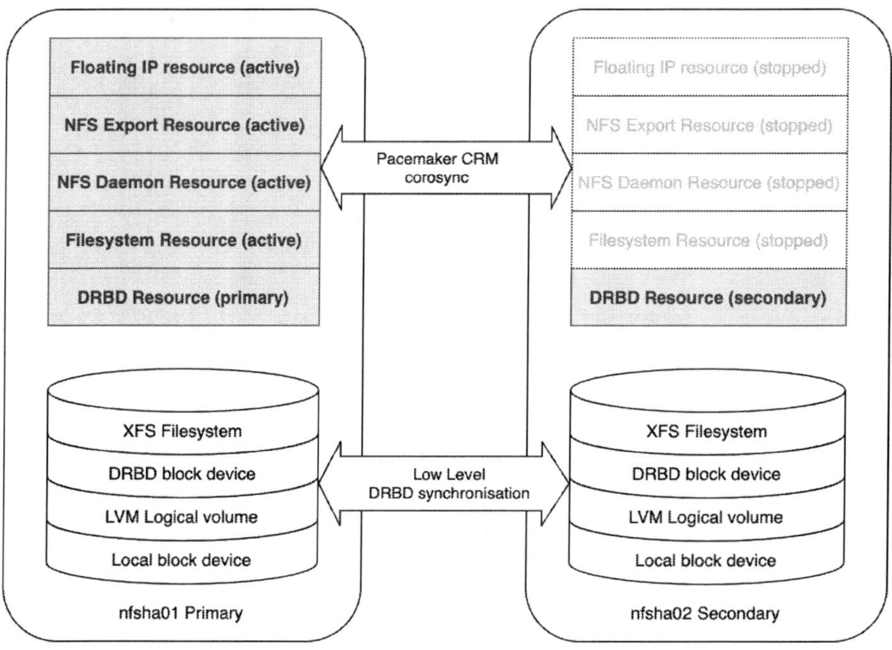

Figura 1: Arquitectura NFS-HA

1.4.2 XFS, cuotas y NFSv4

XFS es un sistema de archivos inventado por SGI (*Silicon Graphics Inc.*, ya desaparecida) para su sistema operativo Unix, llamado Irix. XFS se publicó bajo licencia GPL en 2000 y se adaptó a Linux en 2001. Ahora es soportado por todas las distribuciones y es el sistema de archivos por defecto en un número importante de distribuciones en competencia con btrfs (btrfs ha padecido durante mucho tiempo una falta de estabilidad). XFS tiene muchas cualidades, pero vamos a centrarnos en una característica en particular: la forma en que gestiona las cuotas.

XFS introduce la noción de proyecto. Un proyecto XFS es simplemente un subdirectorio de un sistema de archivos. XFS puede aplicar cuotas a usuarios, grupos y proyectos. Si se combina XFS con una función de NFSv4, se puede tener una única exportación de varios subdirectorios, cada uno con sus propias cuotas.

NFSv4 le permite exportar un directorio con el parámetro `fsid=root` o `fsid=0`. Al hacer esto, en realidad no exporta el directorio en sí, sino que lo define como la raíz de todos los directorios exportados. Por tanto, cada subdirectorio se exporta por defecto (si lo desea, puede definir opciones de exportación para cada uno de ellos). En el lado del servidor que accede al recurso compartido NFS, no es útil especificar el nombre del directorio raíz; está implícito.

O la siguiente exportación NFSv4:

```
/nfsha/exports 192.168.56.0/24(rw,fsid=0,no_subtree_check,sync)
```

Cree un subdirectorio /nfsha/exports/volume01. Móntelo así:

```
$ sudo mount -t nfs nfsvip:/volume01 /mountpoint
```

Por extrapolación, supongamos un directorio exports en un sistema de archivos XFS montado en /nfsha y exportado a NFSv4 con `fsid=root`.

O varios subdirectorios, cada uno con sus propias cuotas de proyecto.

Así, cada subdirectorio es una exportación NFS independiente, con su propio tamaño. Se puede montar en uno o más servidores, a través de la IP flotante.

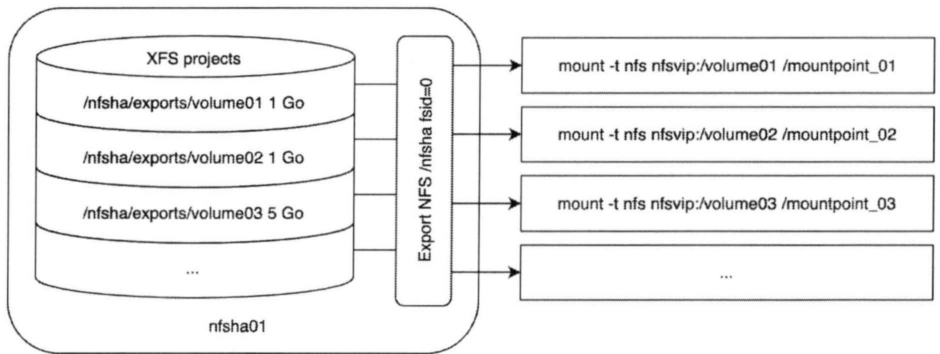

Figura 2: Proyectos XFS y exportación de raíz NFSv4

2. RAID

2.1 Aspectos principales

El clúster garantiza la disponibilidad de los datos en caso de pérdida, fallo o mantenimiento de uno de los nodos, pero también hay que pensar en la disponibilidad del almacenamiento en el propio nodo: ¿qué ocurre si falla un disco físico? Existen soluciones, tanto de hardware como de software, que explotan una forma de virtualización del almacenamiento para aumentar la fiabilidad del almacenamiento de datos: **RAID** (*Redundant Array of Independent Disks*; originalmente, la letra I significaba Inexpensive, pero como el coste del almacenamiento bajó mucho, se cambió la palabra).

RAID permite agregar varios discos físicos en un único disco lógico, lo que mejora la fiabilidad y la disponibilidad general y, en ocasiones, aumenta el rendimiento. Existen varios algoritmos y opciones de gestión posibles. RAID puede ser software, hardware (con una tarjeta controladora dedicada) o una mezcla de ambos, como ciertas funciones que ofrecen algunas BIOS y UEFI.

2.2 RAID por hardware frente a RAID por software

La elección entre RAID por hardware o por software suele ser bastante sencilla, sobre todo en la empresa. Los servidores de tipo Blade suelen tener bahías para discos en la parte frontal, conectadas a controladores específicos SCSI o SATA muy potentes, pero también muy caros, que incorporan un potente procesador, memoria caché e incluso una pequeña batería encargada de garantizar las transacciones y alimentar los discos mientras se finalizan las escrituras en caso de corte del suministro eléctrico. También permiten el hot swapping, es decir, la sustitución en caliente de los discos en caso de avería. Es el caso, por ejemplo, de las tarjetas HP Smart Array en servidores HP Proliant. En Linux, el volumen RAID se ve como un único dispositivo de bloque /dev/sdX. Para gestionar los discos y volúmenes RAID se utiliza un módulo y comandos de espacio de usuario. Una tarjeta RAID de calidad es cara, por no hablar de los discos necesarios, con una velocidad de 15.000 revoluciones por minuto para los modelos SATA o, incluso, para las unidades NVMe (SSD en formato PCI Express).

Un RAID por software permite crear volúmenes, aunque la BIOS, la UEFI o la tarjeta controladora no lo permitan. El núcleo proporciona una capa de abstracción y presenta un dispositivo de tipo bloque, mientras que la gestión se basa en software y, por tanto, es muy flexible. RAID es posible en todo tipo de discos y controladoras y en todo tipo de máquinas, virtuales o físicas. Sin embargo, existen algunas limitaciones, sobre todo relacionadas con las controladoras: en caso de fallo, no todas permiten el intercambio de discos en caliente, lo que obliga inevitablemente a apagar el servidor. En algunos casos, el rendimiento se puede ver afectado, no tanto a nivel del procesador como del bus de datos, sobre todo en caso de escrituras redundantes.

2.3 RAID-0, RAID-1 y RAID-5

Existen varios tipos de funcionamiento RAID. Los más comunes son 0, 1 y 5, pero existen otros (2, 3, 4, 6, híbrido).

En **RAID-0** (*stripe mode*), al menos dos discos forman un único volumen. En principio, los dos discos tienen el mismo tamaño. Cada operación de lectura o escritura se divide y se realiza en cada uno de los discos. Por ejemplo, se escriben 64 KB en el disco 1, 64 KB en el disco 2, luego 64 KB en el disco 1, luego 64 KB en el disco 2, y así sucesivamente. Esto aumenta el rendimiento porque las operaciones de lectura y escritura se realizan en paralelo en todos los discos. RAID-0 no tiene redundancia. Si falla uno de los discos, se pierden todos los datos.

RAID-1 (*mirroring*), el primer modo redundante, se puede utilizar con dos o más discos y cualquier disco de seguridad (spare disk). Cada dato se duplica en los otros. Como todos los discos tienen los mismos datos, el volumen funciona mientras quede un disco. Si hay un disco de seguridad, éste sustituye al disco que ha fallado tras la duplicación, a partir de un disco que sigue activo. Mientras que el rendimiento de escritura puede ser pobre (todo se reescribe n veces), el rendimiento de lectura es excelente, porque RAID-1 utiliza un algoritmo que va a leer los datos de manera simultánea de cada disco.

RAID-5 (*block-level striping with distributed parity*, RAID con banda de paridad distribuida) es el modo más utilizado, ya que ofrece el mejor compromiso entre el número de discos, el espacio disponible y la redundancia. Se necesitan al menos tres discos, con la posibilidad de discos de seguridad. La paridad está presente en cada uno de los discos. El tamaño final es el de N-1 discos. RAID-5 sobrevive a un fallo de disco. En este caso, si hay un disco de seguridad, se reconstruye automáticamente. El rendimiento en lectura es equivalente al de RAID-0, mientras que el rendimiento en escritura depende del algoritmo utilizado y de la memoria de la máquina.

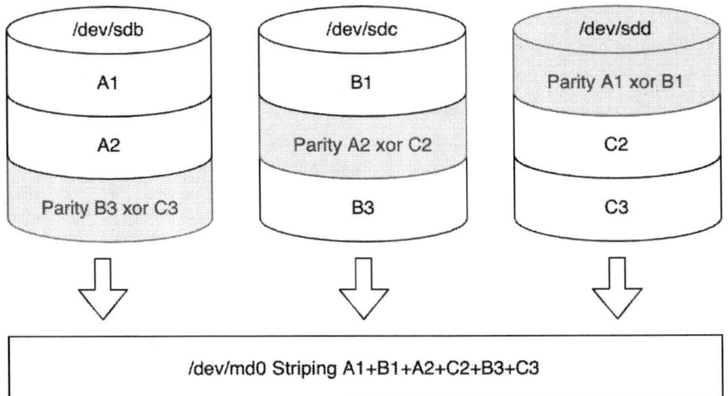

Figura 3: RAID-5 con tres discos

Todas las configuraciones de este libro se han probado en máquinas virtuales. No tiene mucho sentido configurar un RAID en una máquina virtual, a menos que los discos se le presenten directamente (mapeo de discos físicos) o en caso de corrupción de una de las imágenes de disco. Lo mismo se aplica a un servidor físico si los volúmenes presentados proceden de una SAN: las bahías de disco asociadas también son RAID. El RAID por software es útil en un servidor con varios discos si no se dispone de una controladora RAID por hardware o si no se desea utilizar una y en una máquina personal, si se desea mejorar el rendimiento o la tolerancia a fallos.

2.4 Manejo de un RAID-5

Vamos a configurar un RAID-5 con un spare disk (disco de recarga). Es posible utilizar un modelo diferente al descrito en el capítulo Infraestructura y servicios básicos, para los servidores nfsha01 y nfsha02, añadiendo, no un disco de 30 GB destinado al clúster NFS-HA, sino por ejemplo cuatro discos de 15 GB: tres discos RAID-5 de 15 GB que dan 30 GB de almacenamiento una vez descontada la banda de paridad y un disco de seguridad.

Observación

Si comienza desde este diagrama, debe reemplazar el dispositivo /dev/sdb en el resto del capítulo por el dispositivo /dev/md0.

La herramienta **mdadm** se utiliza para realizar todas estas operaciones. Su archivo de configuración es /etc/mdadm.conf o /etc/mdadm/mdadm.conf.

Para crear matrices RAID, las particiones usadas para crearlas deben ser del tipo **0xFD** (autodetección RAID de Linux) para particiones de tipo MBR o **0xFD00** para particiones de tipo GPT. Lógicamente, las particiones deberían estar en discos diferentes, pero para propósitos de prueba, el soporte RAID permite particiones en el mismo disco. En este caso, asegúrese de que las particiones tienen el mismo tamaño.

Observación

También puede prescindir de la creación de particiones y utilizar un dispositivo completo. En este caso, debe utilizar discos estrictamente idénticos (tamaño, marca, etc.). Los discos de la misma capacidad, pero de modelos diferentes, no son necesariamente idénticos y RAID requiere valores exactos.

```
# sudo fdisk -l /dev/sd[bcde ]| grep ^/dev
/dev/sdb1   2048 31457279 31455232  15G fd Linux raid autodetect
/dev/sdc1   2048 31457279 31455232  15G fd Linux raid autodetect
/dev/sdd1   2048 31457279 31455232  15G fd Linux raid autodetect
/dev/sde1   2048 31457279 31455232  15G fd Linux raid autodetect
```

▶ Cree la matriz RAID-5:

```
# sudo mdadm --create /dev/md0 --level=raid5 --raid-devices=3
/dev/sd[bcd]1 --spare-devices=1 /dev/sde1

mdadm: Defaulting to version 1.2 metadata
mdadm: array /dev/md0 started.
```

El estado del RAID es visible desde /proc/mdstat, que informa de que md0 es una matriz RAID-5 compuesta por tres volúmenes activos y un spare (S). Durante su construcción, obtenemos el siguiente resultado:

```
$ cat /proc/mdstat
Personalities : [linear] [multipath] [raid0] [raid1] [raid6]
[raid5] [raid4] [raid10]
md0 : active raid5 sdd1[4] sde1[3](S) sdc1[1] sdb1[0]
      31436800 blocks super 1.2 level 5, 512k chunk,
algorithm 2 [3/2] [UU_]
      [==========>..........]  recovery = 51.5%
(8108800/15718400) finish=0.6min speed=206220K/sec
```

Una vez que se ha construido el volumen, obtenemos el estado necesario y actual:

```
$ cat /proc/mdstat
Personalities : [linear] [multipath] [raid0] [raid1] [raid6]
[raid5] [raid4] [raid10]
md0 : active raid5 sdd1[4] sde1[3](S) sdc1[1] sdb1[0]
      31438848 blocks super 1.2 level 5, 512k chunk, algorithm 2
[3/3] [UUU]
```

El comando `mdstat` proporciona más detalles:

```
$ sudo

 mdadm --detail /dev/md0
/dev/md0:
           Version : 1.2
     Creation Time : Fri Mar  8 21:09:44 2024
        Raid Level : raid5
        Array Size : 31436800 (29.98 GiB 32.19 GB)
     Used Dev Size : 15718400 (14.99 GiB 16.10 GB)
      Raid Devices : 3
     Total Devices : 4
       Persistence : Superblock is persistent

       Update Time : Fri Mar  8 21:11:03 2024
             State : clean
    Active Devices : 3
   Working Devices : 4
    Failed Devices : 0
     Spare Devices : 1
```

```
            Layout : left-symmetric
        Chunk Size : 512K

Consistency Policy : resync

              Name : test-raid:0  (local to host test-raid)
              UUID : 206e71fd:c568cd8e:a76ce625:2cd71402
            Events : 18

    Number   Major   Minor   RaidDevice State
       0       8       17        0      active sync   /dev/sdb1
       1       8       33        1      active sync   /dev/sdc1
       4       8       49        2      active sync   /dev/sdd1

       3       8       65        -      spare   /dev/sde1
```

Linux realiza la detección automática de volúmenes RAID durante el arranque, a través de los metadatos de las particiones de la matriz. Sin embargo, puede guardar la configuración para acelerar la carga y evitar cambiar el renombrado del dispositivo en el arranque:

```
$ sudo su -
# echo "DEVICE partitions" > /etc/mdadm/mdadm.conf
# mdadm --detail --scan>> /etc/mdadm/mdadm.conf
# update-initramfs -u
```

Puede crear un sistema de archivos XFS en el nuevo dispositivo:

```
sudo mkfs -t xfs /dev/md0
```

Móntelo:

```
$ sudo mkdir /raid
$ sudo mount /dev/md0 /raid
$ df -h /raid
Filesystem      Size  Used Avail Use% Mounted on
/dev/md0         30G  247M   30G   1% /raid
```

Esa es la cuenta.

- Simular un fallo en /dev/sdb1:

```
$ sudo mdadm /dev/md0 -f /dev/sdb1
mdadm: set /dev/sdb1 faulty in /dev/md0
```

El estado de la matriz se modifica, el disco de seguridad toma el relevo y se sincroniza para sustituir al disco averiado:

```
$ cat /proc/mdstat
Personalities : [linear] [multipath] [raid0] [raid1] [raid6]
[raid5] [raid4] [raid10]
md0 : active raid5 sdd1[4] sde1[3] sdc1[1] sdb1[0](F)
      31436800 blocks super 1.2 level 5, 512k chunk,
algorithm 2 [3/2] [_UU]
      [==>..................]  recovery = 11.4% (1804032/15718400)
finish=1.0min speed=225504K/sec
```

▶ Retire el disco /dev/sdb1 de la matriz para sustituirlo:

```
$ sudo mdadm /dev/md0 -r /dev/sdb1
mdadm: hot removed /dev/sdb1 from /dev/md0
```

No hay peligro para el conjunto RAID, ya que el disco de seguridad está en su sitio. Aun así, un RAID-5 puede funcionar en modo degradado con dos discos. Puede perder uno sin riesgo. Puede simular que ha sustituido el disco que ha fallado y volver a colocarlo en el array. El disco asume el papel de disco de repuesto, observe el estado de sdb1:

```
$ sudo mdadm /dev/md0 -a /dev/sdb1
mdadm: added /dev/sdb1
...
$ cat /proc/mdstat
md0 : active raid5 sdb1[5](S) sdd1[4] sde1[3] sdc1[1]
```

Los autores han escrito un script que le permite hacer este montaje 'ansible-playbook playbooks/setup_raid5_sample.yaml', pero tenga cuidado, debe haber agregado cuatro discos a sus servidores nfsha01 y nfsha02 y actualizar las variables en el archivo 'setup_raid5_sample.yaml' para definir los discos correctos (o forzarlos con -e).

3. Clúster NFS-HA

El clúster se instalará en los servidores nfsha01 y nfsha02. Es necesario prepararlo. Asumimos que el disco adicional de 30 GB está presente y se llama /dev/sdb. Si queremos utilizar el dispositivo RAID que vimos anteriormente, tenemos que adaptar los parámetros del comando en consecuencia.

Se introducirán muchos comandos que requieren acceso root. Se hace más conveniente pasar temporalmente a root.

3.1 Instalación de paquetes

Se deben instalar los siguientes paquetes (se puede instalar en total 420 paquetes), que ocupa 1 GB de espacio adicional:

```
# apt install net-tools corosync pacemaker resource-agents
resource-agents-extra fence-agents crmsh pcs haveged drbd-utils
nfs-kernel-server xfsprogs xfsdump units lsscsi
```

Se ha encontrado un problema con multipath al configurar el clúster, por lo que puede desinstalarlo:

```
# apt remove multipath-tools
```

O modificar su configuración en consecuencia en /etc/multipath.conf:

```
blacklist {
    devnode "^sd[a-z]"
    devnode "^drbd[0-9]"
}
```

3.2 Configuración de la red

Aunque podemos confiar en DNS, es preferible modificar el archivo /etc/hosts y añadir las entradas para los dos nodos. Aproveche para eliminar las eventuales entradas 127.0.1.1 presentes:

```
192.168.56.10 nfsha01
192.168.56.11 nfsha02
```

Los componentes necesitan que se abran varios puertos entre los dos miembros del clúster para funcionar.

Puertos a abrir:

Puerto	Protocolo	Producto	Rol
2224	TCP	Pacemaker	Comunicación entre el cliente pcs y todos los nodos
3121	TCP	Pacemaker	Comunicación entre los miembros del clúster y los remote nodes (opcional aquí)
21064	TCP	Pacemaker	Sólo es necesario si se utiliza GFS2 o clvm (aquí es opcional)
5404-5406	UDP	Corosync	Sincronización del heartbeat entre todos los nodos
7788	TCP	drbd	Comunicación entre servicios drbd, un puerto por recurso
2049	TCP	NFSv4	Puerto de servicio NFS por defecto

En nfsha01:

```
# ufw enable
# ufw allow proto tcp from 192.168.56.11 to 192.168.56.10 port 2224
# ufw allow proto tcp from 192.168.56.11 to 192.168.56.10 port 3121
# ufw allow proto tcp from 192.168.56.11 to 192.168.56.10 port 7788
# ufw allow proto tcp from 192.168.56.11 to 192.168.56.10 port 21064
# ufw allow proto udp from 192.168.56.11 to 192.168.56.10 port 5404, 5405,5406
# ufw allow proto tcp from any to 192.168.56.12 port 2049
```

En nfsha02:

```
# ufw enable
# ufw allow proto tcp from 192.168.56.10 to 192.168.56.11 port 2224
# ufw allow proto tcp from 192.168.56.10 to 192.168.56.11 port 3121
# ufw allow proto tcp from 192.168.56.10 to 192.168.56.11 port 7788
# ufw allow proto tcp from 192.168.56.10 to 192.168.56.11 port 21064
# ufw allow proto udp from 192.168.56.10 to 192.168.56.11 port 5404,5405,5406
# ufw allow proto tcp from any to 192.168.56.12 port 2049
```

También puede permitir, al menos temporalmente, que ambos nodos se comuniquen a través de SSH como root, para simplificar el intercambio de archivos de configuración.

3.3 Creación de clústeres

Corosync es el heartbeat del clúster, tomando literalmente el pulso de cada miembro del clúster. Corosync detecta los cambios de estado de los nodos, mientras que Pacemaker escucha y reacciona en consecuencia. Los dos nodos se comunican de forma cifrada y se deben autenticar mutuamente mediante una clave.

▶ En cada nodo, cree el directorio donde se almacenarán las trazas de corosync (si no existe tal directorio):

```
# mkdir -p /var/log/cluster
```

▶ Cree la clave en nfsha01:

```
# corosync-keygen
Corosync Cluster Engine Authentication key generator.
Gathering 2048 bits for key from /dev/urandom.
Writing corosync key to /etc/corosync/authkey.
```

▶ Copie la clave a nfsha02 en la misma ubicación:

```
# scp /etc/corosync/authkey root@nfsha02:/etc/corosync/authkey
```

▶ Inicie Corosync en ambos nodos:

```
# systemctl enable corosync
# systemctl restart corosync
```

▶ En ambos nodos, inicie Pacemaker:

```
# systemctl enable pacemaker
# systemctl start pacemaker
```

El comando principal utilizado para gestionar el clúster Pacemaker se llama pcs.

▶ Cambie la contraseña del usuario hacluster en ambos nodos y añada ambos nodos al clúster:

```
# echo "hacluster:nf5h4clu573r" | chpasswd
# pcs host auth nfsha01 nfsha02 -u hacluster -p nf5h4clu573r
nfsha01: Authorized
nfsha02: Authorized
```

Ahora que el heartbeat está en su lugar, es el momento de crear el clúster en sí. Tenga en cuenta que los comandos anteriores ya han establecido una configuración, por lo que estamos forzando esta creación con el fin de empezar con buen pie. El clúster nfsha se crea de la siguiente manera:

```
# pcs cluster setup nfsha nfsha01 nfsha02 --force
No addresses specified for host 'nfsha01', using 'nfsha01'
No addresses specified for host 'nfsha02', using 'nfsha02'
...
nfsha01: Successfully destroyed cluster
nfsha02: Successfully destroyed cluster
Requesting remove 'pcsd settings' from 'nfsha01', 'nfsha02'
nfsha01: successful removal of the file 'pcsd settings'
nfsha02: successful removal of the file 'pcsd settings'
Sending 'corosync authkey', 'pacemaker authkey' to 'nfsha01', 'nfsha02'
nfsha01: successful distribution of the file 'corosync authkey'
nfsha01: successful distribution of the file 'pacemaker authkey'
nfsha02: successful distribution of the file 'corosync authkey'
nfsha02: successful distribution of the file 'pacemaker authkey'
Sending 'corosync.conf' to 'nfsha01', 'nfsha02'
nfsha01: successful distribution of the file 'corosync.conf'
nfsha02: successful distribution of the file 'corosync.conf'
Cluster has been successfully set up.
```

Si todo ha ido bien, puede arrancar el clúster y activarlo:

```
# pcs cluster start --all
nfsha02: Starting Cluster...
nfsha01: Starting Cluster...

# pcs cluster enable --all
nfsha01: Cluster Enabled
nfsha02: Cluster Enabled
```

El clúster base está ahora activo. De momento, no hace nada porque no hay recursos configurados.

3.4 Verificación

Las trazas de creación del clúster muestran que Pacemaker se encarga de establecer la configuración de Corosync, en función de los parámetros de creación y, en particular, de los nodos. Pacemaker controla la configuración y el lanzamiento de los servicios, incluido corosync. Puede comprobar el estado del servicio de la siguiente manera, desde nfsha0:

```
# corosync-cfgtool -s
Local node ID 1, transport knet
LINK ID 0 udp
        addr    = 192.168.56.10
        status:
                nodeid:          1:     localhost
                nodeid:          2:     connected
```

Este control muestra la conexión de red entre nfsha01 y nfsha02:

```
# corosync-cfgtool -n
Local node ID 1, transport knet
nodeid: 2 reachable
  LINK: 0 udp (192.168.56.10->192.168.56.11) enabled connected mtu: 1397
```

▶ Compruebe la lista de miembros actuales:

```
# corosync-cmapctl |grep members
runtime.members.1.config_version (u64) = 0
runtime.members.1.ip (str) = r(0) ip(192.168.56.10)
runtime.members.1.join_count (u32) = 1
runtime.members.1.status (str) = joined
runtime.members.2.config_version (u64) = 0
runtime.members.2.ip (str) = r(0) ip(192.168.56.11)
runtime.members.2.join_count (u32) = 1
runtime.members.2.status (str) = joined
```

▶ Compruebe su configuración del heartbeat en /etc/corosync/corosync.conf. Tiene este aspecto:

```
totem {
    version: 2
    cluster_name: nfsha
    transport: knet
    crypto_cipher: aes256
    crypto_hash: sha256
```

```
    cluster_uuid: 4f3c4f02d6134077810a0c4454dba65c
}

nodelist {
    node {
        ring0_addr: nfsha01
        name: nfsha01
        nodeid: 1
    }

    node {
        ring0_addr: nfsha02
        name: nfsha02
        nodeid: 2
    }
}

quorum {
    provider: corosync_votequorum
    two_node: 1
}

logging {
    to_logfile: yes
    logfile: /var/log/corosync/corosync.log
    to_syslog: yes
    timestamp: on
}
```

- Compruebe el estado del clúster Pacemaker. Ambos nodos deben estar en línea, y, por el momento, no hay recursos configurados:

```
# pcs cluster status
Cluster Status:
 Cluster Summary:
   * Stack: corosync (Pacemaker is running)
   * Current DC: nfsha02 (version 2.1.6-6fdc9deea29) -
partition with quorum
   * Last updated: Thu Mar  7 18:36:35 2024 on nfsha01
   * Last change:  Thu Mar  7 18:32:29 2024 by hacluster
via crmd on nfsha02
   * 2 nodes configured
   * 0 resource instances configured
 Node List:
```

```
    * Online: [ nfsha01 nfsha02 ]

PCSD Status:
  nfsha01: Online
  nfsha02: Online
```

Esto está casi hecho. Todavía tenemos que definir las reglas de comportamiento del clúster para crear nuestro clúster NFS-HA:

- Sólo hay dos nodos. No hay necesidad de quórum y puede ignorar la regla por defecto (dos nodos activos en un clúster de dos nodos).
- **STONITH** (*Shoot The Other Node In The Head*), que asegura que sólo un nodo primario está activo matando al otro, está desactivado (podemos considerar configurar uno más adelante).
- A cada recurso o nodo se le asigna una puntuación, que se utiliza para determinar su prioridad a la hora de alojar recursos. En caso de fallo, los recursos se cambian a otro nodo. Pero si el primer nodo se reinicia, si su puntuación es superior a la de los recursos, volverán a cambiar a él. En general, buscamos la estabilidad: tanto si el almacenamiento está en un nodo como en otro, ¡que permanezca ahí! Así que damos a los recursos un valor infinito: a menos que fallen o se cambien voluntariamente, no volverán a moverse.
- Por último, desactivamos la noción de fallo del recurso: son el grupo y la colocación lo que forzará la migración, en bloque. El recurso se reiniciará siempre en el nodo activo.

```
# pcs property set stonith-enabled=false
# pcs property set no-quorum-policy=ignore
# pcs resource defaults update resource-stickiness=INFINITY
Warning: Defaults do not apply to resources which override them
with their own defined values
# pcs resource defaults update migration-threshold=1
```

Puede echar un vistazo a la configuración XML del clúster que acabamos de cambiar. Allí puede encontrar los dos nodos del clúster en <nodes> y los valores predeterminados del recurso en <rsc_defaults>:

```
# pcs cluster cib
<cib crm_feature_set="3.17.4" validate-with="pacemaker-3.9"
epoch="9" num_updates="0" admin_epoch="0" cib-last-written=
"Thu Mar  7 18:54:43 2024" update-origin="nfsha01" update-client=
"cibadmin" update-user="root" have-quorum="1" dc-uuid="2">
  <configuration>
    <crm_config>
      <cluster_property_set id="cib-bootstrap-options">
        <nvpair id="cib-bootstrap-options-have-watchdog"
name="have-watchdog" value="false"/>
        <nvpair id="cib-bootstrap-options-dc-version"
name="dc-version" value="2.1.6-6fdc9deea29"/>
        <nvpair id="cib-bootstrap-options-cluster-infrastructure"
name="cluster-infrastructure" value="corosync"/>
        <nvpair id="cib-bootstrap-options-cluster-name"
name="cluster-name" value="nfsha"/>
        <nvpair id="cib-bootstrap-options-stonith-enabled"
name="stonith-enabled" value="false"/>
        <nvpair id="cib-bootstrap-options-no-quorum-policy"
name="no-quorum-policy" value="ignore"/>
      </cluster_property_set>
    </crm_config>
    <nodes>
      <node id="1" uname="nfsha01"/>
      <node id="2" uname="nfsha02"/>
    </nodes>
    <resources/>
    <constraints/>
    <rsc_defaults>
      <meta_attributes id="rsc_defaults-meta_attributes">
        <nvpair id="rsc_defaults-meta_attributes-resource-
stickiness" name="resource-stickiness" value="INFINITY"/>
        <nvpair id="rsc_defaults-meta_attributes-migration-
threshold" name="migration-threshold" value="1"/>
      </meta_attributes>
    </rsc_defaults>
  </configuration>
  <status>
    <node_state id="2" uname="nfsha02" in_ccm="true" crmd=
"online" crm-debug-origin="do_state_transition" join="member"
expected="member">
```

```
      <lrm id="2">
        <lrm_resources/>
      </lrm>
      <transient_attributes id="2">
        <instance_attributes id="status-2">
          <nvpair id="status-2-.feature-set"
name="#feature-set" value="3.17.4"/>
        </instance_attributes>
      </transient_attributes>
    </node_state>
    <node_state id="1" uname="nfsha01" in_ccm="true"
crmd="online" crm-debug-origin="do_state_transition"
join="member" expected="member">
      <lrm id="1">
        <lrm_resources/>
      </lrm>
      <transient_attributes id="1">
        <instance_attributes id="status-1">
          <nvpair id="status-1-.feature-set"
name="#feature-set" value="3.17.4"/>
        </instance_attributes>
      </transient_attributes>
    </node_state>
  </status>
</cib>
```

3.5 Configuración de almacenamiento

3.5.1 LVM

En cada nodo, cree un volumen físico en el disco /dev/sdb de 30 GB, luego un grupo de volúmenes vg_nfsha y finalmente, un volumen lógico lv_nfsha que ocupe todo el espacio libre:

```
# pvcreate /dev/sdb
# vgcreate vg_nfsha /dev/sdb
# lvcreate -n lv_nfsha -l+100%Free vg_nfsha
```

El volumen lógico /dev/vg_nfsha/lv_nfsha se utilizará como volumen de datos DRBD. La ventaja de esto es que puede ampliarlo en cada servidor si desea aumentar el espacio de almacenamiento. Por supuesto, las ampliaciones deben ser idénticas en cada nodo.

3.5.2 DRBD

Siempre en ambos nodos, cree una configuración DRBD básica. Ajuste los parámetros de velocidad de caché y sincronización. El protocolo C garantiza las escrituras síncronas.

▶ Cree el archivo de configuración /etc/drbd.d/global_common.conf:

```
global {
  usage-count yes;
}
common {
  net {
    protocol C;
    max-buffers      80k;
    sndbuf-size      10M;
    rcvbuf-size      10M;
  }
  disk {
    resync-rate          100M;
    c-plan-ahead         20;
    c-delay-target       10;
    c-fill-target        1M;
    c-max-rate           100M;
    c-min-rate           250k;
  }
}
```

Los parámetros `resync-rate` y `c-max-rate` controlan la velocidad de sincronización deseada y máxima. Estos parámetros se pueden adaptar a la velocidad de la red entre los dos nodos y a la velocidad de escritura de los discos.

- Configure ahora el recurso DRBD, que llamará nfsha. Asociado al volumen lógico creado anteriormente, lv_nfsha, estará en ambos nodos del clúster. El dispositivo DRDB se llamará /dev/drbd0. Cree el archivo /etc/drbd.d/nfsha.res:

```
# cat nfsha.res
resource nfsha {
  volume 0 {
    device /dev/drbd0;
    disk /dev/vg_nfsha/lv_nfsha;
    meta-disk internal;
  }
  on nfsha01 {
    address 192.168.56.10:7788;
  }
  on nfsha02 {
    address 196.168.56.11:7788;
  }
}
```

- En ambos nodos, cree el espacio de almacenamiento de metadatos mediante el comando `drbdadm`, que es el principal comando de gestión de DRBD y active a continuación el archivo:

```
# drbdadm create-md nfsha
...
initializing activity log
initializing bitmap (960 KB) to all zero
Writing meta data...
New drbd meta data block successfully created.
# drbdadm up nfsha
```

- Por último, puede sincronizar los dos nodos. Considere que nfsha01 es inicialmente el nodo primario, por lo que todas las acciones se realizarán desde este nodo:

```
# drbdadm -- --overwrite-data-of-peer primary nfsha
```

Observación

Si, a pesar de los ajustes establecidos, la velocidad le parece demasiado lenta y si el equipo lo permite, puede ajustar con precisión la velocidad de sincronización del siguiente modo:

```
# drbdadm disk-options --c-plan-ahead=0 --resync-rate=110M nfsha/0
```

El archivo virtual /proc/drbd, que se consulta muy a menudo, permite obtener el estado de los recursos en tiempo real y, en particular, la sincronización inicial:

```
# cat /proc/drbd
version: 8.4.11 (api:1/proto:86-101)
srcversion: BAA5FC0DB44B6F02BBEAD0B
 0: cs:SyncSource ro:Primary/Secondary ds:UpToDate/Inconsistent C r-----
    ns:7879680 nr:0 dw:0 dr:7881784 al:8 bm:0 lo:0 pe:0 ua:0
ap:0 ep:1 wo:f oos:23572508
        [====>...............] sync'ed: 25.1% (23020/30712)M
        finish: 0:03:48 speed: 102,912 (96,092) K/sec
```

Observe el estado en la línea 0: el primario es la fuente de sincronización y está actualizado, mientras que el secundario es inconsistente. Seguirá así hasta que finalice la sincronización. Cuando finaliza la sincronización, se obtiene lo que siempre debería obtenerse cuando todo va bien:

```
0: cs:Connected ro:Primary/Secondary ds:UpToDate/UpToDate C r-----
    ns:31452188 nr:0 dw:0 dr:31454292 al:8 bm:0 lo:0 pe:0 ua:0 ap:0
ep:1 wo:f oos:0
```

Se deben comprobar sistemáticamente los siguientes puntos:

- Con ambos nodos iniciados, el estado debe ser siempre Connected. Si el estado es `WFConnection` o `StandAlone`, algo va mal: un nodo es inaccesible (ver la sección Projets XFS - Split-brain).
- A menos que un nodo esté inactivo, siempre debe haber un primario y un secundario.
- A menos que haya muchas escrituras o se esté realizando una sincronización, el estado de ambos nodos debe ser `UpToDate`.

Finalmente, con el dispositivo de tipo bloque /dev/drbd0, ahora funcional, puede crear el sistema de archivos XFS desde el nodo primario nfsha01:

```
# mkfs -t xfs /dev/drbd0
meta-data=/dev/drbd0       isize=512      agcount=4, agsize=1965762 blks
         =                 sectsz=4096    attr=2, projid32bit=1
         =                 crc=1          finobt=1, sparse=1, rmapbt=0
         =                 reflink=1      bigtime=1 inobtcount=1 nrext64=0
data     =                 bsize=4096     blocks=7863047, imaxpct=25
         =                 sunit=0        swidth=0 blks
naming   =version 2        bsize=4096     ascii-ci=0, ftype=1
log      =internal log     bsize=4096     blocks=16384, version=2
         =                 sectsz=4096    sunit=1 blks, lazy-count=1
realtime =none             extsz=4096     blocks=0, rtextents=0
Discarding blocks...Done.
```

- Pruebe el montaje del sistema de archivos, siempre, obviamente, en el nodo principal. Aproveche para preparar el directorio que contendrá la exportación NFS y, por lo tanto, los proyectos/cuotas:

```
# mkdir /nfsha
# mount /dev/drbd0 /nfsha
# mkdir -p /nfsha/exports
# umount /nfsha
```

3.5.3 Ampliar el volumen DRBD

- Todavía en ambos nodos, cree una configuración básica de DRBD. Ajuste la configuración de caché y velocidad de sincronización. El protocolo C proporciona escrituras sincrónicas.

Ahora veremos cómo expandir el almacenamiento en clúster agregando 10 GB.

Agregue un disco virtual de 10 GB a las máquinas virtuales. Dependiendo de la solución de virtualización, puede permitir la adición de periféricos en caliente o no. En este segundo caso, primero habrá que apagar la máquina: primero el nodo secundario (*standby*) y luego el primario. Tendrán que reiniciarse en orden inverso.

Es importante que los discos se agreguen a ambos nodos del clúster y que sean estrictamente idénticos. Todas las operaciones se deben realizar en ambos nodos, con la única excepción de cambiar el tamaño del volumen DRBD y el sistema de archivos XFS, que se deben realizar en el nodo activo.

Para los autores, el disco agregado es /dev/sdc:

```
# lsscsi -s |grep sd
[0 :0 :0 :0]  disk  Msft  Virtual Disk  1.0  /dev/sda  10.7GB
[0 :0 :0 :2]  disk  Msft  Virtual Disk  1.0  /dev/sdb  32.2GB
[0 :0 :0 :3]  disk  Msft  Virtual Disk  1.0  /dev/sdc  10.7GB
```

- Cree un volumen físico LVM en el nuevo disco.

```
# pvcreate /dev/sdc
  Physical volume "/dev/sdc" successfully created.
```

- Añada este nuevo volumen físico al grupo de volúmenes vg_nfhsa.

```
# vgextend vg_nfsha /dev/sdc
  Volume group "vg_nfsha" successfully extended
```

- Cambie el tamaño del lv_nfsha de volumen lógico a su tamaño máximo, el truco aquí es solicitar el uso de todas las extensiones disponibles en el volumen físico /dev/sdc.

```
# lvextend /dev/vg_nfsha/lv_nfsha /dev/sdc
  Size of logical volume vg_nfsha/lv_nfsha changed from
<30,00 GiB (7679 extents) to 39,99 GiB (10238 extents).
  Logical volume vg_nfsha/lv_nfsha successfully resized.
```

Las siguientes operaciones solo se deben realizar en el nodo principal/activo, aquel en el que se encuentra actualmente el volumen DRBD de nfsha.

- Redimensione el volumen DRBD.

```
# drbdadm resize nfsha
```

Los dos nodos se van a sincronizar.

```
# watch -n 1 cat /proc/drbd
version: 8.4.11 (api:1/proto:86-101)
srcversion: BAA5FC0DB44B6F02BBEAD0B
 0: cs:SyncSource ro:Primary/Secondary ds:UpToDate/Inconsistent C r-----
    ns:7839116 nr:0 dw:2468 dr:7842232 al:21 bm:0 lo:0 pe:0 ua:0 ap:0
ep:1 wo:f oos:2644700
```

```
        [============>......] sync'ed: 74.8% (2580/10232)M
        finish: 0:00:26 speed: 100,636 (96,748) K/sec
```

▶ Para terminar, amplíe el sistema de archivos XFS en el conjunto del volumen lógico.

```
# xfs_growfs /nfsha
meta-data=/dev/drbd0             isize=512    agcount=4, agsize=1965762 blks
         =                       sectsz=4096  attr=2, projid32bit=1
         =                       crc=1        finobt=1, sparse=1, rmapbt=0
         =                       reflink=1    bigtime=1 inobtcount=1 nrext64=0
data     =                       bsize=4096   blocks=7863047, imaxpct=25
         =                       sunit=0      swidth=0 blks
naming   =version 2              bsize=4096   ascii-ci=0, ftype=1
log      =internal log           bsize=4096   blocks=16384, version=2
         =                       sectsz=4096  sunit=1 blks, lazy-count=1
realtime =none                   extsz=4096   blocks=0, rtextents=0
data blocks changed from 7863047 to 10483383
```

Ahora dispone de 40 GB.

```
# df -h /nfsha
Filesystem      Size  Used  Avail  Use% Mounted on
/dev/drbd0       40G  320M    40G    1% /nfsha
```

Ahora puede desmontar el sistema de archivos.

```
# umount /nfsha
```

3.6 Recursos Pacemaker

Las siguientes manipulaciones se aplican a todo el clúster y se pueden realizar desde cualquier nodo. Sin embargo, no se sorprenda si se encuentra con un estado incoherente durante las manipulaciones: hasta que no se agrupen los recursos y se establezca un cierto número de restricciones, es posible que se coloquen de forma incorrecta.

Para mantener la coherencia hasta el final de las operaciones, puede detener temporalmente el nodo secundario: de este modo, todos los recursos se colocarán necesariamente en el nodo primario. Basta con reactivar el nodo secundario una vez que todo esté en su sitio.

3.6.1 DRBD

DRBD se debe ejecutar en ambos nodos del clúster al mismo tiempo: un nodo es el primario y el otro el secundario. El cambio de estado debe ser gestionado por pacemaker. Es necesario crear un primer recurso, que es bastante especial porque debe estar presente en ambos nodos.

- Cree una configuración intermedia, ya que se requieren varias acciones para configurar este recurso:

```
# pcs cluster cib drbd_cfg
# pcs -f drbd_cfg resource create drbd ocf:linbit:drbd
drbd_resource=nfsha op monitor interval=10s
# pcs -f drbd_cfg resource promotable drbd promoted-max=1
promoted-node-max=1 clone-max=2 clone-node-max=1 notify=true
```

- Cree una configuración drbd_cfg (el nombre puede ser cualquiera).
- Cree un recurso llamado drbd de tipo `ocf:linbit:drbd`, que gestionará el recurso DRBD nfsha y cuyo estado se comprobará cada 10 segundos.
- Una vez que este recurso Pacemaker esté sobre los dos nodos, puede promoverlo (convertirlo en primario) o degradarlo (convertirlo en secundario) por pacemaker, una sola vez en un nodo del clúster. Esto garantiza que, en un momento dado, sólo habrá un primario.
- Compruebe cuál será el recurso antes de aplicarlo. Aquí, parece perfecto:

```
# pcs -f drbd_cfg resource status
  * Clone Set: drbd-clone [drbd] (promotable):
    * Stopped: [ nfsha01 nfsha02 ]
```

Puede aplicar la configuración:

```
# pcs cluster cib-push drbd_cfg
CIB updated
```

Con `pcs status`, puede monitorizar el estado del clúster y de los recursos en cada etapa de la configuración. El recurso DRBD está listo, puede ver que nfsha01 es el primario, mientras que nfsha02 es el secundario:

```
# pcs status
...


Full List of Resources:
  * Clone Set: drbd-clone [drbd] (promotable):
    * Promoted: [ nfsha01 ]
    * Unpromoted: [ nfsha02 ]
```

3.6.2 LVM

En la documentación sobre clustering con Pacemaker, a menudo hablamos de recursos LVM para activar automáticamente grupos de volúmenes y volúmenes lógicos al cambiar de un nodo a otro. Esto no es necesario aquí.

La mayoría de las fuentes de información en Internet derivan unas de otras y presentan un modelo en el que LVM se configura encima de un dispositivo DRBD, por lo que es el volumen lógico el que conmuta. Sin embargo, el clúster que estamos configurando aquí hace lo contrario: el dispositivo DRBD se construye sobre un volumen lógico local al nodo. No es LVM el que conmuta: cada nodo tiene una configuración LVM independiente. No es necesario gestionar la activación de los volúmenes LVM.

3.6.3 Sistema de archivos

Todos los demás recursos deben estar vinculados y pasar al mismo tiempo de un nodo a otro: dependen unos de otros. La idea es crear un grupo de recursos. De este modo, es el grupo en su conjunto el que conmutará y no los recursos individualmente. Basta con especificar el nombre del grupo al crear un recurso para crearlo y/o añadirlo al grupo.

Con el volumen lógico habilitado en el nodo primario, ahora podemos montar el sistema de archivos que contiene, con opciones para habilitar cuotas. El recurso `ocf:heartbeat:Filesystem` montará el sistema de archivos /dev/drbd0 XFS en /nfsha, con las opciones `uquota` (cuotas de usuario) y `pquota` (cuotas de proyecto).

```
# pcs resource create fs_nfsha ocf:heartbeat:Filesystem
device=/dev/drbd0 directory=/nfsha fstype="xfs"
options=uquota,pquota op monitor interval="10s" --group nfsha
```

Se activa el recurso y se monta el sistema de archivos:

```
  * Resource Group: nfsha:
    * fs_nfsha    (ocf::heartbeat:Filesystem):     Started nfsha01

# df /nfsha
Filesystem      1K-blocks    Used   Available   Use%  Mounted on
/dev/drbd0       31386652  251936    31134716     1%  /nfsha
```

3.6.4 NFS

Ahora que el sistema de archivos está en su sitio, podemos iniciar el servicio NFS con el recurso `ocf:heartbeat:nfsserver`. Fíjese en el parámetro `nfs_shared_infodir`: indica al recurso dónde se almacenará toda la información relativa al servicio NFS. Como debe ser idéntico en ambos nodos y estar en su sitio antes de que se active el servicio NFS, se coloca en el punto de montaje /nfsha.

```
# pcs resource create nfs-daemon ocf:heartbeat:nfsserver \
nfs_init_script="/etc/init.d/nfs-kernel-server" \
nfs_shared_infodir=/nfsha/nfsinfo nfs_no_notify=true --group nfsha
```

Con el servicio NFS iniciado, añada un recurso para exportar /nfsha/exports utilizando `ocf:heartbeat:exportfs`, con el atributo `fsid=0` para indicar una exportación de tipo raíz. El directorio exports se convierte en la raíz del recurso compartido:

```
# pcs resource create exportfs_nfsv4_root ocf:heartbeat:exportfs
fsid=0 directory="/nfsha/exports"
options="no_root_squash,rw,crossmnt,no_wdelay" clientspec="*"
op monitor interval="30s" --group nfsha
```

Observación

Observe el uso de las opciones `no_root_squash` y `no_wdelay`. La primera indica que el UID raíz del servidor exportador coincide con el del servidor de montaje. Esto no suele ser recomendable desde el punto de vista de la seguridad, pero ya veremos que otros mecanismos se encargarán de ello. La segunda opción evita que el servidor retrase las escrituras (a través de la caché), lo que mejora mucho la sincronización de lectura y escritura si varios contenedores o pods acceden a él simultáneamente.

Usted obtiene:

```
  * Resource Group: nfsha:
    * fs_nfsha    (ocf::heartbeat:Filesystem):     Started nfsha01
    * nfs-daemon  (ocf::heartbeat:nfsserver):      Started nfsha01
    * exportfs_nfsv4_root     (ocf::heartbeat:exportfs):     Started nfsha01
```

Puede comprobar que la exportación NFS está en marcha:

```
# exportfs -v
/nfsha/exports  <world>(sync,no_wdelay,hide,crossmnt,no_subtree_
check,fsid=0,sec=sys,rw,secure,no_root_squash,no_all_squash)
```

3.6.5 Dirección IP

En el capítulo Infraestructura y servicios básicos, se ha reservado una VIP (IP flotante) para el nombre nfsvip.diehard.net: se trata de la IP 192.168.56.12. En caso de cambio de nodo, pacemaker puede mover la dirección IP de un nodo a otro utilizando el recurso `ocf:heartbeat:IPaddr2`. El recurso determinará por sí solo qué interfaz de red utilizar en función de las direcciones IP ya configuradas (dependiendo de su hipervisor y configuración, puede ser otra interfaz, como eth1).

```
# pcs resource create cluster-ip ocf:heartbeat:IPaddr2 \
ip=192.168.56.12 cidr_netmask=24 op monitor interval=20s --group nfsha
# pcs status
...
  * Resource Group: nfsha:
    * fs_nfsha            (ocf::heartbeat:Filesystem):  Started nfsha01
    * nfs-daemon          (ocf::heartbeat:nfsserver):   Started nfsha01
    * exportfs_nfsv4_root (ocf::heartbeat:exportfs):    Started nfsha01
    * cluster-ip          (ocf::heartbeat:IPaddr2):     Started nfsha01

# ip addr show dev enp0s8
3: enp0s8: <BROADCAST,MULTICAST,UP,LOWER_UP> mtu 1500 qdisc
fq_codel state UP group default qlen 1000
```

```
    link/ether 08:00:27:e5:10:7f brd ff:ff:ff:ff:ff:ff
    inet 192.168.56.10/24 brd 192.168.56.255 scope global enp0s8
       valid_lft forever preferred_lft forever
    inet 192.168.56.12/24 brd 192.168.56.255 scope global secondary enp0s8
       valid_lft forever preferred_lft forever
```

Observación

Podríamos hacer las cosas de otra manera, es decir, colocar el VIP en HAProxy, como se vio en el capítulo Exposición y reparto, a través de un modo TCP probando el puerto 2049 en ambos nodos. Como el servicio NFS cambia de un nodo a otro, sólo el nodo activo respondería. En este caso, se debería añadir un parámetro `nfs_ip` *al recurso* `nfsserver`.

3.7 Restricciones del Pacemaker

No se puede tener un nodo DRBD primario en un lado y el grupo de recursos en el otro. Por lo tanto, tenemos que asegurarnos de que DRBD se promueve primero, luego el grupo nfsha y que el DRBD primario y el grupo nfsha estén en el mismo nodo.

▶ Añada las restricciones:

```
# pcs constraint order promote drbd-clone then start nfsha
Adding drbd-clone nfsha (kind: Mandatory) (Options: first-
action=promote then-action=start)
# pcs constraint colocation add nfsha with drbd-clone INFINITY
```

▶ Compruebe las restricciones:

```
# pcs constraint config
Colocation Constraints:
  resource 'nfsha' with resource 'drbd-clone'
    score=INFINITY
Order Constraints:
  promote resource 'drbd-clone' then start resource 'nfsha'
```

3.8 Prueba de conmutación

El clúster NFS-HA está listo y se han completado las configuraciones de DRBD, Corosync y Pacemaker.

Una vez que haya comprobado que nfsha02 se ha iniciado, puede probar una conmutación. Existen varias posibilidades:

- Un apagado repentino: nfsha01 se apaga (fuente de alimentación, apagado repentino bajo VirtualBox).
- Un apagado normal: nfsha01 se apaga correctamente (`halt -p`, apagado ACPI).
- Pacemaker suspende temporalmente el nodo.

Los tres deberían funcionar.

▶ Compruebe el estado inicial: ambos nodos deberían estar en línea y todos los recursos en nfsha01.

```
Node List:
  * Online: [ nfsha01 nfsha02 ]
```

▶ Pon nfsha01 en *standby*:

```
# pcs node standby nfsha01
Después de algunos instantes, todo debe conmutar a nfsha02 :
Node List:
  * Node nfsha01: standby
  * Online: [ nfsha02 ]

Full List of Resources:
  * Clone Set: drbd-clone [drbd] (promotable):
    * Promoted: [ nfsha02 ]
    * Stopped: [ nfsha01 ]
  * Resource Group: nfsha:
    * fs_nfsha    (ocf::heartbeat:Filesystem):     Started nfsha02
    * nfs-daemon  (ocf::heartbeat:nfsserver):      Started nfsha02
    * exportfs_nfsv4_root    (ocf::heartbeat:exportfs):  Started nfsha02
    * cluster-ip  (ocf::heartbeat:IPaddr2):   Started nfsha02
```

▶ Vuelva a poner nfsha01 en línea:

```
# pcs node unstandby nfsha01
```

4. Proyectos XFS

4.1 Adición manual

Ahora que el clúster está en su sitio, tenemos que crear recursos compartidos con cuotas. En XFS, las cuotas se presentan de varias formas: las clásicas, correspondientes a usuarios y grupos y otra, denominada cuotas de proyecto. Un proyecto es simplemente un directorio. Por lo tanto, se puede limitar la cantidad de datos dentro de un directorio.

He aquí cómo hacerlo con dos directorios. Los archivos de configuración deben estar presentes y ser idénticos en ambos nodos. Por otro lado, los directorios a crear y los comandos XFS a ejecutar deben estar en el nodo activo del clúster, donde está montado el sistema de archivos XFS.

- Cree dos proyectos XFS que se puedan montar en NFS desde otro servidor. Los directorios se deben crear en la raíz NFS export /nfsha/exports:

```
# mkdir -p /nfsha/exports/vol{1,2}
```

Ya puede montar estos dos directorios desde otro servidor, pero el tamaño que verá será el de la raíz y, por tanto, el del sistema de s completo. Necesita añadir las cuotas.

- El archivo /etc/projects define la lista de proyectos en formato `id:path`. El identificador es numérico. Añada las dos líneas correspondientes a los proyectos:

```
# cat /etc/projects
1:/ nfsha/exports/vol1
2:/ nfsha/exports/vol2
```

El archivo /etc/projid asocia una etiqueta con el identificador del proyecto:

```
# cat /etc/projid
vol1:1
vol2:2
```

- En el nodo primario (que tiene el punto de montaje), inicialice las cuotas.

La información de cuotas está en el propio punto de montaje, cambiará con el sistema de archivos. Las cuotas se gestionan con el comando `xfs_quota`.

```
# xfs_quota -x -c 'project -s vol1' /nfsha
Setting up project vol1 (path /nfsha/exports/vol1)...
Processed 1 (/etc/projects and cmdline) paths for project vol1
with recursion depth infinite (-1).
# xfs_quota -x -c 'project -s vol2' /nfsha
Setting up project vol2 (path /nfsha/exports/vol2)...
Processed 1 (/etc/projects and cmdline) paths for project vol2
with recursion depth infinite (-1).
```

Aquí está el informe asociado. El proyecto #0 es el propio sistema de archivos XFS:

```
# xfs_quota -x -c 'report -p -h' /nfsha
Project quota on /nfsha (/dev/drbd0)
                        Blocks
Project ID   Used   Soft   Hard Warn/Grace
---------- ---------------------------------
#0            12K      0      0  00 [------]
vol1            0      0      0  00 [------]
vol2            0      0      0  00 [------]
```

Por defecto, no hay límite. Establece dos, uno de 100 MB en vol1, otro de 200 MB en vol2. Puede establecer dos límites:

- Un límite **soft**: se trata de un límite que se puede superar durante un periodo determinado (periodo de gracia). Después de este periodo, no puede hacer nada más hasta que no haya bajado de este límite.
- Un límite **hard**: este límite no se puede superar en ningún caso.

```
# xfs_quota -x -c 'limit -p bsoft=100m bhard=120m vol1'
# xfs_quota -x -c 'limit -p bsoft=200m bhard=220m vol2'
```

Resultado:

```
# xfs_quota -x -c ' report -p -h' /nfsha
Project quota on /nfsha (/dev/drbd0)
                        Blocks
Project ID   Used   Soft   Hard Warn/Grace
---------- ---------------------------------
#0            12K      0      0  00 [------]
vol1            0   100M   120M  00 [------]
vol2            0   200M   220M  00 [------]
```

- Pruebe la creación de un archivo de 110 MB en vol1:

```
# dd if=/dev/zero of=/nfsha/exports/vol1 test bs=1M count=110
110+0 records in
110+0 records out
115343360 bytes (115 MB, 110 MiB) copied, 0,0433567 s, 2,7 GB/s
```

- Tenga en cuenta que se ha superado el límite soft y que el periodo de gracia se está agotando.

```
vol1          110M   100M   120M  00 [7 days]
```

- Añada 20 MB. Ya no cabe más:

```
# dd if=/dev/zero of=/nfsha/exports/vol1/test2 bs=1M count=20
dd: error writing '/nfsha/exports/vol1/test2': No space left on device
11+0 records in
10+0 records out
10485760 bytes (10 MB, 10 MiB) copied, 0,0214425 s, 489 MB/s
```

Se ha alcanzado el límite hard:

```
vol1          120M   100M   120M  00 [6 days]
```

El periodo de gracia se puede modificar. Los valores actuales son visibles cuando se muestra la configuración global de las cuotas del sistema de archivos:

```
# xfs_quota -x -c "state" /nfsha | grep grace
Blocks grace time: [7days]
Inodes grace time: [7 days]
Realtime Blocks grace time: [7 days]
```

- Cambie el periodo de gracia de los bloques (tamaño) a 10 días, de manera global. Esto no afecta a los proyectos ya creados:

```
# xfs_quota -x -c 'timer -p -b 10days' /nfsha
```

▶ Para cambiar las cuotas por proyecto, añada el nombre del mismo en el comando:

```
# xfs_quota -x -c 'timer -p -b 10days vol1' /nfsha
```

El estado va a reflejar la nueva cuota.

```
vol1          120M   100M   120M  00 [10 days]
```

4.2 Prueba NFS

Esta prueba asume que el nodo primario es nfsha01. Si este no es el caso, adapte la prueba en consecuencia.

▶ En primer lugar, cambie los permisos del directorio vol1 para que el usuario por defecto pueda escribir en él. El UID y/o GID deben coincidir, aquí `1000:1000` para el usuario seb:

```
# chown 1000:1000 /nfsha/exports/vol1
```

Ahora puede probar el montaje desde otra máquina definida en el capítulo Infraestructura y servicios básicos, por ejemplo, nodo1. En primer lugar, se debe instalar el paquete nfs-common:

```
# apt install nfs-common
```

▶ Crear un punto de reunión:

```
# mkdir /mnt/vol1
```

▶ Por último, monte vol1. /nfsha/exports es la raíz (`fsid=0`) de todos los recursos compartidos NFS, por lo que no es necesario especificarlo:

```
# mount -t nfs nfsvip:/vol1 /mnt/vol1
```

La ejecución de `df` muestra claramente el límite de 100 MB (después de haber eliminado loa archivo de prueba anteriores):

```
# df -h | grep vol1
nfsvip:/vol1                     100M     0  100M   0% /mnt/vol1
```

- Como usuario normal, aquel al que se le han dado permisos sobre el directorio vol1, desplácese al punto de montaje y cree un archivo de algún tipo.

```
$ cd /mnt/vol1
$ dd if=/dev/zero of=fic1 bs=1k count=1000
1000+0 records in
1000+0 records out
1024000 bytes (1,0 MB, 1000 KiB) copied, 0,0151025 s, 67,8 MB/s
```

- Sin moverse del punto de montaje, apague el nodo primario nfsha01. El nodo nfsha02 se convierte en el nuevo primario. Nada parece haber afectado al montaje en nodo1:

```
$ df .
Filesystem     1K-blocks  Used Available Use% Mounted on
nfsvip:/vol1      102400  1792    100608   2% /mnt/vol1
$ ls
fic1
```

- Cree un archivo nuevo:

```
$ dd if=/dev/zero of=fic2 bs=1k count=1000
1000+0 records in
1000+0 records out
1024000 bytes (1,0 MB, 1000 KiB) copied, 0,0151025 s, 67,8 MB/s
```

- Reinicie nfsha01 (espere a que se inicie por completo) y, a continuación, detenga nfsha02: nfsha01 vuelve a ser el nodo primario. Puede ver que todo vuelve a funcionar. En nfsha01, puede ver el contenido del sistema de archivos /nfsha, que es síncrono:

```
root@nfsha01:/nfsha/exports/vol1# ll
total 2000
drwxr-xr-x 2 seb  seb       30 mars   8 18:52 ./
drwxr-xr-x 4 root root      44 mars   8 18:32 ../
-rw-r--r-- 1 root root 1024000 mars   8 18:50 fic1
-rw-r--r-- 1 root root 1024000 mars   8 18:52 fic2
```

El clúster está en marcha y la disponibilidad del almacenamiento está garantizada.

4.3 Split-brain

No todo es perfecto en el mundo del clustering y del almacenamiento DRBD. Puede ocurrir, tras una pérdida de sincronización entre nodos, a nivel de DRBD, por ejemplo, que cada uno cree ser el primario y, en caso de reconexión, el clúster ya no sepa quién es el "verdadero" primario. Los nodos están perdidos. En este caso, DRBD detecta un split-brain: los dos nodos se declaran primarios e independientes y ya no se pueden comunicar. Nos toca a nosotros resolver el problema.

```
Mar 8 19:18:23 nfsha01 kernel: [27018.412578] block drbd0:
Split-Brain detected but unresolved, dropping connection!
```

Es bastante sencillo provocar un split-brain. Por ejemplo, puede pasar al punto de montaje XFS del nodo primario, lo que significa que un proceso sigue en él y luego pasar al secundario. Pacemaker no puede desmontar el sistema de archivos local, pero nfsha02 ha tomado el control: nfsha01 no puede degradar el recurso DRBD a secundario mientras todavía esté en uso. Es un split-brain.

Cuando esto ocurre, lo primero que hay que recordar es cuál fue (o sigue siendo) el último nodo primario activo, el que tiene el sistema de archivos más actualizado. En el nodo menos actualizado, cambia el recurso a secundario. Por ejemplo, aquí en nfsha02:

```
# drbdadm secondary nfsha
```

- A continuación, indique que todos los datos han caducado y solicita una conexión con el primario:

```
# drbdadm -- --discard-my-data connect nfsha
```

- En el primario, vuelva a conectar el recurso:

```
# drbdadm connect nfsha
```

Los dos volúmenes se volverán a sincronizar. Si el tamaño es importante, esto llevará tiempo. La traza del sistema indica que el problema se ha resuelto:

```
Mar 8 19:24:23 nfsha01 kernel: [29041.425788] block drbd0:
Split-Brain detected, manually solved. Sync from this node
```

La recuperación manual sigue siendo la opción más segura, pero es posible automatizar la resolución de un split-brain. Consulte la documentación oficial de DRBD en https://www.linbit.com/drbd-user-guide/drbd-guide-9_0-en/#ch-troubleshooting.

Otra solución es utilizar STONITH y el *fencing* (cierre forzado) de los recursos del antiguo nodo primario, durante una conmutación. Los detalles están disponibles en https://clusterlabs.org/pacemaker/doc/crm_fencing.html. STONITH permite que un nodo controle al otro deteniéndolo o reiniciándolo. En el caso de un servidor físico, se puede imaginar que, durante una conmutación por error, el nodo primario accede al puerto de administración (por ejemplo, ILO en HP) del servidor, para reproducir comandos o a la toma eléctrica gestionada a distancia para apagarlo.

En un servidor virtual, esto significa que una máquina virtual debe poder pedir al hipervisor que controle otra máquina virtual. Esto tiene implicaciones importantes, sobre todo en términos de seguridad. Algunos hipervisores, como VMWare, permiten la configuración cluster aware. Hay información disponible sobre este tema en una documentación proporcionada por Red Hat en https://access.redhat.com/articles/3349791.

Observación

En cualquier caso, como nada es perfecto y los clústeres son complejos, siempre hay que pensar en establecer un sistema para monitorizar la infraestructura. Por ejemplo, se podrían utilizar sondas Nagios y Centreon para comprobar el estado del clúster y de DRBD, detectar un split-brain, comprobar el estado de las cuotas, etc. También es necesario realizar copias de seguridad periódicas del contenido del sistema de archivos, en un sistema externo fiable, estable y barato, para mantenerlo a salvo.

4.4 Automatización

Los autores proporcionan un playbook Ansible manage_nfsha_volumes.yml para automatizar la creación de proyectos en el sistema de archivos XFS montado en /nfsha.

Para empezar, necesita modificar el inventario de Ansible para añadir una sección nfsha:

```
[nfsha]
nfsha01
nfsha02
```

Es fácil de usar:

- `pvname`: nombre que se dará al proyecto y al directorio.
- `pvsize`: tamaño del proyecto, es decir, su cuota. Este es el límite soft, siendo el límite hard un 10% superior (110%). El tamaño por defecto es de 1 G (1 GB).

```
ansible-playbook playbooks/manage_nfsha_volumes.yml
"pvname=vol3 pvsize=128M" --skip-tags nfsha k8s
```

Si no se especifica el nombre del proyecto, se generará automáticamente en la forma pv-nfsha-XXXXX, donde XXXXX comienza en 00001. Volveremos sobre esta convención en el capítulo Configuración de un clúster Kubernetes. Tenga en cuenta que le estamos pidiendo a Ansible que omita ciertas tareas, aquellas asociadas con la etiqueta nfsha k8s.

Así, en el clúster nfsha de uno de los autores, se obtiene esto:

```
# xfs_quota -x -c ' report -p -h' /nfsha
Project quota on /nfsha (/dev/drbd0)
                          Blocks
Project ID          Used   Soft   Hard   Warn/Grace
---------------------------------------------------
#0                   12K      0      0  00 [------]
vol1                2,0M   100M   120M  00 [------]
vol2                   0   200M   220M  00 [------]
pv-nfsha-00001         0   128M   140M  00 [------]
pv-nfsha-00002         0     1G   1,1G  00 [------]
pv-nfsha-00003         0     1G   1,1G  00 [------]
pv-nfsha-00004         0     1G   1,1G  00 [------]
pv-nfsha-00005         0     1G   1,1G  00 [------]
pv-nfsha-00006         0     1G   1,1G  00 [------]
vol3                   0   128M   140M  00 [------]
```

Puede ampliar o reducir una cuota modificando el tamaño de un proyecto existente:

```
$ ansible-playbook playbooks/manage_nfsha_volumes.yml -e
"pvname=vol3 pvsize=300M" --skip-tags nfsha k8s
...
vol3              0   300M   330M  00 [------]
```

Observación

El playbook no comprueba si la suma de los tamaños supera al del sistema de archivos. Así que cuidado con una reserva excesiva.

Capítulo 8
Implementar un cluster Kubernetes

1. Introducción

Tenemos casi todos los elementos técnicos que necesitamos para hacer que nuestra aplicación sea casi infatigable. Con Kubernetes, los pasos de mantener un inventario y desplegar mediante Ansible se vuelven innecesarios, ya que el orquestador realiza todas las operaciones por nosotros.

Pero Kubernetes en sí aún no es tolerante a fallos: Minikube no es un entorno de producción. Es hora de rectificar este problema.

En el momento de escribir estas líneas, la versión actual de Kubernetes es la 1.29.3. No obstante, dado que el ecosistema de Kubernetes evoluciona rápidamente, consulte la documentación oficial en https://kubernetes.io/docs/setup/production-environment/tools/kubeadm/high-availability/.

2. Topología

2.1 Componentes básicos

Observación

Es importante reiterar algunos de los principios tratados en el capítulo Orquestación. La configuración de un clúster es la aplicación práctica de todos los conceptos tratados (orquestación, Raft, quórum, etc.) en el capítulo anterior.

Kubernetes se compone de un **control plane** (*control plane*) y de **nodos** (*nodes, compute nodes* o *workers*). Los servidores del plan de control se denominan control-planes o masters y son los que controlan los procesos de toma de decisiones y gestionan todos los eventos. En adelante, utilizaremos uno de estos nombres o el otro, para estos servidores. Por tanto, controlan todo el clúster. Los masters y los nodos se comunican entre sí, y en los nodos se ejecutan aplicaciones en forma de pods.

Un control-plane se compone de varios servicios:

- **kube-apiserver**: punto de entrada al clúster, expone el API de Kubernetes. Cuando tiene varios masters, se ubican detrás de un repartidor de carga.
- **etcd**: base de datos clave-valor que contiene la configuración del clúster. Es en sí misma de alta disponibilidad.
- **kube-scheduler**: responsable de la programación, selecciona los nodos en los que se ejecutarán los pods, en función de las restricciones (procesador, memoria, afinidad, etc.).
- **kube-controller-manager**: gestiona los controladores (nodo, replicación, endpoints, etc.).
- **cloud-controller-manager**: interactúa con el proveedor de la nube subyacente, en su caso. Se puede desactivar.

Un nodo también dispone de servicios especializados:

- **kubelet**: servicio encargado de garantizar la ejecución de los pods, instanciar los contenedores, comprobar su funcionamiento y estado y gestionar su ciclo de vida.
- **kube-proxy**: este proxy de red permite la implementación y gestión de servicios (en el sentido de Kubernetes) a nivel de nodo y, por tanto, la comunicación de red con los pods.
- **container runtime**: es el entorno de ejecución del contenedor; hemos elegido Docker.

Con Minikube, la máquina donde se ejecuta k8s es, a la vez, control-plane y nodo, lo que resulta muy práctico para aprender, probar y desarrollar sin requisitos particulares. En producción, es vital tener componentes redundantes y tolerantes a fallos. Así que necesitas un clúster.

2.2 Elección de un runtime

Durante mucho tiempo, Kubernetes ha utilizado Docker como elemento de gestión de contenedores. Docker era monolítico y su arquitectura causaba problemas a la hora de separar roles o crear APIs. Así es como el modelo OCI separó los componentes. Docker todavía existe, pero se basa en containerd, que, es un "runtime" para administrar contenedores e imágenes, que ofrece un API estándar. El propio ontainerd se basa en un componente llamado runc, "run container", que se encarga de lanzar y controlar los contenedores.

Dado que los API están basados en estándares, containerd y runc se pueden sustituir por otros modelos de runtimes. Así es como Kubernetes puede utilizar cualquier runtime que cumpla con las especificaciones a través de los APIs estandarizados **CRI** (*Container Runtime Interface*). Cada uno tiene sus propias especificidades. Como resultado, el soporte nativo de Docker, llamado **dockershim**, se ha eliminado de Kubernetes desde la versión 1.24. Aquí usaremos el sucesor lógico de dockershim: **containerd**.

De ninguna manera esto significa que docker no funcione con Kubernetes, sino todo lo contrario. En sí, Docker se basa en containerd y cualquier imagen o contenedor creado y que se ejecute con Docker, funciona con containerd.

Containerd utiliza un CLI (*Command Line Interface*) llamada ctr.

2.3 Reparto

2.3.1 Cuórum y rendimiento

La topología de un clúster Kubernetes depende del entorno. El capítulo Orquestación discutió la noción de quórum. Vimos que se necesitan al menos N/2+1 servidores para tener tolerancia a fallos. Este es el principio adoptado por Kubernetes para el plan de control. Para garantizar la disponibilidad, se necesitan al menos tres masters. De este modo, el clúster sobrevivirá al fallo de uno de ellos.

Tener varios masters es una cuestión de tolerancia a fallos, pero también de rendimiento. Un clúster con docenas de nodos y cientos (o incluso miles) de pods, requiere muchos recursos. Los elementos están en constante comunicación entre sí en todo momento, por lo que el tráfico de red, el almacenamiento y los recursos de CPU tienen que estar a la altura. Tener varios masters también significa repartir esta carga.

La base de datos etcd, que almacena la configuración y el estado del clúster en tiempo real, es un componente crítico y debe estar altamente disponible. Generalmente es un componente de un master, pero se puede subcontratar en caso de carga pesada.

Observación

Los servicios etcd se distribuyen entre los tres control-planes. Un servidor etcd se denomina miembro. El cluster etcd es muy sensible a la latencia de las comunicaciones entre sus distintos miembros. Una red sobrecargada y/o un uso elevado de la CPU pueden causar efectos secundarios peligrosos para la estabilidad del clúster.

2.3.2 Control-plane o masters

La pérdida de uno de cada tres control-planeno repercute en el funcionamiento general del clúster, aunque se puede producir un descenso del rendimiento.

Si se pierden dos de los tres control-plane, el clúster pasa a ser de sólo lectura: no es posible ninguna otra acción (despliegue, replicación, creaciones, modificaciones, etc.).

La pérdida de tres de los tres masters no implica necesariamente la caída de los pods: los que se ejecutan en sus nodos siguen funcionando, pero el servicio se degrada, sobre todo en caso de fallo o caída del pod.

Observación

El reinicio de los masters tras la pérdida de dos o tres de ellos provoca la pérdida y el reinicio completo de todos los pods en todos los nodos: debido a la pérdida de comunicación, el estado almacenado en la base de datos etcd se considera inconsistente y el clúster no tiene más remedio que restaurarlo todo, reiniciándolo todo. Puede comprobarlo usted mismo si apaga regularmente sus máquinas virtuales de prueba. Es un principio de resiliencia.

2.3.3 Workers o nodos

Los nodos ejecutan aplicaciones en forma de pods (uno o varios contenedores). Por lo tanto, se necesitan al menos dos nodos para tener disponibilidad. Hay dos casos posibles, dependiendo de las decisiones del planificador:

- Dos pods de aplicación se ejecutan cada uno en un nodo diferente: si se pierde un nodo, un pod permanece activo y el otro se reinicia en el nodo superviviente.
- Dos pods de aplicaciones se ejecutan en el mismo nodo: si el nodo se cae, el servicio se corta brevemente mientras se inician en el nodo superviviente.

Es posible influir en la distribución utilizando etiquetas, selectores y las nociones de afinidad, antiafinidad, etc. También es posible especializar los nodos en función de sus recursos, su ubicación física o el papel que se desea que desempeñen. Por ejemplo, se pueden crear nodos de infraestructura para ejecutar funciones de entrada (routers), proxy, logs, métricas y otras.

2.3.4 Posicionamiento

El posicionamiento de los masters es fundamental. Es un acto de equilibrio.

Si desplegamos k8s en la nube, ya sea en AWS o bien en Azure y si la región tiene tres zonas, podemos desplegar un master por zona, aunque hay que tener cuidado con la latencia de red entre los masters. Normalmente eto es garantía de mucha fiabilidad.

Si tenemos dos zonas o dos centros de datos, hay dos escenarios posibles:

- Dos masters en un lado, uno en el otro: según los casos, la pérdida de un lado tiene poco o ningún impacto, mientras que la pérdida del otro hace que el clúster entre en modo degradado (lectura). Pero esta distribución puede causar problemas de latencia y sincronización si los centros de datos están muy alejados.
- Tres masters en un lado, ninguno en el otro: esto tiene la ventaja de resolver el problema de la latencia entre masters, pero tiene graves consecuencias si se pierde la zona equivocada. Se recomienda realizar copias de seguridad periódicas de los control-planes y etcd en la segunda zona para reiniciar los control-planes si es necesario.

Los nodos también se distribuyen por las zonas disponibles.

2.3.5 Topología para eni-todo

Para nuestro ejemplo, formado por máquinas virtuales que ejecutan VirtualBox, Hyper-V ou KVM (utm, libvirt...), obviamente no tenemos elección. Vamos a utilizar la siguiente topología clásica, basada en las opciones de infraestructura descritas en el capítulo Infraestructura y servicios básicos:

- tres masters,
- cuatro nodos, dos de los cuales tendrán una función "infra" complementaria,
- una VIP (IP virtual) como entrada al API de Kube.

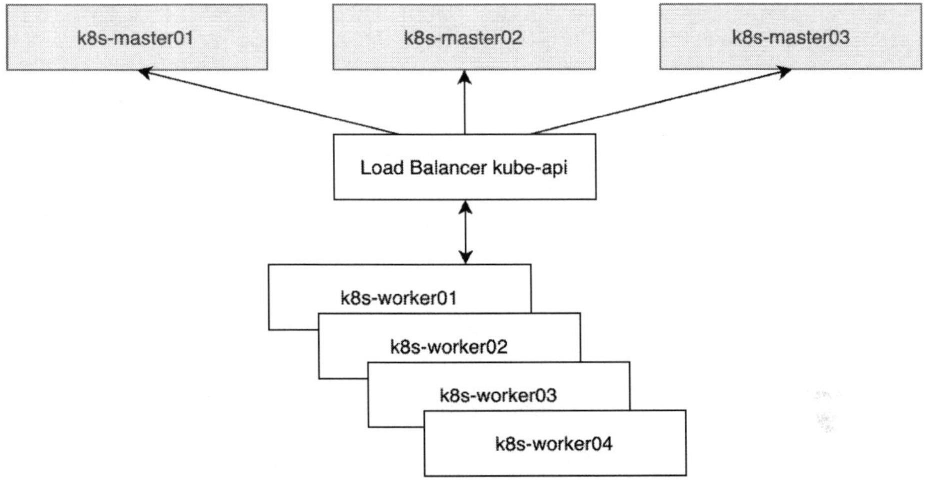

Figura 1: Topología del clúster Kubernetes

3. Preparación

3.1 Recordatorios

Los tres masters y los nodos tienen las siguientes capacidades, que son suficientes para nuestra aplicación Si utiliza una distribución k8s como OpenShift o Rancher, seguramente tendrá que duplicar o incluso cuadruplicar los valores de CPU y memoria, debido a la cantidad de componentes que traen estas distribuciones:

- 2 procesadores (vCPU),
- 2 GB de memoria,
- una raíz / 10 GB,
- un directorio /var de 40 GB.

La configuración DNS es la siguiente, incluyendo al VIP para el acceso al API de Kube:

- 192.168.56.15 api.kube.diehard.net
- 192.168.56.20 k8s-cplane 01.diehard.net
- 192.168.56.21 k8s-cplane 02.diehard.net
- 192.168.56.22 k8s-cplane 03.diehard.net
- 192.168.56.23 k8s-worker01.diehard.net
- 192.168.56.24 k8s-worker02.diehard.net
- 192.168.56.25 k8s-worker03.diehard.net
- 192.168.56.26 k8s-worker04.diehard.net

Todos los servidores están instalados en Ubuntu 24.04 LTS. Se deben eliminar todas las trazas anteriores de Kubernetes (el proceso de eliminación se describe al final del capítulo, subsección Eliminación de un clúster). El usuario Ansible y los permisos sudo asociados deben estar presentes y Ansible desde infra01 debe ser capaz de conectarse. Resolver DNS debe estar configurado para utilizar nuestros servidores DNS primario y secundario.

3.2 HAProxy

Como cada master tiene el componente kube-apiserver, puede responder a peticiones de clientes y nodos, por defecto en el puerto 6443. Necesitamos configurar una VIP y colocar los tres masters detrás de un repartidor de carga o proxy inverso. Vamos a utilizar los repartidores de carga creados en el capítulo Infraestructura y servicios básicos.

La VIP es al aprovisionada en el capítulo Infraestructura y servicios básicos: 192.168.56.15. Estamos escuchando en el puerto 8443. El backend está en modo TCP y el control de estado está en /healthz.

Una configuración puede ser la siguiente:

```
frontend apikube
    bind 192.168.56.15:8443
    mode tcp
    option tcplog
    default_backend kubemasters

backend cplanes
    option httpchk GET /healthz
    http-check expect status 200
    mode tcp
    option ssl-hello-chk
    balance     roundrobin
    server k8s-cplane01 192.168.56.20:6443 check
    server k8s-cplane02 192.168.56.21:6443 check
    server k8s-cplane03 192.168.56.22:6443 check
```

Debe abrir el puerto 8443 en los repartidores de carga.

Puede utilizar Ansible para establecer una configuración compatible con la instalación. Este es un ejemplo de un archivo kube_cplanes.yml utilizable (piense en modificar el nombre de la interfaz en función de su instalación):

```
$ cat playbooks/vars/kube_cplanes.yml
env: home
ip: 192.168.56.15
iface: enp0s8
instance: lan
port: 8443
real_port: 6443
http_check: "GET /healthz"
http_status: 200
ssl: yes
backend_servers:
  - k8s-cplane01
  - k8s-cplane02
  - k8s-cplane03
```

▶Reproduzca el playbook deploy_tcp_vhost.yml:

```
$ ansible-playbook playbooks/deploy_tcp_vhost.yml \
-e"conf=kube_cplanes reload=yes env=home datacenter=home"
```

El resultado es el siguiente:

```
listen kube_cplanes
  bind 192.168.56.15:8443
  mode tcp
  option tcplog
  balance roundrobin

  option httpchk GET /healthz
  http-check expect status 200
  option ssl-hello-chk
  server k8s-cplane01 k8s-cplane01:6443 check
  server k8s-cplane02 k8s-cplane02:6443 check
  server k8s-cplane03 k8s-cplane03:6443 check
```

Observación

En el caso de una instalación "pura" de Kubernetes (sin nuestro HAProxy), también es posible desplegar un HAProxy y un Keepalived dedicados por master, directamente en los masters. De esta manera, cada master estará totalmente disponible.

3.3 Preparación de los servidores

Antes de instalar el clúster, hay que preparar los futuros masters y nodos.

3.3.1 Configuración del sistema

Todos los servidores deben estar perfectamente sincronizados y la configuración NTP y de la zona horaria (*timezone*) debe ser idéntica.

En /etc/systemd/timesyncd.conf:

```
[Time]
NTP=es.pool.ntp.org
```

En /etc/timezone:

```
Europe/París
```

- Añada la clave GPG del almacén Kubernetes de Google.

```
$  curl -fsSL https://pkgs.k8s.io/core:/stable:/v1.29/deb/Release.key |
sudo gpg --dearmor -o /etc/apt/keyrings/kubernetes-apt-keyring.gpg
```

- Cree el archivo de configuración del almancén de Kubernetes en /etc/apt/sources.list.d:

```
$ cat /etc/apt/sources.list.d/kubernetes.list
deb [ signed-by=/etc/apt/keyrings/kubernetes-apt-keyring.gpg]
https://pkgs.k8s.io/core:/stable:/v1.29/deb/ /
```

Observación

Si está en una arquitectura específica, piense en `dpkg --print-architecture`.

- Instale los paquetes necesarios:

```
$ sudo apt-get update
$ sudo apt-install net-tools apt-transport-https curl vim git \
iptutils-ping kubelet kubeadm kubectl gnupg-agent software-
properties-common ca-certificates containerd.io nfs-kernel-server
```

- Para evitar que los paquetes de Kubernetes se actualicen accidentalmente, impida que apt actualice determinados paquetes:

```
$ sudo apt-mark hold kubeadm kubectl kubelet
```

- Kubernetes no funciona si swap está habilitado. Por lo tanto, elimine todas las líneas correspondientes a swap en /etc/fstab y, a continuación, detenga swap:

```
$ sudo swapoff -a
```

- Ahora confirure containerd. Modifique el archivo /etc/containerd/config.toml, añadiendo el siguiente valor en la sección indicada:

```
[plugins."io.containerd.grpc.v1.cri".containerd.runtimes.runc.options]
          SystemdCgroup = true
```

- Es necesario modificar los parámetros del kernel. Cree el archivo /etc/sysctl.d/kubernetes.conf. Autorice el reenvío (enrutamiento) y filtrado de redes puenteadas (bridges) por el firewall Netfilter:

```
$ cat /etc/sysctl.d/kubernetes.conf
net.bridge.bridge-nf-call-ip6tables=1
net.bridge.bridge-nf-call-iptables=1
net.ipv4.ip_forward=1
$ sudo sysctl -p /etc/sysctl.d/kubernetes.conf
```

- Active el servicio kubelet:

```
$ sudo systemctl enable kubelet
```

Para simplificar la gestión de los contenedores, se ha desactivado apparmor.

```
sudo systemctl stop apparmor
sudo systemctl disable apparmor
sudo systemctl status apparmor
```

3.3.2 Configuración del firewall

Los masters y los nodos necesitan comunicarse entre sí en ciertos puertos. Del mismo modo, los pods y la capa de red que vamos a añadir a Kubernetes también se deben comunicar. Las reglas por defecto son las siguientes:

- `incoming` (entrada): `deny`
- `outgoing` (salida): `allow`
- `routed` (enrutado): `allow`

```
$ sudo ufw default deny incoming
$ sudo ufw default allow outgoing
$ sudo ufw default allow routed
```

En los masters, abra los siguientes puertos y protocolos. Para cada línea, abra el flujo correspondiente:

```
$ sudo ufw allow proto <protocole> from 192.168.56.0/24 to any
port <port>
```

Puertos	Protocolo	Rol
6443	TCP	kube-apiserver
2379:2380	TCP	etcd
10250:10252	TCP	kubelet
8285	UDP	Flannel overlay network, UDP
8472	UDP	Flannel overlay network, VXLAN

En los nodos:

Puertos	Protocolo	Rol
10250	TCP	kubelet
8472	UDP	Flannel overlay networkFlannel
30000:32767	TCP/UDP	Exposition NodePort
80	TCP	HTTP pour les ingress
443	TCP	HTTPS pour les ingress
8443	TCP	Comunicación de master a ingress Nginx (sólo los masters deben poder acceder a él)

Por último, la red de pods utiliza una subred de clase A 10.x y, en nuestro ejemplo, sólo la utilizarán los componentes de nuestro clúster. Autorizar el acceso (en un verdadero entorno de producción, será necesario ser más restrictivo):

```
$ sudo ufw allow desde 10.0.0.0/8
```

3.3.3 Automatización

Los autores proporcionan un playbook para automatizar la preparación de control-planes y nodos (o *workers nodes*). En primer lugar, hay que modificar el inventario de Ansible:

```
[k8s_cplanes]
k8s-cplanes01
k8s-cplanes02
k8s-cplanes03

[k8s_workers]
k8s-worker01
k8s-worker02
k8s-worker03
k8s-worker04

[k8s_infra]
k8s-worker01
k8s-worker02

[k8s:children]
k8s_cplanes
k8s_workers
```

A continuación, reproduzca el playbook prepare_k8s_server.yml:

```
$ ansible-playbook playbooks/prepare_k8s_servers.yml
```

4. Construcción

4.1 Imágenes de Kubernetes

Si aún no lo ha hecho, asegúrese de que el servicio kubelet esté activado en todos sus servidores.

```
$ ansible k8s -m shell --become -a "systemctl enable kubelet"
```

El comando central para la configuración inicial del cluster es `kubeadm`. Kubernetes en sí funciona en forma de pods, es decir, contenedores. A diferencia de las aplicaciones que vamos a desplegar, es el servicio kubelet el que los pondrá en marcha de forma estática cuando se active. En primer lugar, vamos a recuperar estas imágenes. Esto no es obligatorio (la creación de masters sí lo es), pero nos aseguraremos de que están ahí.

▶Recupera las imágenes de cada máster:

```
$ sudo kubeadm config images pull
```

Puede utilizar un Ansible:

```
$ ansible k8s_cplanes -m shell --become -a "kubeadm config images pull"
```

El resultado es el siguiente:

```
[config/images] Pulled registry.k8s.io/kube-apiserver:v1.29.3
[config/images] Pulled registry.k8s.io/kube-controller-manager:v1.29.3
[config/images] Pulled registry.k8s.io/kube-scheduler:v1.29.3
[config/images] Pulled registry.k8s.io/kube-proxy:v1.29.3
[config/images] Pulled registry.k8s.io/coredns/coredns:v1.11.1
[config/images] Pulled registry.k8s.io/pause:3.9
[config/images] Pulled registry.k8s.io/etcd:3.5.12-0
```

4.2 Primer master

4.2.1 Bootstrap

Los siguientes comandos se ejecutan como root.

El primer master será **k8s-master01**. El parámetro `init` se utiliza para crear el primer master del plano de control.

▶Cree el primer master con los siguientes parámetros:

```
# kubeadm init \
   --control-plane-endpoint"api.kube.diehard.net:8443" \
   --pod-network-cidr=10.244.0.0/16 \
   --upload-certs
```

Como la salida es muy larga, nos limitaremos a comprobar que la inicialización ha ido bien. Algunas advertencias pueden ser ignoradas (versión de Docker por ejemplo). Se realizan las siguientes acciones:

- comprobación de la versión de Docker,
- recuperación de imágenes (ya realizada),
- generación de todos los certificados,
- creación de la configuración completa de los distintos componentes,
- componentes de inicio: kubelet, kube-apiserver, kube-controller, kube-scheduler,
- arranque de clústeres.

Debería aparecer el siguiente mensaje. Para utilizar el comando `kubectl` como usuario, puede ejecutar los comandos proporcionados. Verá en el capítulo Ir más allá cómo crear tus propios usuarios, con sus propios permisos:

```
Your Kubernetes control-plane has initialized successfully!

To start using your cluster, you need to run the following as
a regular user:

  mkdir -p $HOME/.kube
  sudo cp -i /etc/kubernetes/admin.conf $HOME/.kube/config
  sudo chown $(id -u):$(id -g) $HOME/.kube/config
...
```

La siguiente sección muestra cómo añadir masters al control plane, así como nodos. Fíjate en el token: tendrá que ser utilizado en nuestros próximos comandos.

```
You should now deploy a pod network to the cluster.
Run "kubectl apply -f [podnetwork].yaml" with one of the options listed at:
  https://kubernetes.io/docs/concepts/cluster-administration/addons/

You can now join any number of the control-plane node running the
following command on each as root:

  kubeadm join api.kube.diehard.net:8443 --token mvrog6.ctg3g0pbaxyd9xyd \
        --discovery-token-ca-cert-hash
sha256:467216388048dcb2efea74b016d2ffa5b743876a811d43410b2f21eae90b29e5 \
        --control-plane --certificate-key
511503dd49c78402f48effbb79cb55380ac4f1a979aa24b7ab4d9283115bdb07
```

```
Please note that the certificate-key gives access to cluster
sensitive data, keep it secret!
As a safeguard, uploaded-certs will be deleted in two hours; If
necessary, you can use
"kubeadm init phase upload-certs --upload-certs" to reload certs afterward.

Then you can join any number of worker nodes by running the
following on each as root:

kubeadm join api.kube.diehard.net:8443 --token mvrog6.ctg3g0pbaxyd9xyd \
        --discovery-token-ca-cert-hash sha256:
467216388048dcb2efea74b016d2ffa5b743876a811d43410b2f21eae90b29e5
```

▶ Para poder utilizar `kubectl`, primero configure el entorno utilizando los comandos suministrados cuando inició el primer master:

```
#  mkdir -p $HOME/.kube
# cp -i /etc/kubernetes/admin.conf $HOME/.kube/config
# chown $(id -u):$(id -g) $HOME/.kube/config
```

Observación

También puede copiar este archivo en infra01 o infra02 para administrar el clúster desde estos servidores. En la práctica, sería mejor desvincular y evitar desplegar su servidor bastión con tantos servicios, pero para el futuro, es más conveniente.

El parámetro `cluster-info` indica el estado actual y debe devolver:

```
# kubectl cluster-info
Kubernetes control plane is running at https://api.kube.diehard.net:8443
CoreDNS is running at https://api.kube.diehard.net:8443/api/v1/namespaces/
kube-system/services/kube-dns:dns/proxy

To further debug and diagnose cluster problems, use 'kubectl cluster-info dump'.
```

4.2.2 Franela

Kubernetes no viene con una capa de red por defecto que permita a los pods comunicarse entre sí. Necesitamos instalar un controlador o plugin de red, basado en la especificación **CNI**. Su función es permitir que los pods se comuniquen entre sí en y entre nodos. Para simplificar, utilizaremos Flannel, que no es el más potente ni el más completo (no soporta las *Network Policies* y, por tanto, aislamiento de red), pero que es el más sencillo. Hablaremos más sobre las *Network Policies* en el capítulo Ir más allá.

La Flannel está disponible en https://github.com/flannel-io/flannel#flannel.

▶Instale Flannel.

Observación

Tenga en cuenta que estamos tomando aquí la última versión (lastest) que corresponde a v0.24.4 en el momento de escribir este capítulo (marzo de 2024). Si desea una versión diferente, reemplace v0.24.4 por la versión que desee.

```
# kubectl apply -f https://github.com/flannel-io/flannel/releases/
download/v0.24.4/kube-flannel.yml
namespace/kube-flannel created
serviceaccount/flannel created
clusterrole.rbac.authorization.k8s.io/flannel created
clusterrolebinding.rbac.authorization.k8s.io/flannel created
configmap/kube-flannel-cfg created
daemonset.apps/kube-flannel-ds created
```

Si Flannel se ha iniciado, su pod está en estado `Running` y las interfaces de red cni0 y flannel aparecerán:

```
# kubectl get pods -n kube-flannel -o wide
NAME                        READY   STATUS    RESTARTS   AGE
IP              NODE           NOMINATED NODE   READINESS GATES
kube-flannel-ds-wpjvg   1/1     Running   0          68s
192.168.56.20   k8s-cplane01   <none>           <none>



# ip a s dev cni0
4: cni0: <BROADCAST,MULTICAST,UP,LOWER_UP> mtu 1450 qdisc noqueue
state UP group default qlen 1000
    inet 10.244.0.1/24 brd 10.244.0.255 scope global cni0
```

```
# ip a s dev flannel.1
3: flannel.1: <BROADCAST,MULTICAST,UP,LOWER_UP> mtu 1450 qdisc
noqueue state UNKNOWN group default
    inet 10.244.0.0/32 scope global flannel.1
```

Un pod Flannel estará presente en cada master y nodo desplegado para permitir que todos se comuniquen (pods, servicios, etc.).

4.2.3 Listar los contenedores

Dado que Kubernetes no usa Docker, puede enumerar los diferentes contenedores iniciados con el comando ctr. Los contenedores k8s son visibles en k8s.io espacio, así:

```
# ctr -n k8s.io containers list
CONTAINER
IMAGE                                                   RUNTIME
00426622cd7c94df06678f2a5369376f45537339cea15871b97dcb09164e39e8
docker.io/flannel/flannel:v0.24.4                       io.containerd.runc.v2
07deceee55a36dcda2bc91fcd9a82922c9b2aca368628fe441fdea5cfcc68a1f
registry.k8s.io/pause:3.6                               io.containerd.runc.v2
09762bee77183655de4590a1f3342601134094d1eba6070a0d6845542d9b872c
registry.k8s.io/etcd:3.5.12-0                           io.containerd.runc.v2
0bbe27ccc9acb790525eea2edc5c0ca47230867fa7639d9d5dc100fb76b183d3
registry.k8s.io/pause:3.6                               io.containerd.runc.v2
...
```

4.2.4 Comprobar ETCD

Etcd es el corazón de Kubernetes, si está en un disco que es demasiado lento, su clúster puede tener un comportamiento muy errático.

Para comprobar su rendimiento, puede:

▶ En un master, identifique el pod etcd:

```
# export CONTAINER_RUNTIME_ENDPOINT="unix:///run/containerd/
containerd.sock"
sudo -E crictl ps --label io.kubernetes.container.name=etcd

CONTAINER           IMAGE               CREATED             STATE
NAME                ATTEMPT             POD ID              POD
5b480dca9dd85       014faa467e297       27 minutes ago      Running
etcd                0                   a27402c9b42f3       etcd-k8s-cplane01
```

▶ Entre en el pod etcd, con `PODNAME = 5b480dca9dd85.`

```
# sudo -E crictl exec -it ${PODNAME} /bin/sh
```

▶ Ejecute el comando de comprobación del rendimiento con:

```
etcdctl check perf --endpoints=https://127.0.0.1:2379 --cacert=/
etc/kubernetes/pki/etcd/ca.crt --cert=/etc/kubernetes/pki/etcd/
peer.crt --key=/etc/kubernetes/pki/etcd/peer.key
59 / 60 Booooooooooooooooooooooooooooooooooooooooom  !  98.33%
PASS: Throughput is 151 writes/s
PASS: Slowest request took 0.009850s
PASS: Stddev is 0.000395s
PASS
```

Si obtiene en resultado `'PASS'`, significa que el rendimiento es correcto.

4.3 Segundo y tercer master

Si hemos tardado en añadir los últimos control-planesy nodos, es posible que el certificado haya caducado. En este caso, basta con regenerarlo:

```
# kubeadm init phase upload-certs --upload-certs
[upload-certs] Storing the certificates in Secret "kubeadm-certs"
in the "kube-system" Namespace
[upload-certs] Using certificate key:
b267a32520c57da779652b4f7fdd060bd93b29424771f10d25add1b27ab6b5bd
```

▶ Añada los dos últimos masters. En k8s-cplanes02 y luego en k8s-cplanes03, ejecute el siguiente comando como root:

```
# kubeadm join api.kube.diehard.net:8443 --token mvrog6.ctg3g0pbaxyd9xyd \
        --discovery-token-ca-cert-hash
sha256:467216388048dcb2efea74b016d2ffa5b743876a811d43410b2f21eae90b29e5 \
        --control-plane --certificate-key
511503dd49c78402f48effbb79cb55380ac4f1a979aa24b7ab4d9283115bdb07
```

▶ Obtenga la misma salida que durante el bootstrap del primer master. Puede seguir el arranque comprobando el estado de los servidores. Cuando el estado es `Ready`, el control plane está en su lugar:

```
# kubectl get nodes
NAME            STATUS   ROLES           AGE     VERSION
k8s-cplane01    Ready    control-plane   7m48s   v1.29.3
k8s-cplane02    Ready    control-plane   49s     v1.29.3
k8s-cplane03    Ready    control-plane   35s     v1.29.3
```

4.4 Modificación del controlador

Estos cambios no son obligatorios, pero mejoran en gran medida la capacidad de respuesta del clúster en caso de pérdida accidental de un nodo, así como la conmutación por error del pod.

Por defecto, cuando un nodo se detiene o se bloquea, un pod tarda cinco minutos en cambiar a un nuevo nodo. La idea es que, durante su arranque, el pod se reinicie y el retraso pueda ser aceptable.

Este retraso se puede modificar en el manifiesto del controlador ubicado en /etc/kubernetes/manifests/kube-controller-manager.yaml.

▶ Modifique los parámetros de puesta en marcha como se indica a continuación:

```
spec:
  containers:
  - command:
    - kube-controller-manager
...
    - --node-monitor-grace-period=16s
    - --node-monitor-period=2s ...
```

▶ Modifique también el archivo /etc/kubernetes/manifests/kube-apiserver.yaml añadiendo las siguientes opciones:

```
    - --default-not-ready-toleration-seconds=30
    - --default-unreachable-toleration-seconds=30
```

▶ A continuación, reinicie los masters, uno por uno o todos juntos (todavía no se ha desplegado nada especial en ellos):

```
# reboot
```

4.5 Añadir nodos

▶ Si ha olvidado el token, el hash o el comando que se debe ejecutar, en un control-plane lance el siguiente comando:

```
# kubeadm token create --print-join-command
kubeadm join api.kube.diehard.net:8443 --token yhnufv.5qbht9ckl8n0j66k
--discovery-token-ca-cert-hash
sha256:467216388048dcb2efea74b016d2ffa5b743876a811d43410b2f21eae90b29e5a
```

▶ En cada nodo, a saber de k8s-worker01 a k8s-worker04, ejecute como root este comando tal y como se proporciona por el comando anterior:

```
#
kubeadm join api.kube.diehard.net:8443 --token yhnufv.5qbht9ckl8n0j66k
--discovery-token-ca-cert-hash
sha256:467216388048dcb2efea74b016d2ffa5b743876a811d43410b2f21eae90b29e5
```

Obtendrá una salida de este tipo:

```
[preflight] Running pre-flight checks
[preflight] Reading configuration from the cluster...
[preflight] FYI: You can look at this config file with 'kubectl -n
kube-system get cm kubeadm-config -o yaml'
[kubelet-start] Writing kubelet configuration to file "/var/lib/
kubelet/config.yaml"
[kubelet-start] Writing kubelet environment file with flags to file
"/var/lib/kubelet/kubeadm-flags.env"
[kubelet-start] Starting the kubelet
[kubelet-start] Waiting for the kubelet to perform the TLS Bootstrap...

This node has joined the cluster:
* Certificate signing request was sent to apiserver and a response
was received.
* The Kubelet was informed of the new secure connection details.

Run 'kubectl get nodes' on the control-plane to see this node join
the cluster.
```

Para mejorar la reactividad de la detección de nodos no funcionales, se les va a pedir que informen de su estado a los masters más a menudo.

- Modifique los parámetros en /var/lib/kubelet/kubeadm-flags.env, añadiendo este valor a la variable:

```
KUBELET_KUBEADM_ARGS="--network-plugin=cni -pod-infra-container-
image=k8s.gcr.io/pause:3.2 --node-status-update-frequency=4s"
```

Una vez iniciado el paquete, el estado es el siguiente:

```
# kubectl get nodes
NAME           STATUS   ROLES           AGE     VERSION
k8s-cplane01   Ready    control-plane   39h     v1.29.3
k8s-cplane02   Ready    control-plane   39h     v1.29.3
k8s-cplane03   Ready    control-plane   39h     v1.29.3
k8s-worker01   Ready    <none>          6m37s   v1.29.3
k8s-worker02   Ready    <none>          2m47s   v1.29.3
k8s-worker03   Ready    <none>          2m8s    v1.29.3
k8s-worker04   Ready    <none>          103s    v1.29.3
```

- Añada una etiqueta `infra` a los dos primeros nodos:

```
# kubectl label nodes k8s-worker01 role=infra
# kubectl label nodes k8s-worker02 role=infra
```

Tenga en cuenta que el rol no se muestra mediante el comando `kubectl get nodes`. Un rol es, en realidad, solo una etiqueta y la forma de proceder ha evolucionado.

- Para asignar la etiqueta correcta, utilice esto:

```
# kubectl label node k8s-worker01 node-role.kubernetes.io/worker=infra
node/k8s-worker01 labeled
```

Entonces, el rol se asignará correctamente y se mostrará:

```
k8s-worker01   Ready   infra          40m   v1.29.3
k8s-worker02   Ready   infra          36m   v1.29.3
```

Nuestro clúster está listo.

4.6 Estado del clúster

Si el comando `kubectl get nodes` le proporciona el estado actual de un control-plane o worker en tiempo real (ready o no), es posible que necesite más detalles. El siguiente comando proporciona el estado general de los componentes principales del clúster:

```
# kubectl get cs -o wide
NAME                 STATUS    MESSAGE   ERROR
controller-manager   Healthy   ok
scheduler            Healthy   ok
etcd-0               Healthy   ok
```

Si no es suficiente, se puede acceder a más detalles con el siguiente comando:

```
# kubectl get --raw='/readyz?verbose'
[+]ping ok
[+]log ok
[+]etcd ok
[+]etcd-readiness ok
[+]informer-sync ok
...
```

Este es el estado general del clúster. El clúster puede notificar un buen estado a pesar de que uno o varios nodos estén en mal estado. En este caso, deberá obtener más detalles sobre un nodo determinado:

```
# kubectl describe node k8s-worker03
```

La salida es larga pero instructiva. Las últimas líneas proporcionan los eventos significativos en la vida del nodo en cuestión, podemos ver aquí que se ha cambiado a `NodeNotReady`, después de un reinicio voluntario:

```
Events:
  Type     Reason         Age        From              Message
  ----     ------         ----       ----              -------
...
  Normal   NodeNotReady   8s         node-controller   Node k8s-worker03
status is now: NodeNotReady
```

Algunos instantes después:

```
Warning  Rebooted        92s          kubelet Node k8s-worker03
has been rebooted, boot id: 661f97d0-05cd-4ebe-b3da-3500254f267c
```

Este comando proporciona mucha más información:

- versiones,
- etiquetas y anotaciones,
- el estado actual,
- las diferentes condiciones para la elección por el scheduler,
- los recursos asignados por el pod,
- los recursos totales y sus límites, lo que puede explicar por qué el programador se niega a crear un pod en un nodo.

4.7 Prueba

4.7.1 Primer despliegue

▶Cree un primer namespace:

```
$ kubectl create ns first-test
```

Desplegará pods Nginx y probará el comportamiento del clúster.

▶Cree una configuración de despliegue que inicie dos pods por defecto:

```
$ cat nginx-deploy.yaml
apiVersion: apps/v1
kind: Deployment
metadata:
  name: my-nginx
spec:
  selector:
    matchLabels:
      run: my-nginx
  replicas: 2
  template:
    metadata:
      labels:
        run: my-nginx
```

```
    spec:
      containers:
      - name: my-nginx
        image: nginx
        ports:
        - containerPort: 80
```

▶ Aplique la configuración. Tras unos instantes, compruebe el estado del despliegue y asegúrese de que los pods se han iniciado. Kubernetes elige los nodos en los que iniciar los pods, aquí k8s-worker01 y k8s-worker04 (puede obtener un resultado diferente):

```
# kubectl -n first-test apply -f ./nginx-deploy.yaml
deployment.apps/my-nginx created

$ kubectl -n first-test get deploy
NAME        READY   UP-TO-DATE   AVAILABLE   AGE
my-nginx    2/2     2            2           2m28s

$ kubectl -n first-test get pods -o wide
NAME                          READY   STATUS    RESTARTS   AGE
IP           NODE             NOMINATED NODE   READINESS GATES
my-nginx-684dd4dcd4-7vbxw     1/1     Running   0          52s
10.244.4.2  k8s-worker02     <none>            <none>
my-nginx-684dd4dcd4-msgmx     1/1     Running   0          52s
10.244.5.2  k8s-worker03     <none>            <none>
```

4.7.2 Primera exposición

Los pods se han puesto en marcha. Podemos acceder a ellos a través de sus respectivas IP desde cualquier master o nodo. Esto confirma que Flannel funciona correctamente: no se debe olvidar abrir el puerto 80 en 10.0.0.0/8'.

```
$ curl -I http://10.244.5.2

HTTP/1.1 200 OK
Server: nginx/1.25.4
Date: Mon, 01 Apr 2024 10:35:18 GMT
...
```

Un servicio Kubernetes añade una primera capa de abstracción y permite verificar el funcionamiento del kube-proxy:

```
$ kubectl -n first-test expose deployment/my-nginx
service/my-nginx exposed

 kubectl -n first-test get svc my-nginx
NAME        TYPE        CLUSTER-IP       EXTERNAL-IP   PORT(S)  AGE
my-nginx    ClusterIP   10.101.250.223   <none>        80/TCP   70s

# kubectl -n first-test describe svc my-nginx
Name:                   my-nginx
Namespace:              first-test
Labels:                 <none>
Annotations:            <none>
Selector:               run=my-nginx
Type:                   ClusterIP
IP Family Policy:       SingleStack
IP Families:            IPv4
IP:                     10.101.250.223
IPs:                    10.101.250.223
Port:                   <unset>  80/TCP
TargetPort:             80/TCP
Endpoints:              10.244.4.2:80,10.244.5.2:80
Session Affinity:       None
Events:                 <none>
```

Se puede acceder al servicio a través de la IP 10. 101.250.223, que se asigna dinámicamente cuando se crea el servicio y persistirá durante toda su vida útil (incluso después de un reinicio completo del clúster). Los dos pods están presentes como endpoints. Una petición `curl` sobre las IPs del servicio o del pod funciona:

```
$ curl -I http://10. 101.250.223
HTTP/1.1 200 OK
...
```

Si desea entender cómo se accede a esta IP cuando no aparece en el momento de pasar el comando `ifconfig` o `ip a`, recuerde todas las configuraciones establecidas a nivel del sistema durante los primeros pasos de configuración. En particular, hemos permitido el filtrado en redes puenteadas (bridges), el enrutamiento, el forwarding, el enmascaramiento y el uso de traducciones de direcciones NAT. Aquí es donde todo se produce y es bastante complicado. Este libro no está dedicado a Kubernetes, por lo que puede encontrar excelentes explicaciones de la implementación en los siguientes enlaces:

https://serenafeng.github.io/2020/03/26/kube-proxy-in-iptables-mode/

https://dustinspecker.com/posts/iptables-how-kubernetes-services-direct-traffic-to-pods/

4.7.3 Añadir los pods

- Ponga a prueba el kube-scheduler y el kube-controller-manager, pasando de dos a seis pods, pero con pods totalmente nuevos, reduciendo primero su número a cero:

```
$ kubectl -n first-test scale deployment my-nginx --replicas=0;
kubectl -n first-test scale deployment my-nginx --replicas=6
deployment.apps/my-nginx scaled
deployment.apps/my-nginx scaled

# kubectl -n first-test get pods -o wide | grep nginx
my-nginx-684dd4dcd4-96vzf Running  22s   10.244.5.5   k8s-worker03
my-nginx-684dd4dcd4-h7v96 Running  22s   10.244.4.5   k8s-worker02
my-nginx-684dd4dcd4-qt55s Running  22s   10.244.4.6   k8s-worker02
my-nginx-684dd4dcd4-smhhf Running  22s   10.244.5.6   k8s-worker03
my-nginx-684dd4dcd4-tc9nq Running  22s   10.244.3.3   k8s-worker01
my-nginx-684dd4dcd4-vxqpn Running  22s   10.244.6.4   k8s-worker04
```

- Tiene seis pods repartidos en los cuatro nodos y dos de ellos están en el mismo nodo. Pero la distribución podría haber sido completamente diferente, dependiendo de los recursos de los nodos.

4.7.4 Resolución DNS interna

Kubernetes proporciona un servicio interno de resolución DNS llamado **coreDNS**. Los pods y servicios se ejecutan en los masters del espacio de nombres kube-system.

```
# kubectl get services kube-dns --namespace=kube-system
NAME        TYPE         CLUSTER-IP    EXTERNAL-IP
PORT(S)                   AGE
kube-dns    ClusterIP    10.96.0.10    <none>
53/UDP,53/TCP,9153/TCP    23m
```

▶ Pruebe la capa DNS lanzando un pod interactivo busybox que ofrece un shell. A continuación, pruebe una resolución de nombres del servicio my-nginx creado en los pasos anteriores. Tenga en cuenta que la resolución se intentará en todos los dominios conocidos del clúster y, finalmente, devolverá la resolución del servicio.

```
# kubectl -n first-test run curl --image=curlimages/curl -i --tty
-- sh

If you don't see a command prompt, try pressing enter.
$ nslookup my-nginx

Server:         10.96.0.10
Address:        10.96.0.10:53

** server can't find my-nginx.diehard.net: NXDOMAIN
** server can't find my-nginx.cluster.local: NXDOMAIN
** server can't find my-nginx.svc.cluster.local: NXDOMAIN
** server can't find my-nginx.diehard.net: NXDOMAIN
** server can't find my-nginx.svc.cluster.local: NXDOMAIN
** server can't find my-nginx.cluster.local: NXDOMAIN

Name:    my-nginx.first-test.svc.cluster.local
Address: 10.101.250.223
```

4.8 Enrutador ingress

4.8.1 Aspectos principales

El servicio permite la exposición interna al clúster, pero no es accesible desde el exterior. Para ello, como vimos en el capítulo Despliegue con Kubernetes, necesitamos utilizar un router o ingress (en nuestro caso, estos dos términos son intercambiables): el **Ingress Controller**. Este es simplemente un componente que permite que los servicios de Kubernetes se expongan al resto de la red. Es un reverse proxy o un repartidor de carga que tendrán en cuenta los protocolos HTTP y HTTPS. Al igual que los plugins de red, existen varios: HAProxy, Nginx, Apache, F5, Citrix, etc.

Kubernetes evoluciona, además, en este dominio a través del API de Gateway, que también puede permitir la exposición de otros servicios en la capa 4 (transporte) del modelo OSI L4 (TCP por ejemplo).

Vamos a utilizar un controlador simple: Nginx. Funciona exactamente con el mismo principio que nuestro proxy Nginx, presentado en el capítulo Exposición y reparto: envía conexiones, no a contenedores o pods directamente, sino a los endpoints de un servicio Kubernetes.

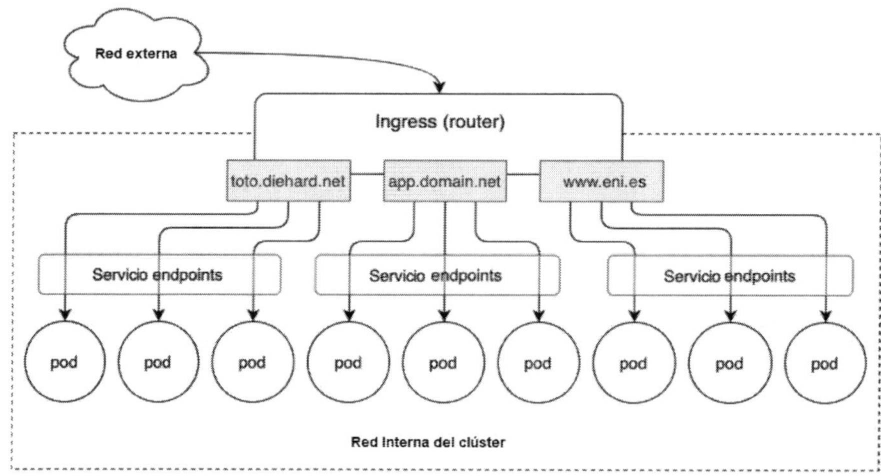

Figura 2: Funcionamiento de ingress

El controlador de entrada de Nginx está disponible en la dirección: https://kubernetes.github.io/ingress-nginx/deploy/

4.8.2 Instalación

Por defecto, el controlador de entrada Nginx está configurado en modo NodePort: Kubernetes asigna uno o varios puertos, de forma aleatoria, dentro del rango de puertos especificado al instalarlo. El router utiliza dos puertos arbitrarios: uno para HTTP, el otro para HTTPS, dentro del rango configurado (32000-32768). Vamos a conformarnos con esto para empezar, mientras instalamos y ejecutamos las primeras pruebas.

Ingress Nginx está disponible en la dirección https://github.com/kubernetes/ingress-nginx.

- Instale ingress como se indica a continuación. La versión 0.44.0 ha sido probada con Kubernetes 1.20.2. Sin embargo, debería comprobar si hay nuevas versiones disponibles. De nuevo, dependiendo de la evolución del producto, se pueden producir variaciones en la configuración.

```
# kubectl apply -f https://raw.githubusercontent.com/kubernetes/ingress-nginx/
controller-v1.10.0/deploy/static/provider/cloud/deploy.yaml
namespace/ingress-nginx created
serviceaccount/ingress-nginx created
serviceaccount/ingress-nginx-admission created
role.rbac.authorization.k8s.io/ingress-nginx created
role.rbac.authorization.k8s.io/ingress-nginx-admission created
clusterrole.rbac.authorization.k8s.io/ingress-nginx created
clusterrole.rbac.authorization.k8s.io/ingress-nginx-admission created
rolebinding.rbac.authorization.k8s.io/ingress-nginx created
rolebinding.rbac.authorization.k8s.io/ingress-nginx-admission created
clusterrolebinding.rbac.authorization.k8s.io/ingress-nginx created
clusterrolebinding.rbac.authorization.k8s.io/ingress-nginx-admission created
configmap/ingress-nginx-controller created
service/ingress-nginx-controller created
service/ingress-nginx-controller-admission created
deployment.apps/ingress-nginx-controller created
job.batch/ingress-nginx-admission-create created
job.batch/ingress-nginx-admission-patch created
ingressclass.networking.k8s.io/nginx created
validatingwebhookconfiguration.admissionregistration.k8s.io/
ingress-nginx-admission created
```

También hay que définir, al menos, una `ingressClass` por defecto, con la notación `ingressclass.kubernetes.io/is-default-class: "true"`:

```
$ cat nginx-ingressclass.yaml

apiVersion: networking.k8s.io/v1
kind: IngressClass
metadata:
  labels:
    app.kubernetes.io/component: controller
  name: nginx
  annotations:
    ingressclass.kubernetes.io/is-default-class: "true"
spec:
  controller: k8s.io/ingress-nginx


$ kubectl -n ingress-nginx apply -f nginx-ingressclass.yaml
ingressclass.networking.k8s.io/nginx created
```

Si todo ha transcurrído según lo previsto, varios pods arrancaron:

```
# kubectl -n ingress-nginx get pods
NAME                                        READY   STATUS      RESTARTS   AGE
ingress-nginx-admission-create-gzl8t        0/1     Completed   0          2m1s
ingress-nginx-admission-patch-ckjwg         0/1     Completed   1          2m1s
ingress-nginx-controller-7dcdbcff84-wps4n   1/1     Running     0          2m1s
```

El servicio **ingress-nginx-controller** indica qué puertos de los nodos están asociados a puertos HTTP y HTTPS, en este caso los puertos 31826 para http y 30760 para HTTPS:

```
# kubectl -n ingress-nginx get service/ingress-nginx-controller
NAME                       TYPE           CLUSTER-IP       EXTERNAL-IP
PORT(S                      AGE
ingress-nginx-controller   LoadBalancer   10.102.168.251   <pending>
80:31826/TCP,443:30760/TCP   2m27s
```

Puede probar el estado del router ingress (desde un nodo):

```
# curl -I http://localhost:31826/healthz
HTTP/1.1 200 OK
Date: Mon, 01 Apr 2024 12:29:34 GMT
Content-Type: text/html
Content-Length: 0
Connection: keep-alive
```

4.8.3 Primer ingress

Vamos a probar nuestra primera ruta a la aplicación my-nginx, desplegada en la sección anterior.

▶ Cree un archivo nginx-ingress.yaml con la siguiente información:

- El host es example.com.
- El servicio de destino es my-nginx.
- El puerto de destino es 80.

```
$ cat nginx-ingress.yaml
apiVersion: networking.k8s.io/v1
kind: Ingress
metadata:
  name: nginx-ingress
  namespace: first-test
spec:
  ingressClassName: nginx
  rules:
  - host: example.com
    http:
      paths:
      - backend:
          service:
            name: my-nginx
            port:
              number: 80
        path: /
        pathType: Exact
```

▶ Aplique la configuración. Tenga en cuenta que ingress se debe crear en el espacio de nombres de la aplicación.

```
# kubectl -n first-test apply -f nginx-ingress.yaml
ingress.networking.k8s.io/nginx-ingress created
```

- Comprueba que ingress y el servicio están presentes. El puerto es sobre el que ingress y el servicio escuchan (y no el NodePort asociado):

```
# kubectl -n first-test get ingress
NAME            CLASS    HOSTS         ADDRESS          PORTS   AGE
nginx-ingress   nginx    example.com             80       76m
# kubectl -n ingress-nginx get svc
NAME                                 TYPE           CLUSTER-IP
EXTERNAL-IP   PORT(S)                      AGE

ingress-nginx-controller             LoadBalancer   10.102.168.251
<pending>     80:31826/TCP,443:30760/TCP   82m

ingress-nginx-controller-admission   ClusterIP      10.102.107.3
<none>        443/TCP                      82m
```

- Verifique:

```
# curl http://192.168.56. 24:31826 -H "Host: example.com"
<!DOCTYPE html>
<html>
<head>
<title>Welcome to nginx!</title>
```

Y sobre la IP del servicio (desde un nodo):

```
# curl http://10.102.168.251 -H "Host: example.com"
<!DOCTYPE html>
<html>
<head>
<title>Welcome to nginx!</title>
...
```

Observación

Como estamos usando NodePorts, podemos hacer pruebas desde cualquier miembro del clúster.

4.8.4 Modo host network

Es posible modificar el comportamiento de los controladores exponiendo directamente los puertos 80 y 443 de los nodos donde están desplegados. Para ello, es necesario pasar a *host network*. Existen dos limitaciones importantes:

- Los puertos 80 y 443 no deben estar ya en uso.
- Sólo puede haber un controlador por nodo (un segundo controlador no puede utilizar el mismo puerto).

Vamos a utilizar un DaemonSet asociado a un selector de nodo. (*node selector*) Un DaemonSet garantiza la presencia de un único pod por nodo con una etiqueta determinada. Vamos a colocar nuestros controladores en k8s-worker01 y k8s-worker02, que serán, por tanto, especializados. Podemos basarnos en las etiquetas `infra` configuradas cuando se instalaron los dos nodos.

- Recupere el archivo de despliegue que utilizó durante la instalación de ingress:

```
kubectl -n ingress-nginx get deploy ingress-nginx-controller
-o yaml > nginx-ingress-daemonset.yaml
```

- Haga un backup:

```
kubectl -n ingress-nginx get deploy ingress-nginx-controller
-o yaml > nginx-ingress-backup.yaml
```

- En el archivo nginx-ingress-daemonset.yaml, elimine el conjunto de información salvo la que tiene que ver con el despliegue:

```
apiVersion: apps/v1
kind: Deployment
metadata:
  labels:
    app.kubernetes.io/component: controller
    app.kubernetes.io/instance: ingress-nginx
```

Hágalo como sigue:

- Renombre `Deployment` como `DaemonSet`.
- Sustituya `strategy` por `updateStrategy` y conserve solo RollingUpdate.

- En `spec`, añada `hostNetwork: true` y `dnsPolicy: ClusterFirstWithHostNet`.
- En `nodeSelector`, añada el rol `infra`.

De esta manera obtiene estos cambios:

```
apiVersion: apps/v1
kind: DaemonSet
metadata:
  name: ingress-nginx-controller
  namespace: ingress-nginx
spec:
  updateStrategy:
    type: RollingUpdate
...
  template:
    spec:
      hostNetwork: true
    dnsPolicy: ClusterFirstWithHostNet
    nodeSelector:
      node-role.kubernetes.io/worker: infra...
```

– La estrategia de actualización es del tipo `RollingUpdate`: el DaemonSet se actualiza nodo a nodo; siempre hay un pod en cada nodo.

– El host network está habilitada y el controlador utiliza los puertos 80 y 443.

– El selector está en la etiqueta `"role"`: los pods se despliegan en los nodos correspondientes.

- Despliegue el Daemonset:

```
$ kubectl -n ingress-nginx apply -f nginx-ingress-daemonset.yaml
daemonset.apps/ingress-nginx-controller created
```

- Elimine el antiguo despliegue:

```
# kubectl -n ingress-nginx delete deploy/ingress-nginx-controller
```

o:

```
# kubectl -n ingress-nginx delete -f nginx-ingress-backup.yaml
deployment.apps "ingress-nginx-controller" deleted
```

- Tras unos instantes, compruebe los pods. Sólo deberían estar ejecutándose en k8s-worker01 y k8s-worker02, según la etiqueta especificada:

```
# kubectl -n ingress-nginx get pods -o wide | grep controller
ingress-nginx-controller-7nb8p Running  40m 192.168.56.23 k8s-worker01
ingress-nginx-controller-fjrb6 Running  40m 192.168.56.24 k8s-worker02
```

Ahora puede realizar pruebas directamente en el puerto HTTP predeterminado:

```
$  curl http://192.168.56.23 -H "Host: example.com"
<!DOCTYPE html>
<html>
<head>
<title>Welcome to nginx!</title>
```

5. Procedimientos adicionales

5.1 Crash o apagado sucio de un nodo

Si un nodo se detiene violentamente, pueden ocurrir cosas extrañas. Cuando esto ocurre, el origen del problema no se notifica a los masters: no saben por qué el nodo ya no es visible. ¿Deben reiniciar los pods que faltan? Después de todo, el problema puede ser transitorio: el nodo se puede reiniciar rápidamente y los pods asociados pueden volver a ser accesibles.

También existe un mecanismo de timeout. El nodo se detecta como `NotReady` y con la configuración que aplicamos al crear los masters, se inicia un mecanismo de desalojo de pods tras un retardo variable, de unos 30 segundos a 1 minuto. Los pods que se estaban ejecutando en el nodo accidentado pasan al estado `Terminating`. A continuación, se aplica un periodo de gracia, que se ha fijado en 30 segundos, al final del cual Kubernetes sustituye el pod ausente por uno nuevo. A esto hay que añadir el tiempo que se tarda en detectar el nodo defectuoso, el tiempo que se tarda en reiniciar el nuevo pod (recuperar la imagen y lanzarla), etc.

Estos retrasos ponen de manifiesto la necesidad de comprobar el estado del clúster y de los servicios a través de la monitorización. Kubernetes reinicia los servicios, pero tarda más que en un apagado limpio. Puede acelerar la conmutación de pods manualmente, forzando el apagado de los pods que todavía están presentes en el nodo que se ha detenido:

```
$ kubectl delete pod NAME --grace-period=0 --force
```

5.2 Parada del nodo limpio

Para detener un nodo (por motivos de mantenimiento: actualización del sistema operativo, parches de seguridad, etc.), hay que seguir un procedimiento sencillo:

- evitar que el programador lance nuevos pods en este nodo,
- transferir los pods presentes a otros nodos, si es posible.

Por ejemplo, para detener k8s-worker01:

```
$ kubectl cordon k8s-worker01
node/k8s-worker01 cordoned
# kubectl drain k8s-worker01 --force --ignore-daemonsets

node/k8s-worker01 already cordoned

Warning: ignoring DaemonSet-managed Pods: ingress-nginx/
ingress-nginx-controller-7nb8p, kube-flannel/kube-flannel-ds-tb5jl,
kube-system/kube-proxy-87z4p

evicting pod first-test/my-nginx-684dd4dcd4-tc9nq
pod/my-nginx-684dd4dcd4-tc9nq evicted
node/k8s-worker01 drained
```

Los pods siguen ejecutándose en el nodo, pero proceden de un DaemonSet. Si se detienen, se reiniciarán directamente de todos modos (no les afecta el planificador). Los otros pods se han reiniciado en otros nodos. Por ejemplo, my-nginx (salida truncada):

```
$ kubectl get pods -o wide -A | grep my-nginx
first-test my-nginx-684dd4dcd4-96vzf Running 139m k8s-worker03
first-test my-nginx-684dd4dcd4-h7v96 Running 139m k8s-worker02
first-test my-nginx-684dd4dcd4-klndn Running 44s  k8s-worker04
```

Tras el reinicio o las modificaciones, se puede volver a autorizar a Kubernetes para que reinicie los pods en él:

```
$ kubectl uncordon k8s-worker01
node/k8s-worker01 uncordoned
```

5.3 Destruir un clúster

Durante las numerosas pruebas, los autores tuvieron que reinstalar Kubernetes varias veces: fallos, nuevas versiones, etc. Para volver a empezar de cero, basta con destruir las máquinas virtuales y volver a crearlas. Pero también es posible desinstalar el clúster y empezar de nuevo limpiamente: es rápido y sencillo.

Para empezar desde cero, reproduce los siguientes comandos en los masters y nodos:

```
$ sudo kubeadm reset
$ sudo apt-get purge kubeadm kubectl kubelet kubernetes-cni kube*
$ sudo rm -rf ~/.kube
$ sudo rm -rf /etc/cni
$ sudo rm -rf /etc/kubernetes
$ sudo rm -rf /var/lib/etcd
$ sudo rm -rf /var/lib/kubelet
```

Capítulo 9
Integración final

1. Introducción

Ahora tenemos todos los recursos técnicos y funcionales que necesitamos para alcanzar nuestro objetivo final: hacer que todos nuestros servicios sean totalmente redundantes y tolerantes a fallos.

Todavía tenemos que eliminar los últimos puntos únicos de fallo (SPOF). Los recursos ya existentes y los que ofrece Kubernetes nos permitirán salvar los últimos obstáculos y completar nuestra aplicación principal.

2. Volúmenes persistentes

2.1 Clúster NFS-HA

Ya hemos cubierto los volúmenes persistentes en el capítulo Despliegue con Kubernetes. Además, en el capítulo Almacenamiento de alta disponibilidad, creamos un clúster NFS de alta disponibilidad, con un playbook de Ansible que le permite crear recursos compartidos como desee. Kubernetes soporta volúmenes NFS. Nuestro ejemplo se basa en VirtualBox VMs y no tenemos ninguna clase de almacenamiento (*storage class*) para estos volúmenes. Pero podemos adaptar nuestro playbook para crear volúmenes persistentes usando una plantilla y añadirla a Kubernetes.

La plantilla Jinja nfs-pv.yaml.j2 es la siguiente:

```
apiVersion: v1
kind: PersistentVolume
metadata:
  name: {{ final_pvname }}
  labels:
    size: {{ pvsize }}i
    format: xfs
{% if labels is defined %}{% for k,v in labels.items() %}
    {{ k }}: {{ v }}
{% endfor %}{% endif %}

spec:
  capacity:
    storage: {{ pvsize }}i
  accessModes:
  - ReadWriteOnce
  - ReadWriteMany
  nfs:
    path: /{{ final_pvname }}
    server:  {{ nfs_vip }}
  persistentVolumeReclaimPolicy: Recycle
{% if storageclass is defined %}  storageClassName:
{{ storageclass }}{% endif %}
```

NFS permite utilizar el modo de acceso **RWX** (*Read-Write-Many*): el volumen puede ser compartido entre varios pods, lo que es ideal para nuestra aplicación eni-todo y sus descargas de archivos. Pero también puede utilizar el modo **RWO** (*Read-Write-Once*): un volumen se asocia a un único pod y no se puede compartir.

La línea `Recycle` indica cómo reacciona Kubernetes cuando el volumen se libera definitivamente, es decir, se disocia de los pods destruyendo la petición de volumen persistente (PVC). Existen tres modos de `persistentVolumeReclaimPolicy`, aquí utilizamos `Recycle`: el contenido del volumen se elimina completamente y puede ser reutilizado. Como recordatorio, el modo `Retain` retiene el contenido y el volumen no puede ser reutilizado sin la acción del administrador, mientras que el modo `Delete` destruye el volumen y dependiendo de la clase de almacenamiento, destruye el almacenamiento subyacente (el volumen AWS EBS, el volumen Azure Disk, etc.).

El siguiente paso es crear o actualizar el volumen persistente mediante el comando `kubectl`. Ansible realizará estas tareas en el primer maestro definido en el inventario. Si el volumen persistente no existe, genera el archivo de descripción a partir de la plantilla y lo ejecuta. Si el volumen persistente existe, actualiza sólo su nuevo tamaño.

2.2 Suministro de volúmenes persistentes

Vamos a necesitar mucho volumen para integrar nuestros servicios. Para la aplicación eni-todo, por supuesto, pero también para la base de datos y el registro Docker.

Es bastante sencillo: basta con hacer un bucle para ejecutar el playbook de Ansible varias veces. Vamos a crear 20 recursos compartidos NFS en el clúster, con 20 volúmenes persistentes asociados en el clúster Kubernetes, cada uno con un tamaño máximo de 10 GB. Como recordatorio, estos 10 GB son cuotas: el espacio real en el clúster de almacenamiento no se ve afectado (en realidad no tenemos 200 GB disponibles). Esto será más que suficiente para el inicio.

La línea de comando que es necesario ejecutar como usuario Ansible desde infra01, es la siguiente:

```
$ for i in $(seq -f'%05g' 1 20); do \
    ansible-playbook -v \
    playbooks/manage_nfsha_volumes.yml \
    -e "pvname=pv-nfsha-$i pvsize=10G" ; \
done
```

Después de unos minutos, puede ver el resultado en el clúster Kubernetes (la salida está truncada):

```
$ kubectl get pv
NAME            CAPACITY ACCESS MODES RECLAIM POLICY   STATUS
pv-nfsha-00001 10Gi      RWO,RWX      Recycle          Available
pv-nfsha-00002 10Gi      RWO,RWX      Recycle          Available
pv-nfsha-00003 10Gi      RWO,RWX      Recycle          Available
pv-nfsha-00004 10Gi      RWO,RWX      Recycle          Available
...
pv-nfsha-00018 10Gi      RWO,RWX      Recycle          Available
pv-nfsha-00019 10Gi      RWO,RWX      Recycle          Available
pv-nfsha-00020 10Gi      RWO,RWX      Recycle          Available
```

He aquí los detalles del primer volumen persistente:

```
$ kubectl describe pv/pv-nfsha-00001
Name:            pv-nfsha-00001
Labels:          format=xfs
                 size=10Gi
Annotations:     <none>
Finalizers:      [kubernetes.io/pv-protection]
StorageClass:
Status:          Available
Claim:
Reclaim Policy:  Recycle
Access Modes:    RWO,RWX
VolumeMode:      Filesystem
Capacity:        10Gi
Node Affinity:   <none>
Message:
Source:
    Type:       NFS (an NFS mount that lasts the lifetime of a pod)
    Server:     192.168.56.12
    Path:       /pv-nfsha-00001
    ReadOnly:   false
Events:         <none>
```

Ahora, cualquier pod que necesite acceder a un volumen podrá obtenerlo automáticamente a través de una solicitud de volumen persistente (PVC), si hay un volumen disponible y coincide con los criterios de selección (principalmente modo de acceso y tamaño).

Para la base de datos que vamos a utilizar, hay algunas sutilezas a tener en cuenta. De hecho, dado que no se ejecuta bajo la identidad de root, no podrá escribir en el punto de montaje. Por lo tanto, es necesario poder crear volúmenes específicos con los permisos de acceso adecuados. Kubernetes ofrece diferentes clases de almacenamiento, llamadas `'StorageClass'`. Su función suele ser ofrecer la creación dinámica de volúmenes según un aprovisionador o provisioner. Esto es particularmente útil para la nube, donde, por ejemplo, los volúmenes se pueden aprovisionar fácilmente en Azure o AWS: cuando se solicita un volumen persistente, Kubernetes crea directamente el recurso necesario y lo utiliza. Hay un provisioner de NFS, que podríamos haber usado, pero dado que creamos volúmenes con anticipación, simplemente crearemos una `'StorageClass'` genérica y diremos que un PV está vinculado a ella. Así, cuando se solicite un volumen de este tipo de clase, se elegirá de esta lista. Tenga en cuenta que no especificamos ningún provisioner:

```
$ cat mariadb-storageclass.yaml
apiVersion: storage.k8s.io/v1
kind: StorageClass
metadata:
  name: galera-pv
provisioner: kubernetes.io/no-provisioner
$ kubectl apply -f mariadb-storageclass.yaml
```

▶ Ahora con Ansible, desde infra01, cree algunos volúmenes persistentes para esta clase de almacenamiento. Tenga en cuenta que estamos cambiando los usuarios y grupos de recursos compartido NFS y que estamos especificando nuestra `'StorageClass'`:

```
$ for i in $(seq -f'%05g' 21 35); do \
  ansible-playbook -v playbooks/manage_nfsha_volumes.yml \
  -e "pvname=pv-nfsha-$i pvsize=10G" \
  -e 'storageclass=galera-pv' \
  -e 'pv_share_user=10000 pv_share_group=10000';\
done
```

Del lado de Kubernetes, uno de estos PV se parece a lo siguiente:

```
NAME              CAPACITY   ACCESS MODES ... STORAGECLASS
pv-nfsha-00030    10Gi       RWO,RWX          galera-pv
pv-nfsha-00031    10Gi       RWO,RWX          galera-pv

$ kubectl describe pv pv-nfsha-00030
Name:             pv-nfsha-00030
...
StorageClass:     galera-pv
...
```

3. Registry Docker

3.1 Arquitectura

En el capítulo Infraestructura y servicios básicos, instalamos nuestro registro Docker en el servidor infra01. Este servicio no es de alta disponibilidad. Su pérdida no es necesariamente grave (se reinstala rápidamente); tiene que esperar a que se reinicie o, en el peor de los casos, en caso de pérdida de almacenamiento, reconstruir las imágenes (si no tiene una copia de seguridad). Sin embargo, esto no deja de ser un SPOF. Vamos a utilizar todos los medios a nuestro alcance para resolver este problema.

Vamos a desplegar uno o varios pods de registro, tomados de la imagen proporcionada por Docker, la misma que en el capítulo de Infraestructura y servicios básicos. El registro que vamos a crear utilizará uno de los volúmenes persistentes que acabamos de crear para almacenar nuestras imágenes.

El registro se expondrá mediante un servicio y, sobre todo, un enrutador ingress. Nuestros repartidores de carga HAProxy proporcionarán acceso global antes del enrutador ingress.

Podríamos desplegar este registro en HTTP hasta los routeres ingress y gestionar la terminación SSL/TLS sólo en los repartidores HAProxy. Pero esta es una oportunidad para aplicar algunas de las técnicas del controlador ingress Nginx: vamos a comunicarnos utilizando cifrado de extremo a extremo.

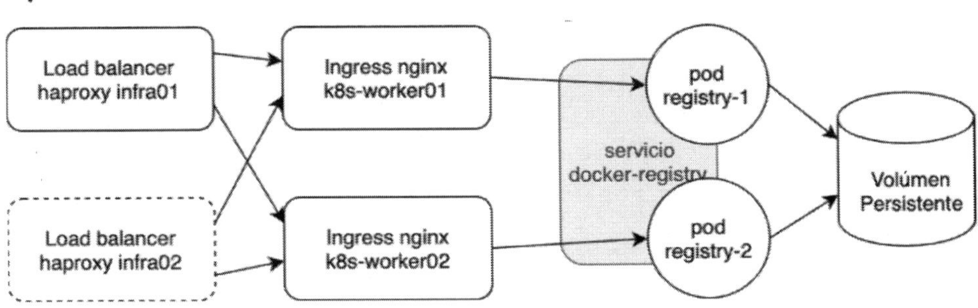

Figura 1: Integración de un registro Docker en Kubernetes

3.2 Generar un secreto

▶Primero cree el archivo:

```
$ kubectl create ns registry
```

Los pods deben poder acceder a las claves y certificados de registry.diehard.net.

▶Cree un secreto de tipo TLS (consulte el capítulo Despliegue con Kubernetes), que puede utilizar tanto para el registry como para la ruta ingress, especificando su nombre y dónde encontrar los valores (adapte la ruta en consecuencia):

```
$ kubectl -n registry create secret tls ssl-key-cert \
  --key=./certs/registry.diehard.net.key \
  --cert=./certs/registry.diehard.net.crt
secret/ssl-key-cert created
```

El resultado es el siguiente (truncado). Los valores están codificados (pero no cifrados) en formato base64:

```
$ kubectl -n registry get secret ssl-key-cert -o yaml
apiVersion: v1
data:
  tls.crt: LS0tLS1CRUdJTiBDRVJUSUZJQ0FURS0tLS0tCk1JSUZEa
  ...
  QgQ0VSVE1GSUNBVEUtLS0tLQo=
  tls.key: LS0tLS1CRUdJTiBSU0EgUFJJVkFURSBLRVktLS0tLQpNS
  ...
```

```
  S9FRnV5M1paUT0KLS0tLS1FTkQgUlNBIFBSSVZBVEUgS0VZLS0tLS0K
kind: Secret
metadata:
```

```
creationTimestamp: "2024-04-07T09:48:45Z"
  name: ssl-key-cert
  namespace: registry
type: kubernetes.io/tls
```

3.3 Despliegue

3.3.1 Demanda de volumen persistente

Nuestras imágenes necesitan ser descargadas hacia y desde un volumen de almacenamiento montado en /var/lib/registry. Tenemos que solicitar un volumen persistente de Kubernetes para ser utilizado para este propósito. Esto se hace a través de una petición de volumen persistente (PVC). Fíjese en su nombre, `registry-claim` –lo volveremos a utilizar durante el despliegue– y en el modo de acceso, `ReadWriteMany`: si queremos lanzar varios pods, deben poder compartir el mismo volumen.

```
$ cat private-registry-pvc.yaml
apiVersion: v1
kind: PersistentVolumeClaim
metadata:
  name: registry-claim
spec:
  accessModes:
    - ReadWriteMany
  resources:
    requests:
      storage: 10Gi
```

▶ Cree la petición:

```
$ kubectl -n registry apply -f private-registry-pvc.yaml
persistentvolumeclaim/registry-claim created
```

La petición se asoció a un volumen persistente:

```
$ kubectl -n registry describe pvc registry-claim

Name:          registry-claim
Namespace:     registry
StorageClass:
Status:        Bound
Volume:        pv-nfsha-00011
Labels:        <none>
Annotations:   pv.kubernetes.io/bind-completed: yes
               pv.kubernetes.io/bound-by-controller: yes
Finalizers:    [kubernetes.io/pvc-protection]
Capacity:      10Gi
Access Modes:  RWO,RWX
VolumeMode:    Filesystem
Used By:       <none>
Events:        <none>
```

3.3.2 Creación de un despliegue

Vamos a crear un recurso de tipo despliegue encargado de instanciar pods con los valores necesarios, asegurándonos de que los pods de registry sólo se despliegan en nodos con la etiqueta `infra`. Aprovecharemos para establecer una regla que solicite, si es posible, que estos pods no acaben todos en el mismo nodo.

El recurso de tipo `Deployment` tiene un nombre y una etiqueta app con el mismo valor: `docker-registry-k8s`.

```
apiVersion: apps/v1
kind: Deployment
metadata:
  name: docker-registry-k8s
  labels:
    app: docker-registry-k8s
```

Queremos dos réplicas (`replicas: 2`): por defecto, obtenemos dos pods. A continuación, empezamos a describir los objetos a desplegar

```
spec:
  replicas: 2
  selector:
    matchLabels:
      app: docker-registry-k8s
  template:
    metadata:
      labels:
        app: docker-registry-k8s
```

- Configure una regla antiafinidad (`affinity, podAntiAffinity`), porque no queremos, si es posible, tener más de un pod en un nodo dado con la etiqueta app con el valor `docker-registry-k8s`. Una regla antiafinidad evita que ciertos pods se encuentren en el mismo nodo, por ejemplo. Kubernetes priorizará entonces la creación de pods en varios nodos.

```
    spec:
      affinity:
        podAntiAffinity:
          preferredDuringSchedulingIgnoredDuringExecution:
          - weight: 100
            podAffinityTerm:
              labelSelector:
                matchExpressions:
                - key: app
                  operator: In
                  values:
                  - docker-registry-k8s
              topologyKey: kubernetes.io/hostname
```

Los pods sólo se desplegarán en nodos con la etiqueta de role `infra`.

```
      nodeSelector:
        node-role.kubernetes.io/worker: infra
```

O según su configuración:

```
      nodeSelector:
        role: infra
```

Los pods necesitarán acceder a volúmenes de datos. El primero es el secreto que contiene la clave y el certificado SSL del registry. El segundo es el proporcionado por el PVC.

```
volumes:
- name: certs
  secret:
    secretName: ssl-key-cert
- name: registry-storage
  persistentVolumeClaim:
    claimName: registry-claim
```

Ahora podemos describir nuestro contenedor a través de su nombre (su prefijo, de hecho), la imagen a utilizar y las variables a pasarle, que son prácticamente las mismas que las vistas en el capítulo Los contenedores.

```
containers:
  - image: registry:2
    name: docker-registry-k8s
    imagePullPolicy: IfNotPresent
    env:
    - name: REGISTRY_HTTP_TLS_CERTIFICATE
      value: "/certs/tls.crt"
    - name: REGISTRY_HTTP_TLS_KEY
      value: "/certs/tls.key"
    - name: REGISTRY_HTTP_ADDR
      value: "0.0.0.0:5000"
    - name: REGISTRY_STORAGE_DELETE_ENABLED
      value: "true"
    - name: REGISTRY_HTTP_SECRET
      value: Mys3cr3t
    ports:
      - containerPort: 5000
```

▶ Para el pod, indique dónde montar cada volumen descrito anteriormente. Para el volumen secreto, cada entrada (tls.key, tls.crt) se escribirá como un archivo en el punto de montaje especificado.

```
volumeMounts:
- name: certs
  mountPath: /certs
- name: registry-storage
  mountPath: /var/lib/registry
```

- Por último, añadir un control de estado, es decir, un `livenessProbe` que comprueba cada 3 segundos que el pod está respondiendo. Si no lo hace, Kubernetes lo reiniciará:

```
        livenessProbe:
         httpGet:
           scheme: HTTPS
           path: /v2/
           port: 5000
         initialDelaySeconds: 3
         periodSeconds: 3
```

- Aplicar la configuración:

```
$ kubectl -n registry apply -f private-registry-deployment.yaml
deployment.apps/docker-registry-k8s configured
```

Tras unos instantes, los pods se deberían iniciar. La salida está truncada, pero podemos ver que se han distribuido en nuestros dos nodos de infraestructura, como se especifica:

```
$ kubectl -n registry get pods -o wide
NAME                                   STATUS    NODE
docker-registry-k8s-6f755fbcc6-f6qw6  Running   k8s-worker01
docker-registry-k8s-6f755fbcc6-m797k  Running   k8s-worker02
```

Si hay algún problema, no dude en acceder a las trazas (kubectl logs) para determinar su origen, pero también a eventos dentro de tu espacio de nombres, como este, donde vemos, por ejemplo, que un error en el nombre de un secreto impide la creación de pods:

```
# kubectl -n registry get events --sort-by=.metadata.creationTimestamp

LAST SEEN    TYPE    REASON             OBJECT
MESSAGE
19m          Normal  SuccessfulCreate   replicaset/docker-registry-k8s-b89bd774
Created pod: docker-registry-k8s-b89bd774-8j26v
19m          Normal  Scheduled          pod/docker-registry-k8s-b89bd774-9cv2n
Successfully assigned registry/docker-registry-k8s-b89bd774-9cv2n to k8s-worker02
19m          Normal  Scheduled          pod/docker-registry-k8s-b89bd774-8j26v
Successfully assigned registry/docker-registry-k8s-b89bd774-8j26v to k8s-worker01
3m17s        Normal  ScalingReplicaSet deployment/docker-registry-k8s
Scaled up replica set docker-registry-k8s-b89bd774 to 2
19m          Normal  SuccessfulCreate   replicaset/docker-registry-k8s-b89bd774
Created pod: docker-registry-k8s-b89bd774-9cv2n
3m25s        Warning FailedMount        pod/docker-registry-k8s-b89bd774-9cv2n
MountVolume.SetUp failed for volume "certs" : secret "ssl-key-cert-ingress" not found
3m25s        Warning FailedMount        pod/docker-registry-k8s-b89bd774-8j26v
MountVolume.SetUp failed for volume "certs" : secret "ssl-key-cert-ingress" not found
```

Observación

Con varios pods y un volumen persistente en NFS a veces obtenemos errores, que se pueden eliminar pasando el parámetro `no_wdelay` en la exportación NFS, que es el caso del capítulo Almacenamiento en alta disponibilidad y configurando una afinidad de tipo `ClientIP` a nivel de servicio y ruta.

3.3.3 Crear un servicio

- Para acceder al registry desde el clúster, cree un servicio que acceda al puerto 5000 de los pods con la etiqueta `app=docker-registry-k8s`.

```
$ cat private-registry-svc.yaml
apiVersion: v1
kind: Service
metadata:
  labels:
    app: docker-registry-k8s
  name: docker-registry-k8s
spec:
  ports:
  - port: 5000
    protocol: TCP
  sessionAffinity: ClientIP
  selector:
    app: docker-registry-k8s
```

- Aplique la configuración:

```
$ kubectl -n registry apply -f private-registry-svc.yaml
service/docker-registry-k8s created
```

A continuación, se puede acceder al servicio desde otro pod del clúster utilizando este nombre:

```
docker-registry-k8s.registry.svc.cluster.local:5000
```

Puede realizar una prueba inicial para ver si la llamada al registro funciona en /v2/:

```
$ kubectl -n first-test run curl3 --image=curlimages/curl -it -- sh

If you don't see a command prompt, try pressing enter.
$ curl -kI \
https://docker-registry-k8s.registry.svc.cluster.local:5000/v2/

HTTP/2 200
content-type: application/json; charset=utf-8
docker-distribution-api-version: registry/2.0
x-content-type-options: nosniff
content-length: 2
 Date: Sun, 07 Apr 2024 10:29:56 GMT
```

3.4 Exposición

La creación del servicio expone el registro al clúster Kubernetes, pero no fuera de él. Es necesario crear una ruta a través del controlador ingress y poder acceder a ella a través de los repartidores de carga.

3.4.1 Añadir una ruta ingress

El controlador ingress de tipo Nginx instalado en el capítulo Configuración de un clúster Kubernetes, se utiliza para exponer los endpoints de un servicio Kubernetes de modo que se pueda acceder a él fuera del clúster. Los routeres Nginx se exponen en los puertos 80 y 443 de los dos nodos de infraestructura k8s-worker01 y k8s-worker02. Este ingress no permite modificar estos puertos por defecto. El acceso HTTPS al servicio se realizará por el puerto 443, no por el 5000. Resolveremos este pequeño problema un poco más tarde.

En lo que sigue, usamos anotaciones para decirle al enrutador que el backend (es decir, el servicio que hemos creado) es HTTPS. Cada capa de una imagen puede pesar varios cientos de megabytes, por lo que necesitamos desactivar el límite de tamaño de los datos que vamos a enviar. La ruta se expone en HTTPS, a través de una sección `tls` donde especificamos el nombre del host y los certificados. Reutilizamos el secreto existente. El servicio backend es docker-registry-k8s y el puerto backend es 5000.

```
$ cat private-registry-ingress.yaml
apiVersion: networking.k8s.io/v1
kind: Ingress
metadata:
  name: private-registry-ingress
  annotations:
    nginx.ingress.kubernetes.io/backend-protocol: "HTTPS"
    nginx.ingress.kubernetes.io/proxy-body-size: "0"
    nginx.ingress.kubernetes.io/proxy-read-timeout: "600"
    nginx.ingress.kubernetes.io/proxy-send-timeout: "600"
    kubernetes.io/tls-acme: 'true'
spec:
 ingressClassName: nginx
  tls:
  - hosts:
      - registry.diehard.net
    secretName: ssl-key-cert-ingress
  rules:
    - host: registry.diehard.net
      http:
        paths:
          - path: /
            pathType: Prefix
            backend:
              service:
                name: docker-registry-k8s
                port:
                  number: 5000
```

▶Aplique la configuración:

```
$ kubectl -n registry apply -f private-registry-ingress.yaml
ingress.networking.k8s.io/private-registry-ingress created
```

La ruta está creada, como puede ver con `describe`. Como muestran las líneas en negrita, la ruta registry.diehard.net apunta al servicio, con, detrás, todos los pods del endpoint asociado:

```
$ kubectl -n registry describe ingress

Name:             private-registry-ingress
Labels:           <none>
Namespace:        registry
Address:
Ingress Class:    nginx
Default backend:  <default>
TLS:
  ssl-key-cert terminates registry.diehard.net
Rules:
  Host                  Path  Backends
  ----                  ----  --------
  registry.diehard.net
                        /   docker-registry-k8s:5000 (10.244.3.5:5000,10.244.4.8:5000)
Annotations:            kubernetes.io/tls-acme: true
                        nginx.ingress.kubernetes.io/backend-protocol: HTTPS
                        nginx.ingress.kubernetes.io/proxy-read-timeout: 600
                        nginx.ingress.kubernetes.io/proxy-send-timeout: 600
Events:
  Type    Reason  Age                From                      Message
  ----    ------  ----               ----                      -------
  Normal  Sync    2m42s (x2 over 11m) nginx-ingress-controller Scheduled for sync
  Normal  Sync    2m42s (x2 over 11m) nginx-ingress-controller Scheduled for sync
```

Esta vez, no necesita crear un pod para probar. Puede hacerlo directamente desde la IP del nodo, por ejemplo, k8s-worker01. Obtiene el certificado correcto, el registro responde y la ruta es funcional.

```
$ curl -kI --resolve registry.diehard.net:443:192.168.56.23 \
https://registry.diehard.net/v2/


 # curl -kI --resolve registry.diehard.net:443:192.168.56.23
https://registry.diehard.net/v2/
HTTP/2 200
date: Sun, 07 Apr 2024 10:50:18 GMT
content-type: application/json; charset=utf-8
content-length: 2
docker-distribution-api-version: registry/2.0
x-content-type-options: nosniff
strict-transport-security: max-age=31536000; includeSubDomains
```

3.4.2 Exposición a través de HAProxy

Observación

Si el registro Docker configurado en el capítulo los contenedores todavía se están ejecutando en infra01 o infra02, deténgalo y destrúyalo: HAProxy y el nuevo registry tomarán el control y el puerto 5000 debe ser liberado.

¿Por qué exponer de nuevo una ruta que ya está expuesta por Kubernetes? Porque para garantizar una alta disponibilidad, hemos desplegado dos routeres ingress: necesitamos ser capaces de distribuir la carga y el acceso entre los dos. Vamos a reutilizar nuestra infraestructura de reparto de carga presentada en el capítulo Exposición y reparto y utilizaremos Ansible.

- Añada una plantilla de configuración llamada docker-registry a playbooks/vars/lb_confs.yml. El puerto HTTP devolverá un error (no hay nada escuchando detrás de él) y no necesitamos persistencia. Se realizará un control de estado en la URL /v2/.

```
  'docker-registry': {
    'lb_bind_ip': [ {'ip':'192.168.1.110','instance':'intranet'} ],
    'lb_http_port': 8080,
    'lb_https_port': 5000,
    'lb_frontend_maxconn': 100,
    'healthcheck_uri': /v2/ ,
    'healthcheck_negate': no ,
    'healthcheck_type': status,
    'expected_result': 200,
    'lb_cookie_mode:': none
  }
```

- Cree una configuración playbooks/vars/production-registry.yml. El nombre del componente, k8s, tiene un significado especial. La plantilla de backend HAProxy utilizará los servidores listados en la sección `k8s_infra` del inventario de Ansible:

```
project_components:
- component: k8s
  primary_hostname: registry.diehard.net
  hostname:
  - registry.diehard.net
  http_port: 80
  https_port: 443
  openshift_platform: k8s
```

```
service_protocol: https
redirect_http: yes
deploy_lb_vhost: yes
lb_conf_name: docker-registry
auth: no
```

Antes de implementar esta configuración, debe detener el contenedor registy en infra01: el puerto 5000 estaría en uso y HAproxy no volvería a cargar la configuración. También se debe asegurar de que las claves y los certificados estén en su lugar en los directorios correctos (en /opt/data/ssl). Si es necesario, vuelva a generarlos con el playbook generate-certificates.

▶ Ejecute el playbook como se describe en la sección Exposición y reparto:

```
$ ansible-playbook playbooks/deploy_lb_vhost.yml \
-e"component=k8s env=production application=registry" \
-e "reload=yes datacenter=home"
```

Puede abrir un navegador en la IP de infra01 y la URL http://192.168.1.110:9000/lb/infra01/stats (la contraseña establecida para las pruebas es lbadmin/lbadmin) y mirar el estado del backend registry.diehard.net: todo está en verde.

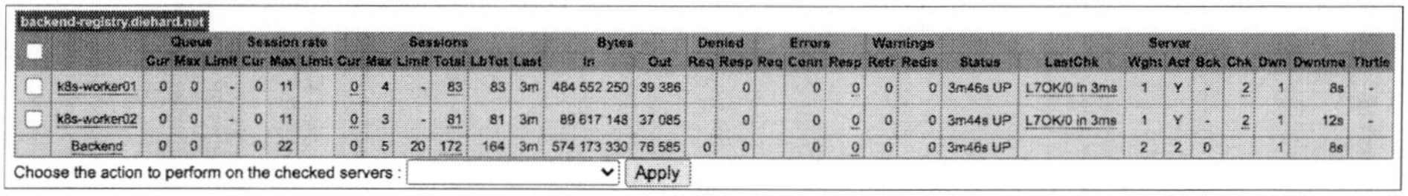

backend-registry.diehard.net

	Queue			Session rate			Sessions						Bytes		Denied		Errors			Warnings				Server						
	Cur	Max	Limit	Cur	Max	Limit	Cur	Max	Limit	Total	LbTot	Last	In	Out	Req	Resp	Req	Conn	Resp	Retr	Redis	Status	LastChk	Wght	Act	Bck	Chk	Dwn	Dwntme	Thrtle
k8s-worker01	0	0	-	0	11		0	4	-	83	83	3m	484 552 250	39 386		0		0	0	0	0	3m46s UP	L7OK/0 in 3ms	1	Y	-	2	1	8s	-
k8s-worker02	0	0	-	0	11		0	3	-	81	81	3m	89 617 148	37 085		0		0	0	0	0	3m44s UP	L7OK/0 in 3ms	1	Y	-	2	1	12s	-
Backend	0	0		0	22		0	5	20	172	164	3m	574 173 330	76 585	0	0		0	0	0	0	3m46s UP		2	2	0		1	8s	

Choose the action to perform on the checked servers : Apply

Figura 2: HAProxy nos muestra que el backend registry.diehard.net está activo

3.4.3 Prueba

Antes de modificar los registros DNS, puede realizar dos pruebas. La primera verifica la respuesta del registry, desde cualquier nodo o servidor de la infraestructura, aquí desde infra01:

```
ansible@infra01:~/ansible$  curl -kI --resolve registry.diehard.
net:5000:192.168.1.110 https://registry.diehard.net:5000/v2/
HTTP/1.1 200 OK
date: Sun, 07 Apr 2024 11:30:30 GMT
content-type: application/json; charset=utf-8
content-length: 2
docker-distribution-api-version: registry/2.0
```

```
x-content-type-options: nosniff
strict-transport-security: max-age=31536000; includeSubDomains
```

- La segunda se puede hacer desde cualquier servidor con una imagen cuyo nombre tenga el prefijo registry.diehard.net:5000/..., por ejemplo, los servidores node1 y node2 donde desplegamos la aplicación eni-todo a través de los playbooks de Ansible. Edite temporalmente el archivo /etc/hosts de node1:

```
192.168.1.110 registry.diehard.net
```

Como el antiguo registro está parado, puede empujar la imagen a su nuevo registro portado por Kubernetes.

```
$ docker image push \
    registry.diehard.net:5000/tomcat-eni-todo:v24.04-tomcat-mariadb-kub
The push refers to repository [registry.diehard.net:5000/
tomcat-eni-todo:v24.04-tomcat-mariadb-kub]


The push refers to repository [registry.diehard.net:5000/tomcat-eni-todo]
d6c383880218: Pushed
220410407adc: Pushed
e5af62acb724: Pushed
5f70bf18a086: Pushed
e3f5ef9aa2c0: Pushed
efdd62d2d5d4: Pushed
0e154392cc5c: Pushed
47234022b28a: Pushed
1c44f9d6c008: Pushed
cb42413394c4: Pushed
```

Por último, puede cambiar los registros DNS, sin olvidar cambiar el número de serie, y aplicar el cambio como se describe en el capítulo Infraestructura y servicios básicos.

```
registry         IN   A    192.168.1.110
```

Ahora se puede acceder al registry a través de registry.diehard.net:5000, tanto desde dentro como desde fuera del clúster Kubernetes.

3.5 Configuración de los workers para el registry

Para poder extraer las imágenes de nuestro registro, debe configurar containerd en los workers.

- En el archivo /etc/containerd/config.toml, modifique la directiva `config_path` después de `[plugins."io.containerd.grpc.v1.cri".registry]` para definir las carpetas de configuración de los registros utilizables. Esto da:

```
[plugins."io.containerd.grpc.v1.cri".registry]
   config_path = "/etc/containerd/certs.d"
```

- Después cree el archivo /etc/containerd/certs.d/registry.diehard.net:5000/hosts.toml para definir la configuración del registro como sigue:

```
$ cat /etc/containerd/certs.d/registry.diehard.net:5000/hosts.toml
server = https://registry.diehard.net
[host."https://registry.diehard.net:5000"]
  capabilities = ["pull", "resolve", "push"]
  skip_verify = true
```

Volvemos a lanzar containerd con el comando `sudo systemctl restart containerd` y ptobamos el pull con el comando `crictl`.

```
$ sudo crictl -r unix:///run/containerd/containerd.sock pull \
   registry.diehard.net:5000/tomcat-eni-todo:v24.04-tomcat-
mariadb-kub
```

4. Base de datos

4.1 Problemática

Hasta ahora, hemos estado utilizando la llamada base de datos autónoma: una única instancia iniciada en un servidor (modelo on-premise) o iniciada en forma de contenedor. El problema es obvio: no hay tolerancia a fallos. En caso de parada voluntaria o involuntaria del servicio, nuestra aplicación eni-todo deja de ser accesible. Así que este es un SPOF que vamos a eliminar.

Existen varias soluciones para garantizar la disponibilidad, con o sin Kubernetes. Entre las basadas en MySQL o MariaDB en modo clúster, existen soluciones multimaestro, en las que todos los servidores están activos para leer y escribir y se sincronizan entre sí y soluciones maestro-replica, en las que un maestro acepta escrituras y las réplicas aceptan lecturas, con una distribución de registros (*shards*).

Entre ellas están las soluciones Galera (multimaster) y Vitess (master-replicas).

En el capítulo Despliegue con Kubernetes, presentamos un proyecto de solución basado en StatefulSets, con una instancia MariaDB maestra y una o más réplicas. Como sólo hay un maestro y las réplicas son de sólo lectura, si perdemos el maestro, entonces se requieren manipulaciones para cambiar a un nuevo maestro, tanto en el lado del clúster como en el lado de las aplicaciones desplegadas. Si se pueden reducir los cambios manuales, es lo ideal.

También podríamos considerar el uso de un clúster de tipo Pacemaker, como para nuestro clúster NFS-HA, pero cambiando un servicio MySQL, su almacenamiento y su IP. Esto también significa que esta solución necesita un almacenamiento persistente de alta disponibilidad. Podríamos entonces utilizar una exportación presentada por el primer clúster o incluso añadir nuevos recursos al clúster Pacemaker existente.

Otra solución perfectamente factible, que los autores ya han implementado en proyectos menos críticos, consiste en desplegar un único pod MySQL o MariaDB a través de Kubernetes, asignarle un volumen persistente y dejar que "viva su vida". En caso de fallo o cambio de nodo o en caso de actualización, habrá cierto tiempo de inactividad, pero los mecanismos de desalojo de Kubernetes cambiarán el pod a un nuevo nodo y el servicio se reiniciará por sí solo. Como es lógico, la aplicación debe gestionar este caso y volver a establecer la conexión cuando MaríaDB arranque.

La mejor solución, en nuestro caso, es integrar un clúster multimaestro dentro de Kubernetes. Sin embargo, durante varios años, tenemos que admitir que era muy complicado.

Por definición, una base de datos es de tipo stateful: el servicio mantiene uno o varios estados coherentes y hace un seguimiento de las conexiones y los datos. Sin embargo, Kubernetes se diseñó para no tener estado (stateless), como los servicios HTTP y las API REST: el servidor al que nos conectamos no conserva el estado de sesiones, conexiones y transacciones anteriores y cada llamada es independiente de la anterior. Afortunadamente, apareció el recurso `statefulset` y luego los operadores.

- Un **StatefulSet** garantiza que los pods tengan siempre el mismo nombre, incluso a nivel de DNS, que estén ordenados y que todos conserven un único volumen persistente dedicado: si se solicitan tres réplicas, a cada una se le asigna su propio nombre y su propio volumen, que conserva durante toda su existencia. Es fácil que los pods se comuniquen entre sí, porque sus nombres no varían. Esto permite crear clústers como los de las bases de datos.
- Un **operador** es la conjunción de dos recursos específicos de Kubernetes: **CRDs** (*Custom Resource Definition*) y **controladores**. Un CRD permite ampliar el API de Kubernetes según sus propias necesidades, mientras que un controlador permite controlar sus llamadas y su funcionamiento. Podríamos imaginar un recurso de tipo base de datos y un controlador que gestione las llamadas a este recurso: creación, reinicio, apagado, destrucción, etc.

4.2 Galera

Galera (https://galeracluster.com/) es un clúster de base de datos basado en MySQL o MariaDB. Cada instancia MariaDB sigue siendo maestra con acceso de lectura y escritura. Galera incluye un API llamado **wsrep** y un plugin añadido a MariaDB que proporciona un API para replicar datos entre instancias. Galera utiliza este API para sincronizar las instancias.

Como resultado, cada instancia contiene datos síncronos. Cualquier escritura en una de las instancias es replicada por Galera a las otras. Para acceder a MariaDB, todo lo que necesita hacer es añadir un servicio sobre las instancias.

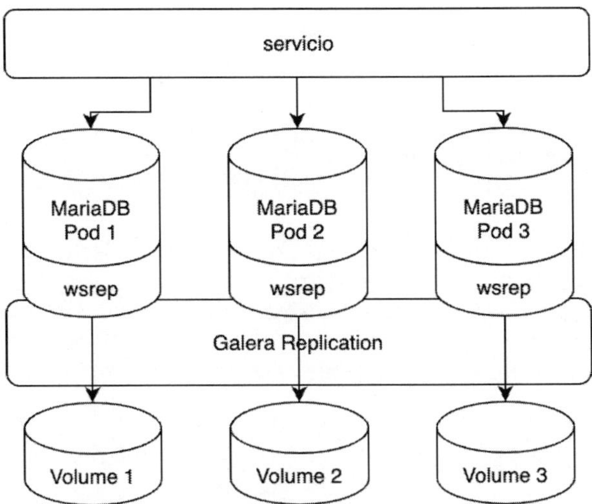

Figura 3: Funcionamiento de un clúster Galera

Galera ofrece una serie de ventajas para nuestra aplicación: no es necesario realizar ninguna modificación, ya que se trata de instancias MySQL o MariaDB reales. Lo único que tenemos que hacer es pasar el nombre DNS del servicio para acceder a él.

4.3 Despliegue

Desplegar un clúster, que en esencia es stateful, en un entorno diseñado únicamente para statelessness, era un juego de equilibrista: los recursos de tipo despliegue o replicaset no se podían utilizar de forma global, se necesitaban tres replicasets independientes de un pod cada uno, etc. La llegada en 2017 de petsets, rebautizados como statefulsets, resolvió el problema. Hay muchos ejemplos de implementación en Internet.

En la primera edición de este libro, la implementación de un clúster Galera seguía siendo compleja y los autores utilizaron un operador proporcionado en código abierto por la empresa Orange. Desde entonces se han producido dos hechos: en primer lugar, ni Orange ni la comunidad han apoyado a este operador, que ahora está desfasado y obsoleto. Además, Galera ahora proporciona su propio operador, que está en constante evolución, seguido de una gran comunidad. Así que este es el que vamos a usar ahora.

Observación

La instalación del clúster Galera se presenta únicamente con fines educativos. Los autores no han utilizado el operador en producción. En cualquier caso, debería realizar más pruebas y consultar la documentación sobre el operador Galera proporcionada en los sitios web y almacenes de Galera y Orange. Realice siempre copias de seguridad de sus datos y recuerde supervisar su clúster.

El operador Galera está disponible en https://github.com/mariadb-operator/mariadb-operator/tree/main.

Y la documentación en https://github.com/mariadb-operator/mariadb-operator/tree/main/docs.

En esta URL se presentan muchos ejemplos, que tendremos que adaptar: https://github.com/mariadb-operator/mariadb-operator/tree/main/examples/manifests.

Las siguientes operaciones se realizan en uno de los masters de Kubernetes, por ejemplo, k8s-master01.

- En primer lugar, instale helm (https://helm.sh/), un administrador de paquetes para Kubernetes.

```
$ curl https://baltocdn.com/helm/signing.asc | gpg --dearmor |
sudo tee /usr/share/keyrings/helm.gpg > /dev/null
$ sudo apt-get install apt-transport-https --yes
$ echo "deb [arch=$(dpkg --print-architecture) signed-by=/usr/
share/keyrings/helm.gpg] https://baltocdn.com/helm/stable/debian/
all main" | sudo tee /etc/apt/sources.list.d/helm-stable-debian.list
$ sudo apt-get update
$ sudo apt-get install helm
```

- Instale cert-manager, un paquete de gestión de certificados x509 para Kubernetes.
- Añada el repo helm y después instale el operador cert-manager versión 1.15.

```
$ helm repo add jetstack https://charts.jetstack.io

helm install   cert-manager jetstack/cert-manager   --namespace cert-manager
--create-namespace   --version v1.15.0   --set crds.enabled=true

NAME: cert-manager
LAST DEPLOYED: Thu Jun 20 17:11:13 2024
NAMESPACE: cert-manager
STATUS: deployed
REVISION: 1
TEST SUITE: None
NOTES:
cert-manager v1.15.0 has been deployed successfully!

In order to begin issuing certificates, you will need to set up a ClusterIssuer
or Issuer resource (for example, by creating a 'letsencrypt-staging' issuer).

More information on the different types of issuers and how to configure them
can be found in our documentation:

https://cert-manager.io/docs/configuration/

For information on how to configure cert-manager to automatically provision
Certificates for Ingress resources, take a look at the `ingress-shim`
documentation:

https://cert-manager.io/docs/usage/ingress/
```

- Añada el repositorio del operador Galera y después instale el operador:

```
$ helm repo add mariadb-operator https://mariadb-operator.github.io/
mariadb-operator
$ kubectl create ns mariadb-operator
$ helm -n mariadb-operator install mariadb-operator mariadb-operator/
mariadb-operator --set webhook.cert.certManager.enabled=true
--set crds.enabled=true
NAME: mariadb-operator
LAST DEPLOYED: Fri Apr 12 09:22:55 2024
NAMESPACE: default
STATUS: deployed
REVISION: 1
TEST SUITE: None
NOTES:
mariadb-operator has been successfully deployed!
```

- Cree un namespace para mariadb.

```
$ kubectl create ns mariadb
```

Debe crear algunos recursos para la configuración del clúster: configmap para la configuración, así como secretos que contengan las contraseñas root y de usuario para la base de datos. Para ello, se necesitarán dos archivos, que se pueden recuperar del repositorio de GitHub del operador y modificarse a su conveniencia:

```
$ cat mariadb-configmap.yaml
apiVersion: v1
kind: ConfigMap
metadata:
  name: mariadb
data:
  UMASK: "0660"
  UMASK_DIR: "0750"
$ cat mariadb-secret.yaml
apiVersion: v1
kind: Secret
metadata:
  name: mariadb
stringData:
  password: hardpassword123456
  root-password: MariaDB11!
```

▶Cree los recursos asociados:

```
$ kubectl -n mariadb apply -f mariadb-configmap.yaml -f
mariadb-secret.yaml
```

Necesitamos preparar la configuración del clúster. Esto está en el archivo YAML mariadb-galera.yaml. Se trata de una modificación del archivo facilitado a modo de ejemplo por el operador pero adaptado a nuestras necesidades. En primer lugar, indicamos la información relacionada con las cuentas de usuario y root, así como la base de datos predeterminada que se va a crear:

```
apiVersion: k8s.mariadb.com/v1alpha1
kind: MariaDB
metadata:
  name: mariadb-galera
spec:
  rootPasswordSecretKeyRef:
    name: mariadb
    key: root-password

  username: springuser
  database: db_todo
  passwordSecretKeyRef:
    name: mariadb
    key: password
```

A continuación, configuramos los valores predeterminados para el almacenamiento. Aquí es donde indicamos la `'StorageClass'` creada al principio del capítulo:

```
  storage:
    size: 1Gi
    storageClassName: galera-pv
```

Queremos tres réplicas:

```
  replicas: 3
```

Un paso importante es la configuración de los permisos de acceso. Hemos creado volúmenes persistentes específicos de Galera, que están vinculados a la clase galera-pv. Iniciaremos nuestro clúster con los mismos permisos, cambiando el contexto de seguridad de los pods. MariaDB comenzará con UID 10000 y también formará parte del grupo 10000:

```
podSecurityContext:
    runAsUser: 10000
    fsGroup: 10000
```

A continuación, configuramos el clúster de Galera, cuyos valores relevantes son los siguientes. El failover (conmutación por error) y la recuperación automática del clúster (reparación) están habilitadas. Normalmente, la configuración se almacena en volúmenes separados, pero aquí indicamos colocarla en los volúmenes de datos (de lo contrario, se aprovisionan seis PV en lugar de tres):

```
  galera:
    enabled: true
    primary:
      podIndex: 0
      automaticFailover: true
...
    recovery:
      enabled: true
...
    config:
      reuseStorageVolume: true
```

Tenga en cuenta que, si desea colocar la configuración en volúmenes separados, deberá configurar el `'StorageClass'`:

```
  config:
    reuseStorageVolume: true
    volumeClaimTemplate:
      storageClassName: galera-pv
      resources:
        requests:
          storage: 300Mi
        accessModes:
          - ReadWriteOnce
```

A continuación, configuramos los servicios:

```
service:
  type: LoadBalancer

primaryService:
  type: LoadBalancer

secondaryService:
  type: LoadBalancer

metrics:
  enabled: false
```

Para terminar, la configuración de mariadb:

```
myCnf: |
  [mariadb]
  bind-address=*
  default_storage_engine=InnoDB
  binlog_format=row
  innodb_autoinc_lock_mode=2
  max_allowed_packet=256M
```

Ahora puede aplicar los cambios y crear el clúster. Tenga en cuenta que esto va a llevar algún tiempo.

```
$ kubectl -n mariadb apply -f mariadb-galera.yaml
```

El operador crea un nuevo recurso de tipo galera, por lo que podemos hacer lo siguiente:

```
$ kubectl -n mariadb get mariadb
NAME             READY   STATUS    PRIMARY POD        AGE
mariadb-galera   True    Running   mariadb-galera-0   35m
```

▶ En caso de error o si desea realizar un seguimiento de los eventos relacionados con el clúster, a continuación le indicamos cómo verlos:

```
$ kubectl -n mariadb get events \
--field-selector involvedObject.name=mariadb-galera \
--sort-by='.lastTimestamp'
LAST SEEN     TYPE     REASON                 OBJECT
MESSAGE
38m           Normal   NoPods                 poddisruptionbudget/mariadb-galera
No matching pods found
38m           Normal   SuccessfulCreate       statefulset/mariadb-galera
create Pod mariadb-galera-0 in StatefulSet mariadb-galera successful
38m           Normal   SuccessfulCreate       statefulset/mariadb-galera
create Claim storage-mariadb-galera-2 Pod mariadb-galera-2 in StatefulSet
mariadb-galera success
38m           Normal   SuccessfulCreate       statefulset/mariadb-galera
create Claim storage-mariadb-galera-1 Pod mariadb-galera-1 in StatefulSet
mariadb-galera success
38m           Normal   SuccessfulCreate       statefulset/mariadb-galera
create Pod mariadb-galera-1 in StatefulSet mariadb-galera successful
38m           Normal   SuccessfulCreate       statefulset/mariadb-galera
create Pod mariadb-galera-2 in StatefulSet mariadb-galera successful
35m          Normal    GaleraClusterHealthy mariadb/mariadb-galera
Galera cluster is healthy
```

Se han arrancado tres pods:

```
$ kubectl -n mariadb get pods
NAME                READY   STATUS    RESTARTS      AGE
mariadb-galera-0    2/2     Running   0             40m
mariadb-galera-1    2/2     Running   1 (39m ago)   40m
mariadb-galera-2    2/2     Running   1 (38m ago)   40m
```

Estos pods se componen de tres contenedores: mariadb, agent, init. Puede ver las trazas específicas de cada uno de ellos, lo cual es muy útil en caso de depuración. Los autores lo han utilizado mucho cuando se trata de problemas con el acceso a los volúmenes, debido a permisos específicos.

```
$ kubectl -n mariadb logs pod/mariadb-galera-0 -c mariadb
2024-05-01 09:56:49+00:00 [Note] [Entrypoint]: Entrypoint script
for MariaDB Server 1:11.2.2+maria~ubu2204 started.
...
```

Observe que los volúmenes son los relacionados con nuestro 'Storage-Class':

```
$ kubectl -n mariadb get pvc
NAME                        STATUS   VOLUME ...       STORAGECLASS ...
storage-mariadb-galera-0    Bound    pv-nfsha-00028   galera-pv
storage-mariadb-galera-1    Bound    pv-nfsha-00022   galera-pv
storage-mariadb-galera-2    Bound    pv-nfsha-00031   galera-pv
```

Se crean servicios, con nombres asociados a su rol. En particular, existen servicios para acceder solo a los miembros primarios o secundarios de galera o a la totalidad, ya sea internamente (accesible a través de Kubernetes) o externamente:

```
$ kubectl -n mariadb get svc
NAME              TYPE         CLUSTER-IP      PORT(S)                    AGE
mariadb-galera              LoadBalancer   10.100.151.181 3306:30626/TCP
mariadb-galera-internal     ClusterIP      None              3306/TCP,....
mariadb-galera-primary      LoadBalancer   10.103.193.225 3306:31858/TCP
mariadb-galera-secondary LoadBalancer   10.108.152.212 3306:30729/TCP
```

Internamente, puede utilizar el servicio mariadb-galera-internal. Si no tiene una dirección IP, es porque el servidor DNS interno de Kubernetes devolverá las direcciones IP de cada pod, en forma de round-robin. Por ejemplo, desde cualquier pod:

```
$ ping mariadb-galera-internal.mariadb.svc.cluster.local
PING mariadb-galera-internal.mariadb.svc.cluster.local (10.244.5.57)
```

Fuera de un recurso Kubernetes, se puede utilizar mariadb-galera.

4.4 Acceso a db-todo

Al crear el clúster de Galera, especificamos la creación de la base de datos db_todo. Puede comprobar su existencia conectándose mediante el cliente MariaDB o MySQL, a través de su servicio (y más concretamente de su IP).

▶ Opera desde un nodo, pruebe la conexión utilizando la contraseña proporcionada en el secreto de Kubernertes.

```
$ kubectl -n mariadb exec -it pod/mariadb-galera-0 -c mariadb -- sh

$ mariadb --host 10.100.151.181 --port 3306 --user springuser
--password db_todo
Enter password:
Welcome to the MariaDB monitor.  Commands end with ; or \g.
Your MariaDB connection id is 2426
Server version: 11.2.2-MariaDB-1:11.2.2+maria~ubu2204 mariadb.org
biary distribution

Copyright (c) 2000, 2018, Oracle, MariaDB Corporation Ab and others.

Type 'help;' or '\h' for help. Type '\c' to clear the current
input statement.

MariaDB [db_todo]> exit
Bye
```

5. eni-todo

5.1 Adaptaciones

Ya tenemos todo lo necesario para desplegar nuestra aplicación: volúmenes, base de datos, routeres, repartidores de carga, etc. Ya hemos desplegado la aplicación eni-todo en el capítulo Despliegue con Kubernetes, con el entorno de pruebas bajo Minikube. Sin embargo, se aplican algunos pequeños cambios. Aquí es donde los principios de DevOps realmente entran en juego.

En primer lugar, los registros de tipo sesión, que dependían en gran medida de la persistencia de la conexión, ahora se pueden gestionar de forma nativa mediante una simbiosis de Apache Tomcat y Kubernetes. Apache Tomcat dispone desde hace tiempo de mecanismos de replicación de sesiones, en particular a través del módulo Tribe. Recientemente, la clase `org.apache.catalina.tribes.membership.cloud.KubernetesMembershipProvider` se utiliza para consultar el API de Kubernetes, lo que permite a Tomcat descubrir a sus pares y configurar la compartición de sesiones. De esta manera, los registros se conservan, a menos, claro está, que se apague todo. El interés no sólo está ligado a la información de sesión gestionada por eni-toto: la aplicación podría evolucionar para incluir, por ejemplo, un gestor de conexiones y derechos, cuya información se compartiría entre instancias, de modo que el usuario no tendría que volver a conectarse (por no hablar de perder datos) en caso de caída o reinicio de una de ellas. Por supuesto, hay que tener en cuenta el coste de red de estos intercambios y el tamaño de las sesiones replicadas.

Aprovecharemos esto para añadir la noción de persistencia de extremo a extremo: a menos que se pierda la instancia actual, nos aseguraremos de que la conexión se realice siempre al mismo pod.

A continuación, vamos a utilizar el clúster Galera que creamos anteriormente, que es en sí mismo redundante, sin más adaptación que utilizar el nombre DNS interno del servicio Kubernetes.

Observación

En este ejemplo, colocamos el clúster y la aplicación en dos namespaces diferentes. Esta no es necesariamente la práctica habitual. A menudo se encuentran clústeres, especialmente en grandes empresas, donde los namespaces están dedicados a cada proyecto y la comunicación entre namespaces está prohibida.

Los archivos descargados se comparten entre instancias de la aplicación a través de un volumen persistente en modo `ReadWriteMany`. El resultado es la siguiente arquitectura:

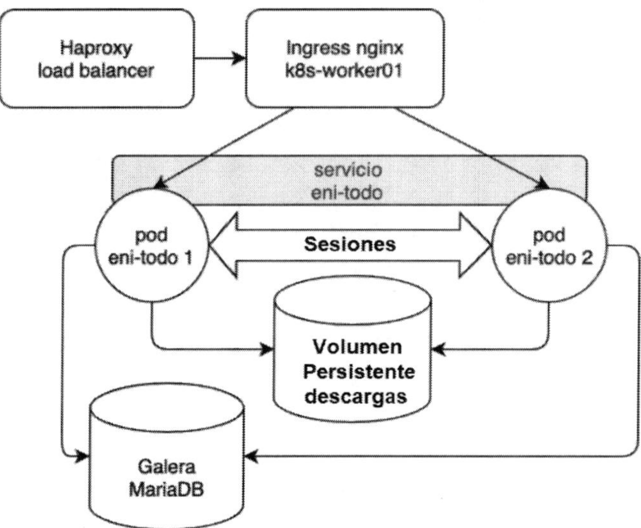

Figura 4: Arquitectura de la aplicación de alta disponibilidad eni-todo

5.2 Construcción de la imagen

Reutilizamos el playbook de Ansible presentado en el capítulo los contenedores, para construir la imagen necesaria. El archivo de descripción tomcat-eni-todo-kub.yml es el siguiente, idéntico a los demás, solo cambia el objetivo de compilación:

```
$ cat tomcat-eni-todo-kub.yml
git_repo:
  name: 'eni-tomcat-todo'
  repo: 'git@github.com:kanedafromparis/eni-tomcat-todo.git'
  version: '{{ release }}'
  ssh_key_file: '/home/ansible/.ssh/id_rsa'

dockerfile_path: Dockerfile
target: eni-todo-tomcat-mariadb-kub
```

```
build_name: "{{ component }}-{{ application }}:{{ release }}"
build_strategy: dockerfile
build_args:
  MULTIPART_LOCATION: '/tmp'
  DB_DTB_JDBC_URL: 'jdbc:mysql://192.168.56.13:3306/db_todo'
  DB_DTB_USERNAME: 'springuser'
  DB_DTB_PASSWORD: 'hardpassword123456'
```

- A continuación, ejecute el playbook que construye la imagen y la establece en el registry que ha creado en la sección Registry Docker de este capítulo:

```
$ ansible-playbook build/build_docker_image.yml \
  -e "component=tomcat application=eni-todo release=v24.04-
tomcat-mariadb-kub "
```

Esta imagen utiliza un archivo de configuración específico de Tomcat (src/main/conf/server-tomcat-mariadb-kub.xml) que contiene la configuración de Tomcat en modo clúster con gestión de miembros en Kubernetes:

```
<Cluster className="org.apache.catalina.ha.tcp.SimpleTcpCluster"
channelSendOptions="8">
        <Manager className="org.apache.catalina.ha.session.DeltaManager"
                  expireSessionsOnShutdown="false"
                  notifyListenersOnReplication="true"/>
            <Channel className=
"org.apache.catalina.tribes.group.GroupChannel">
                <Membership className=
"org.apache.catalina.tribes.membership.cloud.CloudMembershipService"
                        membershipProviderClassName="org.apache.
catalina.tribes.membership.cloud.KubernetesMembershipProvider"/>
          </Channel>
      </Cluster>
```

5.3 Crear una cuenta de servicio

Como Apache Tomcat tiene que compartir (y volver a copiar) las sesiones entre las distintas instancias que inicia, debe ser capaz de descubrir otros pods para añadirlos a su pool de miembros. Una tarea en segundo plano comprueba si hay pods en un puerto determinado, dentro del espacio de nombres donde están desplegados los pods. Si un pod responde en el puerto y protocolo dados, se añade al clúster y se comparten las sesiones.

Cada pod se inicia en un contexto de permisos, definido por la cuenta de servicio de Kubernetes que lo lanzó. La cuenta de servicio por defecto, un recurso de tipo **ServiceAccount**, se denomina default. Prácticamente no tiene permisos sobre los APIs de Kubernetes y no puede leer ni modificar ningún recurso. Si un pod quiere listar los otros pods en el espacio de nombres, necesita añadir este permiso a esta cuenta de servicio (en cuyo caso todos los pods en el espacio de nombres tendrán este permiso) o crear una cuenta de servicio específica para iniciar los pods, con este permiso. Esto es lo que vamos a hacer:

- cree una cuenta de servicio llamada eni-todo-sa,
- dele permisos `view` sobre el espacio de nombres eni-todo, a través de un objeto `RoleBinding`.

Este es el contenido del archivo eni-todo-sa.yaml:

```
apiVersion: v1
kind: ServiceAccount
metadata:
  name: eni-todo-sa
  namespace: eni-todo
---
# this should be tuned to have a more reduce access
apiVersion: rbac.authorization.k8s.io/v1
kind: RoleBinding
metadata:
  name: view
  namespace: eni-todo
roleRef:
  apiGroup: rbac.authorization.k8s.io
  kind: ClusterRole
  name: view
subjects:
- kind: ServiceAccount
  name: eni-todo-sa
  namespace: eni-todo
```

▶ Aplica esta configuración después de haber creado, si aún no lo ha hecho, un namespace eni-todo:

```
$ kubectl create ns eni-todo
$ kubectl -n eni-todo apply -f eni-todo-sa.yaml
serviceaccount/eni-todo-sa created
rolebinding.rbac.authorization.k8s.io/view created
```

5.4 Despliegue

5.4.1 Demanda de volumen persistente

Ya sabemos cómo reclamar un volumen al configurar el registry. Haremos lo mismo aquí para almacenar los archivos descargados. Aquí está la solicitud de volumen persistente en el archivo eni-todo-pvc.yaml:

```
apiVersion: v1
kind: PersistentVolumeClaim
metadata:
  name: eni-todo-claim
spec:
  accessModes:
    - ReadWriteMany
  resources:
    requests:
      storage: 1Gi
```

- Aplique la configuración y compruebe que se ha seleccionado un volumen persistente (PV):

```
$ kubectl -n eni-todo apply -f eni-todo-pvc.yaml
persistentvolumeclaim/eni-todo-claim created

$ kubectl get pv| grep eni-todo
pv-nfsha-00016 ... RWO,RWX ... Bound eni-todo/eni-todo-claim
```

5.4.2 Creación del servicio

En primer lugar, vamos a configurar el servicio, que expondrá el puerto 8080 de nuestra aplicación. Configuramos una afinidad de sesión basada en la IP del cliente. Cualquier conexión directa al servicio desde la misma dirección IP, será devuelta al mismo pod.

También abriremos los puertos 4000 y 45564 para la replicación de sesión.

Este es el contenido del archivo eni-todo-svc.yaml:

```
apiVersion: v1
kind: Service
metadata:
  labels:
    app: eni-todo
  name: eni-todo
spec:
  ports:
  - port: 8080
    name: http8080
    protocol: TCP
    targetPort: 8080
#### Section for jgroup clustering
  - port: 4000
    name: nio-receiver
    protocol: TCP
    targetPort: 4000
  - port: 45564
    name: m-cast-service
    protocol: TCP
    targetPort: 45564
  selector:
    app: eni-todo
  sessionAffinity: ClientIP
```

▶ Cree el servicio:

```
$ kubectl -n eni-todo apply -f eni-todo-svc.yaml
service/eni-todo created

$ kubectl -n eni-todo get svc
NAME      TYPE     CLUSTER-IP   EXTERNAL-IP   PORT(S)              AGE
eni-todo  ClusterIP   10.x.y.z   <none>  8080/TCP,4000/TCP,45564/TCP 25s
```

5.4.3 Despliegue

Vamos a utilizar el archivo de despliegue del capítulo Despliegue con Kubernetes, con algunas modificaciones para hacer que nuestra aplicación eni-todo esté altamente disponible dentro de Kubernetes.

Primero utilizamos la cuenta de servicio eni-todo-sa para iniciar nuestros pods, de modo que Tomcat pueda acceder a la lista de pods, a través del API de Kubernetes.

```
    spec:
      serviceAccount: eni-todo-sa
```

Vamos a asegurarnos de que los pods de aplicación se distribuyen por todos los nodos. Vamos a utilizar una técnica ligeramente diferente a las técnicas de afinidad y antiafinidad que vimos al desplegar el registry.

Desde la versión 1.18, Kubernetes ofrece restricciones de propagación de topología, o **topologySpreadConstraints**. Al especificar que la restricción de topología se aplica al nombre de host del nodo para los pods que llevan la etiqueta `app=eni-todo`, pedimos a Kubernetes que los distribuya por todos los nodos en cuestión. Aumentando el valor de maxSkew, autorizamos a Kubernetes a distribuirlos por todos los nodos en cuestión, incluso si esto significa añadir pods a nodos que ya los tienen.

```
      topologySpreadConstraints:
      - maxSkew: 2
        topologyKey: kubernetes.io/hostname
        whenUnsatisfiable: ScheduleAnyway
        labelSelector:
          matchLabels:
            app: eni-todo
```

Utilizamos la imagen que acabamos de construir, con las variables modificadas en consecuencia.

- La variable `KUBERNETES_NAMESPACE` contiene el nombre del espacio de nombres en el que Tomcat listará sus pods.
- La variable `DB_DTB_JDBC_URL` contiene la URL del servicio MySQL Galera que desplegamos anteriormente.

```
      containers:
      - image: registry.diehard.net:5000/tomcat-eni-todo:
v24.04-tomcat-mariadb-kub
        name: eni-todo
        env:
        - name: KUBERNETES_NAMESPACE
          value: "eni-todo"
```

```
        - name: MULTIPART_LOCATION
          value: "/usr/local/tomcat/file"
        - name: DB_DTB_JDBC_URL
          value: "jdbc:mariadb://
mariadb-galera-internal.mariadb.svc.cluster.local:3306/db_todo"
        - name: DB_DTB_USERNAME
          value: "springuser"
        - name: DB_DTB_PASSWORD
          value: "hardpassword123456"
```

Además del puerto 8080, los pods disponen de los puertos 4000 y 45564 para el módulo Tribe de Apache Tomcat y el uso compartido de sesiones en memoria.

```
        ports:
        - name: http8080
          containerPort: 8080
          protocol: TCP
        - name: nio-receiver
          containerPort: 4000
          protocol: TCP
        - name: m-cast-service
          containerPort: 45564
          protocol: TCP
```

Cada pod accede al volumen solicitado:

```
        volumeMounts:
        - name: multipart-storage
          mountPath: /usr/local/tomcat/file
```

La aplicación Java basada en Spring tarda algún tiempo en arrancar (pero luego es extremadamente rápida). Añadimos una sonda de preparación que solo activará el servicio después de la fase de arranque y solo si el servicio responde.

```
        readinessProbe:
          httpGet:
            path: "/eni-todo/index.html"
            port: 8080
            scheme : "HTTP"
            httpHeaders :
                - name : "x-kubeprob-header"
                  value : "startupProbe"
          initialDelaySeconds : 300
          failureThreshold : 3
```

```
            periodSeconds : 30
            successThreshold : 1
            timeoutSeconds : 2
```

Limitamos los recursos a los que tiene permiso cada pod. Cada pod requiere al menos el 50% de una CPU y 512 MB de memoria y no puede exceder de 2 CPUs y 512 MB de memoria. Si un pod utiliza más de 512 MB, se elimina (y reinicia).

```
          resources:
            requests:
              cpu : "500m"
              memory: "512Mi"
            limits:
              cpu : "2000m"
              memory: "512Mi"
```

Por último, no olvidemos especificar de dónde procede el volumen de datos.

```
        volumes:
        - name: multipart-storage
          persistentVolumeClaim:
            claimName: eni-todo-claim
```

Aplicamos esta configuración de despliegue, que inicia el número de réplicas solicitadas.

```
$ kubectl -n eni-todo apply -f eni-todo-deploy.yaml
deployment.apps/eni-todo created
```

Es interesante ver las trazas de arranque de los pods y, en particular, la detección de los miembros del clúster. Cada miembro ve aparecer al otro.

```
$ kubectl -n eni-todo get pods -o wide
NAME                          READY   STATUS    NODE
eni-todo-578d497b88-rhv44     1/1     Running   k8s-worker04
eni-todo-578d497b88-z9pnn     1/1     Running   k8s-worker03

$ kubectl -n eni-todo logs  pod/eni-todo-578d497b88-rhv44 | grep
CloudMembership

 01-May-2024 13:29:08.621 INFO [CloudMembership-memberAdded]
org.apache.catalina.ha.tcp.SimpleTcpCluster.memberAdded
Replication member added:[org.apache.catalina.tribes.membership.
MemberImpl[tcp://10.244.5.67:4000,10.244.5.67,4000, alive=313379,
```

```
securePort=-1, UDP Port=-1, id={63 -102 -107 122 -7 -66 103 126 85
28 72 18 -52 -30 -28 105 }, payload={}, command={}, domain={}]]
```

Si añadimos un pod, vemos que es detectado por los otros pods de eni-todo y añadido como miembro:

```
$ kubectl -n eni-todo scale --replicas=3 deployment eni-todo
$ kubectl -n eni-todo logs  pod/eni-todo-578d497b88-rhv44 | grep
CloudMembership
...

 01-May-2024 13:43:55.299 INFO [CloudMembership-memberAdded]
org.apache.catalina.ha.tcp.SimpleTcpCluster.memberAdded Replication
member added:[org.apache.catalina.tribes.membership.MemberImpl[tcp://
10.244.3.34:4000,10.244.3.34,4000, alive=-883620, securePort=-1,
UDP Port=-1, id={93 -106 42 -52 108 -18 -90 119 1 -43 -47 55 53 -66 31
19 }, payload={}, command={}, domain={}]]
```

5.5 Exposición

5.5.1 Afinidad y persistencia

Mientras configuramos la exposición de nuestra aplicación, echemos un vistazo a las afinidades y la persistencia de sesión. Hemos tocado brevemente este tema cuando hablamos de las anotaciones de entrada. En nuestro caso, la gestión de afinidades no es estrictamente necesaria: las tareas se almacenan en la base de datos y las sesiones en memoria se replican entre pods, lo que significa que se accede a los mismos datos, independientemente del pod con el que nos encontremos.

Por desgracia, no todas las aplicaciones son iguales. Es habitual encontrarse con aplicaciones que no utilizan un mecanismo de sesión compartida. En este caso, es necesario poder garantizar la persistencia de la conexión de extremo a extremo. Vamos a explotar los mecanismos de los routeres ingress y los repartidores de carga HAProxy para asegurar esta persistencia, a través de un mecanismo de afinidad basado en cookies.

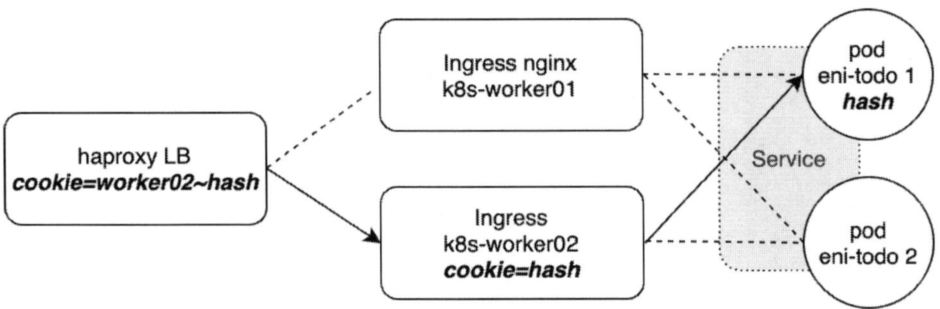

Figura 5: Afinidad y persistencia de sesión

5.5.2 Creación de una configuración ingress

Vamos a crear una configuración ingress para exponer nuestro servicio a toda la red. El servicio está basado en HTTP y escucha en el puerto 8080. Dejaremos la gestión de la terminación SSL a nuestros repartidores de carga HAProxy.

Queremos asegurar la persistencia de la sesión. Usando una serie de anotaciones, vamos a pedir al controlador que soporte afinidad por cookie. En el primer acceso de un cliente, una cookie llamada `route` contendrá la información que permitirá a ingress devolver siempre la conexión al mismo pod (a menos, por supuesto, que el pod desaparezca) durante el tiempo de vida de la cookie. Arbitrariamente, fijamos la duración en 48 horas.

El valor de la cookie corresponde a un valor hash calculado mediante el algoritmo hash coherente (*coherent hash*), muy adecuado para entornos dinámicos.

Aquí está el contenido del archivo de descripción eni-todo-ingress.yaml, con todas las anotaciones:

```
apiVersion: networking.k8s.io/v1
kind: Ingress
metadata:
  labels:
    run: eni-todo
    app: eni-todo
  name: eni-todo-ingress
  namespace: eni-todo
  annotations:
    nginx.ingress.kubernetes.io/affinity: "cookie"
```

```
    nginx.ingress.kubernetes.io/session-cookie-name: "route"
    nginx.ingress.kubernetes.io/session-cookie-expires: "172800"
    nginx.ingress.kubernetes.io/session-cookie-max-age: "172800"
    nginx.ingress.kubernetes.io/proxy-body-size: "0"
    nginx.ingress.kubernetes.io/proxy-read-timeout: "600"
    nginx.ingress.kubernetes.io/proxy-send-timeout: "600"
    nginx.ingress.kubernetes.io/rewrite-target: /
spec:
  ingressClassName: nginx
  rules:
  - host: eni-todo.diehard.net
    http:
      paths:
      - path: /
        pathType: Prefix
        backend:
            service:
              name: eni-todo
              port:
                number: 8080
```

▶ Ahora cree el ingess y compruebe el estado de la ruta (la salida está truncada). Observe que ve correctamente los tres pods (o los dos, si no hemos probado la adición):

```
$ kubectl -n eni-todo apply -f eni-todo-ingress.yaml
ingress.extensions/eni-todo-ingress configured

$ kubectl -n eni-todo describe ingress eni-todo-ingress

Name:               eni-todo-ingress
Labels:             run=eni-todo
Namespace:          eni-todo
Address:
Ingress Class:      nginx
Default backend:    <default>
Rules:
  Host                      Path  Backends
  ----                      ----  --------
  eni-todo.diehard.net
             /  eni-todo:8080 (10.244.3.34:8080,
10.244.5.67:8080, ...)
Annotations:  nginx.ingress.kubernetes.io/affinity: cookie
              nginx.ingress.kubernetes.io/proxy-body-size: 0
```

```
                nginx.ingress.kubernetes.io/proxy-read-timeout:
600
                nginx.ingress.kubernetes.io/proxy-send-timeout:
600
                nginx.ingress.kubernetes.io/rewrite-target: /
                nginx.ingress.kubernetes.io/session-cookie-ex-
pires: 172800
                nginx.ingress.kubernetes.io/session-cookie-max-age:
172800
                nginx.ingress.kubernetes.io/session-cookie-name:
route
...
```

Si prueba el acceso a eni-todo, obtendrá una cookie `route` que contiene información de afinidad, además de la cookie de sesión de la aplicación:

```
$ curl -I http://192.168.56.23/eni-todo/ -H "Host:eni-todo.diehard.net"

HTTP/1.1 200
Date: Wed, 01 May 2024 13:59:07 GMT
Content-Type: text/html;charset=UTF-8
Content-Length: 3346
Connection: keep-alive
Set-Cookie:
route=1714571948.326.168.243032|1bd80fb9478ef93607761a31b82b0f04;
Expires=Fri, 03-May-24 13:59:07 GMT; Max-Age=172800; Path=/; HttpOnly
Set-Cookie: JSESSIONID=4042173B064BF199E037C2282D902769; Path=/eni-todo;
HttpOnly
Content-Language: en
```

Si prueba varias veces sin cookie, observará que llegamos a pods diferentes:

```
$ for i in $(seq 1 3); do \
  curl  -sk \
  --resolve eni-todo.diehard.net:443:192.168.56.23 \
  https://eni-todo.diehard.net/eni-todo/ | grep "host"; \
done
    <p>... <b><span>eni-todo-55644f89cb-74bk9</span></b></p>
    <p>... <b><span>eni-todo-55644f89cb-n8kn8</span></b></p>
    <p>... <b><span>eni-todo-55644f89cb-g6wz5</span></b></p>
```

Pero si prueba varias veces conservando su cookie, observará que siempre llegamos al mismo pod:

```
$ for i in $(seq 1 3); do \
  curl  -sk \
  -c cookie -b cookie -k \
  --resolve eni-todo.diehard.net:443:192.168.56.23 \
  https://eni-todo.diehard.net/eni-todo/ | grep "host"; \
done
    <p>... <b><span>eni-todo-55644f89cb-11217</span></b></p>
    <p>... <b><span>eni-todo-55644f89cb-11217</span></b></p>
    <p>... <b><span>eni-todo-55644f89cb-11217</span></b></p>
```

5.5.3 Configuración de HAProxy

La ruta es accesible a través del puerto 80 de los dos nodos de la infraestructura, pero no todavía a toda la red (corporativa o Internet). Como tenemos dos routeres, necesitamos distribuir la carga entre ellos, como hicimos con el registro. Por última vez, vamos a utilizar Ansible para desplegar una configuración de nuestros dos despachadores HAProxy en infra01 e infra02.

Si queremos garantizar la afinidad de sesión de extremo a extremo, el propio HAProxy se debe conectar siempre al mismo router ingress en el clúster Kubernetes, el que estableció la cookie. Para ello, vamos a pedir a HAProxy que utilice esta misma cookie para gestionar sus afinidades.

En el archivo de descripción YAML playbooks/vars/production-eni-todo.yml, añadimos un componente k8s, de aspecto muy similar a los anteriores, pero esta vez integra información de afinidad por cookie, aquí en negrita:

```
- component: k8s
  primary_hostname: eni-todo.diehard.net
  hostname:
  - eni-todo.diehard.net
  http_port: 80
  https_port: 443
  service_protocol: http
  redirect_http: no
  deploy_lb_vhost: yes
  openshift_platform: k8s
  lb_conf_name: mutualized-production
  lb_cookie_mode: app
  lb_cookie_name: route
```

```
   healthcheck_uri: /eni-todo/
   auth: no
```

Despliegue el playbook:

```
$ ansible-playbook playbooks/deploy_lb_vhost.yml \
    -e"component=k8s \
       env=production \
       application=eni-todo \
       reload=yes \
       datacenter=home"
```

Observación

No olvide cambiar la entrada DNS o /etc/hosts de eni-todo.diehard.net para que apunte a la IP definida para esta configuración de repartidor de carga, en este caso 192.168.1.110.

Es interesante ver la configuración del backend HAProxy. La cookie `route` se utiliza para la gestión de afinidad: su valor está prefijado por el nombre del servidor backend seleccionado. Por supuesto, HAProxy eliminará este prefijo antes de enviarlo de vuelta al backend.

```
backend backend-eni-todo.diehard.net
...
   cookie route prefix nocache
...
  server k8s-worker01 k8s-worker01:80  weight 1 check inter 2s
fall 2 rise 2 cookie k8s-worker01
  server k8s-worker02 k8s-worker02:80  weight 1 check inter 2s
fall 2 rise 2 cookie k8s-worker02
```

Una comprobación en la consola de HAProxy muestra que ambos routeres son accesibles.

backend-eni-todo.diehard.net

	Queue			Session rate			Sessions						Bytes	
	Cur	Max	Limit	Cur	Max	Limit	Cur	Max	Limit	Total	LbTot	Last	In	Out
k8s-worker01	0	0	-	0	4		0	3	-	6	0	31m48s	3 125	239 630
k8s-worker02	0	0	-	0	0		0	0	-	0	0	?	0	0
Backend	0	0		0	4		0	3	20	9	0	31m48s	4 816	240 293

	Denied		Errors			Warnings		Server								
	Req	Resp	Req	Conn	Resp	Retr	Redis	Status	LastChk	Wght	Act	Bck	Chk	Dwn	Dwntme	Thrtle
k8s-worker01		0		0	0	0	0	49m13s UP	L7OK/0 in 9ms	1	Y	-	1	1	19m54s	-
k8s-worker02		0		0	0	0	0	49m10s UP	L7OK/0 in 9ms	1	Y	-	1	1	19m57s	-
Backend	0	0		3	0	0	0	49m13s UP		2	2	0		1	19m54s	

Choose the action to perform on the checked servers : Apply

Figura 6: Las dos rutas hacia eni-todo están activas

5.6 Prueba final

Para la prueba final, basta con utilizar un navegador web y acceder a http://eni-todo.diehard.net/eni-todo. A continuación, cree dos tipos de registro:

- un registro de base de datos, escrito en la base de datos Galera,
- un registro en sesión, marcando la casilla **Draft aka Only in Session** (véase el capítulo Los contenedores, en la sección Desplegar los contenedores (figura 6)).

El nombre del host aparece en la esquina superior derecha, encima de la lista de tareas.

Es necesario acceder a las cookies desde las herramientas de desarrollo para eliminar la cookie `route`, lo que tiene el efecto de eliminar la información de afinidad.

A continuación, actualice la página para intentar acceder a otro pod. En todos los casos, deberían aparecer todas las grabaciones.

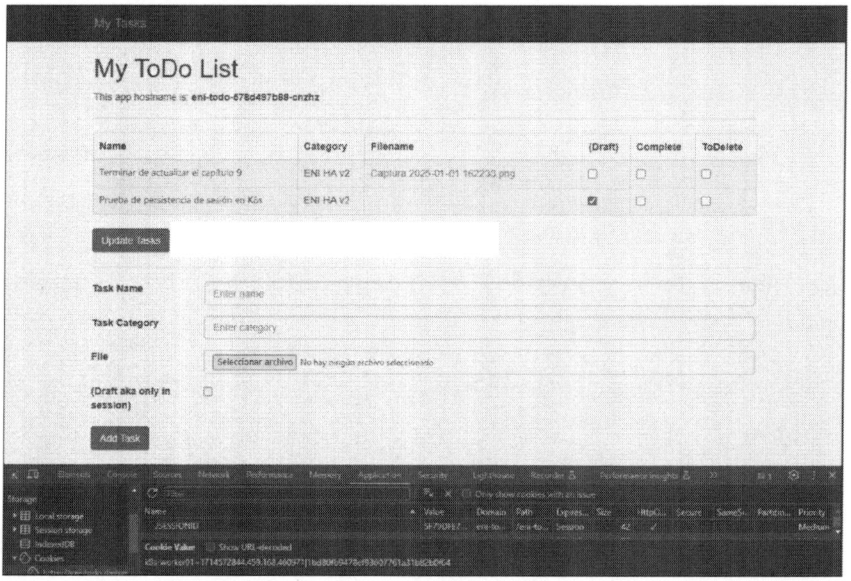

Figura 7: La cookie de afinidad de sesión en acción

Sólo los registros de la base de datos persisten después de un apagado y reinicio completo y simultáneo de todos los pods de eni-todo. Esto se puede demostrar fácilmente estableciendo el número de pods a cero y, a continuación, iniciando dos:

```
$ kubectl -n eni-todo scale --replicas=0 deployment eni-todo ;
kubectl -n eni-todo scale --replicas=2 deployment eni-todo
```

6. Conclusión

Hemos recorrido un largo camino desde el primer capítulo y la instalación autónoma de nuestra aplicación. Desde la infraestructura hasta la aplicación y el acceso, ahora todo es redundante y tolerante a fallos. Hemos alcanzado nuestro objetivo: nuestra aplicación es altamente disponible.

Más allá de los mecanismos técnicos establecidos, la consecución de este objetivo es el resultado de una estrecha colaboración entre el desarrollador de la aplicación eni-todo y el operador responsable de la plataforma, es decir, entre Dev y Ops. El desarrollador debe tener en cuenta los comentarios del equipo de operaciones sobre la arquitectura de su producto: integrar un mecanismo de sesión, considerar que varias instancias de la aplicación deberán ejecutarse, permitir que la aplicación se ejecute en un contenedor, etc. El equipo de operaciones debe tener en cuenta las necesidades del desarrollador: dimensionar correctamente los recursos, gestionar los mecanismos de afinidad, proponer el almacenamiento necesario, etc.

Y podemos ver lo difusos que pueden llegar a ser los límites en ciertas áreas. Kubernetes, por ejemplo, requiere un profundo conocimiento del sistema y de la red para su instalación y mantenimiento, pero también amplios conocimientos funcionales para manipular sus objetos. Al fin y al cabo, Dev y Ops tienen buenos conocimientos sobre esta herramienta.

La redacción de este capítulo es una ilustración perfecta de esto. Como en cualquier proyecto, los autores se encontraron con problemas imprevistos, incluso en comparación con la edición anterior del libro: nuevas versiones de tomcat o Java que bloqueaban el código antiguo, replicación de sesiones que ya no funcionaba, clúster inicial de Galera no mantenido que requería la transición a una nueva versión, aplicación que arrancaba demasiado tarde para los medidores de Kubernetes, ordenadores personales llevados al límite, etc. Se necesitaron numerosas sesiones de videoconferencia o chats entre Dev y Ops para hacer bien las cosas.

Pero sigue habiendo preguntas: ¿podemos ir más allá? ¿Podemos hacerlo mejor? ¿Es suficiente una alta disponibilidad en caso de incidente grave? Y, sobre todo, ¿qué pasa con la seguridad, que no se trata durante todo el ejercicio?

Capítulo 10
Ir más lejos

1. Introducción

Aunque nuestro objetivo se ha cumplido, nos gustaría darle toda la información posible sobre los próximos pasos, tanto organizativos como técnicos y las posibilidades de mejorar el funcionamiento de nuestra plataforma, hacerla evolucionar y garantizar una mayor seguridad.

2. Plan de recuperación en caso de catástrofe

2.1 En caso de catástrofe

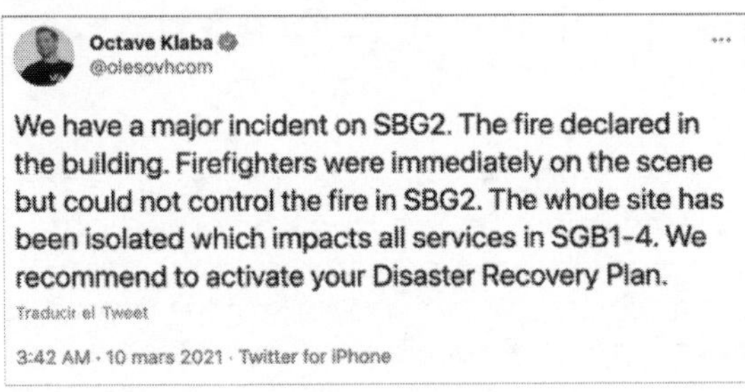

Figura 1: Cuando ocurre lo peor

Cuando hablamos de alta disponibilidad, solemos hablar también de recuperación ante desastres, de ahí el término **HA-DR** (*High Availability-Disaster Recovery*).

Aunque el objetivo de la alta disponibilidad es garantizar la disponibilidad de las aplicaciones en el mayor número posible de escenarios, también es necesario planificar lo que a veces parece improbable: un fallo importante que provoque la no disponibilidad parcial o total del servicio o, incluso, su destrucción total.

Suele ser una lección que se aprende demasiado tarde: nunca se confíe demasiado. Recuerde la Ley de Murphy: todo lo que puede salir mal, saldrá peor. Y el corolario de Finagle (que es un personaje de ficción): todo lo que pueda salir mal saldrá el peor momento posible. Recordemos también que hay dos tipos de ingenieros de sistemas: los que han cometido un grave error y los que van a volver a cometerlo.

Los autores han tenido la oportunidad de probar varios escenarios en producción real. Los trabajos de producción informática pueden ser angustiosos. ¿Cómo reaccionar cuando se pierde la interconexión entre dos centros de datos? ¿Cómo reaccionar cuando alguien desconecta todos los repartidores de carga al mismo tiempo, cortando así por completo el acceso a todos los servidores?

Cualquier sistema creado por un ser humano está abocado a ser imperfecto. De hecho, la mayoría de los incidentes y accidentes son el resultado de la intervención humana, ya sea involuntaria o no.

Cuando todo va mal, cuando todo se pierde, hay que pensar en el plan B o incluso en el plan C. ¿Cómo se vuelve a la normalidad? Anticipándose a la catástrofe y poniendo en marcha un plan para reanudar los servicios.

Observación

El incendio de un centro de datos de OVH en marzo de 2021 es un recordatorio de la importancia de la planificación de la recuperación en caso de desastre y una dura lección para aquellos que creyeron en la magia de la nube, que pensaron que un desarrollador fullstack podía sustituir a un Ops o a un arquitecto, que la redundancia hacía innecesarias las copias de seguridad, que podías basar todo tu negocio en un simple paquete de alojamiento que costaba unos euros al mes, etc

2.2 Definición

Un Plan de recuperación de la actividad (*Disaster Recovery Plan* o DRP) es un conjunto de procedimientos predefinidos para reconstruir un sistema de información y restablecer los servicios en caso de desastre.

Una catástrofe es un acontecimiento imponderable e imprevisto: una catástrofe natural (terremoto, inundación, tormenta, tsunami, huracán, ola de calor, etc.), un robo, un atentado, un sabotaje, un incendio, daños causados por el agua, etc., pero también un acto malintencionado (daños deliberados, piratería informática, petición de rescate, borrado de datos, virus, programas maliciosos). Los errores humanos también pueden tener consecuencias desastrosas (borrado de datos, cierre de servidores, etc.).

No pasa una semana sin que una empresa, un hospital, un ayuntamiento o un servicio público pierda todos sus datos tras un ataque informático.

Todos estos acontecimientos se deben registrar y anticipar.

¿Pueden la HA y la DR funcionar juntas? Sí, si la arquitectura técnica y funcional y la topología de los centros de datos y las aplicaciones lo permiten. En la práctica, sin embargo, incluso los despliegues activos-activos multizona a veces tienen puntos débiles, por lo que suele ser necesaria la recuperación manual en caso de incidente.

2.3 Medidas

Las medidas básicas de un PRA son la prevención, la detección y la corrección. Todo ello se inscribe en el marco general de la anticipación de los acontecimientos: hay que ser proactivo.

- Se debe hacer una copia de seguridad de todos los datos (incluido el código, el software, los artefactos de construcción, etc.) y comprobarse su recuperación.
- Las copias de seguridad se deben externalizar.
- Todas las acciones (playbooks, por ejemplo) deben estar documentadas.

- Todos los planes se deben someter a pruebas periódicas, al menos una vez al año.
- Hay que inspeccionar los servicios y servidores: vigilancia (sondas), por supuesto, pero también, en los centros de datos, inspección visual (luces en los servidores, por ejemplo).
- La seguridad debe ser óptima: sistema, red, servicios, pero también locales (intrusión física, incendio, inundación, etc.).
- Los servidores se deben actualizar periódicamente y su configuración debe seguir las recomendaciones de editores y organizaciones de seguridad.
- No hay que poner "todos los huevos en la misma cesta": incluso en la nube, hay que ser capaz de arrancar en otras zonas, regiones e incluso con otros proveedores.
- Hay que tener en cuenta la reversibilidad, es decir, poder volver a una solución inicial. Por ejemplo, poder salir de la nube y volver a un centro de datos. Pruebas de penetración (pentest, red team) se deben realizar periódicamente.
- Hay que formar a los empleados.
- El PRA y los plazos para restablecer el servicio se deben acordar contractualmente.
- Un modo denominado "degradado" puede permitir un reinicio incompleto.
- La organización debe estar probada: todo el mundo sabe quién activa el plan de respuesta a emergencias y todo el mundo sabe lo que tiene que hacer.
- Se debe designar un responsable o coordinador que garantice que el plan se lleva a cabo de forma ordenada y que tenga autoridad en caso de que surjan problemas imprevistos durante su aplicación.

Observación

Un PRA suele ser un elemento contractual. Un proveedor suele especificar un plazo de recuperación, normalmente expresado en horas o días. Las grandes infraestructuras están diseñadas para reiniciarse en 24 horas, pero algunas empresas ofrecen un reinicio en pocas horas o incluso menos.

Entre el momento en que se pierde todo el servicio y el momento en que se restablece por completo, existe un modo de funcionamiento intermedio conocido como **modo degradado**. El objetivo de este modo es restablecer un cierto número de servicios críticos lo más rápidamente posible, para garantizar que funcionen a un nivel mínimo, pero no óptimo. Para un sitio web, esto puede significar mostrar una página estática informando a los clientes del problema, sin las funciones dinámicas importantes. O el servicio puede estar completo, pero con un número reducido de recursos, filtrado (mediante cortafuegos o proxies) que limiten la velocidad de acceso y el número de clientes simultáneos.

2.4 Prácticas DevOps

Las prácticas DevOps y la nube han propiciado el desarrollo de herramientas que ayudan en gran medida a la recuperación ante desastres.

Herramientas de automatización como Ansible pueden acelerar la reinstalación de servidores y servicios.

IaC (*Infrastructure as Code*) permite codificar su infraestructura y, modificando unos pocos parámetros, recrear una infraestructura completa (máquinas, redes, equilibradores de carga y todos los servicios asociados) en forma de archivos de descripción. En 2024, **Terraform** será la herramienta más utilizada. Estas pocas líneas (entre docenas de otras, por supuesto) crean una instancia EC2 en AWS, por ejemplo:

```
resource "aws_instance" "server1" {
   ami           = "ami-045fa58af83eb0ff4"
   instance_type = "t2.micro"
   key_name      = "admin"
}
```

Al desplegar la infraestructura, Terraform puede ejecutar playbooks de Ansible: los servidores se crean con Terraform y se configuran con Ansible. Otras soluciones son posibles, como el uso de Puppet, que mantiene la configuración de un servidor en el estado deseado. Desde el principio de este libro, hemos utilizado principalmente componentes recuperados vía git de github.com (un repositorio de código) y con imágenes de aplicaciones recuperadas de registros (librerías). El uso de componentes externos, si son redundantes (se comentará esto más adelante), por ejemplo, del tipo SaaS, como GitHub, GitLab,Bitbucket, Docker Hub, Artifactory, Nexus, etc., puede asegurar o al menos facilitar la recuperación de artefactos permitiendo reconstruir toda una plataforma.

La mayoría de herramientas como Ansible o Terraform pueden extraer sus dependencias y código directamente de los repositorios de código. Esto se conoce a veces como GitOps: el contenido de los repositorios Git representa el estado deseado de toda una plataforma y contiene todo el código (infraestructura, Kubernetes, aplicaciones) necesario para reiniciar la actividad.

Esto no es suficiente. Una buena práctica es separar los datos del código para evitar, por ejemplo, poner contraseñas directamente en los scripts o rutas codificadas en el código. Hay que hacer copias de seguridad de los datos. Aunque nuestro clúster Galera tuviera tres instancias, si nuestro clúster NFS-HA se destruyera, todo se perdería.

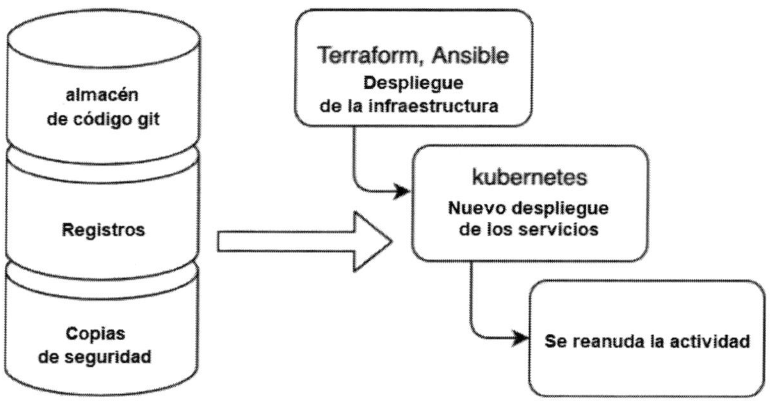

Figura 2: Empezar de cero con los aspectos principales de DevOps

Por último, puede que no parezca obvio para todo el mundo, pero una documentación buena y actualizada es esencial. Todo el código, todos los playbooks, todos los procesos se deben probar y documentar.

Una vez más, nada es mágico. A pesar de todas las pruebas que se hayan podido realizar previamente, la activación del plan de recuperación es una enorme fuente de estrés para toda una empresa, pero también, y sobre todo, para todos los equipos técnicos implicados en este proceso: los días (y las noches) serán largos y habrá muchos imprevistos.

Si los jefes de producción y los ingenieros de sistemas y redes a veces duermen mal, es porque, al conocer al dedillo su plataforma, a menudo conocen sus puntos débiles.

3. Copias de seguridad

3.1 Redundancia frente a copia de seguridad

Observación

Un RAID, un clúster o cualquier solución redundante no es una copia de seguridad. Una copia local archivada en un disco duro, del mismo servidor o de un servidor de la misma zona, no es una copia de seguridad. No confíe sus datos a un informático que le diga lo contrario.

Es muy importante señalar este hecho evidente. Los sucesos de marzo de 2021, que provocaron la pérdida permanente de miles de sitios web y servicios, e incluso la pérdida de todos los datos de algunas empresas, son otra llamada de atención.

Figura 3: Sin copia de seguridad... La desesperación tras la pérdida de un centro de datos

Ya sea en la nube o en su propio centro de datos, las copias de seguridad son necesarias y vitales. En el mundo digital actual, los datos son un componente vital de cualquier organización, pero no el único. ¿Cuántas tragedias están relacionadas con la pérdida de fotos familiares tras la caída de una aplicación o el fallo de una llave USB, tarjeta de memoria o disco duro?

Las copias de seguridad se deben externalizar: no deben estar ubicadas en el mismo centro de datos que los servidores. Si es posible, deben estar disponibles por duplicado. En la nube, se pueden duplicar volúmenes específicos en varias zonas y regiones para garantizar la disponibilidad. En AWS, por ejemplo, los buckets S3 se pueden replicar entre varias regiones e incluso entre buckets.

Observación

Un bucket s3 es una forma de almacenamiento de objetos ofrecida por el proveedor de la nube Amazon. Este almacenamiento es accesible a través del protocolo HTTP.

Lo mismo ocurre en Azure, por supuesto, donde los datos y las copias de seguridad se pueden replicar en varios modelos, dentro de una sola región, en varias zonas y en varias regiones. Las copias de seguridad se deben probar: comprobamos periódicamente que son accesibles y están disponibles y que los datos se pueden restaurar, sobre todo en caso de actualización de versión. Puede ocurrir que una versión n+1 ya no pueda releer datos antiguos. A continuación, nos aseguraremos de que podemos reinstalar una versión del software que pueda leer estos datos. Se establece un plan de respaldo que define:

- qué guardar,
- cuándo guardar,
- dónde guardar,
- cuánto tiempo conservar las copias de seguridad.

3.2 Qué guardar

Hacer copias de seguridad de todo no siempre tiene sentido. Si somos capaces de restaurar completamente los servidores mediante procesos de automatización, porque estos servidores están estandarizados, entonces es más relevante hacer copias de seguridad de estos procesos que de los propios servidores. Sin embargo, en la nube o para máquinas virtuales, puede confiar en los mecanismos de instantáneas para realizar una copia de seguridad de una máquina en un estado determinado.

- Guardaremos todos los playbooks y scripts utilizados para reconstruir la plataforma.

¿Deberíamos guardar las imágenes de la aplicación o su código, Dockerfile y scripts de compilación? Si puede reconstruir rápidamente las imágenes, ¿por qué no? Pero si estamos hablando de cientos de imágenes a reconstruir, quizás tenga sentido guardar los artefactos completos.

En nuestro caso, por ejemplo, hay varias dependencias externas en las imágenes Docker. En primer lugar, la imagen base (10.1-jre21-temurin), a continuación, los elementos de compilación (9-eclipse-temurin-21) y, por último, los JAR del proyecto.

- Como mínimo, se guardará todo el código, sus dependencias y lo necesario para reconstruir las aplicaciones.
- Guardaremos las propias imágenes Docker si queremos ponernos en marcha de nuevo lo antes posible.

Para los datos (bases de datos, archivos dependientes, assets estáticos, por ejemplo, archivos descargados de eni-todo), ni siquiera se plantea la cuestión: hay que hacer copias de seguridad.

- Se guardarán todos los datos y sus dependencias.

En cuanto a Kubernetes, hay varias estrategias de copia de seguridad, que incluyen las anteriores. Si tiene todos los archivos YAML que necesita para recrear sus proyectos, está bien. Pero no olvide que toda la configuración de Kubernetes se almacena en una base de datos etcd.

- Se guardará la base de datos etcd.

Observación

El protocolo para realizar copias de seguridad de la base de datos etcd se puede consultar en https://kubernetes.io/docs/tasks/administer-cluster/configure-upgrade-etcd/.

Kubernetes tiene dependencias externas. Aunque los volúmenes persistentes y las solicitudes de volúmenes persistentes sí son objetos de Kubernetes, los datos almacenados en ellos no lo son.

Se realizará una copia de seguridad de los volúmenes persistentes.

3.3 GitOps

GitOps es una práctica que consiste en almacenar la configuración de los componentes de infraestructura en un repositorio git.

Como hemos visto con Ansible y los archivos YAML, es posible mantener configuraciones en archivos de descripción, que se pueden implementar mediante el comando `kubectl apply`. Pero también se pueden ejecutar los comandos `kubectl edit`, `kubectl rollout` o `kubectl scale` y divergir la configuración de un clúster Kubernetes de estos archivos de descripción iniciales. ¿Cómo asegurarse de que estas modificaciones de última hora (un aumento de los límites de recursos, una ampliación del retardo de la sonda, etc.) no se pierdan en la memoria de las intervenciones o depuraciones nocturnas?

Una herramienta como argoCD para limitar la interacción con los clústeres a las modificaciones y confirmaciones en el repositorio Git, garantizando que las modificaciones sean totalmente trazables.

3.4 SaaS

SaaS (*Software as a Service*) se refiere a los servicios basados en la nube a los que se puede acceder a través de Internet. GitHub, Bitbucket, Docker Hub, etc. son ofertas SaaS.

Es fácil creer que todo lo que se almacena allí es permanente y está respaldado por el editor. Hace unos años, Google Code cerró, dejando sin alojamiento a varios miles de proyectos; BitBucket cerró su repositorio Mercurial y Bintray cerró en 2021. Por supuesto, es difícil ver a Microsoft cerrando GitHub, pero ¿quién puede adivinar el futuro? Es más probable un escenario en el que desaparezca el uso gratuito, pero ¿es aceptable el impacto en nuestro proyecto?. Aunque el SaaS ofrece cierta garantía de accesibilidad en caso de pérdida del entorno, no siempre es así, especialmente con las ofertas gratuitas. No hay garantía de que, en caso de caída, los datos se restauren o de que vuelvan a estar disponibles unos años después si ya no se accede a la cuenta.

El propio GitHub proporciona un procedimiento para realizar copias de seguridad de sus propios datos en su sitio https://docs.github.com/en/repositories/archiving-a-github-repository/backing-up-a-repository.

A menos que pague una suscripción, a veces cara, que incluya copias de seguridad, es su responsabilidad hacer copias de seguridad de sus datos. Para Git, es bastante sencillo, ya que puede clonar sus proyectos a voluntad. Para Docker, puede hacer lo mismo y usar `docker save` para crear un archivo TAR.

Es importante tener en cuenta que muchos de estos servicios no son gratuitos, sino que se financian mediante la inversión en marketing que realizan las empresas con la esperanza de convencer a los usuarios de que se pasen a un servicio de pago. Si la inversión deja de ser rentable o no consigue su objetivo (reconocimiento de la marca, asfixia de la competencia, dependencia de la herramienta, etc.), el servicio puede dejar de funcionar.

La experiencia reciente ha demostrado que no debemos confiar ciegamente en los editores. Dos precauciones son mejor que una.

Por otro lado, hay muchas soluciones de copia de seguridad en línea, ofrecidas por la mayoría de los proveedores de soluciones en la nube y los principales actores de copia de seguridad. Son las denominadas **BaaS** (*Backup as a Service*). A menudo reservadas a servicios que ya están en la nube, también existen soluciones que permiten realizar copias de seguridad de su propia infraestructura en la nube.

Y nada le impide, por ejemplo, hacer una copia de seguridad local y enviarla a un almacenamiento online, como Google Drive o Dropbox, o incluso a un bucket S3 de AWS o a Blob on Azure. Estos servicios también se recomiendan como soluciones de copia de seguridad y archivado a largo plazo. También podemos pensar en el archivado de larga duración, a través de terceros de acceso de tipo cold o archive.

4. Seguridad

4.1 Contenedor y root

4.1.1 Ejemplo de explotación

Desde el principio, y dejando a parte el despliegue del clúster de Galera, hemos desplegado la aplicación eni-todo sin preocuparnos por sus permisos, tanto al construir la imagen como al ejecutarla. Sin embargo, nuestra aplicación se ejecuta con UID 0, como root. También hemos desactivado apparmor en aras de la simplificación.

La mayoría de las imágenes disponibles públicamente, ya sea en Docker Hub o en repositorios Git, no tienen en cuenta la gestión de usuarios: dentro del contenedor, todo o casi todo se ejecuta como root.

Sin embargo, normalmente se aplica el principio del menor privilegio: un producto sólo debe funcionar con los permisos estrictamente necesarios.

Tomemos como ejemplo la sencilla imagen de prueba de Nginx utilizada en el capítulo Configuración de un clúster Kubernetes, y veamos qué podemos hacer con ella.

```
$ docker run --name some-nginx -d nginx
...
11a90c92c2c3b3507fa5068198a780bf9be39a74df5f427f8a601945c9d15a54
```

Si abre un shell interactivo dentro de este contenedor, verá que es root.

```
$ docker exec -ti 11a90c92c2c3 bash
root@11a90c92c2c3:/# id
uid=0(root) gid=0(root) groups=0(root)
```

Esto no significa necesariamente que también podamos obtener permisos de root en el host: el contenedor se ejecuta en su propio espacio de nombres. Nuestro contenedor Nginx está limitado aquí y el riesgo es bajo. Pero por defecto, los contenedores y el host comparten UID y GID. Si, a través de una laguna de seguridad o de un arranque de contenedor construido de cierta manera, el contenedor tiene acceso a los componentes del host, entonces esto se vuelve peligroso. Aquí hay un ejemplo simple usando volúmenes montando el directorio `/etc` del host dentro del contenedor:

```
seb@infra01:~$ docker run --name some-nginx -v /etc:/mnt/etc -d
9f4d178c388e3df5e8e0f68137054339e7b0a0fbd8562245ddf4263fd7685cbd
seb@infra01:~$ docker exec -ti 9f4d178c388e3 bash
root@9f4d178c388e:/# echo "seb ALL=(ALL) NOPASSWD: ALL" >
/mnt/etc/sudoers.d/seb
root@9f4d178c388e:/# exit
exit
seb@infra01:~$ sudo -l
User seb may run the following commands on infra01:
    (ALL) NOPASSWD: ALL
```

El usuario seb, sin permisos particulares, lanzó un contenedor que le permitió modificar sus permisos sobre el host. No se trata de un fallo de seguridad, sino de un funcionamiento normal. Es posible porque el servicio Docker se ejecuta como root y el arranque del contenedor se ha construido de tal forma que lo permite.

En este caso, un hacker potencial no tiene que preocuparse por encontrar un fallo de seguridad en la cuenta root directamente, puede pivotar desde la cuenta seb, a través de Docker, para obtener todos los derechos en la máquina host.

4.1.2 Soluciones

Es posible evitar este comportamiento de forma bastante sencilla utilizando varios mecanismos. El primero es crear imágenes y contenedores que no utilicen root. La instrucción `USER` en el Dockerfile permite ejecutar comandos mientras se cambia el contexto de usuario.

```
RUN useradd -ms /bin/bash my_user
USER my_user
```

Todo lo que sigue al comando USER se ejecuta bajo este usuario. A continuación, debe asegurarse de que este usuario puede iniciar la aplicación, acceder a sus archivos de configuración y leer y escribir en sus volúmenes, lo que requiere cierto rigor.

Puede definir el usuario y el grupo de ejecución cuando lance el contenedor, aquí con UID 1001 y GID 1001. Una vez más, la imagen debe haber sido construida en consecuencia.

```
$ docker run --user 1001:1001 ...
```

A continuación, puede utilizar los mecanismos de espacio de nombres de usuario: puede separar el UID y el GID del contenedor de los del host. Los dos archivos /etc/subuid y /etc/subgid definen las reglas.

```
cat /etc/subuid
seb:100000:65536
```

Si utiliza un mapeo con el usuario seb, el UID 0 del espacio de nombres, se asocia con el UID 100000 del host y todos los procesos lanzados dentro del contenedor pertenecen a UIDs entre 100000 y 165535. Por ejemplo, la imagen Nginx define un usuario con UID 101. Con este sistema, se ve como UID 100000+101 desde el host o con el UID 101 desde el contenedor.

- La prueba es sencilla. En primer lugar, modifique el archivo /etc/docker/daemon.json para habilitar el mapping:

```
{
  "userns-remap": "seb"
}
```

- A continuación, reinicie Docker:

```
$ sudo systemctl restart docker
```

- Por último, pruebe de nuevo con la imagen Nginx. Puede ver que, como los usuarios son root dentro del contenedor, los UIDs son diferentes, como se ve en el host:

```
$ docker run --name some-nginx2 -d nginx
$ docker exec -ti 79f9b398aa94 bash
root@79f9b398aa94:/# id
uid=0(root) gid=0(root) groups=0(root)
root@79f9b398aa94:/# exit

seb@infra01:~$ ps ax -o cmd,uid | grep nginx
nginx: master process nginx 100000
nginx: worker process       100101
```

También puede decidir no usar Docker y sustituirlo por otra herramienta de administración de contenedores, como Podman (https://podman.io/). Podman lanza sus contenedores en el espacio de usuario, evitando así los problemas de seguridad asociados a la cuenta root. Los autores han comparado Docker y Podman en profundidad, cada uno con sus propias fortalezas y debilidades. Podman es una ventaja de seguridad, pero conduce a pérdidas de rendimiento, especialmente en la velocidad de la red.

4.1.3 El contexto de seguridad (securityContext)

En Kubernetes, es posible forzar el id del grupo o usuario con un contexto de seguridad a través de un objeto `securityContext`:

```
apiVersion: v1
kind: Pod
metadata:
  name: secure-eni-todo
spec:
  securityContext:
```

```
runAsUser: 1001
runAsGroup: 1001
fsGroup: 1001
```

Abordamos este concepto cuando necesitábamos adaptar nuestro clúster de Galera a los permisos de los volúmenes persistentes NFS, forzando los pods a arrancar con el UID de usuario 10000. También puede configurar SELinux o AppArmor para añadir otro nivel de seguridad a los pods.

4.2 Red Kubernetes

Kubernetes se basa en un modelo de red flexible que permite tener sus propios modelos y controladores. Hemos utilizado Flannel porque es sencillo y eficaz para ilustrar todos los ejemplos de este libro. Pero Flannel no ofrece ninguna protección específica, ninguna segmentación entre pods, servicios o espacios de nombres. Hemos podido ilustrar esto de manera muy sencilla autorizando a eni-todo a conectarse al servicio de base de datos Galera que, de hecho, forma parte de otro namespace: Flannel no ofrece ningún aislamiento de red.

Si bien esto no es un problema en el caso de un clúster Kubernetes dedicado íntegramente a nuestra aplicación, sí lo es si el clúster está pensado para ser multientorno (desarrollo, integración, producción, etc.) y multicliente, con proyectos muy diferenciados que necesitan estar aislados.

Kubertenes dispone de mecanismos de aislamiento de red denominados **Network Policies** que controlan el tráfico de red en los niveles 3 y 4 del modelo OSI (IP, TCP, UDP). Estas políticas de red permiten controlar el acceso entrante y saliente a tres elementos, ya sean internos o externos:

- pods,
- namespaces,
- bloques de direcciones IP.

La documentación de las Network Policies se encuentra en https://kubernetes.io/docs/concepts/services-networking/network-policies/.

Las reglas de red se pueden ver como los cortafuegos de Kubernetes. Para que se puedan utilizar, el plugin de red debe soportarlas. Este no es el caso de Flannel. Así que hay que utilizar otro plugin o añadir una capa adicional. No vamos a entrar en detalles aquí, pero **Calico** (https://docs.projectcalico.org/about/about-calico) se puede utilizar ya sea como un reemplazo para Flannel o como un complemento, mediante la adición de gestión de las Network Policies.

La documentación para utilizar Calico con Flannel o para migrar de Funnel a Calico, se encuentra en https://docs.tigera.io/calico/latest/getting-started/kubernetes/flannel/.

Una vez que el plugin de red está en su lugar, puede utilizar una regla como esta, que prohíbe todo el tráfico de otro espacio de nombres dentro de un namespace:

```
kind: NetworkPolicy
metadata:
  name: default-deny-ingress
spec:
  podSelector: {}
  policyTypes:
  - Ingress
```

▶ A continuación, por ejemplo, en el namespace mariadb, autorice el acceso a los pods galera, y por tanto al servicio, desde otros pods y namespaces:

```
apiVersion: networking.k8s.io/v1
kind: NetworkPolicy
metadata:
  name: access-galera
  namespace: mariadb
spec:
  podSelector:
    matchLabels:
      app.kubernetes.io/instance=mariadb-galera
  ingress:
    - from:
      - podSelector:
          matchLabels: {}
```

Cillium también ofrece encriptación en la capa de red y objetos más precisos que las Network Polices para el acceso entre pods, en caso necesario.

4.3 Usuarios y permisos

4.3.1 RBAC

Si todos nuestros pods se ejecutan como root, el acceso al propio clúster Kubernetes se realiza a través de una cuenta por defecto cuyo rol es cluster-admin: y, por tanto, todos los permisos. Si el clúster va a ser compartido entre varios proyectos y usuarios, necesitamos añadir segregación de permisos.

Kubernetes se basa en RBAC (*Role Based Access Control*), donde las decisiones de acceso a cada recurso se basan en uno o varios roles asociados a un usuario o grupo de usuarios.

Ya hablamos de esto brevemente cuando creamos una cuenta de servicio para poner en marcha eni-todo, lo que le permite obtener los permisos necesarios para establecer sesiones entre los pods de la aplicación.

Por lo tanto, se distingue entre roles y usuarios. También existen roles asociados al clúster (`clusterRoles`) y roles asociados a un namespace. Kubernetes tiene un gran número de roles predefinidos y la lista (que puede evolucionar) se puede acceder en https://kubernetes.io/docs/reference/access-authn-authz/rbac/#default-roles-and-role-bindings.

Puede definir sus propios roles, basándose en reglas y autorizaciones sencillas:

- sobre los grupos de API,
- sobre los recursos,
- sobre las acciones, llamadas explicativas.

La siguiente descripción crea un rol dentro del namespace eni-todo que permite obtener los permisos `get`, `watch` y `list` sobre los pods del namespace:

```
kind: Role
apiVersion: rbac.authorization.k8s.io/v1
metadata:
  namespace: eni-toto
  name: pod-access
rules:
- apiGroups: [""]
  resources: ["pods"]
  verbs: ["get", "watch", "list"]
```

- A continuación, otorgue este permiso a uno o varios usuarios mediante un objeto `RoleBinding` o `ClusterRoleBinding`, según corresponda:

```
kind: RoleBinding
apiVersion: rbac.authorization.k8s.io/v1
metadata:
  name: seb-access
  namespace: eni-todo
subjects:
- kind: User
  name: seb
  apiGroup: rbac.authorization.k8s.io
roleRef:
  kind: Role
  name: pod-access
  apiGroup: rbac.authorization.k8s.io
```

4.3.2 Usuarios

Puede haber varias fuentes de usuarios. Por defecto, son usuarios del sistema, locales (/etc/passwd) o remotos (LDAP, SSSD, etc.). Se pueden autenticar de varias formas: contraseña, certificado de cliente X.509, tokens. Generalmente se utilizan certificados. El usuario crea un par clave/CSR que será firmado por la autoridad de certificación del clúster Kubernetes. El CN debe ser el nombre del usuario. Para el usuario seb:

```
$ mkdir .certs && cd .certs
$ openssl genrsa -out seb.key 2048
$ openssl req -new -key seb.key -out seb.csr -subj "/CN=seb"
$ sudo openssl x509 \
   -req -in seb.csr \
   -CA /etc/kubernetes/pki/ca.crt \
   -CAkey /etc/kubernetes/pki/ca.key \
   -CAcreateserial \
   -out seb.crt \
   -days 500
Certificate request self-signature ok
subject=CN = seb
```

Se obtiene un certificado firmado de nuestro clúster local. Ahora necesitamos crear la configuración .kube/config para usarlo:

```
$ kubectl config set-credentials seb \
   --client-certificate=/home/seb/.certs/seb.crt \
   --client-key=/home/seb/.certs/seb.key
User "seb" set.

$ kubectl config set-context seb-context \
   --cluster=kubernetes \
   --user=seb
Context "seb-context" created.
```

- Ahora puede editar el archivo $HOME/.kube/config para modificar la sección `clusters` y añadir un elemento `cluster`. Para ello, copie el contenido correspondiente de /etc/kubernetes/admin.conf (esta parte no es secreta):

```
clusters:
- cluster:
    certificate-authority-data:
LS0tLS1CRUdJTiBDRVJUSUZJQ0FURS0tLS0tCk1JSUM1ekNDQWMrZ0F3SUJ...
tLS0tLUVORCBDRVJUSUZJQ0FURS0tLS0tCg==
    server: https://api.kube.diehard.net:8443
  name: kubernetes
```

- El usuario seb actualmente no tiene permisos. Dele el rol `cluster-admin` usando el siguiente comando `kubectl`:

```
$ kubectl create clusterrolebinding seb-cluster-admin-binding
--clusterrole=cluster-admin --user=seb
clusterrolebinding.rbac.authorization.k8s.io/seb-cluster-admin-
binding created
```

Ahora puede cambiar al nuevo contexto:

```
$ kubectl config use-context seb-context
$ kubectl config current-context
seb-context
$ kubectl -n mariadb get pods
NAME ...
mariadb-galera-0 ...
mariadb-galera-1 ...
mariadb-galera-2 ...
```

4.4 Actualizaciones

Además de configurar el servidor y los servicios, una plataforma segura debe estar actualizada e instalar parches y correcciones de seguridad. En Ubuntu, puede instalar todas las actualizaciones o solo las de seguridad:

```
$ sudo apt-get update && sudo apt-get upgrade # complete
$ sudo unattended-upgrade # sólo seguridad
```

En el caso de Kubernetes, es más complicado. El producto evoluciona rápidamente, con una versión lanzada cada seis meses, sin contar las versiones correctivas intermedias. Cada versión aporta su parte de novedades, pero también modificaciones e incluso funcionalidades obsoletas (*deprecated*). La configuración por defecto también puede cambiar. Por ejemplo, los autores experimentaron un cambio en la forma en que se desalojaban los pods si se perdía un nodo, lo que les llevó a indagar en las notas de la versión para encontrar una solución.

Por ello, los paquetes de Kubernetes están configurados para que no se incluyan en las actualizaciones automáticas una vez instalados: quedan excluidos de una actualización global. Para actualizar Kubernetes, es necesario seguir un protocolo muy específico, que puede variar en función de la versión. En todos los casos, siempre se actualiza la versión n a n+1 y nunca se saltan versiones.

La documentación de actualización se puede encontrar en https://kubernetes.io/docs/tasks/administer-cluster/kubeadm/kubeadm-upgrade/.

El primer consejo es, obviamente, leer atentamente las notas de la versión y, a continuación, comprobar que cada componente tiene una versión compatible con la versión de destino de Kubernetes, por ejemplo, Flannel, los enrutadores de entrada, pero también los operadores, como el operador Galera. Siempre puede haber sorpresas.

Siempre empezamos actualizando el plano de control, es decir, los masters. A continuación, tras desalojar manualmente los pods y prohibir el despliegue de nuevos pods, actualizamos los nodos uno a uno.

No es un procedimiento complejo, pero lleva su tiempo. También puedes considerar el uso de Ansible.

Observación

El procedimiento es el mismo, tanto si se pasa de una versión principal a otra, como si se pasa de la versión 1.x.y a la versión 1.x.y+1.

Para saber si es posible realizar una actualización, ejecutamos un **upgrade plan** que indica lo que se puede hacer. Nuestro clúster Kubernetes 1.20.2 se puede actualizar a 1.29.4. Observe también que no es posible ir a la 1.30 directamente, hay que pasar por las etapas intermedias.

```
[upgrade/versions] Cluster version: v1.29.3
[upgrade/versions] kubeadm version: v1.29.3
I0508 11:49:47.218877    7710 version.go:256] remote version is
much newer: v1.30.0; falling back to: stable-1.29
[upgrade/versions] Target version: v1.29.4
[upgrade/versions] Latest version in the v1.29 series: v1.29.4

Components that must be upgraded manually after you have upgraded
the control plane with 'kubeadm upgrade apply':
COMPONENT   CURRENT       TARGET
kubelet     7 x v1.29.3   v1.29.4

Upgrade to the latest version in the v1.29 series:

COMPONENT                 CURRENT    TARGET
kube-apiserver            v1.29.3    v1.29.4
kube-controller-manager   v1.29.3    v1.29.4
kube-scheduler            v1.29.3    v1.29.4
kube-proxy                v1.29.3    v1.29.4
CoreDNS                   v1.11.1    v1.11.1
etcd                      3.5.12-0   3.5.12-0

You can now apply the upgrade by executing the following command:
  kubeadm upgrade apply v1.29.4

Note: Before you can perform this upgrade, you have to update
kubeadm to v1.29.4.
```

Cada actualización trae su parte de cambios importantes y el comando nos informa de ello. En este caso, los valores no están a `yes`, por lo que no se requiere ninguna acción manual.

```
The table below shows the current state of component configs as
understood by this version of kubeadm.
Configs that have a "yes" mark in the "MANUAL UPGRADE REQUIRED"
column require manual config upgrade or
resetting to kubeadm defaults before a successful upgrade can be
performed. The version to manually
upgrade to is denoted in the "PREFERRED VERSION" column.

API GROUP  CURRENT VERSION  PREFERRED VERSION MANUAL UPGRADE REQUIRED
kubeproxy.config.k8s.io    v1alpha1           v1alpha1              no
kubelet.config.k8s.io      v1beta1            v1beta1               no
```

Una buena práctica consiste en disponer de un clúster de prueba dedicado a probar y validar las actualizaciones, de modo que se puedan rastrear las operaciones posteriores a la actualización y, a continuación, crear scripts.

4.5 Firewalls, proxies, routeres y segmentación

Los cortafuegos controlan el acceso a los servicios y servidores mediante un conjunto de reglas. En la medida de lo posible, hemos reducido al mínimo las aperturas mediante UFW y facilitado una lista de las subredes, puertos y protocolos implicados por las reglas.

Muchos ejemplos en la Web ignoran la configuración del cortafuegos y la tentación de desactivarlos es grande, porque las reglas pueden ser muy complejas de definir. Después de todo, un comando `ufw disable` y todo solucionado. Sin embargo, sería una tontería perder una infraestructura a causa de una denegación de servicio.

Cada equilibrador de carga, router y proxy inverso es un elemento de seguridad. Algunos pueden tener una configuración específica, como limitar el tamaño de las solicitudes, limitar el rendimiento, establecer reglas de filtrado, impedir DDoS, etc.

Por ejemplo, las plantillas HAProxy utilizadas en el capítulo Exposición y reparto y en el capítulo Integración final se pueden adaptar en consecuencia. Los configmaps y plantillas de entrada de Nginx también se pueden modificar. Sin embargo, exponer un recurso o servicio de entrada directamente a Internet no es necesariamente una buena idea.

Cualquier servicio expuesto a Internet verá su seguridad puesta a prueba en algún momento o incluso sufrirá un ataque. Esta es una de las razones por las que la seguridad debe tomarse en serio. Más allá de la posible pérdida de servicio, es el acceso a toda la plataforma lo que está en juego y la reputación de un servicio o incluso de una empresa.

Existen cortafuegos especializados en distintos protocolos, por ejemplo, que analizan protocolos del nivel 7 del modelo OSI, como HTTP. Es el caso de los **WAF** (*Web Application Firewalls*), cuyo objetivo es proteger los sitios y servicios web de los ataques. Aunque los principales actores del mercado son F5 y Citrix, existe un WAF de código abierto bajo licencia Apache, llamado ModSecurity.

Su uso es complejo y, sobre todo, en función de la carga, el volumen de datos a comprobar y el número de reglas puede requerir importantes recursos de CPU y memoria.

Se puede definir otro modelo de seguridad de red, basado en la segmentación. En lugar de configurar reglas de firewall en cada servidor, se definen zonas de red aisladas, cuyos flujos de entrada y salida se controlan mediante tablas de enrutamiento y firewalls perimetrales. Podemos imaginar un modelo basado en la exposición de servicios: ¿son internos a la empresa o externos, expuestos en Internet? Podemos añadir una segmentación sobre el entorno: ¿es producción, desarrollo? También podemos basarnos en la clasificación de los datos que maneja la aplicación: ¿son públicos, privados, confidenciales o secretos? En este modelo, las aplicaciones se pueden aislar en subredes específicas y controlar el acceso, definiendo así una matriz de flujo: quién se puede comunicar con qué. Por ejemplo, se puede definir que todos los pods en el área de exposición interna, que manejan datos privados, se puedan comunicar libremente entre sí, pero solo se puede acceder a ellos en el puerto HTTPS 443 desde el resto de la empresa. Por supuesto, puede agregar un aislamiento de la aplicación dentro de este modelo de segmentación.

Este modelo de segmentación se ha vuelto común en las empresas: sustituye la noción de terceros, pero también modelos de microsegmentación como el que se presenta en este libro. También se adapta perfectamente a la nube, donde la gestión de redes virtuales se presta perfectamente a este tipo de uso.

4.6 Aplicaciones

Sean cuales sean las medidas de seguridad establecidas por los ingenieros de sistemas y redes, sean cuales sean los ajustes del cortafuegos, todo este trabajo se puede ver socavado por las aplicaciones. Si la aplicación que se ejecuta en el contenedor es un coladero, entonces pone en peligro todas sus dependencias o incluso toda la infraestructura.

Imaginemos, por ejemplo, una aplicación que no se ha actualizado durante meses, de la que ahora se sabe que una dependencia revela un cierto número de parámetros o que permite la escalada de permisos, incluso a través del protocolo HTTP o HTTPS. El atacante podría entonces obtener la dirección del servicio de base de datos, el login de conexión a la base de datos y la contraseña asociada y pasar a extraer, destruir o cifrar los datos. O incluso destruir o modificar el sitio, haciéndolo inaccesible en el mejor de los casos, y peligroso en el peor.

Los autores ya han visto a un desarrollador escribir un servicio que inyecta los datos de un formulario HTML directamente en la base de datos sin ninguna verificación. Una simple inyección de código SQL, si no hay un mecanismo de protección (afortunadamente había un WAF correctamente configurado), podría haber sido suficiente para destruir toda la base de datos.

La estabilidad y seguridad de las aplicaciones contribuyen a su disponibilidad.

Es responsabilidad de los desarrolladores y equipos de proyecto garantizar la evolución de su producto. Sin embargo, hay una serie de medidas que pueden ayudar a detectar problemas, cuando no a corregirlos.

La imagen de una aplicación se debe reconstruir periódicamente. La imagen base se actualiza con los paquetes más recientes. Las dependencias de la aplicación, dependiendo de cómo estén definidas, se pueden actualizar a una versión más reciente.

El paso a los contenedores y la orquestación supone un cambio de paradigma. Las herramientas encargadas de comprobar la conformidad de sistemas y aplicaciones, por ejemplo, escaneando todo un servidor en busca de las versiones de cada programa o librería, han tenido que adaptarse. Al fin y al cabo, los contenedores se derivan de imágenes que son un ensamblaje de sistemas de archivos y que a su vez se pueden comprobar. Agentes como Qualys pueden desempeñar este papel en servidores y nodos.

Otra forma es el control previo de la fuente de los artefactos, es decir, repositorios de código y librerías o imágenes. Un editor como JFrog ofrece tanto un registry Docker como repositorios para PHP, Python, node.js, etc. Pero, además, cuenta con un componente llamado XRay, que comprueba las versiones y dependencias de cada uno de los artefactos contenidos en sus repositorios, los compara con las bases de datos CVE o CVSS, advierte de la criticidad de los problemas de seguridad e incluso prohíbe su uso.

Esto también se conoce como control de la cadena de suministro: ¿podemos confiar realmente en los paquetes y librerías utilizados por la aplicación? Un ejemplo muy concreto es lo que ocurrió a finales de marzo de 2024, con la ampliamente utilizada librería de gestión de formatos de compresión XZ, cuyo código fuente fue comprometido por un hacker tras un largo (e impresionante) trabajo de infiltración de varios años. El código malicioso tenía como objetivo instalar una puerta trasera para eludir la autenticación SSH. Lo más probable es que el atacante estuviera trabajando para algún estado extranjero. La puerta trasera (backdoor) fue descubierta por casualidad, como un efecto secundario, antes de su lanzamiento mundial. ¿Podemos confiar en una librería codificada por una sola persona, un voluntario, que se ha visto abrumado por el éxito y la carga de trabajo que supone, lo que lleva al hacker a aprovecharse de su estado de debilidad?

Pero la actualización de una librería no siempre se limita a cambiar simplemente un número en pom.xml o package.json, y puede tener efectos secundarios que es necesario gestionar. Una buena cobertura de pruebas es una forma eficaz de limitar la aparición de estos efectos secundarios en producción tras una actualización forzada y acelerada en producción por un CISO (responsable de seguridad de los sistemas de información) demasiado entusiasta. Las últimas versiones no son siempre ni las más estables ni las más seguras.

5. Supervisión

5.1 Métrica

Las métricas son esencialmente la recopilación de información sobre los procesadores, la memoria, los discos y la red con el fin de comprobar su rendimiento. Gracias a estos valores y a su seguimiento, es posible analizar el consumo de los distintos recursos y actuar en consecuencia:

- crear nuevos servidores,
- ampliar el espacio en disco,
- añadir memoria,
- mejor distribución de los servicios.

Las métricas se suelen controlar mediante herramientas de supervisión y sondas como Nagios y Centreon, que son gratuitas y protocolos como SNMP. Las herramientas de línea de comandos del sistema como sar, iostat, mpstat, etc. proporcionan información útil.

Kubernetes ofrece un API dedicado a las métricas, que requiere el uso de un controlador complementario opcional. Este API proporciona acceso a nuevas funciones, como el *autoescaling* (adición y eliminación dinámica de pods en función de la carga).

Para probar esta funcionalidad, es necesario instalar un pipeline de recogida de métricas. Existen dos tipos, en función de si se basan en la recopilación de métricas vinculadas únicamente al clúster, como **metrics-server**, o en la recopilación de métricas vinculadas a todo el entorno, como **Prometheus**.

El servidor de métricas está disponible en https://github.com/kubernetes-sigs/metrics-server.

Prometheus es más completo, pero también más complejo, está disponible en https://prometheus.io/.

Puede instalar rápidamente metrics-server de la siguiente manera:

```
$ kubectl apply -f https://github.com/kubernetes-sigs/
metrics-server/releases/latest/download/components.yaml
serviceaccount/metrics-server created
clusterrole.rbac.authorization.k8s.io/system:aggregated-metrics-
reader created
clusterrole.rbac.authorization.k8s.io/system:metrics-server created
rolebinding.rbac.authorization.k8s.io/metrics-server-auth-reader created
clusterrolebinding.rbac.authorization.k8s.io/metrics-server:system:
auth-delegator created
clusterrolebinding.rbac.authorization.k8s.io/system:metrics-server created
service/metrics-server created
deployment.apps/metrics-server created
apiservice.apiregistration.k8s.io/v1beta1.metrics.k8s.io created
```

▶ Basta con cambiar un parámetro -de lo contrario el pod no se iniciará debido a los certificados por defecto- editando el despliegue y añadiendo un argumento:

```
$ kubectl -n kube-system edit deployment.apps/metrics-server
...
    spec:
      containers:
      - args:
...
        - --kubelet-insecure-tls
...
```

A continuación, se puede acceder a las métricas básicas, por ejemplo, con `kubectl top`:

```
$ kubectl top node

NAME           CPU(cores)   CPU%   MEMORY(bytes)   MEMORY%
k8s-cplane01   73m          3%     1670Mi          93%
k8s-cplane02   67m          3%     1422Mi          79%
k8s-cplane03   79m          3%     1481Mi          82%
k8s-worker01   40m          2%     1167Mi          65%
k8s-worker02   21m          1%     1247Mi          69%
k8s-worker03   18m          0%     1013Mi          56%
k8s-worker04   22m          1%     1142Mi          63%
```

Las métricas también funcionan para los pods:

```
$ kubectl -n eni-todo top pod
NAME                          CPU(cores)    MEMORY(bytes)
eni-todo-578d497b88-spcgr     1578m         228Mi
eni-todo-578d497b88-tn8dk     1472m         225Mi
```

Ahora es posible utilizar los dos modos de autoescaling de Kubernetes:

- ***Horizontal Pod Autoscaler*** (**HPA**): ajuste automático del número de réplicas en función de la carga de memoria o de la CPU.
- ***Vertical Pod Autoscaler*** (**VPA**): ajuste automático de los recursos de memoria y CPU de un contenedor.

Podemos probar rápidamente un recurso HPA (horizontal) indicando que eni-todo requiere un mínimo de un pod, un máximo de cuatro y que este pod o estos pods deben tener un uso medio de CPU del 50%. Por ejemplo, si los dos pods (un pod para reducir la carga total, luego otro si es necesario, hasta un límite de cuatro) consumen más del 50% de la CPU, Kubernetes añade un pod para reducir la carga total.

```
$ kubectl -n eni-todo autoscale deployment eni-todo -cpu-percent=
50 --min=1 --max=4
horizontalpodautoscaler.autoscaling/eni-todo autoscaled
```

El recurso HPA tiene este aspecto:

```
$ kubectl -n eni-todo get hpa eni-todo -o yaml

apiVersion: autoscaling/v2
kind: HorizontalPodAutoscaler
metadata:
  creationTimestamp: "2024-05-08T12:52:23Z"
  name: eni-todo
  namespace: eni-todo
  resourceVersion: "365046"
  uid: 756c5f5f-033b-400e-a446-d610c8ac696b
spec:
  maxReplicas: 4
  metrics:
  - resource:
      name: cpu
      target:
        averageUtilization: 50
```

```
        type: Utilization
      type: Resource
  minReplicas: 1
  scaleTargetRef:
    apiVersion: apps/v1
    kind: Deployment
    name: eni-todo
status:
...
```

Tras una fase de estabilización vinculada a la puesta en marcha de los pods eni-todo (que consumen el 100% de la CPU durante su puesta en marcha), la aplicación eni-todo se somete a una carga: se ponen en marcha cuatro pods. Tras unos minutos sin actividad, el número de pods se reduce a dos:

```
$ kubectl -n eni-todo get hpa
NAME     REFERENCE           TARGETS MINPODS MAXPODS REPLICAS
eni-todo Deployment/eni-todo 3%/50%  1       4       2
```

5.2 Trazas

Las trazas de las aplicaciones son una excelente forma de detectar el origen de los fallos de funcionamiento. Los comandos `journalctl`, `docker logs` y `kubectl logs`, `kubectl get events` se pueden utilizar para obtener todas las trazas de cada servicio, contenedor o pod. El comando `kubectl describe` se puede utilizar para averiguar por qué se reinicia un pod (falta una imagen, problema de comprobación de salud, etc.).

En un entorno de producción, las trazas, en particular las de acceso, son pruebas legales que se deben conservar. En este caso, es necesario industrializar la recogida y el archivo de las trazas. Para ello, se puede utilizar una pila formada por archivos:

- recolectores como **Fluentd** o **Logstash**,
- de una base de datos, generalmente motores de indexación como **Elasticsearch**,
- una interfaz para consultas y estadísticas, como **Kibana**.

Esto se conoce como la pila **EFK** (*Elasticsearch, Fluentd y Kibana*) o **ELK** (*Elasticsearch Logstash y Kibana*). En cada servidor o nodo se ejecuta un recopilador que recoge todas las trazas del sistema o de la aplicación. Estos se archivan en ElasticSearch en forma de índices, que luego se pueden guardar y consultar.

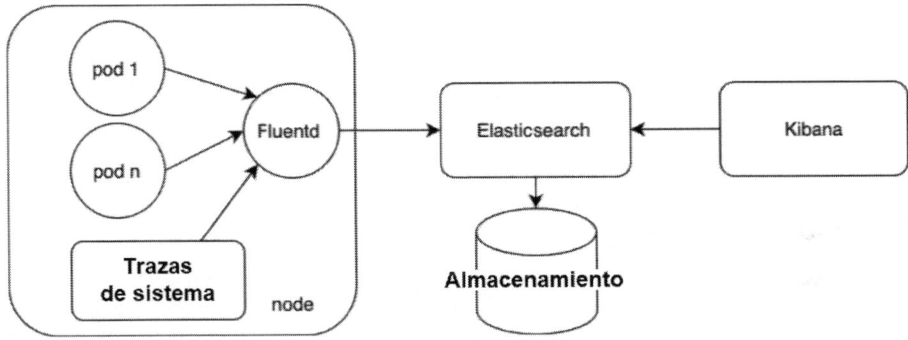

Figura 4: Recopilación de trazas con una pila EFK

Al igual que con las métricas, Kubernetes no tiene un componente por defecto, pero es posible desplegar uno. Esto no se describirá aquí, pero existe mucha documentación, por ejemplo, https://opstree.com/blog/2023/01/24/protected-efk-stack-setup-for-kubernetes/.

El principio es el siguiente:

- creamos un StatefulSet para un cluster de Elasticsearch, con un volumen persistente para cada réplica.
- Desplegamos una instancia de Kibana, que se conecta a Elasticsearch.
- Desplegamos fluentd en forma de DaemonSet, con los permisos y roles necesarios para recoger trazas de cada pod, en cada namespace.

Fluentd puede ir aún más lejos. Iniciado con privilegios ad hoc, también puede recuperar trazas del propio servidor.

6. Almacenamiento

En la sección Despliegue con Kubernetes, mencionamos la existencia de varios proyectos para configurar una infraestructura de almacenamiento, basada en una infraestructura Kubernetes.

MinIO ofrece un sustituto de S3 en un clúster Kubernetes.

Proyectos como **OpenEBS** o **GlusterFS** despliegan pods con permisos elevados para montar discos o acceder al LVM subyacente, con el fin de utilizar estos nodos Kubernetes como parte del clúster de datos. A continuación, es posible añadir nodos para satisfacer las crecientes necesidades de las aplicaciones.

Rook también es un proyecto de infraestructura de almacenamiento nativo de la nube diseñado para proporcionar operadores de Kubernetes para configurar servidores **Ceph**, **Cassandra** o **NFS** en un clúster.

Aunque los operadores mejoran constantemente y ofrecen mecanismos de reparación, ajuste y actualización cada vez más automatizados, este tipo de herramientas siguen consumiendo muchos recursos en términos de CPU, RAM, red y, por supuesto, acceso de lectura y escritura a los discos que alojan la solución.

Por lo tanto, es muy importante definir claramente sus necesidades y objetivos antes de intentar instalar un CephFS (*Ceph File System*) en un clúster Kubernetes instanciado en una plataforma OpenStack alojada en un vSphere obsoleto. Tiene que pensar de antemano en los recursos que necesitas.

7. PaaS

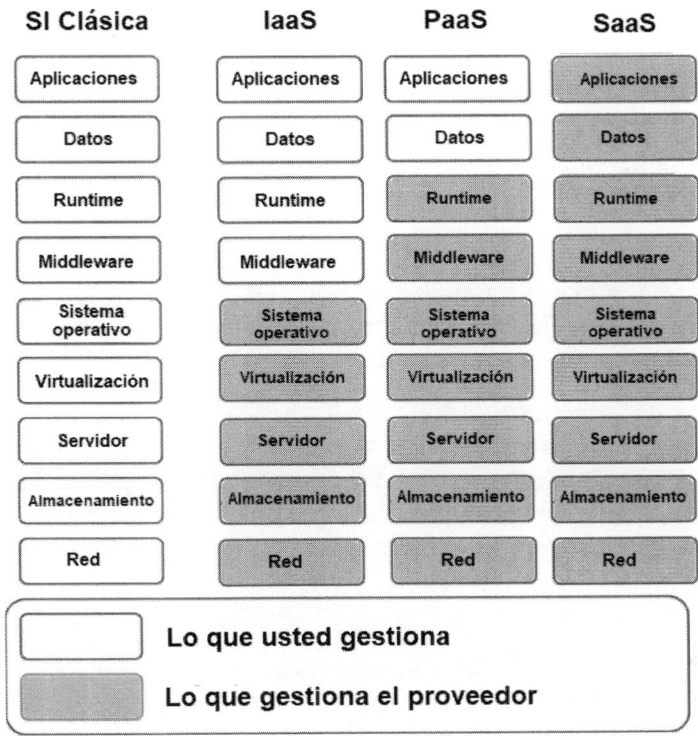

Figura 5: Sistema de información tradicional frente a soluciones IaaS, PaaS o SaaS

Kubernetes ofrece una enorme gama de servicios y facilita enormemente la difícil tarea de configurar una infraestructura de alta disponibilidad.

Hay muchas opciones... ¿Qué motor de red utilizar, qué controlador ingress, qué motor OCI (motor de contenedorización)? ¿Cómo proteger el clúster y garantizar el *patch management* de las imágenes? ¿Cómo se comprueba la coherencia de todos estos componentes?

Como discutimos en el capítulo de Orquestación, es el papel de las distribuciones gestionar todo esto. La distribución con la que los autores han experimentado más ampliamente es **OpenShift** de Red Hat.

OpenShift es la primera distribución en impulsar la seguridad por defecto, en particular mediante la prohibición de pods como root por defecto, requiriendo el uso de SELinux y proporcionando un registro Docker seguro y segmentado.

OpenShift también proporciona integración con sus herramientas de supervisión y alerta orientadas a PaaS. La seguridad que proporciona el aislamiento del namespace, cuyo alcance se ha ampliado a los proyectos, se lleva al extremo directamente en sus componentes de infraestructura. Por ejemplo, un usuario con acceso al proyecto A y no al proyecto B, no tendrá acceso a las trazas del proyecto B en el servicio Kibana del clúster.

Los autores han pasado muchas horas configurando este tipo de aislamiento con componentes de diversas fuentes. Pueden dar fe de que las ventajas de una distribución como OpenShift son considerables.

Por último, y este es sin duda su mayor punto fuerte, OpenShift es, ante todo, una solución PaaS diseñada a hacer *source to delivery*. OpenShift integra todos los mecanismos de escucha de repositorios de código fuente, construcción de imágenes (build s2i), despliegue, monitorización de imágenes base y supervisión. Todos ellos están presentes e integrados, aportando una fluidez al proceso de desarrollo y mantenimiento que aún no está disponible en otros proveedores.

Por ejemplo, todo lo que tiene que hacer es introducir una modificación en el repositorio Git de la aplicación eni-todo y OpenShift recibirá una notificación y empezará automáticamente a construir y desplegar una nueva imagen. Es posible realizar un pipeline completo que incluya pruebas automatizadas y un eventual despliegue en otro entorno (en producción, por ejemplo).

La versión 4 trajo consigo una gran cantidad de cambios, incluido el uso extensivo de operadores Kubernetes y un mecanismo de autoescaling para nodos que resulta extremadamente práctico en un entorno de nube.

!

B

C

E

F

G

H

J

K

L

M

N

P

S

T

U

V

Para poder acceder durante un año
a la versión online de este libro,
envíenos su justificante de compra a

librodigital@ediciones-eni.com

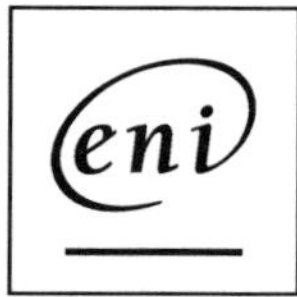